周远廉教授近照

周远廉，1930年生，四川省资中县人，1955年毕业于四川大学历史系。中国社会科学院历史研究所研究员，1992年享受国务院"政府特殊津贴"。清史专家。出版学术专著：

《清太祖传》（独著），人民出版社，2004。

《清摄政王多尔衮全传》（与赵世瑜合著，1993年获吉林省长白山优秀图书二等奖），吉林文史出版社，1986；陕西人民出版社，2008（再版）。

《顺治帝》（独著，1993年获吉林省长白山优秀图书二等奖），吉林文史出版社，1993（初版），2004（再版）；陕西人民出版社，2008（再版）。

《康熙新传》（独著），故宫出版社，2013。

《乾隆皇帝大传》（独著，获"中南五省市优秀图书奖"和"全国畅销图书优秀奖"），河南人民出版社，1990；台湾大行出版社，1993；陕西人民出版社，2008（再版）。

《清高宗弘历》（独著），台湾万卷楼图书公司，2000。

《乾隆画像》（独著），中华书局，2005。

《清朝开国史研究》（独著），辽宁人民出版社，1981；故宫出版社收入《明清史学术文库》，2013（再版）。本书获辽宁出版局1981年优秀图书一等奖。

《清朝兴起史》（独著），吉林文史出版社，1986；广西师范大学出版社，2006（再版）。

《清代八旗王公贵族兴衰史》（与杨学琛合著，1986年获"第一届北方十五省市自治区哲学社会科学优秀图书一等奖"），辽宁人民出版社，1986；故宫出版社（收入《明清史学术文库》），2013（再版）。

《清代租佃制研究》（与谢肇华合著），辽宁人民出版社，1986。

《中国通史》（白寿彝总主编）之17卷、18卷《清》分卷（主编），上海人民出版社，1996。

《清朝通史》之《乾隆朝》分卷（独著），紫禁城出版社，2003。

《中国封建王朝兴亡史》（总主编，1998年获第十一届"中国图书奖"），广西人民出版社，1996。

《金川风云》（独著），中国电影出版社，2013。

《岳钟琪传》（独著），中国电影出版社，2013。

另出版长篇历史小说《香妃入宫》（独著，华艺出版社，1993）、《乾隆皇帝下江南》（独著，北京燕山出版社，1996）、《天下第一清官：清代廉臣张伯行》（独著，河南人民出版社，1999）、《宁远大将军岳钟琪》（独著，中国电影出版社，2013）。

作者简介

周远廉◎主编

清朝兴亡史

【第七卷｜帝制终结】

周力农　著

北京燕山出版社

图书在版编目（CIP）数据

清朝兴亡史/周远廉主编. — 北京：北京燕山出版社，2016.3
ISBN 978-7-5402-4103-2

Ⅰ．①清… Ⅱ．①周… Ⅲ．①中国历史－研究－清代 Ⅳ．①
K249.07

中国版本图书馆CIP数据核字（2016）第056637号

清朝兴亡史

周远廉　主编

第七卷《帝制终结》

周力农　著

责任编辑：满　懿

封面设计：一言文化传媒

责任校对：赵　媛　扈二军

出版发行：北京燕山出版社

社　　址：北京市丰台区东铁营苇子坑路138号C座

电　　话：010-65240430

邮　　编：100054

印　　刷：成都鑫成发印务有限公司

开　　本：889mm×1194mm　1/32

字　　数：407千字（第七卷）

印　　张：13.25（第七卷）

版　　次：2016年3月第1版

印　　次：2019年11月第2次印刷

定　　价：860.00元（全套）

目 录
contents

第一编　戊戌变法图存

一、甲午战争后的缓慢恢复

中国在甲午战争中遭受的巨大空前外患灾难，之后不久就转化为内乱，其中既有民间承受战争赔款等各种压力，也包括政治领域内的矛盾空前激化。诚如张之洞所言，"百方掊克，以资仇敌，民穷且怨，土匪奸民藉口倡乱，而国家以饷绌兵弱，威力又不足以慑之，是赔款之害，必由民贫而生内乱"。[①]之前一些隐藏起来的内部冲突，在清朝政府执政无力的情况下，均爆发了出来。1895年到1898年之间的三年时间，最为关键和值得注意，国内政治中的各种势力都群起确立成形，它们之间的激烈冲突最终爆发，掺加外力，无可弥补化解，最后导致清朝政权的衰落趋势无可逆转，在连续的综合暴力打击下走向崩溃。

朝廷最高层内部的主要矛盾，是帝党和后党的对立，出现在清末特殊政治结构和皇族统治之下，自咸丰皇帝之后就没有过新皇帝正常继位和执政的过程。新皇继位在第二次鸦片战争中被暴力打断，咸丰皇帝只遗下年幼皇子载淳，以致两宫太后监政训政的情况一直延续到19世纪末，其间掌权者为两宫太后和恭亲王奕䜣，例无置疑，安然度过，只等年幼皇帝循例至成年期时继位。慈禧太后在这段时间与恭亲王相互利用，关系两全，时常出现实际执政的恭亲王占上风而慈禧太后让步的现象，以致日后慈禧太后在对待恭亲王时，仍然谨慎戒惧。[②]自恭

---

① 《吁请修备储才折》，《张文襄公奏议》卷37，光绪二十一年闰五月二十七日。

② Richard, T., *45 Years in China: Reminiscences by Timothy Richard*, Frederick A. Stokes Company, New York, 1916, p248.

亲王在中法战争中被逐出军机处，由醇亲王奕𫍯取代，格局变为两宫太后为主。所幸中法战争之后内外局势平定数年，外患对内政的冲击大为减轻，宫廷中枢出现一种变化无碍的基本政局。

1875年为光绪元年，载湉只有三岁半，慈禧太后违反成规，不以同治皇后为太后，而是自居"太后"，继续摄政，但当时属于两宫太后共同"垂帘听政"，并无不可，而同治皇后阿鲁特氏的随即病逝，使太后"垂帘"成为唯一选择。咸丰之后的幼童称帝一般都是朝政最弱之时，特别是刚刚平息太平天国和捻军之后，外患续起之际，幼童期的光绪皇帝，毫无实施行政的可能，更无效率可言。慈禧太后时年四十岁，正值中年经验丰富之时，又有慈安太后的协助，连接前后两朝，行政更为顺利，获得了朝政的最高决定权。"同光"连称，在于这三十年间，正是中国清末洋务运动大潮初起、内外百业待兴的关键转型时期。

在"垂帘"时期，朝政由两宫太后议决，年幼的光绪皇帝除了学习受教，别无他事，只有承受沉重学业和授读导师训斥的痛苦，而翁同龢的照应呵护，令新帝光绪感触甚深，与翁同龢的情谊和对他的依赖，终身难却。只有在达到十六岁时（1886年），载湉才有资格正式登位，但又被训政两年，慈禧太后才再次归政，任由光绪皇帝实现亲政，名正言顺地以皇帝名义执政。此时慈安太后已于1881年中去世，只剩慈禧太后，朝廷内部核心失去必要的平衡，下一个矛盾中心将在慈禧太后和已经亲政的光绪皇帝之间产生。

如果慈禧太后于归政后完全放手于光绪皇帝，自然符合历朝成规，表面平稳如常，也不必为国事兴衰负责，安然颐养。但光绪皇帝本人的实际能力和近年来朝政中曲折演变的遗留问题，为慈禧太后遥制中枢预留下相当大的空间，情形比简单的皇帝亲政要复杂得多。除了两宫太后长期"垂帘"主政的客观事实外，清朝满族亲王当中也存在着利益权位上的矛盾。恭亲王奕𫍯在中法战争期间已被逐出军机处，慈禧太后选择其弟醇亲王奕𫍯和礼亲王世铎递进主持。醇亲王奕𫍯名字中的"𫍯"字，意为智慧，但恭亲王一直认为他不适合参政，令其多年基本上无事可做，因此在恭亲王奕𫍯被逐后，醇亲王奕𫍯欣然进入中枢执政，愿意为慈禧太后效劳，因此被划为后党。醇亲王奕𫍯除了执掌军机处外，还掌管着新近成立的海军衙门，以及之下的北洋水师和军港设施，权力范围甚至超过他的哥哥恭亲王，令其十分满意，一度雄心勃勃，而两位亲王之间的矛盾一直未解，几乎完全依靠慈禧太后的调解中和而度过"同光"时期。

光绪皇帝与慈禧太后的关系中，存在着长期不去的归政问题，解决方法之一，就是为慈禧太后做园工修建，由紫禁城西的三海，到颐和园（圆明园之清漪园），作为其退休颐养之地。所以双方达成一定谅解妥协，拨出兴建园工的经费，而光绪皇帝于1889年完成亲政程序，正式掌控清朝廷，也就应为之后的国事施政负上直接责任。

光绪皇帝亲政之后，初时自然不通行政，加上自身性格缺点，必然在依附他人和自我冲动之间摇摆挣扎。赫德本人也对光绪皇帝不具特别信心，"一位强有力的皇帝可以让这个国家重新站起来，中国人也开始意识到这一点，所以现在坐在皇位上的那个可敬的年轻人，也许会为这个时代所需要的人让出位置。袁世凯曾经出现在朝鲜，正在天津附近拥有一个庞大的兵营，当争夺皇位的赛跑开始时，他将不会是最后一个加入竞赛的人"。[①]袁世凯虽然只是一位普通官员，与满清皇室无缘，但光绪皇帝并非强人的形象，显然引致不少有志有力之人看低清廷，以变法或革命的手段发起层出不穷的挑战。

亲政后的光绪皇帝必然会起用重用一批新人，充实由自己指挥的帝党，以取代之前被任命的一批贵族和官员。帝党核心人物为翁同龢，他曾经受到恭亲王被逐的影响，离开权力中枢军机处，只作为光绪皇帝的帝师，沉寂多年，自然期望重回中枢和朝政中心。他必须要依靠亲政之后的光绪皇帝的权力做到这一点，光绪二十年，即甲午战争的那一年，他得以重入军机处。出于一向教导年幼光绪皇帝的原因，翁同龢自然倾向于承担帝党领袖的责任，而以翰林御史为主的清流派，继续以翁同龢为领袖，他们均以增强光绪皇帝的控制和扩大势力范围为目的，对朝内的重要当政大臣构成有形无形的威胁。在变法维新之前的几年，也就是慈禧归政、光绪皇帝亲政的几年里，"翁同龢几乎就是中国实际上的皇帝"。[②]翁同龢自言："每上一折，上必问臣可否，盖眷倚重，恨臣才略太短，无以仰赞也。"[③]

① *The I.G. in Peking: Letters of Robert Hart, Chinese Maritime Customs: 1868-1907,* volume 1, edited by Join Fairbank and others, Belknap Press of Harvard University Press, 1975, Letter 1068, p1122, 13 June 1897.

② Richard, T., *45 Years in China: Reminiscences by Timothy Richard*, Frederick A. Stokes Company, New York, 1916, p244.

③ 翁同龢：《翁同龢日记》，《戊戌变法》，《中国近代史资料丛刊》，翦伯赞主编，上海人民出版社，1957，第一册，第511页。

　　帝党人物中，尤其是翁同龢，他们最集中的攻击对象，就是被他们视为后党中坚而一直位高权重的李鸿章。李鸿章身为直隶总督、北洋大臣，邻近京畿，对朝政有着直接的影响，又因结交依附恭亲王奕䜣，深得两宫太后信任，自转任直隶总督以来就没有轮换过，不依清朝政府督抚就职按期转任的老规矩，因此在中国北方和朝廷中保持着巨大的影响，北洋系统稳固而坚。这一形同地方割据的布局，其积极结果，就是各项洋务运动项目得以稳步进行，不受地方督抚频繁换人的附带影响，反过来增加了李鸿章这位洋务运动实际领袖的权力和发言权。

　　李鸿章全力建立和管辖的北洋水师，是清朝政府增强国防的希望，也是当时中国唯一在技术和实力上都位于世界前沿的领域，使用得当，即不容西方国家无视。受到时任户部尚书翁同龢的牵制影响，即他提出的停止外购舰只、枪炮和机器两年的建议，令水师上下和李鸿章都甚为不满。在帝党方面，他们又急于解除李鸿章的权力，因为淮军集团处于对敌作战的前线，光绪皇帝基本无法指挥，要经过李鸿章传递意旨，经常被李鸿章敷衍甚至抵制，按照自己的意向行事，令光绪皇帝和帝党颇为不满，曾经在权限之内惩处李鸿章，褫去黄马褂和三眼花翎等荣誉地位象征，也仍然无法完全解除李鸿章指挥前线淮军的独有权力。直到淮军海陆两军基本败退之后，又需要李鸿章处理对日谈判，才派出了两江总督刘坤一取代李鸿章任统军主帅，但湘军投入战斗之后仍然败退，令急于把握朝政和掌握军权的光绪皇帝和帝党手足无措。

　　甲午战败后，李鸿章遭遇外交军事方面的重大挫折，因签订《马关条约》而备受朝廷内外的各方攻击，名望大跌，帝党趁机将失败责任都推到李鸿章身上，令其迅速失去了之前处置国政事务的崇高权威。李鸿章在四面围攻之下，一度只剩下内阁大学士一职，不再拥有直隶总督和北洋大臣的要任在身。李鸿章每天要去朝房上班，坐冷板凳，即使在访俄、巡游世界回来之后，依然在朝中无事可做，无具体职责和权限，一直未能真正复职。但李鸿章不愿就此放弃，保持低调，埋头避怨，忍辱负重，希望能够维持自己精心组建的北洋集团，重回权力中心，或至少有个具体管辖的单位或地域。[1]一直到1897年，李鸿章都没有被指配正式职务，还在等待，"如果太后得手，李鸿章会复出再起，如果年轻的

---

[1] *The I.G. in Peking*,　volume 1, Letter 987, p1032, 1 September 1895；Letter 1061, p1114, 11 April 1897.

皇帝能够真正作决定，李鸿章这位可怜的老人在日落之前就会被推出砍头"。①

处置李鸿章这一难解问题，帝党、后党双方都没有足够的能力进行调解和了断，因此在两年多的时间内李鸿章基本上被闲置了，只得"韬光养晦"，注重"养生之术"。②帝后两党的权力争斗在战争之中和之后日趋激烈，赫德认为即使发生某种形式政变的概率大增，也不会令他感到意外。③在甲午战争后期被重新起用、复出执政的恭亲王，一度被帝党视为本派的救星，足以对抗李鸿章，但恭亲王已不再是个重大威胁和执政能手，战后也在实施自己个人的报复，试图把1884年甲申中枢变化后取代他的一些人再赶出去，连庆亲王奕劻都受到威胁。④这些个人活动令朝廷内部对立局面更为复杂难解。

在1895年和1897年之间，清朝廷的兴作不多，洋务运动的大势已断，所能采取的措施十分有限，能够延续一些之前已肇端始兴的项目，已是相当之不容易。因为至1897年有几笔战争赔款需要支付，加上巨大的借贷成本，政府财政压力沉重，因此从那一年支付赔款完结之后，才开始重建本国海军的工作。在此之前，为了临时救急，避免海域空虚，清朝政府只得下令张之洞将手中部分所余舰只北调。张之洞此时再也无可推托，总算如其所请，顾全大局，"南洋寰泰、开济两轮已修竣，料理器具薪粮，挑选水勇，准于初九日北驶。闽福、靖一轮初八日自闽北驶，靖海、南瑞两轮亦随后陆续北驶"。⑤

清朝政府再度向外购买少数战舰，自然不能达到当年北洋水师的规模。最早的订单，是两艘巡洋舰"海圻"和"海安"号，在英国阿姆斯特朗厂制造，每艘耗资三十余万英镑，1897年至1899年返国服役，仅为四千余吨，两门八英寸主炮，但接受了大东沟海战的教训，装配了更多速射炮，最高航速也达到24节，超过了一度称雄的日舰"吉野"号。另外还有在德国建造的三艘两千吨轻巡洋舰，为"海容"号、"海筹"号

① *The I.G. in Peking*, volume 1, Letter 1086, p1122, 13 June 1897.

② 范书义:《李鸿章传》，人民出版社，2004，第412页。

③ *The I.G. in Peking*, volume 1, Letter 1000, p1044, 8 December 1895.

④ *The I.G. in Peking*, volume 1, Letter 982, p1028, 11 August 1895.

⑤《署江督张之洞致总署遵旨令兵轮赴旅顺并苏沪铁路已开办电》，《张文襄公奏议》卷119，第一，光绪二十一年十一月初六日。

和"海琛"号。但这些有限舰只，只能起到海岸警卫队的作用，在日后康有为乘英国海军军舰开往香港的途中，只能跟随尾巡，不敢拦截对阵，完全失去了与西方国家对抗这一海军存在的真实意义和核心使命。

甲午战争爆发的1894年，中国最大的武汉钢铁厂在张之洞的主持下，终于建成主要冶炼设施，"湖北炼铁厂告成开炼，生铁大炉一座，炼成生铁熟铁及贝色麻钢，辗铁条制钢轨，均已著有成效。其炼西门士钢厂立炼法精细，初炼尤极危险"。①湖北煤铁企业的建设正在兴起之际，规模必然继续扩大，"马鞍山煤井焦炭炉本年十一月初，必可完工，拟以湘省白煤掺和焦炭冶炼，尚可供两炉之用，必须接续开炼生铁两炉，始足资周转而垂久远"。张之洞雄心不止，即使在甲午惨败之后仍在继续经营，湖北铁厂在日本依靠甲午战争赔款才建成的"八幡制铁所"之前，仍然是亚洲最大的钢铁企业。近代钢铁企业耗资巨大，自然非湖北一省财政资金可以承负得起的，必得中央财政支援和各省调配才可，而此时战事颇急，后有庞大战争赔款的重压，政府需大举借外债才可勉强度过，张之洞急切关注的湖北铁厂项目，自然因洋务运动的衰落和外资大举侵入，而备受压制。

铁路建设方面，甲午战争之前启动的东北铁路工程已经停止，存放在旅顺港的数千吨铁轨被侵华日军抢运回日本，而俄国的西伯利亚大铁路也正从北部南下。但作为中国南北大通道的芦汉铁路，在张之洞的大力鼓动下，停战之后继续进行，以盛宣怀主持其事。张之洞采用了各种筹款方式，向国内外人士招股，又借洋款，加上自己官府所能调拨的款项，获得朝廷批准和支持，"上谕：遵旨咨询盛宣怀，据陈一切办法，均确有见地，请准设铁路总公司，令盛宣怀督办，从芦汉办起，苏沪粤汉，亦次第扩充，即由公司招商股七百万两，借洋款二千万两，商借商还，并提拨借款一千万两，南北洋存款三百万两，以期官商维系，速成巨工。并称芦汉既为干路，非双轨不足为各路之倡"。②

在国家公私财政俱露困难和外力觊觎的情况下，芦汉铁路由南北两个方向开工，汉口至信阳，芦沟桥至保定，艰难地进行，"芦汉干路延

---

① 《铁厂拟开两炉请敕广东借拨经费折》，《张文襄公奏议》卷35，第六，光绪二十年十月初二日。

② 《芦汉铁路商办难成另筹办法折》，《张文襄公奏议》卷44，第十九，光绪二十二年七月二十五日。

长二千四百华里，即遍较欧洲各国大轨路，亦称巨擘"。①

至1902年，张之洞以修建进度上奏："芦汉铁路现已由汉口建造至河南信阳州地方，于本年夏间开车，近日行旅商贾往来络绎，该铁路公司洋总管屡请臣前往查阅……兹于九月十七日辰刻自汉口乘坐火车启行，于申刻驰抵信阳，十八日由信阳乘原车驰回，计自汉口至信阳州共四百三十余里，中间所有道路桥梁工程俱极坚实宏壮，车站水仓一律完整，沿途商民欣悦，争谋造房屋开店，铺设行栈，山乡瘠壤顿有兴旺气象。"②

直到1903年，芦汉铁路才全线开通，由张之洞和直隶总督袁世凯共同登车视察验收，结束了全国南北大通道的北部干路工程，也就是后日的京汉铁路。如果没有甲午侵略战争和战后几亿两白银的赔款重负，这些早已得到官方鼓励和批准的铁路建设工程项目，无疑将会得到更多财政支持和更为显著的进展。

在国内铁路建设的持续热潮中，远在海外的容闳也自称以自愿投资的方式去承办修建镇江到天津的铁路，在给翁同龢的《兴筑铁路以维全局酌拟办法呈》中，许诺向美国商人筹款数亿两白银，兴建全国的铁路，同时不允许别国出来争夺利益，因此要求清朝政府给予特权，制订由美国人独享所有权益的公司招股章程：

"职道所以踌躇四顾，而窃欲变通办理，借力于美也。盖美与我素无嫌隙，今借其商人之财力，而权自我操，无庸照会政府，他国断不过问。……如蒙俯准，职道当于美国纠集公司，订定章程，如有华商愿出资本，并归公司合办。不出五年，一律筑成，似此光明简易，较之他项办法，利弊迟速，相去远甚矣。"③

容闳的鼓动很快见效，受到急于变法革新的维新派人士的赏识，"亦蒙南海称赏，属即径禀军机处"。（《致木斋仁兄函》，见《李盛铎未刊函札》）但出于诸多原因，有关地方督抚对容闳的提议格外警觉。张之洞根据以前与容闳交往的经验和时局考虑，出言反对：

---

① 《黄河南北两路拟派总办两页片》，《张文襄公奏议》卷50，第十一，光绪二十五年九月十五日。

② 《查勘芦汉铁路片》，《张文襄公奏议》卷56，第十六，光绪二十八年九月二十五日。

③ 孔祥吉：《略论容闳对美国经验的宣传与推广——以戊戌维新为中心》，《广东社会科学》，2007年第1期，第91-99页。

"顷闻容闳呈请造镇江至天津一路，报效百万，不胜惶骇。查胶州至京一千四百里，容闳所请之路必经济南省城，德路由胶至济止六百里，容闳来自美国，且事前即报效巨款，必系洋款无疑，即使间有华商，而在美之华商多与洋人合伙，物业归洋人保护，仍与洋股何异？……容路既系洋股，将来必与德国勾串，断不能听中国指挥，一旦猝有变故，必如强占胶湾故智，防不胜防，战不胜战，避不及避，从此京师岂有安枕之日？危险万分，……至容闳为洋人所欺，容路即系洋路，无论德路造与不造，容路皆不准。……万不宜受容之愚，伏望从长计较。"[1]

容闳在他提交的"条陈"中，自称"现经集股，已有一千万两之谱，开办之后，其有不敷，再行召集。内有美商愿入股者，由本公司与之议立合同，勿庸禀请国家作保，只须将全路作抵。……拟请先提股银二百万两，以充朝廷要需，定期出票于铁路开工，安设轨道时，先缴一百万两，俟全工告竣，再缴一百万"。他同时又说，"铁路以堪绘地图为首务……均俟奉准后，始能详确查绘"。[2]

这就是说，容闳事先并未进行任何勘查测绘工作，未有前期支出，对整体工程资金耗费，也毫无概念，一切都待朝廷给以官方许可，给以放行。容闳当时是否已经募集到一千万两，以他在美国财经界毫无人脉的真实背景，再证以日后资金全无的窘境，确实十分可疑。容闳的运作方式，无疑是以拿到清朝官府的铁路许可为中心目的，再以此去别处融资。

容闳遇到的主要麻烦，并非来自官府，而是源于他自身的经商经营能力，不仅毫无铁路建设经验，在美国的政界商界也无必要的人脉网络，大多周旋于教育界和教会圈子，因此他所承诺的招股资金高达数亿两，完全是随口而来，夸大其词，计划惊人一时，却很容易虎头蛇尾。

容闳之后还是通过朝廷内的各种旧识和新建关系，打通了翁同龢的路子，让一些朝廷高官相信他能够拿到巨额美资，用于中国的铁路建设，何乐而不为，因此于1898年2月收到了朝廷发出的正式许可，核准办理，"准容闳办津镇铁路，容，久住美国者也"。[3]

---

① 《清季外交史料》卷129，第六，"鄂督张之洞致总署容闳请造津镇铁路必有洋款万不可允电"，光绪二十四年正月初九日。

② 容闳：《津镇铁路条陈》，光绪二十四年二月，《戊戌变法》，第二册，第304-307页。

③ 《翁同龢自订年谱》，《近代史资料》，第86号，1994，第51-52页。

官府公文到手后，就应该是容闳大展身手的时刻，事实却令人大失所望。容闳根本无能力从美国召集到巨商投资，不用说数亿两，连数千两都募集不到，只有张之洞奏折中所述的自称"报效百万"。容闳拿到铁路修建权证后，去中国当地的外国银行融资，他先后联系了英国的怡和银行、美国纽约的银团，以及一家德国银行，涉及资金五百万英镑。美国传媒闻讯，就把容闳称作是做铁路大买卖的人，无形中把他类比于美国本地的铁路大亨。[①]但外国银行借贷均需担保，在中国最为通行有效的，就是由赫德经手的海关担保，这是容闳完全没有能力做到的，久经官场、商场的赫德，自然不会轻易任由容闳以美国人身份出面，就出具担保公文。

其实容闳本人当时正面临着美国排华法案和最高法院归化法令裁决的负面影响，尽管他自认为是上等华人和忠诚的美国人，美国政府还是注销了他的美国公民身份，使他成为一个身在中国的非美国人。容闳曾经寻求美国驻华公使田贝（Danby）的帮助，为他这个美国公民能拿到铁路许可，亲自出面向总理衙门证明，他确有能力在美国向商人募集资金。

田贝请示了美国国务院后，带回给容闳一个惊人消息：他的美国公民身份已经被注销。容闳拿出他手中的所有护照文件为自己证明，但时任国务卿谢尔曼（Sherman）的答复是："容闳声明他自1852年被归化以来，一直参与大选投票，都没有问题，并声称在美国政府承认他的身份之后，他仍是美国公民这一点，是毋庸置疑的。在禁止华人归化的法令通过之前，容闳看来是被授予了他的归化证书。他多年来所享受的那些公民权利，现在对此加以拒绝，表面看来是不公平的和缺乏理据的。尽管如此，依据美国最高法院发布的归化法令，国务院现在并不认为能够正式将容闳视为美国公民。"[②]容闳遭到美国政府的正式拒绝，就此一直在中国等地活动，不敢赴美，最后于1902年冒险非法进入美国，至死再也没有离开过美国，生怕被再次拒绝入境，显然是个重要原因。

招股期限将至，容闳束手无策，原先承诺的数亿两资金不见分文。万般情急之下，他说动了于1898年间确实已获准参与戊戌新政的康有

① *The New York Times,* August 30 1898, p7.

② Secretary of State John Sherman to Charles Denby, April 14 1898, National Archives, Record Group 77, No 1567; 又见，Daniels, Roger, *Asian America: Chinese and Japanese in the United States since 1850*, University of Washington Press, 1988, p27.

为，替御史杨深秀草拟奏折上奏，以图替自己开脱：

> "现在自芦汉、津榆、粤鄂、东三省等处，均已次第开办，惟津镇一路，关系东南半壁利权，办理尤宜迅速。昨闻容闳承办此条铁路，计时已及半载，而所筹备款项，至今尚无把握，若再迟延数月，无人承办，诚恐为洋商所夺，而大利转归外人。拟请敕下该管大员，另行招商办理，务期妥速有成，以杜绝外人觊觎之心。"①

这一奏折中勉强提到的国内其他铁路干线，都在陆续按部就班地进行，克服无数困难，包括张之洞管辖的芦汉主干铁路，独有容闳大张旗鼓的庞大铁路计划，毫无眉目，还要拉上清朝政府去垫背和出手拯救。容闳原先贬低他人加上恣意自夸之语，"较之他项办法，利弊迟速，相去远甚矣"，此时徒然贻笑大方，容闳的美国背景可恃、资金雄厚的表象，再也无法支撑下去了。"光绪二十四年八月，容闳来到北京，对津镇铁路的资金没有作出合理的回答。……总理衙门至此终于明白，容闳并无在美融资的能力"。②但此时容闳已经开始与维新派人士以及起义组织频繁接触，深入卷进国内政治活动，对经营强国实业商业项目，再无兴趣。他回到北京的真正目的，并不是向总理衙门汇报铁路融资的进展情况，而是暗中援手正在变法潮流中沉浮的康梁派。

李鸿章的北洋官位，由王文韶署理，但李鸿章自日本谈和回来之后，已经不能再回到原职，因回避举国抗议浪潮，被朝廷投置闲散，之后出任北洋大臣、直隶总督的是来自后党的荣禄，把持了此两处关键职位，李鸿章失去其权力基础。当年曾经效力朝鲜和辽东战场的袁世凯，一度退隐回河南老家，高升无望，也无人重视。直到新上任的荣禄，借用袁世凯的才能手腕，命其在自己的辖区内编练新军，驻扎天津小站。清朝当时的问题不是兵员不足，而是规模庞大却兵勇相杂，八旗绿营之原部仍然保留，武器杂用，新练淮湘军队也是如此，武器有所改进，但旧习不改，没有专门组建经过正规训练的职业军队，被日本人数不多但

---

① 杨深秀：《津镇铁路请招商再办片》，见孔祥吉《救亡图存的蓝图：康有为变法奏议辑证》，联合报系文化基金会丛书，1998，第189页。

② 茅海建：《从甲午到戊戌：康有为"我史"鉴注》，生活·读书·新知三联书店，2009，第354页。

专业化强的军队打败。为此在甲午战败后的第一年，清朝廷开始考虑组建新军。这一措施既符合甲午战败后整军的强烈要求，也在后党重臣荣禄的指挥命令之下，因此不再遭遇反对。

袁世凯在辽东战败之后，退回京城，谋求其他出路，已经依靠不上正在焦头烂额之中的李鸿章。日本人仍然关心这个屡次令其头痛、才能出众的清朝前驻朝官员，伊藤博文在马关谈判之际，还特意询问袁世凯的下落，内含报复心理，李鸿章答以"微末官员，不足挂齿，以谈判停战为大事"。日方见能人袁世凯不受重用，放心不少。

停战之后的1895年，清朝廷有建立新军之意，袁世凯借机上书，畅论军事练兵，特别是"兵贵在精""学习德国"等论调，引起高层注意，将其作为已经确定的天津小站练兵的人选之一。袁世凯之前在朝鲜平叛、监国的经历，在辽东帮办营务，以及历次获升后的官衔等级，均符合督导练兵的资格。虽然袁世凯原属李鸿章的北洋系统，却因某些原因，竟然得到李鸿章的对头张之洞的大力推荐，"本任浙江温处道袁世凯，该员志气英锐，任事果敢，于兵事最为相宜，虽其任气稍近于亢，办事稍偏于猛，然较之世俗因循怯懦之流，故远胜之。今日武备方亟，储才为先，文员知兵者尤少，若使该员专意练习兵事，他日有所成就，必能裨益时局"。①证之日后袁世凯所为，张之洞之洞见极深远，识人甚准。因此，在李鸿章的亲信胡燏棻离开之后，袁世凯奉旨到督办军务处差委，被保奏督办新建陆军，即小站练兵，由户部供饷。

袁世凯积极组织人翻译西方兵制方面的书籍，给人以"知兵"的印象，以配合编练新军的重任。小站练兵以德制为主，武器装备完全西式，购自外国，外籍教官按西法操练。在袁世凯的统筹督导之下，新军彻底脱离了以往清军的传统例规，成为近代化军队的第一个模板，是中国第一支真正的近代化军队，远非早前的淮军可比。唯有新式陆军的成功典范，才有可能实现之前不少大臣裁退旧军的建议，以旧军之费用节省，资助更多新军建成。袁世凯自1895年被奏留直隶编练新军，从保定到天津，十年之间，编练了北洋陆军六镇，共七万人。早以军务、政务、外交出名的袁世凯，此时才真正拥有了自己的权力基地和军队实力。

更为重要的是，袁世凯以小站为基地，积极吸引人才，培植出之后由自己统辖的北洋集团。他的副手为翰林徐世昌，美国留学幼童唐绍仪

①《荐举人才折》，《张文襄公奏议》卷38，第十一，光绪二十一年六月十八日。

曾在朝鲜接替返国的袁世凯,此时被其招为秘书,协助军务,而他手下特意重用提拔的留学德国人才,有段祺瑞、冯国璋和王世珍,后为"北洋三杰"。对这一重要权力基地,袁世凯精心维护,时刻不忘新军事务和练兵规则,甚至在日后戊戌变法的关键月份中,袁世凯仍然花费极大精力用于修改和出版新译兵书。

英国的贝瑞斯福将军在访华之际,专门于1898年10月底前往小站视察袁世凯的新军,观看他们的日常操练和野外行动,认真检视所有枪炮武器,甚至察看仓库账本。据他观察,袁世凯练兵小站的新军,已经达到七千四百人,一个旅团的规模,多为山东籍官兵,据说同湖南人一样,是中国最好的士兵。步枪为德国造毛瑟枪,拥有马克辛机关枪,炮队有十个分队,每队操持火炮六门,火炮规格从一磅到六磅不等。阅兵时他们精神抖擞,军装齐整,野外训练时军纪严明,军官各司其职,行动有序。除了火炮和机关枪外,枪支都得到有效保管维护,当然按照英军将领的严格要求,仍大有不足之处。

贝瑞斯福将军还注意到,三十余岁的新军首领袁世凯精力充沛,机警文明,不昧于大势,对国家朝廷保持忠心。他向英国将军坦承,中国人在维护清朝完整所要做的,西方列强必然不愿同意,仍然倾向于瓜分和割据势力范围。袁世凯亲自监督兵饷、配给和军服的分配,发到士兵手中,以杜绝清军将领习以为常的贪污侵吞现象,避免削弱军队的战斗力。贝瑞斯福将军最后总结道,这支军队是他在中国见到的唯一一支完全彻底地按照欧洲军队方式组建的军队。其他在北京附近驻扎的清军,包括宋庆军、聂士成军和董福祥的甘军,实际上也装备了为数不少的毛瑟枪和克虏伯炮,也有德国、俄国等国的教官督教,但军纪败坏,训练有限,运输调动能力几乎全无,只有袁世凯的新军符合英国将军的近代军队标准。[1]

与贝瑞斯福将军所视察过的其他省份清军相比,如刘坤一的两江、张之洞的湖广和谭钟麟的两广,袁世凯所练新军依然全面超越其上。自洋务运动以来频繁不已的强兵活动,至袁世凯小站练兵之时,才基本摆脱了清军转型不彻底的境况,是北洋水师之后在军事领域内的又一重大跨越。

借助小站新军的切实成效和中外人士的赞誉,袁世凯得以继续仕途的上升趋势,职衔先升为直隶按察使,后又升任山东巡抚,位列督抚大

---

① Lord Beresford, *The Break-up of China*, Harper & Brothers, 1899, pp270—276.

员，终于摆脱了以往随员帮办的中级官员境地，为以后参与政务、复兴北洋和决定清朝命运，奠定了实力基础。但袁世凯组建的新军，几乎没有在对外抵抗中发挥过作用，主要用于内部平乱和征伐，完全背离了当初组建新军以增强国防、抵御外辱的基本目的，未能挽救国难，因此其近代化的实际意义，完全不能同德国军队和日军相比。

在外交方面，清朝政府上下均受甲午战争重创至深，灾难时刻，历来视为最强之英国，因与日本结盟而缩手不管。万般无奈之际，遇到俄国伸出援手，一力喝止日本占领辽东，退出旅顺，连支付日本战争赔款的第一、二期资金一亿两，也由俄国筹措出借，感激之心难以言表。这并非朝中大臣意识糊涂，以致难辨俄国日后侵夺之心，而确实是在苦求各国列强毫无结果之后，出来一个实力干预、强压日本的邻国，毕竟远好过于大力支持日本的美国和口惠而实不至的英国。连主战派地方大员张之洞，都难免对联俄前景和益处抱有格外幻想：

> "查俄与中国乃二百余年盟聘邻邦，从未开衅，本与他国之屡次构兵者不同，且其举动阔大磊落，亦非西洋之比，即如同治庚午天津教堂之案，各国争哄，而俄国不与其事。伊犁之约，我国家将十八条全行驳改，而俄国慨然允从。此次为我索还辽地，虽自为东方大局计，而中国已实受其益，倭人凶锋藉此稍挫，较之他国袖手旁观，隐图商利，相去远矣。正宜乘此力加联络，厚其交谊，与之订立密约，凡关系俄国之商务界务，酌与通融。"①

联俄防日不过是在日本、俄国两个邻国之间，作出两权相害取其轻的被动选择。日本凶狠贪婪之相毕露，清朝廷内无论主战还是主和派，都对此深感震撼不已，威胁又近在渤海之外，令清朝政府急寻外援，无暇顾及俄国借机索求的后患。英国不愿声援中国和加入干涉还辽，再次表明，英国自19世纪60年代起遵循的对华关系模式已经终止。英国之后与日本在1902年签订了它近一百年来的唯一一个同盟条约，将日本视为英国唯一的盟友。②

既然英国不再可靠，从清朝廷来讲，俄国几乎就是唯一的选择。赫德身在京城，目睹清朝廷正在被迫移向俄国一方，全因之前英国政府战

---

① 《密陈结援要策片》《张文襄公奏议》卷37，光绪二十一年闰五月二十七日。

② Paine, Sarah. C. M., *The Sino-Japanese War of 1894-1895: Perceptions, Power, and Primacy*, Cambridge University Press, 2003, pp301-302.

时立场含混，对中国的困境置之不理，继而明确无疑地站在日本一方，对此徒唤奈何，"英国只是在大话空谈，毫无实质益处"。过去二十年来他一直就中国与俄国的事态趋势向英国政府发出警示，结果中国还是落到了俄国和法国的手中，连带着他所一直管理的中国海关系统，都可能要"像熟透了的梨，落入等待中的俄国人大张的嘴中"，对此十分不满。[①]

甲午战争后的联俄政策趋向，获得众多支持，由慈禧太后之下，恭亲王、翁同龢与李鸿章等，均有此心，再加上外省督抚如张之洞、刘坤一等的附和，成为共识，是对日本悍然侵略和割地索款的即时反弹。[②]即使在战后列强群起施压、各求利益的情况下，俄国也是靠后的一个。法国在《马关条约》和干涉还辽之后，立即要求清朝政府签订"中法续议商务专条附章"，开放三个通商口岸，获得在云南、广西和广东三省开矿的优先权。1896年3月，法国又获得修建多条铁路的权利，特别是从越南谅山到广西龙州的穿越国界的铁路，法国借机图利，颇为急迫[③]。同年10月，德国提出它的要求，在上海和汉口获得它自己的租界，数年之后，张之洞以总督身份前往汉口视察查勘，以确认德国人没有偷步扩界。[④]但德国的最大目标是青岛和不冻港口，于1898年强迫清朝政府签订了《中德胶澳租界条约》，获得九十九年使用权和在界内修建铁路等特权，这无疑为日后英国租借香港新界九十九年，提供了一种别样的领土占据方式。[⑤]

俄国在1895年没有采取大的动作，从中国攫取干涉还辽的回报。直到1896年，俄国决定利用沙皇尼古拉二世即位加冕的机会，与清朝政府密商各项协约条款。李鸿章当时并无任何实际职责和辖地，属于闲官，却受到俄国政府上下的重视，因此清朝廷授予他此项使命，"一等素毅伯文华殿大学士李鸿章，著授为钦差头等出使大臣，前往俄国致贺俄君

① *The I.G. in Peking*, volume 1, Letter 1021, p1065, 31 May 1896.

②《清季外交史料》卷115，第二十，"江督刘坤一奏密陈大计联俄拒日以维全局折"，光绪二十一年闰五月十六日。

③ Paine, Sarah. C. M., *The Sino-Japanese War of 1894-1895: Perceptions, Power, and Primacy*, Cambridge University Press, 2003 ,p304.

④《查勘芦汉铁路片》，《张文襄公奏议》卷56，光绪二十八年九月二十五日。

⑤ Paine, Sarah. C. M., *The Sino-Japanese War of 1894-1895: Perceptions, Power, and Primacy*, Cambridge University Press, 2003， p305.

加冕典礼……前往英法德美四国，亲递国书，奉宣德意皇华"。[①]

李鸿章附带执行清朝政府已经确定的联俄政策，于四月底进入俄境，俄国政府官员特意尊崇礼遇李鸿章，与同时参加加冕典礼的日本特使山县有朋区别对待，以加强李鸿章亲俄的倾向。即位的沙皇尼古拉二世在作为皇太子访日时，遇到日本浪人行刺，因此对日本印象极差，这也是李鸿章相信俄国敌对日本的原因之一。[②]

日本代表与俄国政府签订了一个协议，允许俄日两国都可在朝鲜派兵，如同之前李鸿章同伊藤博文签订的《天津条约》。俄国转而集中与李鸿章谈判，以俄中联盟对付日本为最大筹码，如赫德所说，"俄国人在彼得堡对李鸿章表示，不用怕任何人，作为朋友我们一定会帮助你们到底……这对英国来说，将意味着众多麻烦的开始"。[③]

俄国的干预和优待终于得到回报，加上类似日本伊藤博文在马关谈判时的私下威胁和最后通牒，李鸿章终于同俄国外长签订了《中俄密约》，其中包括俄国非常渴望的条款：西伯利亚大铁路深入到东北境内的黑龙江和吉林；中国港口对俄国军舰开放；如发生对日战争，中国有义务提供军需。后面两条是在俄国出面保护中国拒日的前提下提出的，给了俄军在中国东北驻兵和作战的权利，加上之后将铁路续修到旅顺附近的条款，俄国在中国东北的势力急剧扩大，成为实际的占领者。中国由此得到的是一个广泛含义的保护条款，这在日军逼近京畿的情况下，还可以解释和接受，但随着西方国家各自开展割地占港的瓜分活动，俄国人的承诺和表现就和其他条约之外的国家大致相同，本质无异。

张之洞于多年事态演变之后，意识到俄国人的野心欲望，提出一些加以限制的建议，即与其让俄国独占东北，不如自己开放，允许国内外人士到东北自行发展，同时吸引其他国家的投资和建设：

"开门通商者谓，各国皆可在东三省均沾，内地杂居及开矿修路工作制造商务，一切利益与寻常仅在口岸划给租界准办商务者不同……各

①《清季外交史料》卷120，第一，"谕派李鸿章为出使俄英法德美五国"，光绪二十二年正月初十日。

② Paine, Sarah. C. M., *The Sino-Japanese War of 1894-1895: Perceptions, Power, and Primacy,* Cambridge University Press, 2003 ,p306.

③ *The I.G. in Peking*, volume 1, Letter 1020, p1064, 24 May 1896.

国兴办，其利与各国共之，而管辖之权，仍自我操之，一切利益，我收其税，讼狱巡捕，我司其权，官由我设，兵由我驻，地主之权，丝毫不失。……外务部趁早先向各国声明，俄人何日交还东三省，我即日开门通商，与众共利，最为急著……或可望英日美诸国合力相助，还我旧疆，庶免占踞日久，别生狡计。"①

此时已是1901年，局面大不相同，各国瓜分已成常例，俄国占据东北经年，于彼得堡密约中隐含的保护之意早已消逝，与日本同为中国东北大患，开放通商只能是不得不行之事。

清末外交的主要事件之一，就是李鸿章的巡游世界，这是这位洋务运动领袖第一次出洋，已为时甚晚。因为李鸿章在清朝政府衙门中无事可做，借机被派赴俄国祝贺新沙皇即位加冕，在俄国与维特等大臣签署了《中俄密约》后，李鸿章遍访欧美主要国家。他在德国见过德皇威廉二世和普鲁士铁血宰相俾斯麦，请教强国之计，寻求军事援助。虽然李鸿章被称为"东方俾斯麦"，但他实际上已少有作为，即使在本朝内也不受重视。李鸿章在俄国、德国游历的心得之一，就是两国均有年轻又有雄心的皇帝在位，好武勤奋，故此难免期望中国仿效，也就是盼望年轻的光绪皇帝能够有所作为，这大概也是他对变法维新抱有同情态度的原因之一，而非坚拒和压制。

德国对中国的要求不少，包括军港开矿等，李鸿章无法当场答应，这也无关紧要，德国的各项条件在甲午战争后仍然得到满足。德国人的另一条建议，就是练兵是立国之基本，无强兵而有财富，毫无益处。这类建议清朝政府已经聆听了数十年，只有在德国和日本的实例之后，才足以令人猛醒，也是袁世凯得以顺利编练新军的主要原因。

李鸿章巡游法国后，再赴英国，仍然是官式访问，收获甚微，也未签重要条约，因为任何中国需要得到的来自英国的东西，必然要给英国政府以重大回报，而此时的李鸿章并无签约之权。李鸿章之后跨洋前往美国，面见美国时任总统克利夫兰，再横跨太平洋路经日本，决心不踏上日本土地，转乘招商局轮船返回中国天津。

李鸿章巡游世界之旅，除了《中俄密约》外，其他各地大多属于官式访问和观光性质，外国人对李鸿章这个东方著名人物很好奇，而李鸿章本

① 《俄约要盟贻害请将东三省开门通商折》，《张文襄公奏议》卷55，光绪二十七年八月二十四日。

人对西方社会各方面也有了更多亲身感受和实地印象，开阔眼界，胜于他在国内官僚体制之中作口头和笔上的争辩纠结。赫德发现归国之后的李鸿章变化显著，对赫德大谈他在英国与著名物理学家、皇家学会会长凯尔文勋爵的自由交流，慨叹他在日本遭浪人枪击，脸部弹伤，德国医生以药洗而消毒，即使用的是凯尔文勋爵的继任会长利斯特医生发明的药剂。李鸿章在英国和其他西方国家亲眼目睹了真实的士兵、军舰、工厂等，包括列车时刻表，与中国大不相同，而又处处显示生机勃勃，令其感触良多。①

二、变法思潮与"公车上书"

外患转化为内乱，关键在于一些新的因素变量涌现出来，促进现有内部矛盾的恶化，包括方向之争和方法之辩。甲午战争之前的洋务运动，至少有清朝廷的旨意和督抚的支持，内部认同和内部解决，或者调和。而甲午战败之后，朝廷的权威声望大跌，一战即败而为罪人，招人贬视和觊觎，其他潜在势力趁机蜂拥而起，不再默然，各种外国势力渗透更深，掺杂其中，隐蔽于被选中的派别之后。这些更为激进紊乱的活动，使过去三十余年中缓进的过程遭到抛弃，急图探索、引进和变革，出现帝党主持的维新大举、持续党争和暴然大增的内外压力，令清朝廷的聚合力迅速消逝，统治失效加剧。

作为甲午战败的自然反应，国内涌现出各种强兵之说，虽然都以外国侵略瓜分为立论前提，但其核心都不在于抵抗外侮，即使众人期望的新练陆海军达到一定成熟程度，也不会以打败西方军队为目的，真正展开战争行动，当时的有识之士也并没有认为这是一个短期或者中期可以达到的目标，甚至根本不敢想象。清军在中法战争期间与法军陷入地面战役僵局，就此获得之后几年的平静，但朝廷上下并没有就此认为可以真正完全打败法国，将法国势力彻底赶出去，获得平等待遇。即使是维新强军的日本，也是通过对朝鲜和对华侵略战争，向西方列强显示他们的军力和作战决心，才间接令西方人接受日本强军的结果，而不是直接向英国或法国宣战，一战定局。真正幻想以中国现有军事实力对西方宣战，要到1900年，形势最糟别无选择的时刻。

以强兵议题作泛泛而论，加上变法，成为19世纪90年代一些论者的

---

① *The I.G. in Peking,* volume 1,Letter 1041, p1089, 1 November 1896.

新发现。各方人士在洋务运动中以此知名，如冯桂芬、传教士王韬和郑观应，利用他们中西通识的方便之处，写下如《盛世危言》一类的大作，成为甲午战争后维新论浪潮的先行人士。抵御外侮一般是发论的切入点，而重点不约而同地转到内部变法兴革，以引入西方和日本模式，转型社会，演绎到最后，是否能够抵御外侮，已非明确目标。如早期的冯桂芬在《善驭夷议》中所言："今既议和，宜一于和，坦然以至诚待之，猜嫌疑忌之迹，一切无所用。……夷人动辄称理，吾即以其人之法，还治其人之身，理可从，从之，理不可从，据理以折之。"[1]

甲午战争后的瓜分潮中，西方国家已然不再以理计之，图穷匕见，谋利甚急，才招致国内诸多如何应对的言论，也成为帝党谋求变法的依据之一。在此情况下，中方对西方列强以理据之的效果如何，显而易见，自1860年起就极少见效，除了武力支持下的伊犁谈判和中法两国战争陷入僵局的特殊情况而外。

郑观应是洋务运动中的干员，曾经出任轮船招商局的总经理，实际商务经验充足，思想又最为接近西方，其《盛世危言》一书洋洋洒洒，涉及广泛，更是之后维新派政治经济思想之大成。郑观应认为，中国如有形同西方的政治体系，强国强兵的众多问题将迎刃而解，"中国户口不下四万万，果能设立议院，联络众情，如身使臂，如臂使指，合四万万之众如一人，虽以并吞四海，无难也"。[2]四万万人在集权帝制之下如同散沙，不能如臂使指，在各有利益诉求和民意代表派别之后会更有凝聚力，这大概是郑观应在无实例可证之下的臆测，也有可能是受到德国、日本事例的启示而发感慨，其希望以政治变型的方式达到令西方列强缩手的目的，用意明确无疑。

在19世纪90年代裹然而起的各方维新派人士中，康有为因缘际会，最后成为中坚和领袖人物。康有为自认天资聪颖，政治抱负极大，在广东本地以"圣人"自诩，以期有为。他在科举体系中起始不顺，乡试不遂，未成举人，仍为秀才，但有机会到香港、上海巡游，见识殖民地内社会面貌改变的实境。康有为多次撰写长篇奏稿上呈，以期脱离在野之身，未能如愿，只有在民间治学，教授训导，建立了位于广州的"万木草堂"，开山纳徒。为治学招生计，康有为以自创学说为手段，以孔子为工具，撰写了《新学伪经考》和《孔子改制考》，意指自古至今的儒

①《戊戌变法》，第一册，《校邠庐抗议》，第33页。

②郑观应：《盛世危言》，《戊戌变法》，第一册，第57页。

家学说都为虚造，要由他来拨乱反正，"托古改制"，实际上是以古喻今，为当前的变法提供依据。依靠帝党人物的势力，康有为逃脱了朝廷对一般文人异端奇说的实质性惩罚，仅以书稿毁版而了结。

康有为的新著属于急创之作，否则无以建立自己的学术名声，但操之过急，一直未能摆脱抄袭之嫌及恶评。"康有为'伪经考'，谓'毛诗'有十五伪，其说多袭魏默深，则其人之浅躁可知，欲定此大案，而自家不一思索，全赖抄取以了此事，尚得谓有心得哉？"[①]

张之洞、王闿运的学生廖平，自作《辟刘篇》和《知圣篇》，分别写成于1886年和1887年，而康有为的新作出版于1891年和1897年，前者的学术探索之论，可以说是后者的写作基础。廖平为此指责康有为抄袭，在他将书稿出示于康有为后，后者从中自行采取，别撰成书。康有为对此只有回避不答，由他的忠实弟子梁启超间接承认却轻描淡写，"有为盖斯学（今文经学）之集成者，非其创作者也。……后见廖平所著书，乃尽弃其说。……廖平者，王闿运弟子……颇知守今文家法……有为之思想受其（廖平）影响，不可诬也"。[②]

《新学伪经考》不是经典的辨伪考据学术著作，而是为汇集个人与时局相关的思想理论而作，也便于引起轰动效应。[③]为此，康有为的抄袭行为，被当时众多的维新人士刻意遮掩而过，不希望损害康有为日后暴享的大名，而康有为既然当时逃脱了笔墨官司，不需为这一不明智行为付出任何代价，日后更加不屑于谨守事实，善于夸大其词和追求轰动效果，连其忠实弟子梁启超都无法为其作有力辩解。

康有为本人此时对西学并无知识积累和深刻感知，间或读过传教士的刊物《万国公报》，他所创立的这些新学说和著述，仅在原有秩序体系内作翻案功夫，穿凿附会，在新学国政方面自然不如接近西学之人，甚至不如洋务运动中的名臣，与强兵御外侮更是毫不相干，为此必须依靠其他人的著述和西方人的指点。康有为创立"万木草堂"和新学之举的重大收获之一，就是征服了举人才子梁启超，甘认康有为为师，日后人们以"康梁"并称，但梁启超在之后维新变法和保皇事业中的作用及其学术成就，实际上已超过其师康有为而发扬光大。

---

① 陈庆年：《戊戌己亥见闻录》，《近代史资料》，第81号，1992，第111页。

② 梁启超：《清代学术概论》，《戊戌变法》，第一册，第435—436页。

③ 汤志钧：《康有为传》，台湾商务印书馆，1997，第63页。

与民间维新变法活动相对应的，是外国传教士在中国的宗教活动已进入到政治领域中，干预趋势更为明显，方式多样。西方传教士中在这方面最有所作为的，是林乐知和李提摩太，前者一直通过教会报刊《万国公报》散布变革言论，包括关于甲午战争的《中东战纪本末》，也是以总结战争失败原因为借口，在其中尽力加入很多关于中国政治的评论，以增强西方势力对中国政治结构和士人们的影响力。

与林乐知合作著书的中方传教士蔡尔康，认为既然中国从来都不具备自行抵抗外来入侵的能力，那么通过严格遵守对外条约所载明的义务责任，应该可以借用英国的实力保护，维护自己的主权。从遵循条约的基点出发，蔡尔康自然认为刘永福的黑旗军在台湾抵抗日军是荒唐之举，严重违背了与日本政府签订的《马关条约》，违抗光绪皇帝的割让诏令，因此应该让刘永福为违约而受到惩罚，以使条约高于一切，以法律精神抵御外侮。为了彻底西化，更符合西方人的标准，蔡尔康主张中国士人官员都应该学习说英语，带动全国上下都以用英文为先，这样西方人对中国的印象自然好转，中国为英国所属，受英国保护，能够省下强兵打仗的众多麻烦。蔡尔康所论的主旨，就是中国全面对外开放领土，清除所有的贸易壁垒，外国人视中国为各国公有之物，自然不会被强行瓜分掠夺。[①]蔡尔康不仅全力传教，而且兼做打开中国大门的助手，完全符合林乐知以传教教育感化华人的要求。

与林乐知注重知识传播和舆论导向同时，英国浸礼会传教士李提摩太(Timothy Richard)的活动更为脚踏实地。为了教会的发展，他大力推行地方教育，热心灾荒赈济活动，以获得地方官员的好感和朝廷日后给予的许可。1895年9月，李提摩太进京，获得先后面见各位有关朝廷大员的机会，趁机向中枢高层的总理衙门和恭亲王呈上自己拟就的传教章程，"为愚人诬陷教民，扰害教堂隐忧方大，谨陈管见"，尽力向清朝政府证明，传教士和教民都是好人，一向做好事，解除朝廷忧难，所以值得信任，希望政府能把基督教作为中国正式宗教之一，给以保护。[②]

① 陈启云、宋鸥：《梁启超与清末西方传教士之互动研究——传教士对于维新派影响的个案分析》，《史学集刊》，吉林大学，2006年第4期。

②Richard, T., *45 Years in China: Reminiscences by Timothy Richard*, Frederick A. Stokes Company, New York, 1916, p249；《清季外交史料》卷118，第二十四，"总署奏代递英美两国教士条陈中国教务折"，光绪二十一年十月十四日。

李提摩太特意强调传教士进入中国后带来的一些益处，故意忽视不提各地教案和民怨的起因。既然他意识不到各地教案纠纷不止的真正症结，他的奏折基本上毫无意义，仅仅是为基督教士在中国的活动辩解，并借此向政府施压，因此并不能解除朝廷对外国教会及其背后外国势力肆意扩张侵吞的忧虑。清朝廷最后还是屈服于外国势力和各国使节的压力，于1898年7月变法期间，颁布懿旨，采用了李提摩太的讲法，下令各直省大吏全力保护教堂教士，加入了惩罚涉事地方官员这一有效胁迫手段。①

除了热心宗教活动，李提摩太是众多西方传教士中对中国政治活动最为投入之人，交游甚广，与中国文人往来联系，建立信息网络，特别是笼络一些翰林，吸引他们成为追随者，为西方人士工作、发声和内部沟通。在中国的文官制度之下，吟诗唱和的文人，同时也是在朝或在野的政府官员，与他们建立起良好关系，是接触和影响朝政的有效途径。西方传教士为在中国活动方便，建立起"广学会"（Society for Diffusion of Knowledge and General Knowledge among the Chinese，S.D.K.），专门出版面向中国文人的书籍刊物，希望经由这些识字的人，再去影响中国大众。

梁启超在1890年以前，根本没有接触过传教士文化，是一位传统国学学者，但在李提摩太推动的宗教教育运动的影响下，出现转变，甚至特意跑去北京做李提摩太的秘书。李提摩太的一个秘书是蔡尔康，《中东战纪本末》的合著者，另一个就是梁启超，他由此获得了比康有为更多、更直接的西方信息。这些教会教育刊物的内容多被维新人士借用为自己的思想论述和新政纲领，李提摩太等人对此认可甚为自豪，证明该会多年的活动没有浪费。②

李提摩太于1891年接替去世的韦廉臣（Alexander Williamson），成为广学会的总干事，掌握该会实权和大政方针，因此促成传教士与中国文人频繁接触，让李提摩太打通一个接近高官、有效影响朝政的渠道。李提摩太较早前于1896年，就已经拟定了他认为可以接受的变法内容，

①《清季外交史料》卷134，第十八，"懿旨令各直省大吏实力保护教堂教士"，光绪二十四年七月二十一日。

② Richard, T., *45 Years in China: Reminiscences by Timothy Richard*, Frederick A. Stokes Company, New York, 1916, p253.

递交给朝中的翁同龢，内容包括：皇帝应常有两名外国顾问在旁，组成一个八人内阁，一半为满汉官员，另一半为西方人，此外还包括建造铁路、开矿、改币制、外国人协助办报、建立强大海陆军等。据李提摩太称，翁同龢与光绪皇帝对此都已认可。[1]而据翁同龢所记，李提摩太"言须富民富官，归于学人要通各国政事，其言切挚"。翁同龢既未作出实际承诺，也未提及李提摩太最为关心的保护传教士和教民议题，认为此人"豪杰也，说客也"，至于双方对翁同龢赠送李提摩太礼物的记载，倒是一致的。[2]

从帝党的角度看，李提摩太关于外国顾问和新设内阁等条款，会有利于年轻的皇帝加强手中的权力，分散后党势力，当然可以接受，后面数条为朝廷内外共识，并无新意，何况李提摩太并不是这些方面的专家，只是泛泛而论而已。赫德注意到常与李提摩太在一起的翰林们和维新人士正在从事政治活动，利用李提摩太达到他们自己的目的，双方各有进行合作的需要。赫德认为李提摩太本人十分激情热忱，相信他们那些人所从事的活动确实有希望有前途，也很努力地进行实地工作，但他们改革中国、重建体制和推动中国政府的想法，实在是太过于美好。[3]

在推动维新的人士中，也有不在帝党的朝中官员和督抚，包括张之洞，由于李鸿章的一时退隐而显得格外突出。基于他封疆大臣的地位和对洋务运动的贡献，张之洞对西学新政的理解超过他人，作为前清流派大将，他对朝廷时弊和变法必要性的理解，更甚于仍然在野的康有为、梁启超。因此张之洞在推动维新方面的举动，自我行之，既是继承李鸿章的事业，讲求实业实效，也在推动渐进式改变，改掉一些必去弊端，以增强国力和经济实力。张之洞是体制内的重臣，更能体会做出改变的艰难，外患大增的急迫性之下，变法不可避免，问题只在于变法的内容、范围和进度，他当然并不希望一旦变法，整个国家权力和行政系统就完全崩溃，大变而不可控。

---

① Richard, T., *45 Years in China: Reminiscences by Timothy Richard*, Frederick A. Stokes Company, New York, 1916, p256.

② 翁同龢：《翁同龢日记》《戊戌变法》，第一册，光绪二十一年九月九日，第513页；光绪二十二年正月十二日，第516页。

③ *The I.G. in Peking*, volume 1, Letter 1000, p1044, 8 December 1895.

为此，张之洞在推动地方上的改变上不乏积极态度，允许众多改变现状的活动，包括在上海兴办《时务报》，由梁启超主持，张之洞背后支持，基本认同，派自己的亲信汪康年去管理报馆事务，即便后来有不满梁启超的一些过分言辞，也对其怀有保护之心。借助《时务报》，梁启超充分展示了自己的才能才华，跃然成为维新运动中仅次于康有为的全国领袖。对同僚湖北巡抚谭继洵的儿子谭嗣同的各种维新活动，张之洞也不予干涉，放任自流。

张之洞的渐进变法方式，与激进的康有为、梁启超等人之间，不可避免地会产生矛盾冲突，而且他对康梁等人一力贴近帝党的倾向，感到不安，作为封疆大员，取态只能偏为中立。在梁启超越写越激烈、公开攻击朝廷和满人统治时，张之洞不能再隐忍不语，畏惧后患之际，对《时务报》实施了一些限制，由汪康年实际接管，梁启超只好转移到陈宝箴、黄遵宪主持新政的湖南，就任书院重要教职。对一时群情涌起的维新变法舆论，张之洞抱有自己的主张，忧虑过犹不及，因此自撰《劝学篇》，于1898年初发表刊出，"戊戌春，金壬伺隙，邪说遂张，乃著'劝学篇'上下卷以辟之，大抵会通中西，权衡新旧"，以此区别激进维新派和清流派的论说，"奉旨颁行天下"，最后成为全国皆知的名著，更加确定了张之洞朝廷重臣、无可替代的地位。[①]

张之洞反对康有为的《孔子改制考》等新说，《劝学篇》的重点，还是阐明"中体西用"，主张变法救亡，放手引进西学，但只能为我所用，有用即用，必须避免全盘推翻，斩断中国文化根源。变法只是手段，不是目的，牢固邦本才是目的。这与明治维新之后的日本所奉行不变的"和魂洋才"相比，共同之处颇多。张之洞所著述主张者，立论公允，迫近时局实际，朝廷内的两党和社会各派，均无话可说，由此稍稍遏制了激进维新派领袖康梁的风头。张之洞却难免为此而被后世论者视为守旧派，或假维新派，特别是在康梁失败之后发起的舆论战中，以及日后革命舆论中，被列为清朝廷中的主要保守派人物之一。

康有为最终于1893年的乡试中考中举人，拥有了进入官僚体制的最基本资格。这对他来说最直接的影响，就是可以上达天聪，通过体制内的渠道传播自己的主张和思想，而不是只在民间教学度日。

康有为进京参加会试、考进士的1895年，正是清军在甲午战争中连

① 张之洞：《抱冰堂弟子记》，《戊戌变法》，第四册，第230页。

遭重创、李鸿章被迫签订《马关条约》之时，国难当头，如果和战未定，京畿都有可能遭遇日军的兵锋。值此关键时期，国内舆论大哗，拒绝批准《马关条约》，反对和议的章奏势如潮涌（散见于《清光绪朝中日交涉史料选辑》），不少上奏者都是举人和中级官员，如御史给事中、主事、翰林，其中较为突出的一件，是《内阁大学士额勒和布等代奏侍读奎华等条陈折》，包括张之万、徐桐等大臣和近百名官员附署。①他们这样做，一是鉴于对日赔款割地的惨痛损失，要求再战之声不绝；二是帝党中坚人物加以策动，以减轻光绪皇帝在拒签《马关条约》时面对的巨大压力。

康有为是新进举人，原同朝政和重大决策根本无缘，无非发感慨云，"早用我言，必无此辱"，但在群情激愤之时，也会同梁启超，联络各省在京举人，承舆论舆情之潮，凑齐一定数目士子，在他们起草的"万言书"上签名，呈递都察院堂，以图上呈到光绪皇帝处，实现他们拒和、迁都和变法的要求，是为"公车上书"。此时清朝政府各机构内部汇集的奏章本已不少，此时康有为的大弟子梁启超，也在积极替康有为万言书四出活动的同时，于四月初六日（4月30日）和一群广东籍举人共同上书，议题只限于保护台湾，与变法大业毫无关联。②

都察院虽然认为这些外地来京的士子举人人微言轻，即使递交上去，对朝政也无可见作用，更兼他们临时写就的章奏，内容大同小异，甚至可能没有朝廷大臣会亲自阅看，不过经过光绪皇帝和帝党人物的努力，都察院对此类上书已不再阻拦。"各以条陈赴臣衙门呈请代奏，臣等公阅，各该呈词，均系事关重大，情词迫切，既据该举人等各取具同僚京官印结呈递前来，臣等不敢壅于上闻，谨钞录原呈七件，恭呈御览"。③梁启超等外地非官守举人的奏章得到都察院收纳和进呈，也间接证明康有为日后声称都察院拒绝"公车上书"为不实之词。

"公车上书"一事得到西方人的赞赏，李提摩太甚至夸大了康有为个人的影响力和号召力，"一万学生在他给皇上的万言书上签名，包括

① 《清光绪朝中日交涉史料选辑》，台湾文南史料丛刊，大通书局，1984，第197–201页。

② 《清光绪朝中日交涉史料选辑》，第252–255页。

③ 《都察院代递各省举人呈文折》，光绪二十一年四月初六日，《清光绪朝中日交涉史料选辑》，第235–236页。

一千三百名举人"。①经过这一突发事件，故意抬高之下，康有为的个人名声和影响力从居于广东一省或南方地区，波及全国，在政府官员和民间士人中间，已被认为是领袖一类的人物，"公车上书"也就被康梁一派认为是奠定其历史地位的重大事件，载入康有为日后自撰的《康南海自编年谱》。

事实却是康有为一派所述版本过于夸张。所谓的"公车上书"，并没有康有为所声称的如此规模，士人们各有所求，联系本省人士，各自上奏，或已经上奏，连梁启超本人都在康有为还未下笔时（"一昼两夜"），自行上奏，并获接纳。因此这些群情激愤的士人们，完全没有必要单单在康有为仓促写就的文稿上签名。

康有为夸大了他的领袖魅力和组织能力，称有十八省举人汇集在他的手下，"与名者千二百人……尤为国朝所无"，是一场前所未有的盛大群众运动。②实际上集会中的传阅者多，真正签名于万言书之上的人数，大为减少，"文既脱稿，乃在宣武城松筠庵草堂传观、会议"，"集众千三百人"。如此记载当时情况的所谓的沪上哀时老人未还氏，③据考证为身居上海的沈善登，康梁变法运动的支持者，也是为康梁"公车上书"积极造势、日后出版发行《公车上书记》的主要推手。汇集各省举人加入"公车上书"之地的松筠庵，原为明朝杨继盛祠，门面有限，面积为75米乘40米，清道光朝时由住持僧扩建成书房，内可容纳百人，加上室外散布蔓延的庭园阁亭，千人以上同时聚集庵内，想必相当困难，最有可能的情况，是人群来来往往，传观文稿多而签名少，中坚人士只在一两百人左右。

群体讨论的结果，确定签名者数目不定，而向都察院呈递的日期则定为四月初十日（5月4日），但初八日已显示情况不妙："忽于晌午后，大雨震电，风雹交作，逾刻而止，即其时也，是时松筠庵坐中议者，尚数十百人，咸未谋用宝之举，但觉气象愁惨，相对唏嘘，愤悒不得语，盖气机之感召然耶？是夕议者既散归，则闻局已大定，不复可救，于是群议涣散，有谓仍当力争、以图万一者，亦有谓成事不说无为蛇足者。

---

① Richard, T., *45 Years in China: Reminiscences by Timothy Richard*, Frederick A. Stokes Company, New York, 1916, p253.

② 康有为：《康南海自编年谱》，《戊戌变法》，第四册，第130页。

③ 沪上哀时老人未还氏：《公车上书记序》，《戊戌变法》，第二册，第154-155页。

盖各省坐是取回知单者，又数百人，而初九日松筠之足音，已跫然矣！议遂中寝，惜哉！"①

此文著者附列的签名举人名单，其中实为十六省共六百零三人。由于在会议第三日即初九日，松筠庵已经安静如常，举人聚会终止，所以这一所谓签名上书名单，应该是那些日子里的签到簿，记录下前来开会听讲的人数。即使有人确实愿意在康有为的"万言书"上签署，可能只在三四百人之间。"南海举人康有为，方入都应试，率公车三百余人，上书都察院"。②

不仅"公车上书"签署人数不足康有为所称，而且最终因为众人认为大势已去，意志不坚，失望之余，"议遂中寝"，不少人前来取回了参加会议的"知单"，以此谢绝了联署康有为的"上书"，其中包括福建举人邱菽园。③所谓的"公车上书"文稿，可能根本就没有按原计划递送到目的地都察院，留在康有为手中或松筠庵中，也就是说根本没有发生过由康有为领导的"公车上书"这一所谓的重大历史事件。

预计投递上书的初十日，康有为自己也不见踪影，因为他之前已得到消息，自己通过了会试，"榜发，中进士第八名"，连翁同龢都留意到康有为的高中，"吾邑中二人，康祖诒（有为）亦中矣"。④康有为还认为他在之后参加的殿试中，应得一甲状元，全国士子之首，却被仇视他的保守派考官下降至二甲第四十八名。⑤

无论如何，康有为此次科举之途已过数关，升为官方认可的高级士人，即将被朝廷授予相应官职，为此而萌生戒惧心理，离开了聚集在松筠庵的各省众多举人。康有为草就的上书，既没有被排成长列的众多举人群推而隆重呈递，也没有在清朝廷当时收到的大量奏章中占有一席之地。为此憾事，康有为日后把他撰写而未被投递的万言书，列为自己的"上清帝

---

① 《戊戌变法》，第二册，第154-155页。

② 胡思敬：《戊戌履霜录》，卷2，"康有为构乱始末"。府内任职吏部主事，是亲身经历戊戌变法的局中人，虽然官阶不够参与机要，但无碍其记载事变经历和提供细节，由于他对这场变法和康梁活动的看法不同于主流的维新派和流亡海外的保皇派，更具有必要的参照意义。

③ 张海荣：《晚清举人邱菽园对"公车上书"的两次追忆》，《历史档案》，2014年第1期，第113-117页。

④ 翁同龢：《翁同龢日记》，《戊戌变法》，第一册，第512页。

⑤ 康有为：《康南海自编年谱》，《戊戌变法》，第四册，第131页。

第二书"，在其数次上书序列之中，以示其变法维新起源之早。

康有为借助实际上流产了的"公车上书"一事，把举人士子的抗日上书潮，归于他自己的鼓动、发起和组织，一个可能并没有"上书"的人，却成为"公车上书"的领导者，占据群众运动之首位。康有为日后更加出口无忌，进一步把数百人夸大为三千人上书，以为无人会出来发声质疑。清朝廷最后决定批准《马关条约》，康有为所谓"公车上书"这一群体事件的实际效果全无，只挣得康有为个人的名声，暴增其政治资本。

已中进士的康有为被指派到工部任主事，他认为未能获得有分量的政府官职，不符合他的大师身份，入官府后即急于上书，又不获朝廷采纳，因此自称"不为五斗米折腰"，再次集中精力在民间活动。康有为受到"公车上书"活动宣传效果意外奇佳的启发，认定从事政治活动更能扩大声誉影响，奠定他的名士地位，因此留在北京，在安徽会馆内创立了"强学会"，专谈维新变法，集聚随同他推动变法的力量。在当时的时局之下，这一政治会所很受欢迎，先是清流名士，之后连在职高级官员都愿意参与或者捐款，以示他们本人的强国维新意愿。当时职务未定的袁世凯，参与这些政治会所的活动，十分积极，由于他以"知兵"著称，受到了一向与兵事无缘的文人康有为、梁启超等人的认可，之后又说动了张之洞、刘坤一、王文韶这样的朝廷封疆大员，前来捐款赞助。当正背运的李鸿章也为"强学会"捐款时，康梁等人以李鸿章主和卖国为由，将其拒之门外，李鸿章自然十分不快，甚为恼怒（据说此番羞辱成为他日后与维新派分手的原因之一）。①

康有为于1895年10月第一次见到李提摩太，由于他必须在传统经学之外注入西学因素，以配合其变法大师的身份，因此谋求由他自己创办的"强学会"和西方人的"广学会"之间的合作。在此之后，维新人士的主要文件等，都得到李提摩太等传教士的审阅和校正。据李提摩太所记，康有为一派在朝内获得翁同龢与孙家鼐的实质性支持，在西方人方面则得到时任英国驻华公使欧格纳（O'Connor）爵士的积极鼓励，当然还有传教士团体的大力协助和引导，互相往来密切。②

---

① 范书义：《李鸿章传》，人民出版社，2004，第447页。

② Richard, T., *45 Years in China: Reminiscences by Timothy Richard*, Frederick A. Stokes Company, New York, 1916, p254.

中进士之后的数年内，康有为以在全国各地营造舆论和构造社团为主，各地分支组织数量大增，各种名目的会社林立，报刊杂志群出，舆论造势达到相当规模，蔚成风气，至少康有为、梁启超的变法领袖人物的名声已经建立了起来。地方督抚在可能的情况下也引进了不少变法倡议，特别是在陈宝箴、黄遵宪主政的湖南省，有条件在职权范围之内有所兴作，包括创办会所报刊。借德国1897年强占胶州湾之由，康有为再度于会试之际，发动举人，成立"保国会"，由此统筹散布全国的各类组织，筹办未来的"国会"。"乃定于(三月)二十二日开保国会于粤东馆，为草定章程，士夫集者数百，投筹公举演说，举吾登座，楼上下人皆满，听者有泣下者。盖自明世徐华亭集灵济宫讲学后，未有斯举"，康有为十分满意其风头之劲，号召之广。①

而福建闽县举人李宣龚在场有其自己的感受，"迨保国会发起，弟虽到过一两次，其实不过随队观光，并不识有所谓政治思想。即如开会第一日，(康)南海演说俄罗斯问题，容纯甫(闳)、沈子培(曾植)诸人均在场，而杨叔峤(锐)偏当众假寐。……是日听众尔我漠不相属，议论未毕，口口狼藉，此真郑稚所谓，保国会如此，天下事可知矣"。②

康有为插手的这一新组织风头太劲，扩展太快，遭到奏报和弹劾，在保守派严查反击舆论之下，不少人又忙于退会，终于未能成为一大政党。这些蓬勃发展的上下图谋变化的民间思潮，并没有促成变法趋势进入到全国贯彻通行的阶段。

三、光绪启动变法

变法思潮兴起的数年，恰恰是西方列强食髓知味、各自割据中国领土和瓜分权益的时期，1897年德国在山东东部的强夺暴抢，最为令人瞩目和震惊。变法与外患的交汇合流之下，形势明显恶化，但朝廷机构运作依然平稳，新军继续操练，铁路冶炼等重大项目继续进行，而光绪当政、慈禧太后归隐的中枢格局依旧。

康有为仍然试图从体制内入手，以说动光绪皇帝为最主要途径。他以现有工部主事的官衔拟稿上奏，为其"上书"第五折，"愿皇上因胶

---

① 康有为：《康南海自编年谱》，《戊戌变法》，第四册，第143页。

② 李宣龚：《致丁在君书》，《戊戌变法》，第二册，第576—577页。

警之变，下发愤之诏，先罪己以励人心"，然后"明定国是，与海内更始"。其中"自兹国事付国会议行"和"变科举"，关系到重要体制改革，对光绪皇帝来说属于比较新颖的提议，其他诸条则与他人类同，如"一意维新，大召天下才俊，议筹款变法之方，采择万国律例，定宪法公私之分，大校天下官吏贤否""其未游历外国者，不得当官任政"，或"大借洋款"等等。康有为未在此"上书"中大谈"练兵"，估计一是并非其长项，二是强调体制更新，着眼于变法大局。另外一点也很重要，就是康有为提到"听任疆臣各自变法""守旧而不知变者斥之，习故而不能改者去之"，以此照顾变法较积极的地方督抚，并逐渐将各省首脑换为自己一派的人物，从而以地方势力反逼中央。①

此"上书"再次因康有为官位偏低而找不到人代为呈递，而文中也存在一些明显的矛盾之处，如没有去过海外游历访问过的人，就不得出任官职和负重任，而康有为、梁启超两人都不符合这一条件，他们只在国内读过少许传教士翻译过来的西学新书，见识十分有限，却贸然要求得到朝廷重用大用。又如应对德国强占之计，康有为希望"所有新政诏书，虽未推行，德人闻之，便当退舍"，或者"急派才望素重文臣辩士，分游各国，结其议员，自开新报之馆，商保太平之局，散布议论，耸动英日。职以为用此对付，或可缓兵，然后雷厉风行，力推新政，三月而政体略举，期年而规模有成，海内回首，外国耸听矣"。这些不切实际的言论，在有过军务外交经验的朝廷大员听来，太过空泛和乐观，但康有为预期三个月到一两年的变法进程，已经预示了他这一派别所引发的未来过激行动和政局动荡，在所难免。

在这一变法呼声逐渐高涨的数年里，朝廷大局仍然稳定而内乱不显。真正发生全国性变法和重大变乱的时间，是1898年。朝中主政的恭亲王奕訢，位居领班军机大臣和总理衙门大臣，于5月29日病逝。恭亲王过往一直在照顾年轻而又性格敏感偏弱的光绪皇帝，在光绪皇帝和慈禧太后之间，恭亲王也是重要的平衡器，他利用手中的权力操持朝政，兼顾各派利益，特别是维持帝党后党之间的纠纷不致过度倾斜，斗而不破。

恭亲王感受到社会动荡的潜在危机，预测变法要求不息，各类激进举措和组织的潜在危险性，为此他于临终之时，向前来探望的光绪皇帝

---

① 康有为：《上清帝第五书》，光绪二十三年十二月，《戊戌变法》，第二册。

明确提出他的疑虑。"恭亲王奕訢薨。上辍朝五日，命配享太庙，谥曰忠。王弥留时，上入视，张目语曰：闻有广东举人主张变法，当慎重，不可轻任小人也！上颔之。"①

光绪皇帝从未接触过朝臣和外臣之外的各类人士，容易受到新政思潮的影响，着意引为外援，为自己掌实权而张目，有所作为之心不已。恭亲王奕訢去世，令年轻的光绪皇帝不得已依靠一些新晋之人，举措失据。变法的紧急性急剧增高，实际在于帝党后党的尖锐矛盾，于1898年中变得更加表面化和尖锐化了。朝廷中的帝党人士开始活动光绪皇帝完全执政，最简捷的方式就是以变法为名，通过机构和体制的变化，摆脱慈禧太后和后党的牵制束缚，确立光绪皇帝的皇威。

之前光绪皇帝已经允许被一些朝臣名士极力推崇的康有为，在总理衙门与数位大臣对谈，实属特殊恩准和破例之举。面见时间为大年初三，荣禄、李鸿章、翁同龢、张荫桓、廖寿恒一众朝中位重大臣，仍然负命前来办公，听康有为当面阐述变法设想构思。虽然在座各位大臣对大名在外的康有为评价不一，光绪皇帝还是拿到了康有为所著文字，对这一新派人物印象深刻，决心推动众口一词的变法。

恭亲王过世后仅十余日，光绪皇帝于四月二十三日（5月7日）颁布了"明定国是"诏书，开始全面变法活动，就此把民间酝酿已久的地方性变法倡议，变为全国性的政治运动。由他发动的这场由上而下的体制改革，内容逐步涵盖众多领域，包括裁减旧机构、西法练兵、初步的科举改革、设立新式学堂于京师和各省、设立工商产业局等。

光绪皇帝的诏书以"奉慈谕"为言，说明他多次去颐和园征询过在那里颐养的慈禧太后的意见，得到认可，才得以全力推行。慈禧太后最初对于喜好新法而缺乏行政经验的光绪皇帝的意向，并未表示太多异议，身居颐和园数年，自不宜对身在紫禁城的光绪皇帝事事干预指教。变法之初，慈禧太后所为，显示其跟随形势和光绪皇帝的举措而进，"总署代康有为条折，并（康）书三部……并书及前两次折，并俄彼得变政记，皆呈慈览""上奉慈谕，以前日御史杨深秀、学士徐致靖言国事未定，良是，今宜专讲西学，明白宣示"。②光绪皇帝一力推动的变法运

---

① 胡思敬：《戊戌履霜录》，卷一，《政变月纪》；Lanxin Xiang, *The Origins of the Boxer War, a Multinational Study*, Routledge, London, 2003, p32.

② 翁同龢：《翁同龢日记》，《戊戌变法》，第一册，第521-523页。

动，进展和前景如何，均在他与维新派人士的举措和把握而定。

变法初起，光绪皇帝就失去了自己可以依赖的一个重要辅助人物，就是帝师翁同龢。这个被年幼皇帝一度视为最亲近可靠的大臣，此时发生关键性的观念转变，临危畏惧，甚至退而求自保。翁同龢曾经从光绪皇帝和帝党的利益考虑，积极引进康有为、梁启超等民间的维新人士，求为辅佐，两派人物甚至有所重合，有心利用变法主张打开局面，并在恭亲王离去之后，主持朝政，顺带实现自己升为大学士之尊的梦想。但变法一旦发动，光绪皇帝急催翁同龢等大臣推行新政，而下面又面临着新晋维新人士的不断逼迫，压力极大，此时方才体验到执政之艰难，正如当初醇亲王奕譞入值军机处掌实权后，才体会到其兄恭亲王奕䜣处置朝政之不易，一旦入局实际行政，人们对各种常见问题的理解和处置方式，很可能就完全不同了。

翁同龢发生变化的更重要原因，是他此时已经与著名维新人士都有过接触，见识了他们的行为举止后，印象大为逆转，不再如之前怀有的望穿秋水般的热情，连带之后帝党人物也开始与康梁维新派渐次分离。在未面见康有为之前，翁同龢慕其大名，"看康长素新学伪经考……真说经家一野狐也，惊诧不已"，康有为的"野狐"之称，就来自翁同龢，他认为康有为其人其作，虚无缥缈，危言耸听，却当不得国政。之后翁同龢奉光绪皇帝之特命，与几位大臣一同会晤康有为，"传康有为到署，高谈时局，以变法为主，立制度局、新政局、练民兵、开铁路、广借洋债数条，狂甚，灯后归，愤甚，惫甚"。[①]"高谈""狂甚""愤甚"数词，真实概括了翁同龢对康有为的基本印象，确实不佳，此时他本人甚至可能已有后悔和受骗上当的感觉。

基于这些对康有为的印象，翁同龢对来自康梁派维新人士的变法建议，取态转趋消极，不再积极推荐和推行，甚至向光绪皇帝明白表示，自己与康有为等人并无关联，令光绪皇帝大为诧异。"四月初七日……上命臣：康有为所进书，令再写一份递进。臣对：与康不往来。上问何也？对：以此人居心叵测。曰：前此何以不说？对：臣近见其孔子改制考知之。""初八日，上又问康书，臣对如昨，上发怒诘责，臣对，传总署令进。上必不允，必欲臣诣张荫桓传知。臣曰，张某日日见，何不面谕？上仍不允"。[②]关于翁同龢与光绪皇帝的对话的记载还有，"光

---

① 翁同龢：《翁同龢日记》，《戊戌变法》，第一册，第511—520页。

② 翁同龢：《翁同龢日记》，《戊戌变法》，第一册，第522页。

绪帝听到翁公'此人居心叵测'一句话，就问道：'何谓叵测？'翁公答：'叵测即不可测也。'这情形是翁公亲告我父（张謇），我父亲告我的"。①

翁同龢此时似乎已经对康梁维新人士彻底失望，不想与其有任何瓜葛，决定消极抵制他们的倡举，并削弱他们对光绪皇帝的影响，以使局面不致失控。一旦因朝廷内争而乱，必然导致慈禧太后在后党人物的压力下出来收拾残局，反压帝党，这是翁同龢所不愿意看到的。唯有变法进展有序无差，光绪皇帝才有可能在部分获得成功的基础上，真正确立其执政权威，名副其实，最终脱离慈禧太后的管束而独立。但此时康梁对光绪皇帝个人的影响和变法言论的喧嚣尘上，连翁同龢这位真正的帝师，都难以对抗消弭，他这一正统派看来已经败在"野狐"之下，因此退而求其次。

对于其他康梁派人士，翁同龢的评价也大不如前，对"强学会"的骨干陈炽，"陈次亮（炽）来辞行，甚郁郁，此人有志富强，惟持论太高""阅其书，令人不怿"；"谭嗣同，通洋务，高视阔步，世家子弟中桀傲者也"，唯独对梁启超尚未表示贬意。②这其实是因为他与梁启超并无接触，梁启超未入政府实权部门当差，"五月十五日，赏举人梁启超六品衔，办理译书局事务"。③

梁启超未能如康有为般地高升或得实任官职，部分是他个人的原因。"景帝阅报，知梁为康之高足，乃于戊戌春召见康时，嘱令传旨劝梁来京。其年四月，梁氏到京，五月，得召见。清朝故事，举人召见，即得赐入翰林，最下亦不失为内阁中书。是时梁氏之名，赫赫在人耳目，皆拟议必蒙异数。及召见后，仅赐六品顶戴，是仍以报馆主笔为本位，未得通籍也。传闻因梁氏不习京语，召对时口音差池，彼此不能达意，景皇不快而罢（是时梁氏口音，呼孝字如好，呼高字如古，诸多类此，此余所亲闻者）"。④才高志远的梁启超，不意之中吃了只能讲广东话的亏，官话不灵，难以上得官场台面，之后也如常躲在康有为的身后，光芒被其遮住。

---

① 张季若：《南通张季直先生传记》，《戊戌变法》，第四册，第246页。

② 翁同龢：《翁同龢日记》，《戊戌变法》，第一册，第516、517页。

③《戊戌变法》，第二册，第29页。

④ 王照：《复江翊云兼谢丁文江书》，《戊戌变法》，第二册，第573页。

梁启超所获职位偏低，但他所在的单位好歹也是个官家拨款机构，"孙家鼐代奏，梁启超译书章程，发帑金二万两，充开办费，别筹常费月三千金"。①即便此处不合梁启超入仕的初愿，也令他在京城靠拿官俸而衣食无忧。当时梁启超还因《时务报》之事，与张之洞的亲信汪康年之间，在文字官司上打得不可开交，"旧主笔梁卓如(启超)久在湘中时务学堂为教习之事，不甚作文，近以襄卿(汪康年)添延郑苏庵(孝胥)为总主笔，卓如遂与寻衅，恐自此殆将决裂。彼等日言合群，而乃至此，可为发喟也！"②

为此，康有为、梁启超通过两江官府上达天聪，以致光绪皇帝都要亲自插手干预，颁下类似和事佬的谕旨，"著黄遵宪道经上海时，查明原委，秉公议覆电奏，勿任彼此各执意见，致旷报务"。③拉出当朝皇帝作为靠山，委实惹人侧目，"袒康年者，又讥启超一旦得志，遂挟天子，以令钱塘一布衣，两家文字往来，互相攻讦。……识者谓：新党之议论盛行，始于'时务报'，新党之人心解体，亦始于'时务报'"。④翁同龢自然不会去留意这些民间人士的纠纷私怨，因此对维新派内部的争端，一无所知。

正因为翁同龢的态度转变，一向立为帝党和维新派人士依靠支柱的他，开始令急于变法的光绪皇帝感到不快和碍手碍脚，两人从过去的合作辅助，变为争吵不绝。双方关系变得紧张，不时出现"颇致诘难""发怒诘责""颇被诘责"等情形。在慈禧太后和光绪皇帝"今宜专讲西学"的断语之后，翁同龢依然抗声道："臣对：西学不可不讲，圣贤义理之学，尤不可忘。"⑤这对年轻的光绪皇帝是一个莫名的打击，他原先的设想就是内依自己亲信的帝党领袖，外靠激进维新派新人的推动，有了这两方面的合作共谋，才有希望完成变法大业。现在他所最为依赖的帝师翁同龢已然退却，翁同龢甚至不如张荫桓用来顺手，朝中自然就没有什么他可以依靠的老臣了。

情急之下，光绪皇帝于四月二十七日(5月21日)特下朱谕："协办

①《戊戌履霜录》，卷1，《政变月纪》。

②陈庆年：《戊戌己亥见闻录》，第107页。

③《戊戌变法》，第二册，第59页。

④《戊戌履霜录》，卷1，《政变月纪》。

⑤《戊戌履霜录》，卷1，《政变月纪》。

大学士翁同龢，近来办事，多未允协，以致众论不服，屡经有人参奏，且每于召对时咨询事件，任意可否，喜怒见于词色，渐露揽权狂悖情状，断难胜枢机之任，本应查明究办，予以重惩，姑念其在毓庆宫行走有年，不忍遽加严谴。翁同龢著即开缺回籍，以示保全，钦此。"[1]

此时离光绪皇帝宣布展开全国变法，方才四日，光绪皇帝已失右臂，特别是在协调政府内部机构之间的摩擦冲突上面。以往史论概以翁同龢去职为慈禧太后幕后所为，用以削弱帝党，遏制光绪皇帝，但事实则是翁同龢见机之先，预料康梁维新派人士有哄乱之势，故而采取不合作态度，从而令光绪皇帝积愤而怒，有此意外之举措。再加上翁同龢本人也被维新派人士视为保守之人、老旧大臣，加以弹劾，"见起三刻，语多王（鹏运）劾余与张荫桓朋谋纳贿也"。[2]翁同龢为此恶名沾身，又不通西学，处理外务时，甚感头疼，特别是面对那些嚣张蛮横的西方外交官，心中时常怨愤不已。1897年初，翁同龢对过往一年，大诉其苦，"综计此一年，外人要索，循环无端，每从译署归，昼不食，夜不眠，痛亦寝弥矣"。[3]

他对德国亨利亲王访华并谒见光绪皇帝，颇有抵触情绪，而德国公使海靖（von Heyking）宴请数位朝中大臣，李鸿章、庆亲王奕劻和张荫桓均出席，唯独翁同龢不愿屈尊赴宴，自行在家聚友畅饮，以示不屑。在光绪皇帝推动变法之年，翁同龢如此行事，故而有理由被罢官让位。[4]另外，孔祥吉著《罕为人知的中日结盟及其他：晚清中日关系史新探》的第九章，"翁同龢为什么被罢官？"从另一个角度——张荫桓密谈——论证是光绪皇帝将翁同龢罢官。

四、康梁维新举措与党争

虽然光绪皇帝对翁同龢给康有为下的定语，感到心惊，但发布"明定国是"诏告之后，他已毫无退路，即使明知康梁等人可能是"野狐"、事无所成，也只有进行下去。光绪皇帝在罢免翁同龢的第二日，

①《戊戌变法》，第二册，第20页。

②翁同龢：《翁同龢日记》，《戊戌变法》，第一册，第522-523页。

③翁同龢：《翁同龢自订年谱》，第46页。

④翁同龢：《翁同龢日记》，《戊戌变法》，第一册，第522-523页。

得以顺利召见康有为，给予这一四品官员前所未有的单独呈奏的宝贵机会，借此机会验证一下翁同龢的眼光和判断。

康有为将其前几次"上书"中的要点集中禀报无遗，特别以效法日本明治天皇和俄国彼得大帝，振兴强国，最能说动光绪皇帝。他还推出铲除旧臣的办法，以便光绪皇帝在整顿内政时不致彷徨不敢下手。康有为之前曾经讲过杀一、二品大臣数人以立威之语，震撼力太大，容易招致人心惶惶，因此在面见光绪皇帝时，转而建议以俸禄待遇尊崇等方式，剥夺他们的实权，渐退旧臣。康有为所提建议的真正核心，在于"惟有擢用小臣……皇上亲拔之，不吝爵赏，破格擢用"，[①]借机为自己和党人改变非官方身份，谋取更高官位和决策权力。

侍读学士徐致靖在召对之前呈递的奏折中，就大力吹捧康有为可当国家重任，"其才略足以肩艰巨，其忠诚可以托重任，并世人才，实罕其比"，让"皇上置诸左右，以备顾问，与之讨论新政，议先后缓急之序，以立措施之准，必能有条不紊，切实可行，宏济时艰，易若反掌"。[②]按此思路设计，康有为觐见之后，即可期待皇帝对他大用特用，也有可能令他进入军机处，对光绪皇帝具有很大影响力。[③]

即使光绪皇帝确实欣赏他的才华(此时尚难见其才能)，也无法随后立即委以重任，只给了他总理衙门章京的职务，此后再也没有召见过他，"上眷有为甚，时有宣问，密授(廖)寿恒达之，有为诸陈奏，亦缘寿恒得进"，经中间人传达信息。[④]光绪皇帝之后更下令杨锐、刘光第、林旭和谭嗣同，"同入军机，参预新政，分班值日，拟谕旨，批答章奏"，杨锐"宿望在林谭刘之上"，而对这四位人士的重用程度，都在康有为之上。[⑤]

看来翁同龢临别前的意见起了一定作用，虽然康有为维新派领袖的声望尚且可以加以利用，但马上任用他总制国家大计、操控一切，显然是轻率的。失去翁同龢，光绪皇帝的变法事业已略显勉强而盲目急躁，在他所信任的翁同龢不在场的情况下，光绪皇帝无法克制冲动，许多一时

---

① 康有为：《康有为自编年谱》，《戊戌变法》，第四册，第146页。

② 徐致靖：《保荐人才折》，光绪二十四年四月二十五日，《戊戌变法》，第二册，第336页。

③ Richard, T., *45 Years in China: Reminiscences by Timothy Richard*, Frederick A. Stokes Company, New York, 1916, p262.

④ 胡思敬：《戊戌履霜录》，卷2，"康有为构乱始末"。

⑤《戊戌履霜录》，卷4，《党人列传》。

举措和谕旨，若在翁同龢旁侍的情况下，必然不会发生，可以避免很多不必要的争端和麻烦。事已至此，光绪皇帝只有依靠新近提拔的一些人，如杨深秀、杨锐等，但他们地位过于偏低，不足以排解光绪皇帝面对的难局，也无力推动各部院衙门和外省督抚尽心配合，还是要由光绪皇帝消耗自己的皇权威望和政治资本，去促成某事，结果经常灭火不暇。

康有为若按照皇帝旨意前去总理衙门出任章京，就要准备在现有大臣手下打杂服务，这自然不是这位想做帝师和宰相的名士愿意屈尊去做的。作为一个任职闲散部门的主事，又未经耗时多年的例行总理衙门章京的考试候补，却被特旨直任被公认为是优差的章京职务，已是光绪皇帝对初次见面的康有为的格外优待，但康有为意不在此，力图即时担当皇上的左右顾问。①

康有为一直没有去总理衙门上班，有意离京南下，之后继续在京撰写奏折，或为有资格上奏折的人代写，主要是御史宋伯鲁、杨深秀和学士徐致靖，借以言志。同样属于维新派的南通人张謇，此时已与康梁一派的核心人物渐有疏离，"我父（张謇）看了康的居处见客，排场很大，意气过嫌豪放，不大平正，心里就很不赞成……查看光绪二十四年我父在京的日记，那时候在京，已经听说康等有很不审慎的变法，我父不赞同这种轻举，所以见面也曾经竭力劝过，既然劝过，自然不会预闻他们的策画，他们也当然不引我父为同志。当时恭王一死，我父即料定朝局将大变，等到翁公开缺回籍的上谕下来以后，更觉得大难立至，就去见翁公，引了朱子答廖子晦的话，劝他赶速的走。……我父六月初七也跟了回通州"。②

因无具体负责职权范围，以一章京身份无从推动军机处，又不愿详细落实新政举措，康有为采取其一贯做法，大谈宏观全局，避谈具体实行。这一务虚风格在他与诸位大臣面谈时，翁同龢、李鸿章等都已领教过了。康有为之所以这样做，也有他自己认为合适的道理，在一篇重要奏折中讲得很清楚：

"故臣请变法，不欲言某事宜举，某事宜行者，恐虽诏行，难收成效，必至与总署使馆海军船厂电线铁路矿务制造厂同文馆，同为守旧者，藉口攻扰而已。故今欲变法，请皇上统筹全局，商定政体……今欲行新政，但听人言，下之部议，尤重者，或交总署枢臣会议，然大臣皆

① 茅海建：《从甲午到戊戌》，生活·读书·新知三联书店，2009，第439—440页。
② 张季若：《南通张季直先生传记》，见《戊戌变法》，第四册，第247页。

老耄守旧之人，枢垣总署，皆兼差殷忙之候，求其议政详善，必不可得也。臣前请用日本例，开制度局于内廷，选天下通才任之，皇上亲临，日共商榷，其有变法之折，并下制度局商议，拟旨施行，然后挈领振裘，目张纲举，新政可行，自强有效。"①

当康有为一派最终获得光绪皇帝的赏识认可而启动变法时，他们需要即时提供变法改革的具体实施方案。康有为在其奏上的"应诏统筹全局折"中（即"上清帝第六书"），作一初步设想，建议设立中枢"制度局"，作为统筹革新的总机构，包括众多功能，"制度局总其纲，宜立十二局分其事"。②各局有法律、度支、学校、农局、工局、商局、铁路、邮政、矿务、游会、陆军、海军各局。如此设置，实际上准备以这些局制取代现行六部，再直属皇帝，施政于全国。

康有为的基本想法，就是再立一个新的内军机处，以他为首，全部由认可的维新派人士出任，不再被原有大臣们拒之门外，而是直通上天，是自认天聪的康有为替自己设计的最佳当政职位。所以他一直坚持要设立这样一个机构，即使"制度局"在军机处和总理衙门大臣合议后被否定了，康有为仍然再提出以"懋勤殿"承担类似于"制度局"的角色。至于日本是否有个"制度局"，或者他们的明治维新是否有了一个"制度局"才获得成功，康有为并不关心，也知道没有大臣会去认真考究（"明治宪法"1890年颁布，是为明治二十三年）。他所要达到的目的，实际上就是把原有国家机构的行政权和人事权，全部拿过来，在完全巩固权力基础和统治局势后，全部撤除已被架空的原有部院。对于康梁派人士来说，这也是从体制外获得官职的更好途径。这样一来，新晋人士不可能不同原有机构的既得利益者发生矛盾冲突，权力重新分配，必然引来政府内部的各种乱象。"朝论哗然，谓此局一开，百官皆坐废矣"。③

此时身在北京东华门外金顶庙暂居的容闳，也及时设计出一个庞大的依靠美国的新政蓝图，令康有为等人大为倾倒，成为他们整体变法规划中的重要一环，他们的变法计划如有成功的一线希望，压倒目前正在

---

① 康有为：《敬谢天恩并统筹全局折》，《戊戌变法》，第二册，第214—216页。
② 康有为：《应诏统筹全局折》，见《戊戌变法》，第二册，第197页；范书义：《李鸿章传》，人民出版社，2004，第455页。
③ 胡思敬：《政变月纪》，《戊戌履霜录》卷1。

实施的洋务运动未竟项目，就要拿出筹钱融资的切实办法，而容闳动辄数亿两巨款的庞大计划，不可能不让他们动心。

康有为通过山东道监察御史宋伯鲁，于1898年3月9日向光绪皇帝呈递了"为地侵权，国势危急，请统筹全局，派员往美集大公司折"：

> "胶州湾事变后，国势既弱，日处窘乡，危机万分，只有统筹全局，开办一大公司，集款数万万，准其开办各省铁路矿务，而责令该大公司报效七事：购大钢板铁甲船约三十号；沿海天津、烟台、上海、宁波、福建、广东，设水师学堂六所，照英之武翼，美之安那保理师规制；内地、直省府县皆设工艺学堂；各省设立铁政局、枪炮厂、火药局；延请洋将，练兵百万，皆令出给饷饷；筑沿边紧要炮台；直省各设银行。统计需款约五万万两为度，皆限一年之内，一律举办。其铁路矿务利益，酌分成数，归于国家。似此不假借贷，不事搜刮，坐获巨款，以举大事，救急之策，图存之计，未有过此者也"。

奏折中又提到：

> "臣查中国民穷商匮，不能举此，于万国之中，美国最富有，又不利人土地，若召集美商办此，彼必乐从。惟需得该国敬信之人，方能召集。臣闻江苏候补道容闳，少年游学美国，壮岁又奉使差，久于美地，前后二十余年。其为人朴诚忠信，行谊不苟，深为美人所敬信。若容闳往美召集，必有可成。惟兹事体大，恐俄德法因而生忌，尤非慎密不可功。如蒙垂采，请发秘旨，速派容闳往美，集此公司，不必声明，以免各国生心"。[①]

另一掌京畿道监察御史陈其璋，同声附和，上奏倡言："若酌拔长江省份及法德屯兵附近各处之厘金作为抵押，美必允从，将来各国俱不能进步，无不受其牵制。但必须得美商信服之人，方易集事。查江苏候补道容闳在美读书多年，官商推重，如遣与美商速行订借二三万万两，一月之内，必可有成。"[②]

---

① 孔祥吉：《略论容闳对美国经验的宣传与推广——以戊戌维新为中心》《广东社会科学》，2007年第1期。

② 孔祥吉：《略论容闳对美国经验的宣传与推广——以戊戌维新为中心》《广东社会科学》，2007年第1期。

呈递这一奏折之时，容闳的铁路融资计划才刚刚开始，弊端未显，名声未损，所以变法人士都对他的全面美国化计划充满信心。康有为受此计划激励，已经勾画出六亿两白银的虚拟收入，拨出其中的两亿两在三年中建成全国铁路。康有为对这一计划的十足信心，表现在他坚持将其列入日后编撰的《自编年谱》中。

出乎他们所料，如此前景美好的变法计划，军机处和总理衙门都淡然处之，奏折"留中"，"面奉谕旨，'该衙门知道'"。这种消极反应，自然被维新派视为朝廷愚昧腐朽、不可救药的实例之一。事实当然比这一推测和抱怨要复杂得多。对长期从事洋务运动的朝廷大员来说，容闳的建议不异纸上谈兵，短期内筹款六亿两白银只能是天方夜谭，将全国铁路、矿产都抵押给美国一国，更是匪夷所思，他们不会轻易为之所动，至少要等到容闳经手的另一铁路计划确实见到成效之后，才有商量余地。

容闳在商业经营中从未有过成功经验，并无能力掌控如此庞大的国家项目。容闳在美国政界、商界原本都严重欠缺影响力，没有具实力的支持者，又失去美国公民身份，招商效果必然令人失望，根本做不到招之即来，一月之内完成融资。事实证明，"容闳对于军事与财政，皆为外行"。[1]

维新派人物均无实际从政经验，操之过急，对容闳的委托超过他的实际能力太多。对容闳本人来说，更为重要的是拿到清朝政府赴美招商官方代表一职，如同当年曾国藩授予他赴美留学幼童计划负责人和驻美副使的身份，令其终生受用不尽，包括获颁美国荣誉法学博士，直到20世纪初叶，还被美国人奉为贵宾，出席耶鲁大学的开学毕业典礼，因此他对能够再次出任清朝官职，无疑是非常之向往。

另一方面，容闳的这一方案在美国并无成功希望，美国尚无如此雄厚的财政力量，远不如英国、法国，若独吞中国利益，又必将侵犯其他列强的势力范围，引发激烈反应，特别是英国、俄国。宋伯鲁在奏折中特意指出，朝廷对此事要发密旨，这无疑表明，那些维新派人士自己都担心美国政府会顶不住来自西欧强国的压力和反弹。正是因为美国在中国市场上落后于其他西方国家，才提出"门户开放"政策，以便分享利益。

19世纪末的美国政府，很难说有决心按照容闳的热心大胆设计，不

---

[1] 茅海建：《从甲午到戊戌》，生活·读书·新知三联书店，2009，第351页。

顾后果，独力全盘接过中国市场。容闳的美国朋友、著名作家马克·吐温，对容闳向美国政客们求援的幼稚想法，私下不以为然，不过他认为容闳自1896年以来就在中国活动，不了解美国及其政府财政现状，也勉强情有可原，但是很显然这位在美国生活了数十年和受过大学教育的人，仍然不了解美国和美国人。①

在康有为自己撰写的奏折中，也把容闳可能做出的招商财政贡献，置于变法即将涉及的铁路、军事等重大兴作的中心环节，因为预计耗费巨大，必须有足够财政资源支撑，数字惊人，才有可能说动急于成功的光绪皇帝：

"凡七十万人，以二十军（每军七千人）防辽，十军防蒙，十军防新疆，四军防藏，六军防滇桂，乃足以建威销萌，每成军须百万，则须万万矣。其各地陆军校及大校，皆当次第营办，虽至撙节，陆军须一万万两。……甲午之役，海军尽歼，今不可不亟图恢复之。……并营各海港与海军校之营办，计海军略须一万万两。……创办之始，铁路之费，必须三万万两。臣统合计之，应须六万万两，诸政乃举，国治乃完。……

"若用臣策，统筹全局，遍举百度，则可大借公债，以六万万两为额。吾国先办国家银行以寡之，分立银行于纽约、伦敦，而募于美国为尤易。江苏补用道容闳，曾使美国，可用募入，既得如额，海陆军、铁路民政，刻期举办，限定岁月。应支额款各万万计，皆未即尽需也……以此六万万存贮于总银行，而改定金币发行公债纸钞，增其倍数，听民间银行以实业押款，则国有币十万万，常行流通。……民间得十万万灌输，则工业盛而商业荣，农林矿渔垦殖，随之而兴，中国之富强，可计日致也，三年而规模起，六年而人才成，政治立，十年而霸。"②

康有为将这一切都说得如此容易，似乎只要容闳这位美国华人出场拿到政府许可，从美国拿回数亿两白银，一切问题都会迎刃而解，至少这是容闳给予他的印象。对根本没有经营过财务和国库的康有为来说，一切数字均可招之即来，都要服从他的理想变革规划和设定进程。然而，容闳在兴办铁路中的失望表现和他全盘投靠美国计划的落空，也让康有为向光绪

① *Mark Twain to Reverend J.H. Twichell*, July 28 1901.

② 康有为：《请计全局筹巨款以行新政筑铁路起海陆军折》，光绪二十四年七月，《戊戌变法》，第二册，第255—258页。

皇帝大言推荐的全局统筹、三年见效之大局妙策，随之成为空中泡影。

急于求成的光绪皇帝，以为康梁等维新人士已经谋划妥当，就此从他们上奏的条文中，取材而出，所以才能频繁颁布谕旨，平均一天一旨，涉及广泛，实际效果却是令廷臣和内外臣工，以及外地督抚，都措手不及，应付不暇。

除此之外，为打开僵局和突破原有朝臣堵塞言论的障碍，康梁派人士对现有官僚制度内的人员发起冲击，弹劾不止，以震荡官场和逼迫旧人退出。御史宋伯鲁、杨深秀弹劾总理衙门大臣、礼部尚书许应骙，"守旧迂谬，阻挠新政"，光绪皇帝就此责令许应骙回奏，准备借机辞退和整顿该部，正好符合康有为替换旧臣的基本设想。但许应骙不惧反击，反而直指维新派领袖康有为的不是：

"该御史（宋伯鲁、杨深秀）谓臣仇视通达时务之士，似指工部主事康有为而言。盖康有为与臣同乡……始行晋京，意图侥幸，终日联络台谏，夤缘要津，托词西学，以耸观听……嗣又在臣省会馆，私行立会，至二百余人，臣恐滋事，复为禁止，此臣修怨于康有为之所由来也。比者敕令入对，即以大用自负，向乡人扬言。及封旨充总理衙门章京，不无觖望。因臣在总署，有堂署之分，亟思中伤，捏造浮辞，讽言官弹劾，势所不免。前协办大学士李鸿藻，尝谓今之以西学自炫者，绝无心得，不过藉端牟利，借径弋名，臣素服膺其论。"[1]

鉴于宋伯鲁、杨深秀两位御史所奏阻挠新政理由含糊，部院堂官指责康有为这一工部主事也并非大罪，光绪皇帝因担心官府内部互相攻讦，党争不断，康梁四处树敌，颇为不利，因此对双方都不再追究，将事情压了下去。"本月初二日有旨，令应骙明白回奏。本月初四日奉旨，既据陈明并无阻挠等情，着即无庸置议。"[2]

五六月间，光绪皇帝由上而下的变法过程处于胶着对峙阶段，双方对抗并未达到激烈程度，维新派人士遭受迂回阻碍和消极抵抗，所设计的革新措施并未得以实地实施，因此局面相对平静。即使一些震撼力极

---

[1] 许应骙：《明白回奏并请斥逐工部主事康有为折》，《戊戌变法》，第二册，第480—482页。

[2] 陈庆年：《戊戌己亥见闻录》，《近代史资料》，第81页，中国社会科学出版社，1991，第115页。

大的预定措施，也在反应不佳的情况下得到修正。"谕内阁：……其通政司、光禄寺、鸿胪寺、太仆寺、大理寺等衙门，事务甚简，半属有名无实，均著即行裁撤，归并内阁及礼兵刑部办理。"① "戊戌变法，首在裁官，京师闲散衙门被裁者，不下十余处，连带关系因之失职失业者，将及万人，朝野震骇，颇有民不聊生之戚。"②

仍在朝中办事的李鸿章对这一激烈措施将带来政府社会动荡，感到不安，提出修正方案，由吏部查明各机构被裁人员，转移分流到各部，"臣等窃惟裁并官职，诚为今日当务之急，然各衙门承办多年，另该旧规，非取其素有交涉者，以类相从，不足以臻妥善。谨案会典内载，詹事府掌文学侍从，拟请归并翰林院；通政司掌纳各道题本，拟请归并内阁；光禄寺恭办典礼，鸿胪寺掌朝会燕飨，拟请归并礼部；太仆寺掌牧马政令，拟请归并兵部；大理寺掌天下刑名，拟请归并刑部。惟归并之后，事既更张，有同新创，其中头绪繁多，一切事宜，非仓猝所能遽定"。③

经此协调之后，事态才稍微平息，"诸翰林始知不在议裁之列……言者犹喧嚣不已"。朝内大臣的妥协调和，总算略为减轻上谕叠下带来的京城政府机构内部的波动紊乱。④但那些涉事单位仍然经历了一场骤然混乱而带来的损失。"太仆寺一应事件应归并兵部，事隶车驾司……特派余（陈夔龙）专办此事。……当往该寺查看情形，讵寺中自奉旨后，群焉如鸟兽散，阒其无人，匪特印信文件一无所有，即厅事户牖，均已折毁无存，一切无从著手。……乃敕部吏特约寺中得力之书役来见，善言晓谕，以安其心。"⑤

到了七月以后，维新派耐心已失，开始采取更为激烈急迫的攻击手段和措施。八月下旬，袁世凯在给徐世昌的信中说："内廷政令甚糟。吴懋鼎、端方、徐建寅同得三品卿衔，督理工农商三事，津上哗然，他处亦可想见。"⑥吴懋鼎原为外商买办和铁路总办，被朝廷任命为主持农工商总

①《戊戌变法》，第二册，光绪二十四年七月十四日，第65页。

②陈夔龙：《梦蕉亭杂记》，《近代稗海》，第一辑，第382页。（陈夔龙是清朝最后一任直隶总督）

③《大学士李鸿章等折》，光绪二十四年七月二十日，《戊戌变法档案史料》，沈云龙主编，文海出版社，台北，1974，第174—175页。

④胡思敬：《政变月纪》，《戊戌履霜录》卷1；苑书义：《李鸿章传》，2004，第454页。

⑤陈夔龙：《梦蕉亭杂记》，《近代稗海》，第一辑，第382页。

⑥《袁世凯致徐世昌函》，光绪二十四年七月，《近代史资料》，总37号，第13页。

局，曾经造出中国第一艘蒸汽动力船"黄鹄"号的科学家徐建寅，此时主持工部，年仅三十余岁的直隶道员、旗人端方主持农务，既实现了康有为"制度局"的部分设置，也借此剥夺原有部堂的权力。这一新设局制，本来是维新派推动变法以来少见的切实成果，但处置实属匆忙，最初三人"共署局务……然以一局责成三人，往往执意见互相訾謷，每晨起议事，日中未有所决，王文韶患之"，之后才由三人各自分工。①

许应骙受弹劾一事并未完全过去，光绪皇帝本人也失去耐心，只是等待另一个时机再度爆发，痛击被他认为是保守派的人物。礼部主事王照为变法事上书，除"请专设教部"的有益建议外，还有"请皇上奉皇太后圣驾巡幸中外，以益光荣而定趋向"的格外设想。②

后一建议遭到保守派人士的集中攻击，将其视为变法派的轻浮妄动，将导致朝政危险的明确证据。即使在变法维新人士十分崇仰的日本，天皇和王储也从无出洋巡游的前例，明治天皇睦仁在日本国内也尽量减少外出，19世纪80年代曾经有明治天皇巡游欧洲的计划，但在国内保守派的大肆攻击下，被迫取消。保守派提出的理由，就是被视为神的天皇会被西方文化污染，不可接受。大正天皇嘉仁访问美国的计划，也被所谓的医生反对的理由所阻止。直到1921年，王储裕仁(后昭和天皇)才首次出国赴欧洲巡游访问。③

与此相对照，王照的这一新颖建议当时确是惊人之论。问题并不在于王照奏稿的内容和嗣后反应，而是上奏的程序。礼部各位堂官都不认可主事王照的奏稿，更不愿代递。礼部尚书怀塔布虽然勉强代递，但汉尚书许应骙"会六堂联衔，参照挟制无礼"。这些涉事官员似乎违抗了光绪皇帝"广开言路""原封呈进，毋庸拆看"的旨意，再加上许应骙又涉其中，"已大犯时忌"，因此遭到光绪皇帝严惩，不再姑息，"岂以朕之谕旨为不足遵耶？若不予以严惩，无以惩戒将来"。④醉翁之意不在酒，意在显示乾纲独断。光绪皇帝于9月5日将礼部堂官两尚书四侍

---

① 胡思敬：《政变月纪》，《戊戌履霜录》卷1。

② 王照：《礼部代递奏稿》，光绪二十四年六月，《戊戌变法》，第二册，第351-355页。

③ Seagrave, S., *The Yamato Dynasty, the Secret History of Japan's Imperial Family*, Bantam Press, 1999, p102.

④ 《戊戌变法》，第二册，光绪二十四年七月十九日，第73页；胡思敬：《政变月纪》，《戊戌履霜录》卷1；《戊戌变法》，第一册，第365-366页。

郎一并立即革职，反之嘉奖王照三品顶戴，以四品京堂候补。许应骙毕竟没有逃过一劫，输给了以皇帝为后台的维新派御史言官，力荐康有为的翰林院侍读学士徐致靖，随后被指定署理礼部右侍郎。[①]

光绪皇帝为了缓和全贬一部堂官的激烈措施的严重后果，不得不在湖南举人曾廉再出而弹劾康梁"叛逆"时，不再作类似的过度反应。曾廉本人官位卑微，实际上是依靠光绪皇帝允许司员士民自行上书的新规定，才得以将自己的奏章成功呈递的。"臣今请以死尝试，以成我皇上纳言之盛"，为了弹劾维新派领袖而准备冒被处死的威胁，说明当时推动变法的风流人物，实际上已掌握了官府中人的生命生计，势力逼人。

谭嗣同显然受到王照一案结果的鼓舞，认为光绪皇帝一向站在他们一边，无所顾忌，对曾廉攻击本派领袖和变法大师，怒不可遏，发出杀人威胁，拟旨诛曾廉。但光绪皇帝在之前一番雷霆之怒后，恢复少许冷静，减轻躁动。更何况皇上下旨求言，王照所奏是言，曾廉所奏也是言，并没有说只许维新派人士上奏。谭嗣同等新晋之人，原本就是通过弹劾朝中官员而刚刚"著赏加四品卿衔，在军机章京上行走，参预新政事宜"，一入朝廷中枢，马上就因本派领袖遭受弹劾，大言处死下层官员或并无官职的举人，显然是自相矛盾的行为。部院堂官因为阻止属员上言而一并丢官，实际上已经是过重的惩罚，毫无前例可依，光绪皇帝若再予上言者以死刑，将无法就重新堵塞言路、出尔反尔向天下交代（"谭嗣同见疏大愤，拟旨诛廉，上曰：甫诏求言，而遽杀人以遏，非所以服天下也。不许"）。[②]

更为难处的是，曾廉所奏中，还包括指摘梁启超的附片，列入"君统太长""扬州十日"等忌讳言论，指梁启超直骂清朝皇室祖宗为"民贼"。即便如谭嗣同一般掌握他人命运的朝中红人，对此也无从辩解，如果一同呈到慈禧太后处，政治风险极大，可能提早爆发政坛风云狂潮。[③]因此光绪皇帝不再对维新派人士言听计从，如对王照一案般立即下旨，而是将谭嗣同所拟旨意按住不发。

---

① 《署礼部右侍郎徐致靖折》，光绪二十四年七月二十六日，《戊戌变法档案史料》，台湾文海出版社，第164页。

② 胡思敬：《党人列传》，《戊戌履霜录》卷4。

③ 黄彰健：《论〈杰士上书汇录〉所载康有为上光绪第六书第七书曾经光绪改易》，《清史研究》，1996年第4期。

李鸿章对这一并不如皇帝本意的变法局势，静观其变，他历来对言官无好感，在言官的弹劾中度过后半生，以致深恶痛绝。[1]因此他对维新人士主政的变法局势并不乐观，虽在总理衙门行走，仍然特意避开朝政的争执，而不公开明显地偏向一方。即便如此，光绪皇帝在维新派人士的鼓动下，令"李鸿章、敬信，均毋庸在总理各国事务衙门行走"，将其闲置。[2]

目前朝中主要大臣里面，李鸿章坐视旁观兼被排挤，维新派成功，符合他之前大力推动洋务运动的本意，如果他们失败，朝廷出于稳定政局的原因，也会从引进维新新人返回到依仗像他一样的老臣。另一大臣荣禄，以文渊阁大学士出任直隶总督北洋大臣，资格足够，在翁同龢离开后更负重任，特别是受慈禧太后之命任直隶总督、北洋大臣，坐在之前李鸿章的位子上，成为统京畿附近各路军队的首领，也是袁世凯新军的顶头上司。荣禄听从慈禧太后指挥，也关注变法是否会影响满族朝廷和政府整体的利益。

另一朝中大臣张荫桓，原与维新派关系甚为接近，"是时德宗亲信，以张荫桓为第一，其为人最奸贪"。[3]张荫桓一度是在朝廷内推荐康有为最有力的大臣，又因其洋务和外使经历，深得康有为信任和依赖，"有为尝单骑造荫桓门，密谈至夜分，往往止宿不去"。后来张荫桓与康梁逐渐分道扬镳，"贵幸用事，乃更相倾陷，王照劾荫桓滥保革员疏，即有为代草"。[4]康有为在朝内再无可靠大臣为其奔劳努力，只有一些御史言官，加上孤立的光绪皇帝。张荫桓虽然与维新派人士相交甚广，毕竟与康梁派骨干不同，也步翁同龢后尘，受到言官的弹劾。这些大员本来身居高位，有可能减少摩擦阻碍，并适当调和光绪皇帝与慈禧太后的关系，但光绪皇帝自变法之前就对他们持怀疑排斥态度，所以对他并无有效助力。

此时朝廷之内各部关系紧张，即使在仅靠皇恩才破格进入军机处的几员新派人士之间，矛盾渐生，并不融洽，在切实操作行政之后，有分道扬镳之势。最为资深又有张之洞支持的四川绵竹人杨锐，年逾四十，

① 范书义：《李鸿章传》，人民出版社，2004，第415页。

②《戊戌变法》，第二册，光绪二十四年七月二十二日，第77页。

③《礼部代递奏稿》，《戊戌变法》，第二册，第355页。

④ 胡思敬：《党人列传》，《戊戌履霜录》卷4。

为张之洞通过湖南巡抚陈宝箴而推荐至军机处，"张于京师消息，一切藉君，有所考察，皆托之于君，书电络绎，盖为张第一亲厚之弟子，而举其经济特科，而君之旅费，亦张所供养也"。[①]

已为京官的杨锐，实际上早有计划离开京城，返回家乡，"即欲归视，俟秋冬间为宜，此时暂留，勉应特科，以副师望，以光盛典"，"同人均欲叔峤暂缓出京"。[②]这一返乡计划被光绪皇帝特旨提拔他为军机处章京所打断，更加重任在肩，无法追随张謇离京的前例。

杨锐原本就是内阁中书，有望选中军机处或总理衙门章京，并不一定要像其他三位同事，需等待光绪皇帝特恩赐予。"决疑定难，枢垣旧僚皆拱手推服，每一起草，条理精密，往往数百言无一字移易"，[③]他之前所积累的丰富行政经验，此时用来辅佐光绪皇帝执政，甚为得力，在激进和保守两派当中，也更为可靠。

但杨锐对更为激进的谭嗣同等人日渐不满。新军机章京福建人林旭，是前朝廷重臣沈葆桢的孙女婿，年仅二十四岁，杨锐实为其老大哥，另两位新军机章京，刘光第与杨锐背景立场接近，谭嗣同则是另外一个极端。杨锐的政见和变法主张，倾向于张之洞一派的稳健改良，对以帝师狂妄自居的康有为，看法负面，并不愿像谭嗣同一样，事事接受身在局外的康有为的暗中指挥。"戊戌新学之士渐起，言论过激，先生虑朝士水火，非得学有经术、通知时事大臣，居中启沃，弗克匡救。"[④]身在军机四新章京之中，杨锐称谭嗣同、林旭为"鬼幽""鬼躁"，前者经常与康梁等私下密谋，行迹诡秘，后者年轻盲目，行动急躁，"同列如此，祸可知矣"。[⑤]

尽管杨锐愿意向光绪皇帝提出化解执政矛盾的正面建议，但很快就萌生退意，"每日发下条陈，恭加签语，分别是否可行，进呈御览，事体已极繁重，而同列又甚不易处，刘与谭一班，兄与林一班，谭最党康

① 梁启超：《杨锐传》，《杨叔峤先生文集》。

② 《王秉恩致杨锐》《王秉恩致乔茂萱》《张之洞（湖广总督府）往来电稿》，1898年8月13日，《近代史资料》，总109号，2004，第13页。

③ 黄尚毅：《杨叔峤先生事略》，《杨叔峤先生文集》。

④ 黄尚毅：《杨叔峤先生事略》，《杨叔峤先生文集》。

⑤ 高树：《金銮琐记》，《近代稗海》，荣孟源、章伯锋主编，四川人民出版社，1985，第一辑。

有为，然在直尚称安静，林则随事都欲取巧，所答有甚不妥当者，兄强令改换三四次，积久恐渐不相能。现在新进喜事之徒，日言议政院，上意颇动，而康梁二人又未见安置，不久朝局恐有更动。每日条陈，争言新法，率多揣摩迎合，甚至有万不可行之事，兄拟加遇事补救，稍加裁抑，而同事已大有意见。今甫数日，即已如此，久更何能相处。拟得便即抽身而退，此地实难以久居也。……七月二十八日兄锐自京师绳匠胡同书寄"。[①]

在另一方面，康梁派人士也有遇难而退的心态萌生。康有为之弟康广仁，在仕途热衷和变法热情上，都不如其兄，因此一度劝康有为不必强求成功而计谋百端，"伯兄规模太广，志气太锐，包揽太多，同志太孤，举行太大，当此排者、忌者、挤者、谤者，盈衢塞巷，而上又无权，安能有成？……弟且力言，新旧水火，大权在后，决无成功，何必冒祸。……乃与卓如谋令李芯园（端棻）奏荐伯兄出使日本，以解此祸。……伯兄思高而性执，拘文牵义，不能破绝藩篱"。[②]康有为容不得人的性格特点，此时已尽人皆知，而一旦得势时的张狂做法，更加不容他人质疑或抵制，一意依靠皇帝的权威去达到自己的既定目的。

因此在变法进入到第三个月的时候，光绪皇帝感受到巨大压力，无重臣支持辅助，也惧于面见慈禧太后，接受多次当面指责和教训。"内不自安，欲用一人调停，恭王新厌世，奕劻世铎，皆疏远不甚倚重，外廷诸大臣，失职怨望，尤不惬上心。"[③]他至此只剩下那些仅有中等官员职衔的维新派名人，无所依靠，孤单至极，抵制力量强大，变法变到如此地步，使光绪皇帝意识到，虽然他渴望接触新人新学，却离不开老臣的辅助，特别是在保持施政顺利上，效果反面。光绪皇帝在变法之初，"叹廷臣无一可倚，适徐致靖力保康有为、黄遵宪、谭嗣同、梁启超、张元济五人，始一意向用新进矣"，而时隔两月，策动变法的光绪皇帝再次面临无人排忧解难的困局。[④]

① 杨锐：《杨参政公家书》，《戊戌变法》，第二册，第571-572页。
② 康广仁：《致康有为弟子何易一》，引自茅海建《从甲午到戊戌》，第557-558页。
③ 胡思敬：《康有为构乱始末》，《戊戌履霜录》卷2。
④ 胡思敬：《政变月纪》，《戊戌履霜录》卷1。

五、由变政到政变

光绪皇帝推动的戊戌变法，至此仍然是在"变政"，即推出多方革新措施和应对承受旧派人士的抵制，而不是"政变"。光绪皇帝本人已经亲身感到巨大阻力和自己的失策，康梁派说多做少，令人失望，但他并没有可能或胆量，去考虑更为激烈极端的政变选项。此时慈禧太后只是对光绪皇帝的近来举措表示不满，新政推行以来秩序混乱，光绪皇帝一举罢去礼部众堂官之后，能否理智地处理变法中的新旧两派纠纷和行政，成为一个急迫问题，迫使慈禧太后改变之前旁观待变的态度。

光绪皇帝因言官弹章而全部罢免一部六堂官，即使在皇权至上的朝代，尤其是在一向循例而行的清朝，也是前所未有、骇人听闻，令其他部院的官员们一时如惊弓之鸟，惶惶不安，极大地激化了新旧两派之间的冲突，失去调和余地。无论是在翁同龢或李鸿章辅政光绪皇帝的情况下，都是不太可能动辄罢黜，虽然靠皇上冲动意气一时取胜，却将很大一部分中间人群推向了对立的一方，并带来变法终止的转折点。这一断然手段无疑标志着光绪皇帝的变法已激起内部重大分裂，只有益于某一派别，而其他派别必然遭受重大损失，逼使他们不可避免地要寻求外援和平衡力量。

光绪二十四年变法之初，在罢免翁同龢的同时，另有上谕，"嗣后在廷臣工，仰蒙(慈禧太后)赏项，及补授文武一品，暨满汉侍郎，均著于具折后，恭诣皇太后谢恩，各省将军、都统、督抚、提督等官，亦一体具奏谢恩"。[①]光绪皇帝自己不时进园面见慈禧太后，隔几日即去一次，并留住数日后归，商谈国事或请安，所作所为通常都得到慈禧太后的默许，尤其是变法前期，几次皇帝和太后共见军机，重大革新措施都有慈禧太后的支持。

这一有关谢恩面见的上谕之后，当某位官员获得慈禧太后封赏时，或少数高官获得晋升时，就有机会进颐和园面见。这不仅是慈禧太后获得京城内变法讯息的一条途径，也是借机当面考察官府高层人士的方式，新进的维新派人士，官位偏低，一般都没有可能享受这样的机会，由此降低了他们升迁和控制朝廷的可能。慈禧太后的主意还是依靠老臣，采纳新学，两相配合，如果光绪皇帝确有对维新派人士的破格之举，将其提到一二品的地位，在她这里就很有可能被否掉。慈禧太后料想那些中低层官员的过火举动不致影响全局，因此这是为使光绪皇帝放

①《戊戌变法》，第二册，第21页。

手而行的变法不致失控造乱的最后一道防火墙。但是光绪皇帝罢官手段之迅猛，确实出人意料，被他临时提拔上去的李端棻尚书和徐致靖、王锡蕃署理侍郎，本来有资格面见慈禧太后，但出于罢官一事引起的政坛震撼，这将是很难处理的一件事。

康有为在变法后期的活动，基本上集中于建立"制度局"一类的新机构，或其他名称都可，包括"议政院"，以此安置本派各类人士，构成一个上层改革设计推广集团，另起炉灶，绕开现有大小官僚聚集的行政系统。康有为对"制度局"遭到否定，犹不甘心，至九月份再提出"懋勤殿"的建议，并自拟出任"懋勤殿"的本派人士名单：

"（七月）二十九日午后，照方与徐致靖参酌折稿，而康来，面有喜色，告徐与照曰：谭复生（嗣同）请皇上开懋勤殿，用顾问官十人，业已商定，须由外廷推荐，请汝二人分荐此十人。照曰：吾今欲上一要折，不暇及也。康曰：皇上业已说定，欲今夜见荐折，此折最紧要，汝另折暂搁一日，明日再上何妨？"

王照拗不过这一维新派领袖，只得按照康有为拿出的名单，缮写新折，但仍然不愿推荐康有为：

"照荐六人，首梁启超，徐荐四人，首康有为，夜上奏折，而皇上晨赴颐和园见太后，暂将所荐康梁十人交军机处记名，其（康）言皇上已说定者，伪也"。①

在设立"懋勤殿"这一康梁维新派翘首以待的事项上，虽有光绪皇帝首肯，递到慈禧太后那里，却未能说服对方，仍然得不到批准。如此一来，不仅本派众多人士无法安置，连自己的高足梁启超，都继续沉在官府下层，升迁无望，"南海……托余（王照）密保梁氏为'懋勤殿'顾问，……戚然告余曰：卓如（梁启超）至今没有地步，我心甚是难过"。②如果"懋勤殿"未能被确立为改革核心单位，六品衔的梁启超只能继续留在书局里写作出版，于朝政大局无处着力，同他维新派第二领袖的名声殊不相衬，也无法切实帮助康有为。

① 王照：《关于戊戌政变之新史料》，《戊戌变法》，第一册，第330–334页。
② 王照：《复江翔云兼谢丁文江书》，《戊戌变法》，第一册，第573–575页。

　　康有为的建议被拒或被搁置，更表明现时变法活动的停滞，之前依靠光绪皇帝则一切顺利的变法局势，已经逆转，存在多重变数。从慈禧太后的角度看，设置一个由新近"通达时务"之人组成的"懋勤殿"，居于所有军机处、总理衙门和各部院之上，是完全不可以接受的，不仅官僚机构内部矛盾将大爆发，而且把国家大政交给一个新人构成的小圈子之手，显然是不负责任的。当光绪皇帝已经走入困境、可能做出危险举动之时，慈禧太后手中的最后选择，是以"不成功""不理想"为理由中止光绪皇帝推动的变法，由她再回来训政，或是废掉光绪皇帝，再立新帝。后者从打击帝党势力来说，最为有效，但震动朝廷根本太大，难下决心，因此以训政管束光绪皇帝，无须换人，更为可行。即便如此，慈禧太后与光绪皇帝在颐和园的对话仍然只是言语冲突，意见交锋，各自认为自己有理，远没有达到以训政形式解决难题的地步。

　　光绪皇帝切深感受到陷入僵局，逐渐失去各派的信任，被迫向近臣杨锐坦承困境和征求意见。杨锐拒绝为光绪皇帝提出建议，受官位不高所限，又关乎清朝廷内廷事务，他一汉人官员，无从参与。惊惧焦急之下，光绪皇帝于七月三十日（9月15日）写给杨锐一份密诏，让其带出宫廷：

　　"近来朕仰窥皇太后圣意，不愿将法尽变，并不欲将此辈老谬昏庸之大臣罢黜，而登用英勇通达之人，令其议政，以为恐失人心。虽经朕屡次降旨整饬，而并且有随时几谏之事。但圣意坚定，终恐无济于事。即如十九日之硃谕，皇太后已以为过重，故不得不徐留之，此近来实在为难之情形也。朕亦岂不知中国积弱不振，至于阽危，皆由此辈所误，但必欲朕一早痛切降旨，将旧法尽变，而尽黜此辈昏庸之人，则朕之权力，实有未足。果使如此，则朕位且不能保，何况其他？今朕问汝，可有何良策，俾旧法可以渐变，将老谬昏庸之大臣尽行罢黜，而登进英勇通达之人，令其议政，使中国转危为安，化弱为强，而又不致有拂圣意？尔等与林旭、谭嗣同、刘光第及诸同志等，妥速筹商，密缮封奏，由军机大臣代递，候朕熟思审处，再行办理，朕实不胜紧急翘盼之至。"①

　　这一密诏，明白表示光绪皇帝的矛盾心理，怀有改变振作之心，又在与慈禧太后的争辩之中退步下来，所求重点只在寻求一个解套妙方，

---

①《戊戌变法》，第二册，光绪二十四年七月二十八日（实三十日），第91—92页。

以缓解紧张态势。光绪皇帝并非完全按照此密诏所描述的百般退缩，虽然慈禧太后因处罚"以为过重"而有不快的表示，视其为鲁莽之举，但礼部罢官之令仍未收回，李端棻等人继任礼部堂官如故，而非光绪皇帝所说的"徐留之"。光绪皇帝已经指明，慈禧太后不同意的是"尽变"，即全部推翻现行制度，一力反对的更是康有为所鼓动的"懋勤殿"等新的制度设计，而非"渐变"，那些裁减庸员、科举改策论，或者开放言路，并非禁区。至于强兵、铁路、矿务等，早在甲午战争之前就已批准实行，而张之洞、袁世凯等地方大员的兴练新军也已实地操作了几年时间。

光绪皇帝在遇到实际困难之后仍求保全，毫无全力前行、打破阻碍围攻甚至彻底破坏成例的勇气心态，更趋于妥协，而非强力破局。既然明言若有建议可"由军机大臣代递"，自然是指向他呈递缓解关系，不致恶化不堪的积极建议，促成慈禧太后欣然同意的"渐变"。此件密诏中唯一显示光绪皇帝境况有险的部分，即"朕位且不能保"之语，但那是在不顾一切地与慈禧太后关系全面破裂之后，预期会发生的情况，恰恰是他竭尽全力要加以避免的，也就是既续行变法，又不致被太后斥责。

光绪皇帝交杨锐一人递出的诏令中所提到的咨询人士中，没有将康梁列在"诸同志"中，显然意在多方寻助，不仅是康梁派人士，而且包括杨锐背后的张之洞及其他督抚大员，由杨锐去决定与谁接触联系。实际上张之洞在1898年之前提出的众多革新建议，并不比康梁落后，且较为全面又更为实际，包括了日后康梁议论中的大部分内容。[①]康梁等人为此对张之洞颇为忌惮，担心他前来北京主持朝政，压住康梁派维新人士的声望，以及削弱他们的独一领导权势。"香帅（张之洞）恐未必大用，位次太末，用亦未必有权（幸而如此，否则以忌刻之夫而当国，亦非所宜）"，朝中无主政大臣，维新派人士方才有更多希望进入中枢。[②]

杨锐先将此密诏之意，向在北京的康有为等人传达，康有为听闻密诏之后，私自抄录下来，截取部分加以修改，作为自己日后可以充分利用的政治资本。

杨锐本人拿到密诏后，按照规定应将此诏缴回给光绪皇帝，"手诏

---

① 《署江督张之洞奏时事日急万难姑安谨陈九事急图补救折》，《清季外交史料》卷116，光绪二十一年六月十六日。

② 梁启超：《与夏穗卿书》，《戊戌变法》，第二册，第542页。

理当恭缴，生故父（杨锐）云，本已面缴，圣恩仍复见赐"。由此可见只有杨锐一人持有光绪皇帝写有以上内容的密诏。杨锐为时局和光绪皇帝着想，未等其他军机章京和康梁，直接向光绪皇帝回奏，提出自己的几条建议，"生敬叩覆奏如何，故父云：事关重要，当未存稿。略举大纲三条，一言皇太后亲挈天下以授之皇上，应宜遇事将顺，行不去处，不宜固执己意。二言变法宜有次第，三言进退大臣，不宜太骤"。[①]

杨锐所意，在于为光绪皇帝找到回旋余地，不致一路走向死角，而应采取更为缓和的行政人事措施，避免众怨纷起。杨锐当然没有提到他当时已经怀有负面印象的那些激进维新派人士，但他所建议的，与慈禧太后在颐和园面见光绪皇帝时所言，应该基本上是一致的，令光绪皇帝开始思考挽回之计。

光绪皇帝所寻求的两全解决方法，并非不存在，只是他没有意识到而已，或者故意回避，激进的维新派人士也不愿加以考虑。当时在维新派群体中已经出名的王照，就提出过妥协方案："一日余谓南海曰：'太后本是好名之人，若皇上极力尊奉，善则归亲，家庭间虽有小小嫌隙，何至不可感化？'南海不悦曰：'小航兄，你对于令弟感化之术何如？乃欲责皇上耶？'余不复辩'。"

王照又补充道："自翁同龢黜后，大臣抗命者，皆阴恃太后，然太后先年原喜变法，此时因不得干政，激而阴结顽固诸老，不过为权力之计耳。余为皇上计，仍以变法之名归诸太后，则皇上之志可伸，顽固党失其倚赖矣。而张荫桓之为皇上谋，与此意相反，南海袒张，谓撤帘已久之太后，不容再出，且清朝不许朝臣言之宫闱，犯者死罪，虽调和亦不容出口。"[②]

康有为对本派内的不同意见和妥协方案，深恶痛绝，根本不予考虑，一意前行，甚至对王照提出相关缓解建议，也大加谴责，以王照兄弟之间关系不和的私人情况，为容许光绪皇帝与慈禧太后的关系继续恶化作辩解，态度十分蛮横，让心直口快的河北人王照激愤不已，"如鲠在喉"，从此对康有为不再视若神明。王照更在日后坦白承认：

"康被召对，即变其说，谓非尊君权不可，照亦深以为然，盖皇上既英明，自宜用君权也。及叩尊君权之道，则曰非去太后不可，并言太后与

① 黄尚毅：《杨叔峤先生事略》，《杨叔峤先生文集》。
② 王照：《礼部代递奏稿按注》，《戊戌变法》，第二册，第355页。

皇上种种为难之状。其实皇上决不言此，皆户部侍郎张荫桓对康所言也。照以为今国家危如累卵，岂容两宫又生衅隙？故劝康有为速出京他往。……及七月初五，照应诏上书……皇上怒而去六堂官，于是康以为照为皇上信用之人，乃托照上请改衣冠之疏，照不从。……皇上密谕……勿违太后之意云云，此皇上不欲抗太后以取祸之实在情形也。……今某兄在此证康梁之为人，幸我公一详审之，以后近卫（笃磨）公赴北京，亦必真知皇上与太后之情，方可调和，勿专听一二人之私言为幸。然近卫信康梁已深，若言之，或指照为诬，此照所不敢言耳。"[1]

康有为、梁启超等人对这一类调和建议一概不作考虑，集中在其他能够加强皇权以制太后的举措之上，认为杨锐所示密诏代表了皇帝的意思，允许他们采用任何方式"救主"，故而萌生各种极端计划。对康梁派人士来说，他们的损失会比光绪皇帝更大，光绪皇帝所担心的，不过是恢复训政和变法终止，失去皇位的可能性极低，而他们一旦失去光绪皇帝的支持保护，一切努力将全部作废，刚刚开始的事业仕途毁于一旦，遭到政敌的激烈报复，前景惨淡。

维新派领袖们在接到紧急密诏之后加以考虑的反制措施之一，就是与日本"合邦"，其建议来自与康梁派关系密切的李提摩太，自上海到北京活动，为康有为出主意，被其采纳，紧急动员手下御史言官们具折上奏，以推动特殊的联盟关系，甚至"合为一国"。其中宋伯鲁再次出面上奏：

"昨闻英国传教士李提摩太来京，往见工部主事康有为，道其来意，并出示分割图。渠之来也，拟联合中国、日本、美国及英国为合邦，共选通达时务、晓畅各国掌故者百人，专理四国兵政税则，及一切外交等事。别练兵若干营，以资御侮。凡有外事，四国共之，则俄人不敢出，俄不敢出，则德法无所附，势必解散。吾既合日，彼英与日素善，不患不就我范。……昨闻二国（英俄）已在珲春开仗，城门失火，殃及池鱼，窃恐我中国从此无安枕之日矣。……今拟请皇上速简通达外务名震地球之重臣，如大学士李鸿章者，往见该教士李提摩太及日相伊藤博文，与之商酌办法，以工部主事康有为为参赞，必能

---

① 王照：《关于戊戌政变之新史料》，《戊戌变法》，第四册，第330-334页。

转祸为福。"①

李提摩太所提建议，颇有深意，如果光绪皇帝情急之下，加以采纳，必然会将国政大权、兵税外交，拱手送出，交给由英美日人士组成和主导的百人委员会，中国将成为三国之下的附庸国。康有为等自称"通达时务"之人，或许盼望被纳入这样一个超级结盟委员会，但在西方人和日本人看来，这些维新人士仅有浅薄国际知识和空白实际阅历，只读了几本翻译成中文的西方书籍，就自以为是经国甚至经世之才。中国人当中，或许只有李鸿章、张荫桓等极少数人有份加入超级委员会，自然不能平等参与决策。康有为把一个如此庞大复杂的国际结盟吞并计划，拿来作为本派解决当前困局和"救主"的捷径，被李提摩太等外人轻易蒙骗而不自知。

另有多人在康有为的统一策划下，上奏附和，包括刑部主事洪汝冲，声称"为日本者，所亲宜无过中国。……中国之自强，惟在日本之相助""新政立行，而中日之邦交益固"。而御史杨深秀则特别强调，光绪皇帝对可能会背上"勾结掀起甲午战争的倭寇"的罪名，不必过于担心，顾眼前要紧：

> "昨又闻英国牧师李提摩太新从上海来京，为吾华遍筹胜算，亦云今日危局，非联合英美日本，别无图存之策。臣素知该牧师欧洲名士，著书甚多，实能深明大略，洞见本原。况值日本伊藤博文游历在都，其人曾为东瀛名相，必深愿联结吾华，共求自保者也。……臣尤伏愿我皇上早定大计，固结英美日本三国，勿嫌合邦之名之不美，诚天下苍生之福矣。"②

康梁维新派与此相关的筹划和救急措施，包括了求助于一向与他们通力合作的西方传教士和外交官，派出正在北京等候消息的容闳去拜访美国驻华公使，更对日本官员使节大表诚意，完全忘掉了他们三年之前在一片抗日浪潮中，通过"公车上书"才建立起来的爱国声誉。所谓"合邦"一词，也来自日本人，借此为吞并朝鲜和觊觎中国寻找"合理"借口。梁启超等人之

---

① 《掌山东道监察御史宋伯鲁》，光绪二十四年八月初六日，《戊戌变法档案史料》，第170页。

② 洪汝冲：《呈请代奏变法自强当求本原大计条陈三策疏》，时间应为七月底，《戊戌变法》，第二册，第362–366页；"山东道监察御史杨深秀折"，光绪二十四年八月初五日，《戊戌变法档案史料》，第15页。

前与日本派往中国的一些特别人物往来密切，"日清联合之事，为在野志士所热望"，故此迅速地由热血"上书"对日作战，转为亲日联日。①

1898年3至4月，日本涉华重要团体"东亚会"首脑福本诚访华，抵达上海，大批维新派人士蜂拥前往拜见求教，畅谈"中日同盟"，共推康梁为可能取代清朝廷的新领袖。他们为此而成立了"亚细亚协会"，以联络日本人和统筹国内"大变""全变"活动，中方以文廷式为首，日方以日本驻上海总领事小田切万寿之助为首。②康梁等人于此政治形势不利而紧急状态丛生之时，抓住"合邦"论而意图借助日本之力，也不足为奇。

联结日本骤然成为当时维新派的主要外交愿景，甚至不顾日本军国主义侵略中国的严酷事实，叹息中日两国失和，更不利于中国，所以愿意自行出力弥补，和好如初。如唐才常所言：

"合中日英之力，纵横海上，强俄虽狡，必不敢遽肆其东封之致，法德虽名附俄，岂能仇英日而犯五洲之不题。……谭复生（嗣同）见（日参谋部）三人汉口，神尾言曰：彼我兄弟国，贵国遇我良厚，不意朝鲜一役，遂成仇衅，又不意贵国竟不能一战挫衅，不可收拾。嗣兹以来，启各国心，危若朝露，每一回首，悔恨何及。……愿君熟思，同往我国，谋定后动。……才常尝太息，譬之曰：中日构衅，如两瞽相遇而争道不休，两喑相怒而色然以斗，伺其旁者，或攫取其衣冠，去莫之觉，此可谓大愚不灵者矣。今日人既愿联盟我，且愿密联中英相特角，且愿性命死生相扶持，千载一遇，何幸如之，何快如之。"③

至于伊藤博文，也是他们认为可以利用而迅速见效的一位著名外国人，恰可借其声威，助光绪皇帝渡过难关，以日本人之手推动变法。陈时政的一篇奏折写道：

"顷又闻日本伊藤罢相来游中土，已至京师，将蒙召见。虽以辽东之役与我为难，然近年来彼国君臣亦深悔当时启衅之非，失唇齿之相依，动亚东之全局，亟思联络维持，伊藤此来，并非无意。查伊藤既为

① 雷家圣（中国台湾）：《失落的真相——晚清戊戌变法时期的"合邦"论与戊戌政变的关系》，韩国《中国史研究》，第61辑，2009年8月。

② 邱涛、郑匡民：《戊戌政变前的中日结盟活动》，《近代史研究》，2010年第1期。

③ 唐才常：《论中国宜于英日联盟》，《戊戌变法》，第三册，第104页。

日本维新之臣，必能识新政之纲领，知变法之本原，朝廷用人如不及，莫若于召对时体察其情，如果才堪任使，即可留之京师，著其参预新政，自于时局更多裨益也。"[1]

此一奏折中对日本方面悔于侵略中国的判断，日本政府和国家上下对中国的逼人野心，弃而不议，难免引狼为患。虽然此折中也提到"赫德善于理财，尚堪大用……莫若擢赫德督同办理一应事宜，收效必尤速易也"，但其中心意思是借用伊藤博文，对赫德不过是一并提及。按照赫德以往在华服务经历，早获朝廷高度信任，根本无须此时提拔，而且赫德对慈禧太后的态度，远不如李提摩太和维新派人物般抵触反感，很难为这些"通达时务"之人所用。

对伊藤博文有可能参政中国的传闻，也出现了反对意见，"今我为日本所窘辱，而即用日相伊藤，伊藤贤也，必不为我尽力，伊藤而不贤也，我又何所取而用之？伊藤非他，即据辽左、割台湾、索我二万万兵费之日相伊藤博文也，马关之约，凡足以制我死命者，日本无不忍心害理而为之"。[2]

以上这些建议和筹划，均属于缓不济急，康梁等人仅有李提摩太的策动引导，却没有及时与西方国家外交使节接上关系，英国公使窦纳乐不在北京，正在北戴河度假，美国公使康格（Conger）在西山，而想让这些西方国家使节马上集体公开宣布支持光绪皇帝，困难甚多。即便与日本合为一国，也大需时日，前景莫测。伊藤博文于八月初五日（9月20日）晋见光绪皇帝，所言礼貌客套形式化，言简而未涉及实际，继而做不乐观表示，之后巡游中国其他地方而后自行离开。"伊藤博文私于李鸿章曰：'治弱国如修坏室，一任三五喜事之徒，运以重椎，絚以巨索，邪许一声，压其至矣。'鸿章曰：'侯言良是'"。[3]

康梁等维新派领袖采取了比寻求外援更为极端的措施，以回应光绪皇帝的"救主"密诏。康有为自承，"军人方面加入我们这一党的，只有一位袁世凯"。[4]康有为的这一印象，来自于袁世凯早年积极参加了他

---

① 《候选郎中陈时政折》，光绪二十四年八月初四日，《戊戌变法档案史料》，第196—197页。

② 《翰林院编修记名御史黄曾源折》，光绪二十四年八月四日，《戊戌变法档案史料》，第168页。

③ 胡思敬：《康有为构乱始末》，《戊戌履霜录》卷2。

④ 《康有为谈话的备忘录》，班德瑞（Bourne），英国上海领事，1898年9月25日，《戊戌变法》，第三册，第526页。

所建立的"强学会",以"知兵"为名获得那些文人成员一定程度的信任。袁世凯在之后的变法高潮中,忙于练兵和翻译兵书,并未明显表现其作为维新派人士的倾向和特征,即使上疏有奏,也与练兵有关,配合光绪皇帝和维新派的言论,借此寻找升迁的机会。但康有为等人在9月份的紧急局势中,萌发出使用武力的想法,由于他们并不掌握任何武力,为此而留意到前"强学会"会员袁世凯的存在意义。

他们确认现在必须直接面对光绪皇帝身后的慈禧太后,并果断采取行动铲除这一威胁,否则一事无成,连最大靠山光绪皇帝都可能不保,因此做出"围园杀后"的冒险计划,"到了七月下旬(9月份),康党已决定进行军事发动"。①9月初是个关键的转折点,决定这一变法的成败和康梁党的命运,他们一旦失手和退缩,必难全身而退,所以只有一意全行,不顾后果。

光绪皇帝的密诏似乎给了他们一个谋划兵变的合理借口,另外一个相关因素是当时京津地区盛传的谣言,即慈禧太后将会利用10月份阅兵的机会,禁锢光绪皇帝,从而拿回全部权力。这一传言本身,估计就有维新派人士的贡献在内,加剧紧张局势,似乎见证了他们采取行动、"勤王""救主"的意义。如果慈禧太后和保守派准备宣布废黜光绪皇帝,终止变法,维新派就应该先下手,发动政变,又由于缺乏政府机构支持和实际行政权力,只有通过发动兵变,才有些微可能奏效。

通过阅兵来废黜光绪皇帝,只能是康梁党的揣测,即慈禧太后在变法肇端之前,就已预定好于10月阅兵时动手,时间、地点都已选择确定。这正是康梁党人事后用来解释变法突然变成政变的背后原因,如梁启超所言:"(政变)案源不在八月六日,而在四月二十七日也……由未知废立之局早定,西后荣禄预布网罗,听其跳跃,专待天津阅兵以行大事耳。"②

事实上,这次阅兵事件早已是光绪皇帝推动变法的一部分,与无论守旧大臣或是"通达时务"之人都议论不休的强兵议题密切相关。"谕军机大臣等:本年秋间,朕奉慈禧太后銮舆,由火车路巡幸天津阅操,所有海光寺、海防公所两处屋宇,著荣禄迅即修饰洁净,预备一切,并著胡燏棻将火车铁路,一并料理整齐,勿得延误。"③

为此,光绪皇帝及其大臣继而做出详细具体的阅兵计划:

① 茅海建:《从甲午到戊戌》,生活·读书·新知三联书店,2009,第730页。

②《戊戌变法》,第二册,第22页。

③《戊戌变法》,第二册,第21页。

　　"谕内阁：整军经武，为国家自强要图，现当参用西法，训练各军，尤宜及时校阅，以振戎行。现择于九月初五日，朕恭奉慈禧皇太后慈典，由西苑启銮，诣南苑旧宫驻跸。初六日，由旧宫诣新宫驻跸。初七日，由新宫诣团河驻跸。初九日，阅视御前大臣等马步箭，除奕劻、晋琪，勿庸预备，其御前乾清门行走侍卫等，或步射、或马射者，著先期自行报明，以备届时阅看。初十日，阅视神机营全队操演。十一日，阅视武胜新队操演。十五日，自团河启銮，御轮车由铁路诣天津行宫驻跸。二十五日回銮，其天津应行预备各项操演，著俟驻跸南苑时，听候谕旨。"①

　　这一阅兵计划当中，九月十五日到二十五日，是在天津检阅包括袁世凯部在内的新练陆军的时间，由荣禄和袁世凯、聂士成等部将领组织指挥。清军大阅兵，之前只有醇亲王奕譞和李鸿章主持进行过，主要是当时气势强盛的北洋水师，此次是检阅新练陆军的首次机会，也是袁世凯及其新军部队露面张扬的极好时刻。更为重要的是，光绪皇帝和慈禧太后都将亲临此次阅兵，史无前例，加上他们将乘坐火车前往天津和同车返京，同样是史无前例，这些活动将彻底打破外界关于慈禧太后反对修建铁路的传言，进而促进全国铁路大建设。此次阅兵关乎变法自强的两大核心部分，铁路和新军，如果按照原计划成行，象征意义和历史意义均格外重大，同时也将是光绪皇帝在急促变法的繁多举措带来持续混乱之际，取得某些实际成就的一个明确标志。

　　天津阅兵计划最早来自偏向维新变法的李盛铎，于三月十九日(4月9日)上"请举行大阅折"，为了显示维新派确实关心国防和新军问题，之后为光绪皇帝所采纳，慈禧太后不过是按照光绪皇帝的建议所行，绝不可能在数月之前就预定借天津阅兵之机去禁锢皇帝。按照慈禧太后与光绪皇帝之间长期形成的相互关系，她并不需要到天津地界去行使自己的权力，京城才是最高权力中心，采取政治行动更为方便直接。

　　具体负责天津阅兵一事的袁世凯，一直在担心上谕中所说的天津行宫修缮一事，不能按期完成。"到津时，行宫、演武厅均未包定，计期不及两月，殊为焦灼，连日催商，昨日始全定局，闻九月初间来津，此时亟须赶造，八月内必须完工，始可不至误事。"②

---

　　① *The I.G. in Peking,* volume 1, Letter 1021, p1065, 31 May 1896.

　　②《袁世凯致徐世昌函》，《近代史资料》，总37号，1978年8月，第12页。

此时袁世凯已具直隶按察使官衔，成为直隶总督荣禄之下的重要官员，因此经常往来于小站军营和天津之间。他与直属上司荣禄的关系融洽而接触频繁，早前初建新军时，曾受到荣禄的特意保护和提拔，遭到言官参奏时，时任兵部尚书"荣禄驰往查办……此人必须保全，以策后效，……乞恩姑从宽议，仍严敕认真操练，以励将来。复奏上，奉旨谕允"，袁世凯就此逃过一劫，有望继续执掌新军队伍。之后袁世凯仍然感觉荣禄对其"相待甚好，可谓有知己之感"。[1]

就袁世凯来说，他可以循光绪皇帝及其维新派一线，或者循荣禄和慈禧太后一线，获得提升，两边取利，而荣禄是他的顶头上司，更非他所能避开的现实。重要的是，袁世凯保持着他对新练陆军部队的实质控制，是他今后最主要的实力基础和政治砝码。

面临"懋勤殿"无望、阅兵日期渐近的局面，康有为等人在发动兵变一事上，少有选择，紧急之中倾向于利用袁世凯和他手中的武力。他们之前已经做出过一定的试探活动，通过区别分析，评估直隶总督荣禄统领的京城附近的几支驻防军，直隶提督聂士成的部下实力最强，领兵超过一万；袁世凯的新军装备训练最为近代化；董福祥原在陕西起兵反清，被左宗棠收服，随军征新疆，立下战功，手下甘军新近才从西部东调直隶，仍在调动之中，部队骁勇好斗，纪律最差。在这些将领当中，袁世凯显然是理想人选，最有可能因同情崇拜维新派领袖，而服从他们的调派，"拥兵权，可救上者，只此一人"。[2]

康梁等人先于7月份派御史徐致靖之侄徐仁禄去小站见袁世凯，等于是一场面试，以确定他们能否在关键时刻得到袁世凯的武力配合。徐仁禄于六月十二日（6月30日）到小站，同袁世凯和徐世昌面谈，数日后离开。

在这一试探过程中，袁世凯对康梁特使的来意不清，并无明确表示，含糊混过，"所征得者，模棱语耳"，但也没有显露出对康梁派的反感抵触。康有为得到的反馈居然相当正面，"袁倾向我甚，至谓吾为悲天悯人之心，经天纬地之才"，对挑拨他与荣禄关系的话语，故作惊讶之态，"毅甫（徐仁禄）归告，知袁为我所动，

① 陈夔龙：《梦蕉亭杂记》，《戊戌变法》，第一册，第483-484页；《袁世凯致徐世昌函》，《近代史资料》，总37号，1978年8月，第12页。

② 康有为：《康南海自编年谱》，《戊戌变法》，第四册，第159页。

决策荐之"。①

康有为随后鼓动他人为袁世凯提升而上书，特别是要隔离开袁世凯与荣禄的关系。"袁世凯昔使高丽，近统兵旅，谋勇智略，久著于时，然而官止臬司，受成督府，位卑则权轻，呼应不灵，兵力不增，皆为此故。臣以为皇上有一将才如袁世凯者，而不能重其权任以成重镇，臣实惜之。伏乞皇上深观外患，俯察危局，特于召对，加以恩意，并予破格之擢，俾增新练之兵，或畀以疆寄，或改授京堂，使之独挡一面，永镇畿疆。……皇上若超擢一二才臣，必能感激驱使，尽忠报国"。②

光绪皇帝对此给以积极回应，发谕旨，"电寄荣禄：著传袁世凯，即行来京陛见"。③作为督抚之下的按察使，袁世凯一人被召入京陛见皇帝，并不常见，但在变法期间曾经发生过特意提拔康有为、梁启超等下层官员甚至无官职之人，这类情况也就变得不再令人惊诧了。按照康有为等人士的建议，光绪皇帝对袁世凯给以格外擢升，"谕内阁：现在练兵紧要，直隶按察使袁世凯，办事勤奋，教练认真，著开缺以侍郎候补，责成专办练兵事务，所有应办事宜，随时具奏"。④

同康有为承蒙光绪皇帝召见之后的待遇相比，袁世凯的提升确实立竿见影，非常实在，也给了他面见慈禧太后谢恩的少有权利，"（袁）转托某学士密保，冀可升一阶，不意竟超擢以侍郎候补，举朝惊骇"。⑤袁世凯可以"随时具奏"，等于是给了他向光绪皇帝直接奏报请示的权利，直达上聪，其中意味着试图将袁世凯从荣禄的影响之下，脱离出来。康有为等人自然期望光绪皇帝给以袁世凯的出入优待和提拔，会得到袁世凯的实质性回报，令其更加忠于皇帝，甚至愿意执行皇帝所颁下的出人意料的谕旨。

与此同时，康有为还派出其他人到主要将领处去活动。清军大将聂士成，率部扼守天津，与袁世凯部相互制约。康有为准备派出最近才出大名的

① 王照：《方家园杂咏二十首并纪事》，《戊戌变法》，第四册，第360页；《康南海自编年谱》，《戊戌变法》，第四册，第159—160页。

② 《署礼部右侍郎徐致靖折》，光绪二十四年七月二十六日，《戊戌变法档案史料》，第165页。

③ 《戊戌变法》，第二册，第84页。

④ 《戊戌变法》，第二册，光绪二十四年八月初一日，第95页。

⑤ 陈夔龙：《梦蕉亭杂记》，《戊戌变法》，第一册，第484页。

王照，去游说聂士成，"康又托徐致靖劝照往芦台夺聂提督军，以卫皇上，照力辩其不可，谓太后本顾名义，无废皇上之心。若如此举动，大不可也。康又托谭嗣同、徐仁镜(徐致靖子)与照言，照大呼曰：王小航(照)能为狄仁杰，不能为范雎也。伊等默然。自是动兵之议，不复令照知"。①

王照是戊戌变法中的干将，积极参与和呼吁，但绝非康梁派的核心，因此对他们的一些怪异构想谋划，深感震惊，无法适应，特别是策动清军将领部队加入谋反活动，其重大责任和切身危险，超出王照的心理承受能力。四位新军机章京之一的林旭，在其生命的最后时刻，也借题发挥地赋诗一首，"青蒲饮泣知何补，慷慨难酬国士恩，欲为君歌千里草，本初健者莫轻言"。②"千里草"意指董福祥，"本初"为袁世凯，林旭暗指当时应该做更多努力去拉拢董福祥，而非意志坚强却神秘莫测的袁世凯。

无论如何，身在京城的康梁派对京畿附近的各军，聂、董、袁部，都尝试过拉拢策动活动，而王照本人因深悉康梁早已萌生的"动兵之议"，足证康梁变法中掺杂着谋反迹象，日后自然被康梁视为破坏海外维新大业的危险人物。

在争取现有清军将领加入兵变的同时，康梁等人也开始利用本派中召集到的相关人士。与谭嗣同一样来自湖南的毕永年，曾为行伍，又是会党成员，被谭嗣同等视为"知兵"之人，虽然远不能同袁世凯相比，但在文人成堆的康梁派中，尤为突出，是可以信任的武人，原先准备在唐才常于湖南发动起义时再以起用，所以很晚才被召到北京，进入康梁的核心圈子，立即参与了康梁发动政变兵变的全部过程。

作为会党中人，而非幻想连篇的文人，毕永年凭其个人直觉，认为康梁所拟的计划不能成功，过于冒险，但迫于康梁的鼓动和力劝，也看出他们已别无选择，因此仍然听从康梁的指挥调动，直至最后：

"(二十九日)夜九时，召仆至其室，谓仆曰：汝知今日之危急乎？太后欲于九月天津大阅时弑皇上，将奈之何？……吾已奏请皇上，召袁世凯入京，欲令其为李多祚也。……汝且俟之，吾尚有重用于汝之事也。

"八月初一日，仆见谭君，与商此事，谭云：此事甚不可，而康先

---

① 王照：《关于戊戌政变之新史料》，《戊戌变法》，第四册，第332页。

② 林旭：《狱中绝句》，《戊戌变法》，第四册，第350页。

生必欲为之，且使皇上面谕，我将奈之何！……夜八时，忽传上谕，袁以侍郎候补。康与梁正在晚餐，乃拍案叫绝曰：天子真圣明，较我等所献之计，尤觉隆重，袁必更喜而图报矣。

"康即起身命仆随往其室，询仆如何办法。仆曰：事已至此，无可奈何，但当定计而行耳。然仆终疑袁不可用也。康曰：袁极可用，吾所得其允据矣。乃于几间取袁所上奏书示仆，其书中极谢康之荐引拔擢，并云：赴汤蹈火，亦所不辞。康谓仆曰：汝观袁有此语，尚不可用乎？仆曰：袁可用矣，然先生欲令仆为何事？康曰：吾欲令汝往袁幕中为参谋，以监督之，何如？仆曰：仆一人在袁幕中，何用？且袁如有异志，非仆一人所能制也。康曰：或以百人交汝率之，何如？至袁统兵围颐和园时，汝则率百人奉诏往执西后而废之可也。仆曰：然则仆当以何日见袁乎？康曰：且再商也。

"梁曰：此事兄勿疑，但当力任之也。然兄敢为此事乎？仆曰：何不敢乎？然仆当熟思而审处之，且尚未见袁，仆终不知其为何如人也。梁曰：袁大可者，兄但允此事否乎？仆此时心中慎筹之，未敢遽应，而康广仁即有忿怒之色，仆乃曰：此事我终不敢独任之，何不急催唐（才常）君入京而同谋之乎？康梁均大喜曰：甚善！甚善！但我等之意，欲即于数日内发之，若候唐君，则又需时日矣，奈何？……谭曰：稍缓时日不妨也，如催得唐君来，则更全善。梁亦大赞曰：毕君沈毅，唐君深鸷，可称两雄也。仆知为面谀之言，乃逊谢不敢焉。康曰：事已定计矣，汝等速速调遣兵将可也。乃共拟飞电二道，连发之而催唐氏。

"初二日，早膳后，仆终不欲诺此事……心中不决，乃与广仁商之，广仁大怒曰：汝等尽是书生气，平日议论纵横，及至做事时，乃又拖泥带水。仆曰：……先生既令我同谋，何以我意不能置一辞乎？且先生令我领百人，此事尤不可冒昧。盖我系南人，初至北军，而领此彼我不相识之兵，不过十数日中，我何能收为腹心、得其死力乎？……况我八岁即随吾父叔来往军中，我知其弊甚悉，我以一有母丧之拔贡生，专将此兵，不独兵不服，即同军各将，皆诧为异事也。广仁不悦，冷笑而出。"[①]

毕永年所作陈述中，显示出一些涉及这一历史关键时刻的节点。几乎全是醇儒书生的康梁派，居然有胆识谋划政变兵变，一改之前宣传集

① 毕永年：《诡谋直纪》，《近代史资料》，中国社会科学院近代史所编，总63号，1986，第1~4页。

会上书的文路，出人意料。康有为等人对袁世凯的信心不变，决心依靠他手下的新军发动兵变，虽然此时还未向袁世凯全面交代他们自己私下拟定的计划。他们断然认为局势已经到了分外紧急的时刻，连几天时间都等不及，急于先下手占上风，其计划难免仓促，出现缺漏。康梁等人对兵事一无所知，包括最基本的指挥任命体系，强迫毕永年以一名陌生人进入军营鼓动谋反，无异于将毕永年置于死地。康梁早已确定包围颐和园、或扣或杀慈禧太后的最终目标，却在之后游说袁世凯时，谎称处死荣禄"清君侧"即可。

对于采取"围园杀后"这一极端措施，康梁派的核心人物均无异议，甚为热心，而非核心圈的其他人则仍有怀疑，甚至存在一定程度的惧怕心态。王照日后再追述道：

"在袁氏奉诏来京之十日前，南海托徐子静(致靖)、谭复生(嗣同)、徐莹甫(仁静)分两次劝余往聂功亭(士成)处，先征同意，然后召其入觐，且许聂以总督直隶，余始终坚辞，曾有王小航不作范睢语。

"迨至召袁之诏下，霹雳一声，明是掩耳盗铃，败局已定矣。世人或议袁世凯负心，殊不知即召聂召董，亦无不败，余往聂处，则泄漏愈速。……当日徐子静以老年伯之意态训余：尔如此怕事，乃是为身家计也，受皇上大恩，不趁此图报，尚为身家计，余心安乎？余曰：我以为拉皇上去冒险，心更不安，人之见解不能强同也。"[①]

在如此生死存亡的重大决定面前，出现这些不同意见属于正常反应，因此之后在康梁派中间产生分裂倾向，以致领袖人物难以容忍出来揭发其谋划的前同党。

六、"密诏风波"与太后归政

康梁维新人等策动袁世凯和征用毕永年的活动，无疑表明，由光绪皇帝启动的变法，至此走到了最后阶段，转为兵变和政变。康梁的唯一借口就是"救主"，而在光绪皇帝由杨锐带出的密诏中，并无如此紧急要求，康梁等人只得在事变之后，更改那篇唯一密诏的内容和文字，并

---

① 王照：《方家园杂咏二十首并纪事》，《戊戌变法》，第四册，第360页。

将由其开启的关于戊戌政变的解释，一直尽力维护下去。

康有为从杨锐带出的密诏中采摘词句，变成给以他为首的一干人的皇帝密诏，"朕惟时局艰难，非变法不足以救中国，非去守旧衰谬之大臣，而用通达英勇之士，不能变法，而皇太后不以为然，朕屡次几谏，太后更怒，今朕位几不保，汝康有为、杨锐、林旭、谭嗣同、刘光第等，可妥速密筹，设法相救，朕十分焦灼，不胜企望之至"。①

与杨锐带出并保存的光绪皇帝密诏相比，康有为在自称为密诏之中，改动甚多，首先将自己设定为受诏人，在此诏中居首，而把原诏中的杨锐挤到后边，以示皇帝对自己的尊崇。原诏中主要讲的是变法困局和进退两难，力求两全，避免"拂太后圣意"，并没有求救之意和相关字句，康有为自己加上"设法相救"字句，诏中所述尽是危急情形，似乎坐以待毙，以此来证实康有为是受皇上之命"勤王""救主"，只此一人，无形中提高了这位并不上班的总理衙门章京的地位，优于任何朝廷大臣。康有为之后拿此自行改动的所谓"密诏"，在海外广为宣扬传播，以获同情理解。

梁启超日后遵循康有为所创前例，在光绪皇帝托杨锐递出的密诏的基础上，再加上其他有利于本派的词句，"第二次诏乃八月初二日，由四品卿衔军机章京林旭传出者。两诏启超皆获恭读，其第一诏由杨锐之子于宣统二年诣都察院呈缴，宣付实录馆，其第二诏末数语云：尔爱惜身体，善自保卫，他日再效驰驱，共兴大业，朕有厚望焉"。②

康有为在杨锐传出的密诏中，抄写数句，加以改写，毕竟还接近于皇帝所用的语气文字，而梁启超所谓的第二诏书，则出于自行杜撰，连词句语气都不似皇帝所写，"爱惜身体"过于口语化，即使在不相熟悉的大臣之间，也不会如此用语，而"共兴大业"一语，完全不可能出自光绪皇帝之手，朝廷大业如何能与他人(尤其是汉人，又是中层闲官)共处共兴，如果是指变法大业，只能是光绪皇帝利用康有为等人去执行变法任务，是君主与臣子的关系，而绝不可能放任康有为代为掌握大局，那只是康梁等人的臆想，直接反映在梁启超杜撰的第二次诏书的内容当中。

康有为、梁启超各自示人的第二份诏书，应该是并不存在的，光绪皇帝最后发给康有为本人的谕旨，是在八月初二日（8月18日），"谕内阁：工部主事康有为，前命其督办官报局，此时闻尚未出京，实堪诧异。朕深念时艰，思得通达时务之人，与商治法，闻康有为素日讲求，是以召见一次，令其督办官报，诚以报馆为开民智之本，职任不为不重。现筹有的款，著康有为迅速前往上海，毋得迟延观望"。①

为一工部闲官主事专门发一道上谕，也是十分罕见的，这一谕旨，正是对光绪皇帝之前与慈禧太后争论后的公开表态，命令康有为离开北京南下，既对慈禧太后表示，自己与康有为并无非分联系，或受其蛊惑，仅仅"召见一次"，又有让康有为离开是非之地、去南方暂避一时之意，以督办官报的名义支开康有为，便于减轻自己面对的压力。

在康有为那里，这一公开发布的谕旨，又被他演化成光绪皇帝专门发给他的"衣带诏"，是由林旭带出来的："朕今命汝督办官报，实有不得已之苦衷，非楮墨所能罄也。汝可迅速出外，不可迟延，汝一片忠爱热肠，朕所深悉，其爱惜身体，善自调摄，将来更效驰驱，共建大业，朕有厚望焉。"②此一所谓"衣带诏"的后半部分，即是梁启超所撰文字，抑或是康有为当时写就，由梁启超继承不变。这一所谓"衣带诏"的内容，都是康有为、梁启超逃亡海外之后，才对外界展示，无法证实，唯有光绪皇帝当日的明发上谕为真。

真实情况很有可能是在颁布正式上谕之后，光绪皇帝再派遣林旭前往催促康有为速行，或有所解释，而不是由林旭带出又一份"衣带诏"秘密传给康有为。③这其中又有杨锐的活动和监督在内，担心康有为仍然不去留意光绪皇帝上谕中的真实含义。

杨锐对近来发生的各种激进曲折事件，颇为遗憾，力图补救，"一日六堂革职，大臣颇自危。先生叹息曰：皇上始误听于志锐，继误听于李盛铎，今又误听于康有为，殆哉！覆奏，上即召见，于是有旨派康有为至上海。枢臣皆庆幸，以不召对先生，康不得去，祸不得息也。先生既下，值王彦威京卿来函云，与此辈少年共事，有损无益，公他日进退俱难。先生得书，急邀林旭至寓斋，切责之，林默然"。④杨锐的"切

---

①《戊戌变法》，第二册，第97页。

②《戊戌变法》，第二册，第97页。

③茅海建：《从甲午到戊戌》，第742页，生活·读书·新知三联书店，2009。

④黄尚毅：《杨叔峤先生事略》，《杨叔峤先生文集》。

责"，使林旭也随之了解了光绪皇帝上谕的真实含义，并向康有为等人清晰传达，劝诫其不得轻举妄动，但康有为意不在此，虽然奉旨出京如仪，但私下的"救主"和救本派的活动，发动之后依然不止。

所谓给康有为的第二道"衣带诏"的传说，在王照的回忆中也有涉及，"另谕康有为，只令其速往上海，以待他日再用，无令其举动之文也"。①这里所指的"另谕"，正是"谕内阁"之旨，并非"衣带诏"一类的密诏，而王照所推测的"以待他日之用"，正对应了上谕中"诚以报馆为开民智之本，职任不为不重"之语，是推托敷衍之词。王照所强调的，是"无令其举动之文也"，自然是没有期望在"他日再用"一类的推测之下，康有为就有理由采取突然和极端的措施。

收到光绪皇帝给杨锐的密诏和林旭带来的催促出京的口谕，康有为及其同党感到形势确实严峻，几位骨干"痛哭不成声"，在康有为的鼓动下，又自认手持杜撰的"衣带诏"，开始切实落实兵变的步骤。在确认袁世凯获得超升后对光绪皇帝感恩戴德的情况下，康有为在催他出京的上谕颁下的第二天，八月初三日（8月19日），即派出本派骨干谭嗣同前往袁世凯处，比原定计划大为提前。

谭嗣同是湖北巡抚谭继洵的公子，谭氏家族在明朝时获得一定显赫地位，"以武功著望于有明，二百余年间，位侯伯者九世十人"。②这一深远家族背景，对谭嗣同的政治态度和反清心结，影响至深。作为湖南浏阳四大家族之一的后裔和清朝高官子弟，谭嗣同生活无忧，得以遍游天下，潜心向学，于十年之内连续参加了六次科举考试，均不获通过，为此逆反心理丝毫不弱于遭遇相近的洪秀全、康有为。谭嗣同日后只得承父荫获江苏候补知府，也因父亲的缘由与张之洞接上关系。谭继洵年已逾七十，与张之洞督抚同城，相处还算融洽，但张之洞总的来说对他是不满意的，因为在自己洋务项目开支巨大时，谭继洵有时配合不力，限制经费，"自负而偏执，论事多不恰惬，……在鄂之多误"。③

谭继洵本为老派书生，可被列为守旧派，比洋务派的张之洞更为保守，更与维新派中坚的儿子谭嗣同格格不入。"知嗣同必以躁进贾祸，

---

① 王照：《关于戊戌政变之新史料》，《戊戌变法》，第四册，第332页。

② 《启襄府君系传》，《谭嗣同全集》，第25页，引自贾维，《谭嗣同早年及其家族资料》，《近代史资料》，2001，第101期。

③ 张之洞：《抱冰堂弟子记》，《戊戌变法》，第四册，第231页。

一月三致书，促之归省，嗣同报父书，言老夫昏耄，不足与谋天下事"。[①]谭嗣同北上出任军机章京，谭继洵为了不显落后于他人，又迫于光绪皇帝连番诏令相逼，也开始作一些维新之议，但为时已晚，之后受谭嗣同牵连。

谭嗣同在被召赴京出任军机处章京之前，身份为江苏候补知府，与康有为、梁启超不同，他是官宦子弟，背景可靠，应是朝廷内两派都可接受的人物，得到辅助光绪皇帝的军机章京职位，也不会给守旧派带来很大刺激。

但谭嗣同却来自维新派掌权的湖南，推行新政有力，又自认是康有为弟子，"与我同为徐学士及李芯园（端棻）尚书所荐，皆吾徒也"。[②]因此他实际上是康梁派的核心人物，力求以变法途径达到自己认可的目的，推行不遗余力。招来会党人士毕永年，即是谭嗣同所为，为日后的兵变做必要武力准备。他对于铲除慈禧太后的态度，与康梁一样坚决，既然之前对普通举人曾廉的上书，就试图以下谕诛杀相回应，因此并不在意再次使用武力。在对变法日渐失望、皇帝颁下密诏的情况下，谭嗣同果断地全力投入到谋反兵变的筹划实施过程中。

对慈禧太后来说，既然已经拒绝了"懋勤殿"的提议，下一步就是期望光绪皇帝不要再次出怪招，震荡已经恐慌不已的官场。慈禧太后为此而决定从西郊的颐和园返回京城，毕竟由光绪皇帝自定时间赴颐和园请安请示的方式，之前就未能阻止一部堂官均被罢官，事后才知，仍然处于被动，而在紫禁城中，就近监督光绪皇帝，可以及时避免失控，并考虑实在不行时的训政选择。但对官位低微的维新变法派人士来说，"制度局"或"懋勤殿"不立，对他们来说是致命的挫败，失望已极，等于几个月以来的变法活动是在做无用功，本派人士在这次变法中，毫无所获。

对夹在中间的光绪皇帝来说，虽然新政中的不少部分正在实施，如科举改策论、铁路矿务工商，或开言路，但重大机构设置尚未完成，因此光绪皇帝急需考虑下一步的行动，如果维持现状，自己不感满意，紧急招来的维新派人士更加不满意，在"救国"图存的道德理念方面，承受着极大精神压力。但宫廷内的现实已经决定了光绪皇帝不可能再替维

① 胡思敬：《党人列传》，《戊戌履霜录》。
② 康有为：《康南海自编年谱》，《戊戌变法》，第四册，第157页。

新派请命，进而牺牲自己，剩下的只是妥协的方式和程度，由此借杨锐带出的密诏，采集意见，并向维新派作出解释。朝廷内外众人都已感觉到，近期无疑会发生政治变动，但慈禧太后和光绪皇帝之间并没有走到决裂的时刻。

光绪皇帝在光绪二十四年七月二十九日至八月三日，都在颐和园陪同慈禧太后，并商讨有关事宜。他与慈禧太后一定有机会充分讨论他们之间的分歧，取得一定共识，包括脱离康有为的影响，不再以激烈行动损害满汉政府高层的利益，如此等等的基本条件。光绪皇帝于八月初二日（8月18日）在颐和园接见了林旭，并颁布上谕，催促康有为离开北京南下，就此减轻来自维新派的巨大压力，之后也许会改善与慈禧太后和大臣们的相处关系。局面稳定之后，光绪皇帝自然可以继续等待一段时间，直至自立执政之日。

出于这些沟通和妥协，慈禧太后才有时间和闲心于八月三日在颐和园看戏将近一整天，而光绪皇帝于当日下午返回京城紫禁城。①慈禧太后连日聆听被罢官的满人哭诉，又于初三日接到了杨崇伊御史请求恢复训政的奏折，仍未采取即时行动，包括训政或废黜，返回京城之后看情况再定。

康梁等人对局势的判断错误，主要在于他们一直认为光绪皇帝是站在他们一边的，甚至是他们变法新政、大展宏图的工具，而不会发生犹疑转变。但光绪皇帝本人是体制内人物，虽然七月三十日的真正密诏是在向外征求绕过阻碍的策略，但在慈禧太后的拒绝和杨锐的劝说之下，所持立场已经有所转变，八月初二日（8月18日）的明发上谕和林旭的传话，表明他正在疏远康梁派，之后的变法活动将更加有序进行，偏向于张之洞一派的思路，而全面大范围地提拔康梁派人士的可能性不大了。

康有为在《自编年谱》中，称"立山等至谓，上派太监往各使馆，请去西后，西后大怒"。这一描述十分离谱，将此作为慈禧太后发动政变的主要原因之一，更是毫无理由。清朝廷对太监控制管理极严，不得随便出宫，太监是不能代表政府任何职能的，更何况是前往北京的使馆区，去分别颁布皇帝意旨。即使光绪皇帝有意私下联系驻京外国使节，也会派出政府官员前往，包括自己眼下信任的新任军机四章京，而不是身份低微和无法自由行动的太监，那将是耸人听闻的丑闻。何况宫廷太监们的任何活动，慈禧太后本人应该是最能掌握情况的人。康有为自己也承认慈禧太后

① 茅海建：《从甲午到戊戌》，生活·读书·新知三联书店，2009，第751页。

对训政之请有所拒绝，"旧臣惶骇，内务府人皆环跪后前，谓上妄变祖法，请训政，后不许"，但他却将此一涉及太监的怪异传闻，列入自己的政治活动记录。慈禧太后之后决定采取训政方式，则另有原因。

虽然距离原定天津阅兵时间还有一个多月，但康有为已经等不得了，生怕在紧张局势中，有一天轰然巨变，大祸临头，所以提前行动，准备在数日内完成。于慈禧太后在颐和园看戏的同时，谭嗣同前往袁世凯在北京的临时居所法华寺，展开直接游说活动。"嘱谭复生（嗣同）入袁世凯所寓，说袁勤王，率死士数百人，扶上登午门，而杀荣禄，除旧党。"①这是康有为解决问题的基本方案，但康有为实在不知这一计划到底如何具体操作。如果数百宫外之人拥簇皇帝出内宫，自然会被人视为挟持谋反，身在天津的荣禄自然不会听命赴京，自愿被处自尽。而这一行动也没有解决皇帝与太后的矛盾，诛杀荣禄的荒唐之举，无疑会更加促成太后训政以致贬黜光绪皇帝。所以康有为此处明说"杀荣禄，除旧党"，真正目的还是围园杀后。

暂驻北京听候康有为指令的毕永年，贴近康梁派首脑人物，故此详细记载下他们最后几天的活动：

"（八月初二日）夜七时，忽奉旨催康出京，仆曰：今必败矣，未知袁之消息如何？康曰：袁处有幕友徐世昌者，与吾极交好，吾将令谭、梁、徐三人往袁处明言之，成败在此一举。康亦盛气谓仆曰：汝以一拔贡生而将兵，亦甚体面，何不可之有？且此事亦尚未定，汝不用先虑也。

"初三日。但见康氏兄弟及梁氏等，纷纷奔走，意甚忙迫。午膳时钱君（湖南同乡维骥）告仆曰：康先生欲弑太后，奈何！仆曰：兄何知之？钱曰：顷梁君谓我云，先生之意，其奏知皇上之时，只言废之，且俟往围颐和园时，执而杀之可也，未知毕君肯任此事乎，兄何不一探之，等语。然则此事显然矣，将奈之何？仆曰：我久知之，彼欲使我为成济也。兄且俟之。是夜，康、谭、梁一夜未归，盖往袁处明商之矣。

"初四日。早膳后谭君归寓，仆往询之。谭君正梳发，气恢恢然曰：袁尚未允也，然亦未决辞，欲从缓办也。仆曰：袁究可用乎？谭曰：此事我与康争过数次，而康必欲用此人，真无可奈何。仆曰：昨夜尽以密谋告袁乎？谭曰：康尽言之矣。仆曰：事今败矣，事今败矣，此

---

①　康有为：《康南海自编年谱》，《戊戌变法》，第四册，第161页。

何等事，而可出口中止乎？今见公等族灭耳。仆不愿同罹斯难，请即辞出南海馆而寓他处。然兄亦宜自谋，不可与之同尽，无益也。午后一时，仆乃迁寓宁乡馆，距南海馆只数家，易于探究也。"①

袁世凯作为亲身经历事件者，在他的回忆记载中，对这一游说过程描述甚详。作为新任侍郎，袁世凯还未真正被授权掌握指挥更多部队，于颐和园被光绪皇帝召见后，定于八月初五日再行请训。袁世凯在京城时主要谒见李鸿章等大臣，商谈公事，初二日曾经忙得不可开交，"惫甚酣睡"，因此对皇帝红人新军机章京谭嗣同，于三日晚私下前来东城的法华寺拜访，感到惊讶，对之后谭嗣同的传话内容，更是万分震惊，几乎精神崩溃：

"正在内室秉烛拟疏稿，忽闻外室有人声……乃谭嗣同也。余知其为新贵近臣，突如夜访，或有应商事件，停笔出迎。……谭云：外侮不足忧，大可忧者，内患耳。……公受此破格特恩，必将有以图报，上方有大难，非公莫能救。予闻失色，谓：予世受国恩，本应力图报称，况己身又受不次之赏，敢不肝脑涂地，图报天恩，但不知难在何处？

"谭云：荣某近日献策，将废立弑君，公知之否？……公磊落人物，不知此人极其狡诈，外面与公甚好，心内甚多猜忌。公苦心多年，中外钦佩，去年仅升一阶，实荣某抑之也。康先生曾先在上前保公，上曰：闻诸慈圣，荣某尝谓公跋扈不可用等语。……我亦在上前迭次力保，均为荣所格。……此次超升，甚费大力。公如真心救上，我有一策与公商之。因出一草稿，如名片式，内开荣某谋废立弑君，大逆不道，若不速除，上位不能保，即性命亦不能保。袁世凯初五请训，请面付朱谕一道，令其带本部兵赴津，见荣某，出朱谕宣读，立即正法。即以袁某代为直督，传谕僚属，张挂告示，布告荣某大逆罪状，即封电局铁路，迅速载袁某部兵入京，派一半围颐和园，一半守宫，大事可定。如不听臣策，即死在上前等语。

"予闻之魂飞天外，因诘之：围颐和园欲何为？谭云：不除此老朽，国不能保，此事在我，公不必问。予问：皇太后听政三十余年，迭平大难，深得人心，我之部下，常以忠义为训戒，如令以作乱，必不可

———
① 毕永年：《诡谋直纪》。

行。谭云：我雇有好汉数十人，并电湖南招集好将多人，不日可到，去此老朽，在我而已，无须用公。但要公以二事，诛荣某，围颐和园耳。如不许我，即死在公前。……今晚必须定议，我即诣宫请旨办理。予谓：此事关系太重，断非草率所能定，今晚即杀我，亦决不能定，且你今夜请旨，上亦未必允准也。谭云：我有挟制之法，必不能不准，初五日定有朱谕一道，面交公。

"因谓：天津为各国聚处之地，若忽杀总督，中外官民必将大讧，国势即将瓜分。且北洋有宋、董、聂各军四五万人，淮练各军又有七十多营，京内旗兵亦不下数万，本军只七千人，出兵至多不过六千，如何能办此事？恐在外一动兵，而京内必即设法，上已先危。谭云：公可给以迅雷不及掩耳，俟动兵时，即分给诸军朱谕，并照会各国，谁敢乱动？予又谓：本军粮械子弹，均在天津营内，存者极少，必须先将粮弹领运足用，方可用兵。谭云：可请上先将硃谕交给存收，俟布置妥当，一面密告我日期，一面动手。

"予谓：我万不敢惜死，……你先回，容我熟思，布置半月二十日，方可覆告你如何办法。谭云：上意甚急，我有朱谕在手，必须即刻定准一个办法，方可覆命。及出示朱谕，乃墨笔所书，字甚工，亦仿佛上之口气。……予因诘以：此非朱谕，且无诛荣相围颐和园之说。谭云：朱谕在林旭手，此为杨锐抄给我看的，确有此朱谕。……

"因告以：九月即将巡幸天津，待至伊时军队咸集，皇上下一寸纸条，谁敢不遵，又何事不成？谭云：等不到九月即将废弑，势甚迫急。予谓：既有上巡幸之命，必不至遽有意外，必须至下月方可万全。谭云：如九月不出巡幸，将奈之何？予谓：现已预备妥当，计费数十万金，我可请荣相力求慈圣，必须出巡，保可不至中止，此事在我，你可放心。……

"谭云：自古非流血不能变法，必须将一群老朽，全行杀去，始可办事。予因其志在杀人作乱，无可再说，且已夜深，托为赶办奏折，请其去。反复筹思，如痴如病，遂亦未及递折请训。细想如任若辈所为，必至酿生大变，危及宗社，惟有在上前稍露词意，冀可补救。"[①]

在诸多有关史料当中，袁世凯所述记载早前一直不被承认，但康梁派中的毕永年留下《诡谋直纪》，印证了袁世凯所言基本合理，康梁谭

①袁世凯：《戊戌日记》，《戊戌变法》，第一册，第550—552页。

等人在八月初三、初四日之间积极策划兵变政变。某些研究论者就此质疑《诡谋直纪》，以康有为的《自编年谱》为参照系，去证伪毕永年。[1]毕永年是会党骨干分子，在京期间接近康梁集团核心，被康梁当作打手和武人。他与长于舞文弄墨的康梁等人不同，更不是历史学家，对其所亲身经历的事变过程，在细节上不会严谨慎密，时间精确，滴水不漏。

质疑文章中又指《诡》文记载康梁谭三人去游说袁世凯，与事实不符。事实上《诡》文只说"康、谭、梁一夜未归，盖往袁处明商之矣"，前面一句是事实，三人先后夜出，后一句是推测，他并不知道康梁出门后，转而前往容闳的住所金顶庙。之前康有为"将令谭、梁、徐三人往袁处明言之，成败在此一举"，之后梁启超退出，部分因其口语粤音严重，与北方人交流困难，连光绪皇帝都听不懂他在讲什么，自然不是进行游说活动的合适人选，康有为最初派梁启超去，大概是向袁世凯表明本派对他极其重视。徐世昌则只是返回自己上司的住所，而梁启超在《戊戌政变记》中确实提到，"袁幕府某曰：荣贼并非推心待慰帅"，证实徐世昌在场，康有为原本希望徐世昌能够帮助说服袁世凯，毕永年所闻并非完全猜测。

至于谭嗣同归来后"气怆怆然"，有论者以谭嗣同作为革命领袖，一向意气风发，敢于任事，指此描述不实。但谭嗣同确实在游说袁世凯时几乎遭遇失败，费尽口舌，"几致声色俱厉"，才迫使袁世凯作出并不确定的保证，更加重了他对康有为选择求助于袁世凯的疑问。康有为《自编年谱》面世时为1899年初，与毕永年、王照等人早已公开决裂，自然影响到他对这些人的评述，甚至完全不提。对连"公车上书"、皇帝诏谕都不惧造假的康有为来说，在文字之间有所选取偏向，实在是易如反掌。

袁世凯所述内容，证实康梁等人在谋划如此重大的谋反行动时，缺乏最基本的准备和常识，对指挥调动近代武装力量的必经过程，毫无所知，令袁世凯都不敢相信只给他几天时间。军队出营作战，至少需要一定时间解决装备、武器、粮饷问题，况且袁世凯本人尚在北京，无法立即前往天津小站调动属下的新军营队。

谭嗣同为了说动袁世凯，以督抚级的高官职位相许，并将弑君罪名

---

[1] 孔祥吉、村田雄二郎：《对毕永年〈诡谋直纪〉疑点的考察》，《广东社会科学》，2008年第2期，第113—121页。

预先放在荣禄身上。谭嗣同向袁世凯提出一个十分完整的谋反计划，如何借上谕杀荣禄，如何围困颐和园等等，加上"清君侧"的名义，但其真正目标是铲除慈禧太后，为此准备调用毕永年、唐才常的湖南勇士数百人，作为执行特殊任务的突击队，以防袁世凯辖下的新建陆军部队，不愿听从来自康梁的命令。康梁谭等人此时仍然相信他们能够充分影响和控制光绪皇帝，发出他们期望的谕旨，包括立即处死朝廷重臣荣禄的谕旨。谭嗣同多次强调，等不及10月份的天津阅兵，为此逼迫袁世凯在无权无兵的情况下，立即采取行动，令袁世凯十分为难。

最根本的问题是，对"围园杀后"这样的头等谋逆之事，刚刚被提为侍郎的袁世凯，并没有足够胆量去冒险，独力将此事承担下来。他所面对的谭嗣同虽然勇气可嘉，之前已在湖南地方谋划起事，但谭嗣同背后的康梁都是典型文人。即使他们确实手持皇帝诏谕，也根本就不是适合发动兵变之人，这一根本缺陷无法回避或弥补，而由他们来鼓动野心极大的袁世凯为他们效力，更彰显其势穷计穷，别无其他选择。

康有为于深夜离开位于城南的南海馆，凌晨时分抵达容闳在东华门外的住所金顶庙，谭嗣同在向袁世凯交代完本派的兵变计划后，也于凌晨返回，康梁谭等骨干核心重新聚合，商讨最新进展。谭嗣同在早餐之后才回到康有为住所，通告毕永年前一夜的有关信息。

按照袁世凯的记载，在八月初五日（8月21日）向皇上请训的时间内，两人谈及数事，但袁世凯并没有拿到谭嗣同许诺的皇上谕旨，心知情况不妙，光绪皇帝并无鼓动兵变之心意，他当然不敢由自己去贸然提及谭嗣同私下透露的机密计划，只能间接影射，"变法尤在得人，必须有真正明达时务、老成持重如张之洞者，赞襄主持，方可仰答圣意。至新进诸臣，固不乏明达猛勇之士，但阅历太浅，办事不能慎密，倘有疏误，累及皇上"。①

袁世凯此时显然已经决定脱离康梁派，既然皇上并不知悉康梁谭的兵变计划，自然也不会同意他们的谋反举动，自己不必冒险去实践对谭嗣同的私下承诺，反而应当立即转变立场。八月初五日向光绪皇帝请训，应该是袁世凯决定告密的关键时刻，必然会庆幸他对当前局势的判断正确，包括光绪皇帝根本无意与慈禧太后决裂，以至诛杀荣禄甚至太后，进而证实谭嗣同在游说他时所说的，是空言恫吓，威逼利诱，以求

---

① 袁世凯：《戊戌日记》，《戊戌变法》，第一册，第553页。

一逞，若袁世凯贸然上当而主动出兵，只会代康梁成为首号逆臣。情形紧急，非此即彼，不能再拖下去，袁世凯不去告密，事后查出，也是大罪一桩。

康有为按照光绪皇帝的谕旨准备出京，不能再抗旨拖延，同时相信光绪皇帝之后会向袁世凯颁下预定的密旨，其他计划也在进行当中，包括由自己控制的御史们上奏，即"合邦"奏议，请求聘用李提摩太和伊藤博文为政府国政顾问。所以他没有必要留在北京，改由梁启超、谭嗣同等人静待袁世凯的行动。谭嗣同本应该在光绪皇帝八月初四日返回京城后，立即汇报他与袁世凯的密谈，并请求颁下密旨给袁世凯，让其得到授权发动兵变。谭嗣同实际上没有机会再见到光绪皇帝，后者从袁世凯和谭嗣同这两个相关人物处，都没有得到有关康梁派谋反兵变的信息，也就无从给以同意或否定。这意味着直到政变发生之后，光绪皇帝才得知他所信任依赖的康梁派，密谋策划了一个兵变和宫廷杀戮计划，而且要经由他之手，以他的名义进行。对于光绪皇帝来说，得知经由杨锐之手发下密诏得来的反馈，竟是处死重臣、禁锢太后时，必然会大感震惊，颤而生惧，而不是欣然接纳，颁布诏谕如仪。

本来直接率人"围园杀后"的毕永年，在闻知谭嗣同的全面兵变计划后，甚感不妥，紧急搬离南海馆，躲在另一住所宁乡馆，观望局势发展，之后于初七日晨赶紧离开是非之地，前往日本。即使袁世凯部有所行动，康梁准备作为突击队、敢死队来使用的毕永年部，已经失去其核心首脑，无法再配合袁世凯部的行动。谭嗣同于初五日也由南海馆转到浏阳馆，留下梁启超、康广仁坐守。康有为出京时并未预期会发生政局巨变，按照谕旨所命，前往上海。

谭嗣同游说袁世凯的次日，八月初四日（8月20日），慈禧太后从颐和园返回京城，计划两日后再回颐和园照旧颐养，表明她最初的打算是与光绪皇帝短暂相处，就近了解实情和加以劝诚，最多会将杨崇伊的训政奏折交给光绪皇帝阅看，作为警示。慈禧太后初四日的回京行程，并不显匆忙，上午出发，去万寿寺烧香，将近下午四点才到达西苑，光绪皇帝亲自迎接如仪。[1]由此看来，慈禧太后当时并不急于采取任何极端行动，以致康梁派的笔杆子杨深秀和宋伯鲁，至八月初六日还可以上折奏事。

与谭嗣同见面密谈之后，袁世凯仍然不得自由脱身，必须等到初五

① 茅海建：《从甲午到戊戌》，生活·读书·新知三联书店，2009，第752页。

日向光绪皇帝请训之后，才于当日下午迅速离开北京，前往天津面见荣禄，"抵津，日已落，即诣荣相，略述内情，并称皇上圣孝，实无他意，但有群小结党煽惑，谋危宗社，罪实在下，必须保全皇上以安天下"。[1] 袁世凯在此处轻描淡写，实际上已将康梁的兵变计划向荣禄全盘托出，也借机洗清自己的责任和关联。荣禄连夜决定采取行动，不能坐以待毙，"因夤夜乘火车入京，晤庆邸，请见慈圣，均各愕然"。[2]

袁世凯八月初五日的举动，就此改变了慈禧太后的原定计划，推出了之前置于手边、作为最后手段的训政方案。如果袁世凯并未向荣禄举报，静而观之，谭嗣同等人之后仍然会前来探访，向袁世凯询问筹划兵变的进展，并施加压力。这可能推迟事件晚爆发几天，慈禧太后或于初六日按原计划返回颐和园，待下次进京时再做打算。在形势未曾进一步激化的情况下，光绪皇帝采纳杨锐的建议，作更多调和，起用中立老臣如张之洞，维新变法有可能延续更长时间，而不致政局遽然扭转。从这一点看，袁世凯确实因告密而成为掀起重大政变的罪人，但谭嗣同方面谋划的政变兵变活动爆发出来，只是早晚的事。

事态转变的另外一个主因，是光绪皇帝于初五日接见了伊藤博文，按照之前康有为的机密部署，希望能够就此在中日"合邦"或英美日中四国联盟上有切实结果。当日谒见之后，光绪皇帝预定于八月初八日再晤伊藤博文，以详谈邀其参政"借才"和"合邦"之事，或者具体落实接纳外人的细节。如此重大的国际事务，连李鸿章都未曾与闻，只待光绪皇帝颁布谕旨，即可施行而不可挽回。维新派人士都将引伊藤博文入局视为寻常之事，既解自己之危，也不过是依循前例，赫德、戈登、马格里、日意格、琅威理均是。但维新派对伊藤博文以及李提摩太的寄望，远不同于这些洋将洋官，而是既深入内政又牵扯到国际联盟合并，关系重大。以上那些属于清朝政府借用的洋人，均是专才和清政府属下的官员，即便是在乱局中一度依仗兵力称雄的戈登，最后也服从地方督抚的命令而行，交卸兵权而去。这些人都不涉及中国政治，即使最接近朝廷核心的赫德，本人也紧守界限，多作顾问，即使私下痛惜变化缓慢，也绝不以此为由公开干预行政。

而维新派所谓的"借才"，则是希望由外人参与国政，改革体制，

① 袁世凯：《戊戌日记》，《戊戌变法》，第一册，第553页。

② 陈夔龙：《梦蕉亭杂记》，《戊戌变法》，第一册，第484页。

以皇权和洋权一起推动乱局中的变法。洋人以行政权力为目的，其措施活动自然不会顾虑现有中国体制的约束。维新派看重的两名外国人中，李提摩太是一个充满野心和雄心的政治人物，不满足于传教活动，而是要改变中国的政治现实。虽然他在英国本国政治和社会中，影响力极为有限，更无力支配左右英国的对华政策，实际行政能力又远不如在中国政府中服务已达四十多年的赫德，却一样大名鼎鼎，几乎有望获得与翁同龢一样的声誉，出于维新派的尊崇和一些洋务高官的抬举，最后获得光绪皇帝的认可。李提摩太作为维新派的新政顾问，受康有为之邀，于9月中前往北京。李提摩太配合之前提出的新内阁组成设想，已经划定其中专门拨给外国人士位置的人选，即赫德爵士、查理·埃迪斯爵士(Sir Charles Addis)、美国人福斯特(Foster)和德鲁(Drew)。

李提摩太此时也风闻康梁派的兵变企图，在其回忆录中有所显示，"慈禧太后下谕，将于秋天在天津阅兵，光绪皇帝担心在阅兵的借口之下，慈禧太后会夺取所有权力，将他闲置一边。维新党催促光绪皇帝先发制人，将慈禧太后拘禁在颐和园中，由此终止反对派对维新的所有抵制阻碍。光绪皇帝为此召见荣禄之下的袁世凯将军，依靠他的支持，带兵到北京，看守慈禧太后居住的宫殿(颐和园)。……袁世凯在被皇上再次召见之后，向荣禄坦承了反对慈禧太后的计划"。[1]

伊藤博文则是一个更为神秘的人物，他对中国实行敲骨吸髓的敲诈之后，继续日本政府的对华政策，拉拢中国倾向自己，达到类同朝鲜一般的受控和附属局面，以此在北方对抗俄国。因此他对中国变法改革的态度，充满功利主义，绝不可能允许中国自强到不接受日本属国地位的程度，而是尽力索取更多的利益。如果伊藤博文有望接受光绪皇帝和维新派的邀请而出任要职，他必然会要求在许多方面尽力安排日本人士和照顾日本的利益。日本人正在积极进入中国，要求得到同西方国家人士同等的待遇，益见其后来者居上。连赫德管理的中国海关，都遇到这一新情况。一些日本人跑到赫德那里，要求立即任命一位日本人出任汕头税务司的职务。赫德的回答是，只有低层职位，无法安排日本人出任海关的税务司。[2]如果伊藤博文出任清政府首脑职务，将大大有利于日本势

---

① Richard, T., *45 Years in China: Reminiscences by Timothy Richard*, Frederick A. Stokes Company, New York, 1916, p265.

② *The I.G. in Peking*, volume 1, Letter 1131, p1187, 12 February 1899.

力的非军事入侵，例如海关职务一类的事情，他们会更有可能压制赫德，得其所欲，在其他很多方面的进展都将更为顺利。

借用伊藤博文参与高层执政和推进变法，给以国政顾问或相位，将会对国家机构带来更大震荡和引发动乱。伊藤博文的行为，势必超过之前康梁派在光绪皇帝之下的举措，一是伊藤博文本人对中国各项制度十分鄙视，肯定毫不留情；二是康梁一旦借伊藤博文之力之威打破僵局，必然加快速度以求达标，清除之前颇受阻碍的机构设置，建立自己的势力范围。

杨崇伊八月初三日所奏，其中最重要的部分，还在于查证伊藤博文的来访与康梁企图加以重用之间的关系，提前防范，"风闻东洋故相伊藤博文，即日到京，将专秉权政……依藤果用，则祖宗所传之天下，不啻拱手让人"。[①]鉴于杨崇伊所称仅是"传闻"，尚非事实，慈禧太后并未对此采取行动。但初五日光绪皇帝召见伊藤博文，预定再于初八日召见，加上其他维新派人士频繁上书请求重用伊藤博文，以至出任宰相，事态的走向，基本上在按照杨崇伊的揣测而行。

杨崇伊所担心的是政府和帝党在此过程中遭受损失，而慈禧太后则更关注朝廷最高层的满清统治阶层的利益，引入伊藤博文后的变法，潜在威胁是将清朝廷的统治基础完全摧毁，"懋勤殿""议院"一类的新机构将不受控制，连国政都不再受光绪皇帝自己的控制。除了光绪皇帝之外，变法主要人物均是汉人，未有其他满人高官参与，而谭嗣同等一些人的排满思想隐含在其言论活动之中，极可能不为光绪皇帝所控，满人失去朝政实权的可能性，逐渐显现。

那些"合邦"之类的奏折中所涉及的"四国联盟"，同样是置中国于附属国的开端，不仅危及满清朝廷和八旗阶层，也危及中国整体。在维新变法派中，亲日亲英者为多，而自甲午战争以来，清朝廷的外交主线是亲俄。在英国与俄国近来在中国和东亚紧张对峙之时，一旦光绪皇帝贸然雇用伊藤博文、李提摩太参与国政，不仅加速投向日本，而且骤然改变清朝廷的外交主线，必然会面临国内国际的不可预料的后果。

综合当前局势的两大事态，袁世凯告密康梁谭兵变密谋，和伊藤博文在光绪皇帝二次召见之后可能参与国政，形势突显急迫。尤其是康梁

---

① 《掌广西道监察御史杨崇伊折》，《戊戌变法档案史料》，光绪二十四年八月初三日，第461页。

谭谋划兵变，肯定是慈禧太后和其他后党方面的人所预想不到的，变法会走到这一步。清朝两百多年也无类似兵变事例，上一次依仗手中兵力强行更换政府上层，还是慈禧太后与恭亲王奕䜣联合发动的"辛酉政变"，两位均已是最高层圈子里面的人，才有可能成功压倒"顾命八大臣"，而由几名四品衔文人就预谋京城兵变，前所未闻，无疑是叛逆大罪，只是他们以皇帝诏书为靠山，才不惧后果地推行下去，但密谋一旦败露，后果都是一样的。

七、变法失败后的清算

慈禧太后于八月初六日（8月22日）采取行动，将之前已经考虑过的应对方案，付诸实行，向外宣布训政，收回光绪皇帝的直接行政权力，暂停几个月的变法。"谕内阁：现在国事艰难，庶务待理，朕勤劳宵旰，日综万几，兢业之余，时虞丛脞。恭溯同治年间以来，……慈禧皇太后两次垂帘听政，宏济时艰，无不尽美尽善。因念宗社为重，再三吁恳慈恩训政，仰蒙俯如所请，此乃天下臣民之福。由今日始，在便殿办事，本月初八日，朕率王大臣在勤政殿行礼，一切应行礼节，著各该衙门敬谨豫备"。[①]声势浩大、涉及广泛的"戊戌变法"，至此画上句号，为时一百零三天，又称"百日维新"。

光绪皇帝应该是在被迫接受训政时，才第一次听说有康梁谭的兵变密谋，四军机章京中只有谭嗣同是参与谋划之人，对此默不作声，其他三人杨锐、林旭和刘光第忙于政务，自然懵然不知，以致光绪皇帝也被蒙在鼓里。如果谭嗣同在游说袁世凯后，回来上朝请求光绪皇帝向袁世凯发下杀荣禄、围颐和园的谕旨，恐怕光绪皇帝也会因震惊战栗而不敢答应，原本也不在他的变法计划之中。但时局的变化已经由不得光绪皇帝做主了，康梁谭等人的盲动和密谋，骤然打乱了他之前的妥协方案，引发后党方面的激烈反扑，实施他们那一方准备的政变，直接导致训政垂帘，光绪皇帝夹在中间，被两股力量推着走，也就被推到一边，成为其他人政治活动的受害者。

由于被慈禧太后宣布训政的行动匆匆打断，伊藤博文和李提摩太相

---

①《戊戌变法》，第二册，第99页。

继快快离开北京，一无所获。康有为在政变之前离京，顺利到达烟台，悠然闲逛，形同度假，并十分侥幸地避开了奉命捉拿他的清朝地方官员。按照其著述所记，英国驻上海总领事璧利南(Brenan)听闻此事，急忙派出上海工部局官员濮兰德(Bland)，抢在上海道台蔡钧之前，找到英国轮船"重庆"号上的康有为，告诉他北京发生的巨变和逮捕他的命令，将悲痛绝望的康有为紧急转移到一艘英国军舰上，躲开清朝官府的追踪，直接驶往香港，让其避过一劫。留守在北京的梁启超、谭嗣同，求教于李提摩太，决定分头求援，容闳去美国使馆，李提摩太去英国使馆，梁启超去日本使馆。前两处均碰壁而回，无人应答，之后英国公使窦纳乐正式拒绝了李提摩太的要求，没有得到本国政府的指示，也无理由对清朝廷采取任何行动。而梁启超则通过日本使馆的协助，逃往天津，上了日本船而直奔日本。①

在通缉逮捕康有为的命令下达之后，杨锐等新任军机章京也于初九日一同被捕，其中谭嗣同在游说袁世凯之后无其他行动，初六日以后已不能再上朝见光绪皇帝，也未同梁启超去日本使馆避难。据康有为事后所述，是他愿为变法失败负责而甘愿受刑。容闳匆忙逃离北京，到上海租界躲避，因之前的津镇铁路案中，已经得知美国政府注销了他的公民身份，而上海租界当局则并不严查，容易长住避难。

慈禧太后在后党和满清人士的报复心态推动之下，开始大肆逮捕之前在变法活动中表现积极或极端的人士，并尽快审讯处以刑罚，特别是被举报谋反的谭嗣同和一向作为康梁派"笔杆子"的杨深秀，同时把光绪皇帝突然提拔起来的其他新军机章京一并连带处理。其中杨锐蒙冤最重，他本非康梁一党，只服务于光绪皇帝，又是温和改良派的代表。他根本没有参加过康梁谭的密谋，反而是劝告光绪皇帝疏离康有为，变法举措不违慈禧太后之意。"初五日，训政诏下……次日先生(杨锐)云，我等定出军机，若皇上无事，我即出京；若有不测，决无可去之义。初九日晨起，先生被逮"。②

同为四川人的刘光第虽然支持变法维新，但行事稳重，并不追求异

---

① Richard, T., *45 Years in China: Reminiscences by Timothy Richard*, Frederick A. Stokes Company, New York, 1916, p266.

② 黄尚毅：《杨叔峤先生事略》，《杨叔峤先生文集》。

端极端，也疏离康梁派，"曾廉之劾有为也，谭嗣同与同班值宿，邀与联名，以百口保之，不能力拒"，刘光第乃被动而行。①林旭年轻人不懂事，事事争先，但在杨锐的规劝下，处事方式正在转变。更为重要的是，这三位新军机章京都对康梁谭的兵变谋反计划，一无所知，如果得知详情，无疑也会同袁世凯一样，紧急向光绪皇帝汇报示警。但恢复训政后的政局已被守旧派人士掌控，刚毅、徐桐等人报复心极重，借慈禧太后之威，大力打击维新派和帝党势力，因此对光绪皇帝一度赏识重用的新军机章京，一概不放过，将其置于死地。至于康广仁，在康有为逃逸之后，自然被视为重要人物拘捕，虽然他自认委屈，代其兄受罪，但他之前的表现态度，例如对毕永年、王照的指责，证明他实为康党骨干。

训政之后的八月十三日（8月29日），六位变法人物的命运被突然而来的朝命断绝，"谕军机大臣等：康广仁、杨深秀、杨锐、林旭、谭嗣同、刘光第等，大逆不道，著即处斩，派刚毅监视，步军统领衙门派兵弹压"。②

远在武汉的张之洞，自训政起始，就力图解救杨锐，通过盛宣怀、王文韶和荣禄为之求情，力证杨锐并非康党，也与兵变密谋无丝毫关联。张之洞最早急电控制电信局的盛宣怀，"杨叔峤端正谨饬，素非康党，平日议论诋康之处，不一而足，弟所深知，天下端人名士皆所深知。此次召见蒙恩，系由陈右铭中丞保，与康无涉，且入直仅十余日，要事概未与闻，此次被逮，实系无辜受累，务祈飞电切恳夔帅（王文韶），鼎力拯救"。③通过其他重要官方人士，张之洞也积极联系求情，"十二日，直隶总督荣禄入京召见，是夜文襄（张之洞）电至津，请荣转奏，愿以百口保杨锐"。④

但张之洞此时人不在北京，需通过他人从中疏通转达，缓不济急，其重要疆臣的身份在新政局中没有发挥应有的作用，而且张之洞也没有预料到杨锐的处刑会如此之快，在联系了几位朝中大臣后认为必有结果，不意杨锐随其他人同被处死，极为心痛。"次日己宣布行刑，而转

---

① 胡思敬：《党人列传》，《戊戌履霜录》。

②《戊戌变法》，第一册，第102页。

③ 盛宣怀：《愚斋存藁》卷33，电报10，"香帅来电"，光绪二十四年八月十一日。

④ 黄尚毅：《杨叔峤先生事略》，《杨叔峤先生文集》。

电始至，已无及矣。……刚毅宣旨毕，先生曰：愿明心迹。刚云：有旨不准说。先生怒叱曰：尔军机大臣衔害。遂出就刑"。[1] "叔峤（杨锐）名登叛党，残罹大辟，覆盘入地，湔洗无由，可谓千古奇冤。鄙人平心论之，以叔峤之学行，叛逆之谋，可信其必不与闻，惟与谭、林辈同入枢廷，心縻好爵，不能先自引去，比之匪人，自贻伊戚，可为热中者炯鉴"。[2] 杨锐的冤案最后由他儿子杨庆昶于宣统年间到都察院上诉，以光绪皇帝给杨锐的密诏为据，才获得平反。

谭嗣同在名义领袖康有为之下，实际上推动本派，实地操作，并怀有远大企图，有意利用康梁派的社会声誉影响和网络士人，促进和保护自己在湖南省份操作的地方自治。谭嗣同的潜在领袖地位，得到康有为、梁启超的衷心承认，"谭服生（嗣同），才识明达，魄力绝伦，所见未有其比，惜佞西学太甚，伯里玺（总统）之选也"。[3] 谭嗣同对西方社会并无任何亲身体验，在中国境内接受的所谓西学，多是翻译过来的早期自然科学和宗教书籍，为此作出的评论，符合梁启超的"佞"字，如西方"体国经野，法度政令，不闻有一不备"，西方人"无人不出于学""朋友则崇尚风义""即与异邦人交，无不竭尽其诚"，（《报贝元徵》）与郭嵩焘使英初期所得印象大致相同。

梁启超对谭嗣同的出格评价，表明在依靠光绪皇帝的权威，以及袁世凯军力的支持下，一旦最高国家权力在手，康有为将据有新政权的精神领袖之位，谭嗣同出任大总统，构成新国家的中枢。谭嗣同本人比康有为或其他派内人士更为激进，"今日中国能闹到新旧两党流血遍地，方有复兴之望，不然，则真亡种矣。佛语波旬曰：今日但观谁勇猛耳。……此嗣同可代为抗辩者也"。[4]

作为未来的国家领袖，谭嗣同已勾画出自己独特的经世致用的执政理念：

"益当尽卖新疆于俄罗斯，尽卖西藏于英吉利，以偿清二万万之欠款。以二境方数万里之大，我之力终不能受，徒为我之累赘，而卖之则不止值二万万，仍可多取值以为变法之用，兼请英俄保护中国十

---

① 黄尚毅：《杨叔峤先生事略》，《杨叔峤先生文集》。
② 叶昌炽：《缘督庐日记钞》，《戊戌变法》，第一册，第533页。
③ 谭嗣同：《与康有为等书》，《戊戌变法》，第二册，第543页。
④ 谭嗣同：《致欧阳中鹄书》，《戊戌变法》，第二册，第567页。

年。……一言保护，即无处不当保护，不可如现在浙江之舟山归英国保护，天津之铁路归德保护，毫无益而徒资笑也。

"费如不足，则满洲、蒙古边缘之地亦皆可卖，统计所卖之地之值，当近十万万，盖新疆一省之地亦不下二万万方里，以至贱之价，每方里亦当卖银五两，是新疆已应得十万万，而吾情愿少得价者，以为十年保护资也。……又援日本之例，不准传天主教、耶稣教，又不准贩鸦片烟。日本此二事极令人佩服。如不见许，即谬设一教，亦往彼国传教，纵容骚扰，令主客不相安，一被焚打，即援中国赔教堂之例请赔。"[1]

谭嗣同对卖地之念，意犹未尽，之后又加上其他地区，"今夫内外蒙、新疆、西藏、青海，大而寒瘠，毫无利于中国，反岁费数百万金戍守之。……每方里得价五十两，已不下十万万，除偿赔款外，所余甚多，可供变法之用矣"。[2]

谭嗣同之所以谋求以割让清朝现有疆土换得资金，根本原因在于他并不将清朝廷视为自己的本国统治者，将满清和满族排除在中国之外，既然那些边区地方均由满清王朝历代征伐卫土而来，此时尽可再行剥离，只剩下汉族人居住生活的内地省份，以建立起一个基本由汉族组成的民族国家。他所关注的湖南省份，在此中占有主要位置，如果外国瓜分中国按照德国在山东开启的模式和潮流进行，全国作为一个整体即将不保，"覆亡在际"，湖南自然有理由寻求独立，成为谭嗣同等人掌控的领地。湖南当时变化显著，如日本人神尾所作观察，"湘省风气大开，钻研政学，无任钦迟，尤愿纳交，相为指臂，且振兴中国，当于湖南起点"。[3]

再加上湖南开矿和煤矿产出，令谭嗣同更加执着于他的湖南自治主张。即使在有限变法的情况下，排除满人的势力也是势在必行的，"凡一官两缺，凡专称旗缺，一律裁止，则凡宗禄驻防，凡旗丁名粮，一律禁止"。[4]按照这一思路，清朝政府不能代表中国，谭嗣同即使带兵起义或杀戮满清宫廷，也不必承担逆反罪名，一是为建立新政权腾出地盘，二是为清初入关镇压汉族反抗而做出的合理反应和历史清算。

① 谭嗣同：《致欧阳中鹄书》，《谭嗣同集》。

② 谭嗣同：《报贝元微》，《谭嗣同集》。

③ 唐才常：《论中国宜与英日联盟》，《戊戌变法》，第三册，第104页。

④ 谭嗣同：《报贝元微》，《谭嗣同集》。

在康梁谭这些维新派领袖的思维中，反满情绪是挥之不去的，"保中国不保大清"，存在于他们的潜在意识当中。章炳麟日后曾攻击和嘲讽康有为投入保皇事业的莫名热心，"吾观长素二十年中，变易多矣，……及建设保国会，亦言保中国不保大清，斯固志在革命者。未几瞑瞒于富贵利禄，而欲与素志调和，于是戊戌柄政，始有变法之议，事败亡命"。[①]梁启超在湖南学堂执教时曾经随意批注道，"屠城屠邑，皆后世民贼之所为，读'扬州十日记'，尤令人发指眦裂，故知此杀戮世界"。[②]在维新派内部，变法和反清是两股思路汇合而成的共同洪流，只各人取用不同，而谭嗣同则比康有为更有成为反清志士或烈士的意愿和勇气，也成为最早的世界主义者、大同主义者之一。

谭嗣同在临刑前留下诗一首，据说于拘留期间写于墙上，"望门投止思张俭，忍死须臾待杜根。我自横刀向天笑，去留肝胆两昆仑"。而另一流传版本是，"望门投止怜张俭，直谏陈书愧杜根。手掷欧刀仰天笑，留将公罪后人论"。康梁等人逃亡海外后，极力推崇前一版本，注重于此诗中所现露的革命不畏死的精神，以激励后人，但第二版本中则表现出不顾后果的思维，经历了谋反失败的过程而不后悔，将因这一逆天大罪而赴死是否值得，留待后人评论，其中反抗满清王朝的意义，日后大多数汉人都会理解。[③]

谭嗣同当时被拘狱中，即将赴死，也无法预测康梁等人的海外事业能否成功，因此慷慨留下此言而无憾。但这首诗无疑暴露出康梁骨干人物事前秘密策划过逆天谋反，令康梁在海外居不安稳，面临信用危机，因此他们私下将谭嗣同所留诗句加以修改，增强其一般性的英雄大无畏精神，极力推崇，将其作为谭嗣同的唯一绝命诗，以否认自己因参与谋反而导致变法夭折，以及避开声言保皇却继承谭嗣同反清之志之间的矛盾尴尬。

慈禧太后训政之后，官员处罚提拔之间，倾向性明显，除六名被公开处死之人外，其他被贬罚充军的不在少数，如谭嗣同的父亲谭继洵，八月十七日(9月2日)又谕："裁缺湖北巡抚谭继洵，著毋庸来京，即行

---

① 章炳麟：《驳康有为论革命书》，《戊戌变法》，第二册，第582页。

② 梁启超：《学堂日记梁批》，《戊戌变法》，第二册，第548页。

③ 黄彰健：《论谭嗣同狱中诗——与孔祥吉先生商榷》，《近代史研究》，1995年02期。

④ 《戊戌变法》，第二册，第105页。

回籍"。④而在关键时刻决心告密的袁世凯，赢得极大信任，在荣禄被召往北京时，获得特意安排，"电寄荣禄，著即刻来京，有面询事件，直隶总督及北洋大臣事务，著袁世凯暂行护理"。①与十天前光绪皇帝给以袁世凯的特恩格外提拔相比，这一护理任职更为重要，袁世凯就此才完全脱离了辅臣司员之列，进入督抚的特权小圈子，为日后实任封疆大员奠定了坚实的基础。

训政之后的政局，维新派败北，遭到清算，而其一度急推的不少变法措施，也在后来发布的上谕中，再被废除推翻，形同退潮，特别是官制改革，而受创较轻的是那些与洋务运动性质接近的近代军事工业项目：

> "八月十一日(8月27日)谕内阁：朝廷振兴庶务，一切新政，原为当此时局，冀为国家图富强，为吾民筹生计，并非好为变法，弃旧如遗，此朕不得已之苦衷。……即如裁并官缺一事，本为裁汰冗员，而外间不察，遂有以大更制度为请者，举此类推，将以讹传讹，伊于胡底。……所以现行新政中裁撤之詹事府等衙门……现在详察情形，此减彼增，转多周折，不若悉仍其旧。著将詹事府、通政司、大理寺、光禄寺、太仆寺、鸿胪寺等衙门，照常设立，毋庸裁并。其各省应行裁并局所冗员，仍著各督抚认真裁汰。……疏章竞进，辄多撫饰浮词，雷同附和，甚至语涉荒诞。……嗣后凡有言责之员，自当各抒谠论，以达民隐而宣国是，其余不应奏事人员，概不准擅递封章，以符合定制。时务官报，无裨治体，徒惑人心，并著即裁撤。……此外业经议行及现在交议各事，如通商、惠工、重农、育才，以及修武备、浚利源，实系有关国计民生者，即当切实次第举行，其无裨时政而有碍治体者，均毋庸置议。"②

在一片强烈逆反浪潮当中，清朝廷仍然有所选取，保留了一些可以接受的事项，如学堂设置关系长远，得以维持下去，并继续向日本派出留学生。其实康梁等人所谋求的由上而下的变革，集中精力于"制度局"等顶层设计机构，安插身在体制外的本派中人，并巩固在社会上的舆论导向地位。而对于国计民生和自强新政，所涉新意不多，更非切合实际，如六亿两的变法基金，如同天外奇谈，更有出卖

---

① 《戊戌变法》，第二册，第100页，光绪二十四年八月初十日。

② 《戊戌变法》，第二册，第101—102页。

国土和权益之嫌。康有为不屑于谈论具体改革事务，而以研究变政、政变为主题频繁上书，梁启超深居幕后，以文字见长，却对官府官员毫无影响力，谭嗣同同样喜作长篇大论，仁学、物理学一概通讲，以致"今日急务，无有过于开学派者"，却在京师中依靠从湖南大本营调过来的亲信准备动武。

赫德于"百日维新"期间恰好在北戴河避暑和休假，因此未能参与任何变法活动或提出相关建议，其间活动最甚的西方人是李提摩太。赫德在政变之后才返回北京，一时情况不明，出于英国人的本性，怀疑这场政变是由亲俄的李鸿章加后党与帝党的争夺所致。直到11月中，赫德得出结论，慈禧太后发动的政变再无起伏，巩固了手中权力，政局开始稳定，变法内容也不一定就遭遇了巨大挫折，如当时正在任命开平矿务局总办张燕谋为直隶全境新的矿务首脑。①赫德身在局外，只看实效和进展，自然不能理解维新派中强力推动变法的精神。他们怀有"毕其功于一役"的思路，再加进谋划兵变的惊险行动，不成功便成仁，失败下场最少也会被排除出政界官场。

历史学家徐中约所列出的戊戌变法至此停止的三个主要原因中，首先就是康有为等人缺乏耐心和实践经验，康有为四十岁，梁启超二十五岁，谭嗣同三十三岁，均没有实际行政经验和官场体会，康梁两人更是纯粹文人，未涉足官府(康有为的工部主事是他不屑于去做的闲职)。②

"百日维新"的明显特点，就是文件发送方面的改革，大发谕旨，每日不止一件，诸事均行，而且依靠原有官员，颇为急迫浮躁。李鸿章事后对变法失败的总结，是"变法太急，用人不当"。③同一时期内日本人搜集到的情报，显示康梁派模式的变法运动本身，存在着严重问题，"性太急，无恒心，了解变法的好处，却不知中国的情况。戊戌变法以来，北京政府更加顽固，这不能不是康、梁的过失。太后从前也不完全是这样顽固。康有为的急于变法，将满朝的大员弄成今天这种情况。这与事实接近"。④连刚到中国不久的澳洲籍《泰晤士报》驻京记者莫里循(Morrison)，都对康梁的变法措施感到不可思议，"你能否想

① *The I.G. in Peking*, volume 1, Letter1122, p1177, 20 November 1898.

② Hsu, *The Rise of Modern China*, 1970, p454.

③ 范书义：《李鸿章传》，人民出版社，2004年，第456页。

④《井上雅二日记》，《近代史资料》，第74号，1989，第132页。

象，一个最为重要的全面更改科举方法的改革，以如此粗略的方式向全国推广，而不会对成千上万的可怜士人带来巨大困难？剥夺了他们辛劳的成果，却没有任何补偿？"①

但变法失败讨论中常被略去不提的一个重要原因，是维新派领袖们最后诉诸兵变，彻底改变了变法的性质，转为政变，名义上是为了防止对方发起的政变，这样此次变法就无缘正常运作和延续下去。如果由同样是四十岁的杨锐来辅助光绪皇帝进行变法，实际效果会好得多，进度缓和但延续时间会更长，至少或为"千日维新"。毕竟杨锐已在体制内从事过一定时间的行政工作，经验丰富，为此而深受封疆大员张之洞的赏识和支持。与以上日本人所作观察相对照，这一类缓和或温和变法，不符合康梁派的焦急心态、变法蓝图以及他们对各自事业前途的期望，借所谓"密诏"，贸然与守旧派进行夺命致死的权力火并。由不通兵事、不掌兵权的文人新儒筹划京城兵变，是这场轰轰烈烈的变法运动中最难以解释的荒谬之处。

年轻而又认定变法目标的光绪皇帝，轻率地误认，康有为进呈了几本自编他译的外国政治历史书籍，就是精通西方社会和制度的难得人才，值得依靠求教。实际上康梁谭等维新派骨干都没有出过国或亲身接触过西方世界，只去过上海、香港，比曾纪泽、薛福成等人相差不可以道里计，知识感受甚为贫乏，无论西方之真正优势或其根深的弊病，都无从了解，只能从西方翻译书籍中得到部分印象。梁启超被光绪皇帝派任"办理译书局事务"，而他本人实际上不通任何一门外国语言，所能做的仍然是借用传教士们已经选择性翻译的西方书籍刊物，用来蒙骗不通外部世界的光绪皇帝已是足够。

这些声名大噪的维新派人士，只同居心叵测的西方传教士有过接触，从未在外交谈判场合上与西方人对过阵，也就无从展示其维护国家权益方面的意愿和才能，反而急于求教求救，"推英国驻汉领事贾礼士充会首，结为湖南强学分会，已与贾领事面议二次"，以后也纷纷去外国使馆避难。②说他们精通西学实在是不知所云，若要借助他们的有限知识见解去自立强国，必然是强人所难。

---

① *The Correspondences of George Morrison*, volume 1, 1895–1912, p97, "Morrison to Bland", 12 October, 1898.

② 谭嗣同：《上欧阳中鹄书（五）》，《戊戌变法》，第二册，第568页。

宋伯鲁到政变之日，仍然上疏荐言"合邦"，"今拟请皇上速简通达外务、名震地球之重臣，如大学士李鸿章者，往见该教士李提摩太及日相伊藤博文，与之商酌办法。以工部主事康有为为参赞，必能转祸为福"，这其中除了把外交经验彻底空白的康有为，从主事级中下层官员，提高到国家外交重臣的地位之外，毫无实际意义。[①]维新派人士当中，谭嗣同并不以洋务经验或思想见长，只是"佞西学太甚"，自谓"吾何暇计外洋之欺凌我、虔刘我哉？责己而已矣"。[②]即便如此，他也获得翁同龢赞赏"精通洋务"，实在是因为在急于变法的情况下，难免为其所惑，以致将众多长期从事洋务的官员们弃置于一边。

以往史论对康梁派首脑人物谋划"围园杀后"一事，轻略放过，出于其主张变法的积极意义，就存在着自然正当合理性，这是与当时的历史政治形态不相符的。正是这一皇帝谋划联系外臣禁锢太后的惊天大事，招致后党的激烈报复，处死有关六人和追捕其他逃犯。如果没有兵变策划，事态发展至最严重的情况，也只是在光绪皇帝无所作为一段时间之后，慈禧太后重新训政，起码可以保存一些原本就不算激进的变法措施，而将君主立宪、议院、废科举等实质性革新搁置拖延一段时间。就列强瓜分中国的紧急程度而言，清朝当时是否马上废除科举，确实无关紧要，列强对教案和势力范围的既定要求，依然如旧，断不会因为维新派出而掌权，就憬然而退。科举改策论本来是个好的开端，如同翁同龢所说，中学尤不可荒废，通过科举和西学考试并行的方式持续展开，加上学堂制度正在逐步建立，循序渐进，中西学并举，长期施行才有可能见效，而非康有为所担保的三个月至一年。

八、逃亡中的维新保皇派

慈禧太后恢复训政后，清除维新派和帝党，预期国内形势应该如本朝之前发生的政治事变后一般，渐趋稳定，是为国内事件国内处置平叛而已。但19世纪末的中国，形势已然大变，外国势力范围和瓜分潮起，令整体局势更为复杂化、多样化，不再由清朝廷一锤定音、完全掌控

---

① 《掌山东道监察御史宋伯鲁折》，光绪二十四年八月初六日，《戊戌变法档案史料》，第170页。

② 谭嗣同：《报贝元徵》，《谭嗣同集》。

了。慈禧太后操纵光绪皇帝发布谕旨，宣布康梁为事变罪人，继续追捕，但这一次，逃亡海外的政治派别成功地延续其政治生命和组织运作，发动了他们自己的舆论攻势，前所未有，令慈禧太后的政权难以占据上风，反而经常处于守势。此时的清朝廷已被划分为两大分裂部分，除了国内反对派和地方起事的之外，政治斗争已延伸到海外，令北京朝廷防不胜防。

康有为初出海外，被英国人用军舰运往香港避难。途中英国人对他进行了详细的盘查询问，以确认这个有名的维新党人是否如他所说的一般身负重任。光绪皇帝被贬的消息，已经在明发上谕中被证实，如果竟然有皇帝亲近大臣逃脱拘捕、外出求救和进行政治活动，无疑是个有关这个国家的重大新闻，也将是英国在内的西方国家必须面对的一个问题，即如何对待现在北京的清朝廷，是相信慈禧太后，还是相信由康梁在海外代言的被黜的光绪皇帝。

这是康有为第一次面对西方官员和媒体讲述他的故事，虽然身临事变，十分匆忙，他还是及时地拿出事先已经准备好的"密诏"，以证实自己的身份地位和所代表的变法事业，身肩中国命运之重负。在接受英国领事班德瑞（Bourne）的盘问时，康有为声称自己拥有由杨锐带出的密诏改写的"密诏"，即"今朕位几不保，汝康有为、杨锐、林旭、谭嗣同、刘光第等，可妥速密筹，设法相救，朕十分焦灼，不胜企望之至"。[1]此"诏"完全背离杨锐原诏的本意，而且康有为从来没有拿到过光绪皇帝给他本人的任何密诏。担心英国人仍然不相信，康有为又提出本来并不存在的"爱惜身体……共建大业"的又一"密诏"，并假称，"十八日接到这封诏书，曾对皇上说，如果你肯下令变法，李提摩太曾向我保证，他可以向英国政府说项，取得英国的支持"。[2]

康有为确实曾促使他人为李提摩太和伊藤博文参与国政而拟折上奏，但他本人在光绪皇帝命他出京的上谕之后，已经与后者没有任何接触了。无论如何，在这两份"密诏"的基础上，康有为得以充分自信地对外宣称，"仆此次出都，实奉我皇上两次密诏，命出外求救"。[3]

英国人班德瑞虽然同情被誉为维新派领袖的康有为，不认为他是个

---

① 《戊戌变法》，第二册，第92页。

② 班德瑞：《与康有为的谈话备忘录》，1898年9月25日在吴淞口外英国轮船上，见《戊戌变法》，第三册，第524—525页。

③ 康有为：《戊戌与李提摩太书及癸亥跋后》，第三信，《戊戌变法》，第一册，第415页。

罪人，但在向上司报告他所得出的结论时，还是直言以陈，"康有为是一位富于幻想而无甚魄力的人，很不适宜作一个动乱时代的领导者，很显然的，他被爱好西法的热心所驱使，同时又被李提摩太的一些无稽之谈所迷惑。他提议改变中国服装，至少是不合理的。在目前中国的情况下，他这建议不是被忽视，便是惹起反抗"。①

作为英国外交官的班德瑞，估计本国外交部并不十分了解远东中国的事件实情和微妙背景，特意作注于后，"李提摩太是英国教会驻北京的办事人，他是个阴谋家，他大约向康有为和维新派作了一些愚蠢的建议，见9月25日康有为给李提摩太的信"。②李提摩太在中国知识分子中间名气很大，康有为变法宪政思想即为其所灌输而成，他甚至被恭亲王和总理衙门误认为"系英国上议院大员，秩中国一品……皆得觐各国君主及与各大臣往来"。③这或者是李提摩太和美国人的故意误导，自抬身价，给清朝大臣留下高贵位重的印象。但班德瑞所记表明，李提摩太本人实际上对英国对华政策毫无作用力，英国高层不知其为何人，他又长年在中国传教和四处活动，难以依靠英国地方议员和本地组织去游说影响唐宁街和外交部，除非他在中国遭遇教案而出事，如马嘉里一般，否则英国政府不会过多地关注他。

班德瑞的上司、驻华公使窦纳乐对康有为的看法更为负面。他之前拒绝了李提摩太救援康梁派人士的请求，读过下属班德瑞和中文秘书贾克凭(Cockburn)的审讯报告后，对康有为更加不抱信心，并呈报英国外交部，"贾克凭认为，西太后反对变法的另一原因，可能是她真正害怕光绪假借变法，轻举妄动，鲁莽从事"。窦纳乐随后加上自己的意见，"我认为中国正当的变法，已大大被康有为和他朋友们的不智行为搞坏了"。④对变法失败作出基本判断的贾克凭，于次年获得英国政府颁发给他的荣誉勋衔(C.B.E.)，一度据称有望取代窦纳乐出任驻华公使。⑤

① 班德瑞：《与康有为的谈话备忘录》，《戊戌变法》，第三册，第527–528页。

② 班德瑞：《与康有为的谈话备忘录》，《戊戌变法》，第三册，第528页。

③ 《总署奏代递英美两国教士条陈中国教务折》，《清季外交史料》卷118，光绪二十一年十月十四日。

④ 《窦纳乐致英国外交大臣信》，《戊戌变法》，第三册，第532页。

⑤ *The Correspondences of George Morrison*, pp110–111, "E.G. Hillier to Morrison", 13 January 1899.

受英国政府态度的影响，其他列强的反应也趋于缓和，"政变发生以来，各国公使概取袖手旁观、见机行事的态度，看来是对任何事也不插手"。[1]

由于突然落入英国人的保护之中，康有为认为这证明了之前变法过程中筹划联结英日的正确性，对英国这一世界头号强国出面拯救光绪皇帝、护送他胜利返回北京，充满希望，对所遇到的各类英国人都真诚地表达感谢和求援希望。他对班德瑞表示，"请求英国政府拯救光绪帝"，因为"西太后是沙俄的走狗""假如英国肯派两百名军队帮忙，就可以扶持他重新执政"，也就是说会对英国有利。[2]

在香港避难时，康有为于10月7日接受了当地英文报纸的采访（China Mail），发表长篇大论：

"皇上命我到外洋去为他设法求援，因此我打算立即动身到英国。英国是以世界上最公正的国家驰名的，他曾经拯救过土耳其，其中一次甚至牺牲过两万人的生命和大量金钱。英国必会肯来救援中国的皇帝。我在上海的时候，就曾要求那里的英国领事打电报报告英国外交部，请他们给皇帝陛下以援助。依据我个人的想法，英国如果能利用这个机会支持中国皇帝和维新党，是于他本身有利的，因为这样去做，就无异于同时也协助了中国人民，而中国人民则会视英国为他们最好的、最可靠的朋友。如若英国不能及时而起，那么西伯利亚铁道一旦竣工，恐怕俄国势力就会在全国各地取得压倒一切的优势。如果英国能协助皇帝复辟，我将毫不踌躇地说，皇帝和维新党的领袖们，都不会忘记他的盛情。"[3]

康有为还在致李提摩太的信中预期英国将会采取营救行动，"近闻贵国大集兵于威海，并议联约德日美各国，仗义执言，将以救我敝国皇上复辟。仆亲奉密诏，奔走求救，前在香港，曾面晤提督白丽辉君，曰：必以救我皇上为主，指颈矢誓，慷慨仗义。今诚得贵国一举，而我

①《日本政府关于戊戌变法的外交档案选译(二)》，《林权助代理公使致大隈重信外相报告》，《近代史资料》，第113号，第20页。

②班德瑞：《与康有为的谈话备忘录》，第527页。

③《中国的危机: 康有为的谈话》，《戊戌变法》，第三册，第512-513页。

④康有为：《戊戌与李提摩太书及癸亥跋后》，第四信，光绪二十四年十月初八日，《戊戌变法》，第一册，第415-416页。

皇上之位可复正，敝国之新政即可行矣"。④

康有为所谓的"白丽辉君"，就是率团访华的贝瑞斯福勋爵，此时也在香港访问和考察当地商务，出于关心英国未来在中国大陆的商业前景，于9月30日召康有为前来面谈。康有为与在其他场合相同，对英国大加赞美，不仅是中国的最大贸易伙伴，而且英商诚实经营，英国即使打败清军，也行为检点，对华仁厚。他承诺维新派执掌政权后会对外开放，促进贸易。对于维新派在中国民众中到底占有多大比重，康有为认为有他们这些受过教育和爱国的维新人士，就已足够了，将由他们向广大民众传送改革必然带来富裕和平等税制的信息。

康有为与贝瑞斯福勋爵的会谈，只达到了部分目的，即后者了解到康梁派的一些观点看法、变法热情和献身精神。但贝瑞斯福勋爵得出的结论，却是认为康梁派变法没有章法，过于急进，反而最终害了他们自己。他们在没有做好必要准备之前就推进改革。从理论上讲，他们所推动的是正确主张，明显是从国家利益出发，但客观上，他们并没有为将理论应用于实际，做好安排和组织工作。贝瑞斯福勋爵向康有为指出，管制中国几千年之久的各项应用、特征、律法和系统，是不可能在短暂的几个月内，依靠来自北京的某些谕旨，就发生革命性的变化。对此现实，自视为变法大师的康有为，也不得不当场敬承领教。①

至于康有为所谓"白丽辉君"向他发誓要出兵解救光绪皇帝，贝瑞斯福勋爵提都没有提，他在那里的使命，是推进英国在华商务，局势动荡和战争都是他要极力避免的，而且他早已不掌兵权，对华事务不在他的权限之内，即使口头示好，也并不算数。

如果康有为是朝廷叛逆或乱党，即便逃亡到海外，也会生存艰难，难以为继，而一旦他以光绪皇帝的钦差大臣身份出现，被认为是仍然在位的皇帝的亲信，情形将完全不同，转祸为福，"保皇"成为高尚的口号和事业。所以康有为必须致力于维护自己的皇家大臣身份和形象，为此而制造了光绪皇帝的"密诏""衣带诏"等名目。在这一核心问题上，康有为既然已经开始，就无法停止。

无疑有很多人都愿意在康有为那里亲眼看到所谓的皇帝"密诏"，既因为皇帝诏谕只有极少数人有幸见过，十分珍稀，它又是康梁派能在海外生存活动的要证。康有为对此的回应，是援引自雍正年间起始的关

---

① Lord Beresford, *The Break-up of China*, Harper & Brothers, 1899, p191-195.

于皇帝诏令的传统，即那些诏令阅后必须缴回，杨锐能够持有光绪皇帝的密诏，是少有的皇帝特许，而世人少见诏令原本，即是由于这一传统规矩所致。这正好为康有为提供了一个极好的借口，以林旭传达"密诏"后又缴回为由，解脱自己无法以诏示人的难题。

另外一个借口也是他自己编造的，"康有为此次东来的时候，却说是奉了光绪皇帝的衣带密诏，要他到外国请兵求救的。人问他要密诏看，他又说，临出京时，因某事之必要，已经烧掉了"。[1]由康有为口述"密诏"的内容，自然更有利于他的自我改编和利用。如此一来，康有为在海外一直打着光绪皇帝的旗号四处活动"保皇"，却拿不出真货实货。这一康氏伪诏，别人无法证伪，直到宣统年间杨锐之子将光绪皇帝密诏原本上缴都察院，才得到证实，康有为多年以来是皇帝唯一授权代表的身份，被证虚无。

逃亡海外的其他维新派人士，同10月19日转赴日本的康有为和早已逃往日本的梁启超会合，构成海外政治派别。王照虽然不是康梁派核心人物，但他的上书导致一部堂官尽罢，成为一时风头人物，直接受到光绪皇帝的赏识，赏给他三品顶戴，比四品的康有为还要高。他的变法信心和主见是无可怀疑的，令他无可避免地在恢复训政后遭到报复。

在朝廷追捕之下，王照随同日本人逃亡日本，而毕永年早在八月初七就已逃离北京。这两人逃亡日本后，与康梁派核心分裂，反目成仇。他们以亲身经历为据，发出与康梁等人相反相悖的言论，将康梁视为导致"戊戌变法"失败的主因，不仅不缓和两宫矛盾，反而极端到谋划兵变甚至谋杀，招来反制和太后训政，数人因谋反而被处死刑。这些言论都大不利于康梁派的"保皇"活动。

王照直言："戊戌之变，外人或误会为慈禧反对变法。其实慈禧但知权利，绝无政见，纯为家务之争。故以余个人之见，若奉之以主张变法之名，使得公然出头，则皇上之志可由屈而得伸，久而顽固大臣皆无能为也（英之维多利亚即贪财，英人让之容之，以全大局）。此策曾于余之第一奏折显揭之，亦屡向南海劝以此旨，而南海为张荫桓所蔽，坚执扶此抑彼之策。"[2]

①陈少白：《兴中会革命史要》，《戊戌变法》，第四册，第333页。

②王照：《方家园杂咏纪事》，《近代稗海》，荣孟源、章伯锋主编，四川人民出版社，第一辑，1985，第4-5页。

此外，"梁谭等书生不知兵事之难，反谓袁不忠，彼等令袁围太后之语，皇上亦不知，以致有八月初六日之变。……今康刊刻露布之密诏，非皇上之真密诏，乃康所伪作者也。而太后与皇上之仇，遂终古不解，此实终古伤心之事。而贵邦诸友，但见伊等刊布之伪语，不知此播弄之隐情。照依托康梁之末，以待偷生，真堪愧死。总之敝邦之政变，荣、刚及守旧党皆误国者也，康梁等亦庸医杀人者也"。①

毕永年对康梁谭鼓动袁世凯起兵围园的描述，更加详尽。王、毕两位在日本竭力争辩康梁之过，毕永年写下《诡谋直纪》，王照留下一份与犬养毅的"笔谈"，并作他文，论述政变过程，过于直率，坦承谋反，都对康梁不利，令康梁等人格外恼火。由于处于日本客地，又处在康梁派的监视围攻之下，王、毕等都将所作记载交给日本人，以求不受康梁等人阻碍，得以留下事件记载。

后代史论者中有以记忆模糊、"挟私报复"等理由，否定他们所述所指，特别是毕永年的《诡谋直纪》。但共谋者之间发生内部矛盾之后的各自供述，往往是最为真实的，因为他们已经无所顾忌，不必为了某个派别的最高利益目标而遮遮掩掩，对领袖的旨意不再趋之若鹜，不惧越轨，而是揭出最原始机密的内情。如王照在北京时，为了变法运动的总体利益，就甘于听从康有为的指派，撰写奏折推荐维新派人士，但到了日本，本派领袖已经失去控制能力，沦为普通逃难者，因此王照等人有机会别出言论。这些当时正在从事施行变法措施的人，突然因领袖决策和冒动而遭遇速败，心中必然怨恨不已，在总结经验时自然难免直指领袖行为和误判。

维新派群体流亡到海外，依然秉承清朝廷和中国官场的习惯，转而打压持不同意见之人，党同伐异，而不是奉行他们自己大力提倡的言论不受阻遏的原则。王、毕这两位非核心人士受到其他康梁派人士的围攻和监视，处境困难，难以倾诉，意志大受打击。"康梁等自同逃共居以来，凌侮压制，几令照无以度日。每朋友有信来，必先经康梁目，始令照览，如照寄家书，亦必先经康梁目，始得入封。且一言不敢妄发，一步不敢任行，几于监狱无异矣。予见王君，泪随声下，不禁忿火中烧，康梁等真小人之尤，神人共愤，恨不令王君手戮之"。

王照的控诉得到陈少白的证实，"不久康有为果然出来了，同时厅

① 王照：《关于戊戌政变之新史料》，《戊戌变法》，第四册，第333页。

内还有两个人，由梁启超介绍，一个是直隶人王照，同是来避难的。……王照（他是坐在我的左边）就对我说：请你先生评评理，我们住在这里，言语举动，不能自由，甚至来往的信，也要由他们检查过，这种情形，实在受不惯。话还未了，康有为觉得不妙，就忿忿地对梁铁君说：你给我领他到外边去，不要在这里啰唣罢。梁铁君起来强拉着王照出去，我们就彼此纵谈"。① "康友梁铁君，精于技击，康特使之强制王之行动"，而康有为再"告少白曰：此（王照）乃疯人，不值得与之计较。少白疑王别有冤抑，乃嘱平山（周，日本人）伺机引王外出，免为康所羁禁，平山从之"。②

王照对康有为伪诏和其他不实之事的指控，更令康有为、梁启超不能忍受。"迫逃至日本，任公带有李端棻（梁之妻兄）所赠赤金二百两，立即于横滨创办'清议报'，大放厥词，实多巧为附会（如制造谭复生血书一事，余所居仅与隔一纸橱扇，夜中梁与唐才常、毕永年三人谋之，余属耳闻之甚悉，然佯为熟睡，不管他），毁誉任情，令人不觉"。③王照更被日本人平山周趁康梁不在意之机，引出康梁居所，"携王至犬养（毅）寓所，王遂笔述其出京一切经过，及康所称衣带诏之诈伪，洋洋数千言，与康事后记述多不相符，由是康作伪之真相尽为日人所知，康以为少白故恶作剧，因而迁怒及于革命党"。④

对于近在咫尺的异见同派之人，康梁等必然绝不放心，加紧监视，等同软禁，以减少或清除内部不稳定因素，不致破坏自己的"保皇"事业。王照陷于持续失望，一直处在与康梁政见不同的位置，逐渐疏离和被边缘化。漂流之后，王照最终以僧人身份为掩护，潜回中国，集中从事教育事业，而不是像康梁一样，一直在海外活动。按照李提摩太的记载，王照回国后曾经在做了化装之后，去上海与李提摩太私下相见。⑤

毕永年对起兵谋反并无特别反对意见，只是不同意康梁谭的斗争策

---

① 王照：《关于戊戌政变之新史料》，《戊戌变法》，第四册，第333页。

② 冯自由：《革命逸史》，"戊戌后孙康二派之关系"，《戊戌变法》，第四册，第242-243页。

③ 王照：《复江翊云兼谢丁文江书》，《戊戌变法》，第二册，第575页。

④ 冯自由：《革命逸史》，"戊戌后孙康二派之关系"，《戊戌变法》，第四册，第242-243页。

⑤ Richard, T., *45 Years in China: Reminiscences by Timothy Richard*, Frederick A. Stokes Company, New York, 1916,p269.

略，对他们的失败极度失望，为此并不接受康广仁、梁启超在北京时给他提供的做李提摩太秘书的工作，而是流亡海外，在留下变法谋反的实录记载、藏于日本人之处后，也离开康梁，分道扬镳，走向更为极端的革命之路，与孙文合作，参与唐才常的湖南起义。除去这些一同从事变法的前期人物，康梁在海外继续其维新"保皇"事业，建立起庞大而自立的党派组织网络。

康梁派之前秘密图谋的"围园杀后"，必然是让他们十分纠结之事，既彻底破坏了他们维新"保皇"的正面形象，也将变法失败的责任转移到他们身上，因此康梁决定咬死不能承认。对于当时确实派出谭嗣同游说掌握一定兵权的袁世凯起事入京一事，此时谭嗣同已经就义刑场，再也不会败露真相，剩下的就是把责任推给袁世凯，指其造谭嗣同的谣，并以告密出卖皇上求荣，再有就是慈禧太后和荣禄早已准备在天津阅兵时动手，康梁谭不过被动求保而已。

清朝廷在训政之后的谕旨中，并未具体提及康梁谭的兵变阴谋，避免引起更大动荡，谋反叛逆的罪名骇人听闻，对光绪皇帝最为不利，罪加其身，如王照所说，帝后之间再也不能缓和。但之后康梁在海外大肆宣传荣禄秉承太后之命，谋划于阅兵时劫持光绪皇帝，迫其退位。这一说法明确无疑地把变法失败归于后党政变，也归于皇帝授意谋划反击后党，而不是康梁谭自己曾经私下策划过兵变。慈禧太后方面对此指责不得不有所反应，因此于八月十四日（8月30日）发下朱笔谕（皇帝亲手书写之谕）：

"主事康有为，首倡邪说，惑世诬民，而宵小之徒，群相附和，乘变法之际，隐行其乱法之谋，包藏祸心，潜图不轨。前日竟有纠约乱党，谋围颐和园，劫持皇太后，陷害朕躬之事，幸经觉察，立破奸谋。又闻该乱党私立保国会，言保中国不保大清，其悖逆情形，实堪发指。朕恭奉慈闱，力崇孝治，此中外臣民之所共知。康有为……前因其讲求时务，令在总理各国事务衙门章京上行走，旋令赴上海办官报局，乃逗留辇下，构煽阴谋，若非仰赖祖宗默佑，洞烛几先，其事何堪想？"[1]

慈禧太后和后党一派认为，在此谕中正式公开了康梁的谋反罪名，以此定调，足已回击康梁派在海外的指责和辩解，但康梁派此时已经不

---

[1]《戊戌变法》，第二册，第103页。

术概论》《新史学》《中国历史研究法》等书齐出，时过境迁，不免稍有悔意，放松了以往海外流亡时守口如瓶的既定铁律，留下质疑当时论争的一点余地。"又如吾二十年前所著《戊戌政变记》，后之作清史者记戊戌事，谁不认为可贵之史料？然谓所记悉为信史，吾已不敢自承，何则？感情作用所支配，不免将真迹放大也。"①同当年发生的极端谋反行动和激烈辩解扭曲相比，他的这些词句仅仅是弱化的一种间接承认之言，暗喻他所著《戊戌政变记》中否认康梁派有"围园杀后"阴谋的部分。

对他一向视为导师的康有为，后日的梁启超也有可能立场更为超然，作出更为客观的评价，"有为之为人也，万事纯任主观，自信力极强，而持之极毅，其对于客观的事实，或竟蔑视，或必欲强之以从我，其在事业上也有然，其在学问上也亦有然，其所以自成家数，崛起一时者，以此，其所以不能立健实之基础者，亦以此。读《新学伪经考》而可见也"。②

所谓蔑视客观事实之语，实际上概括了康有为的主要活动经历，从抄袭到伪诏，到大言万万亿两的变法经费，到围园密谋，到"勤王""保皇"，一以贯之，达到目的为上。与康有为、梁启超同事同谋而又离去的王照，同样见证时势变迁，对戊戌变法及其失败，反思比尚且游移隐忍的梁启超更显犀利，"戊戌政变内容，十有六七皆争利争权之事，假政见以济之，根不坚实，故易成恶果"。③

即使康有为、梁启超一直难逃伪诏和"围园杀后"罪名的困扰，他们在海外仍然享受着广泛的支持和财政自由。中国皇权的影响力对海外华人来说，仍然无与伦比。康梁号称代光绪皇帝外巡求助和"勤王"，光绪皇帝愿与他们"共建大业"，故此他们的号召力和影响力一直不减，海外华人的支持延续不断，使流亡的维新派人士一直拥有固定收入，足以维持康梁的海外流亡生活和政治活动，并有条件建起庞大的海外势力集团。正因为如此，康梁一直不肯在伪诏问题上作些微让步，确因其中涉及的利益巨大，难以放弃。

而与之同时或之后的革命党人，为了与维新派争夺海外华人的支

① 梁启超：《史料之收集与鉴别（四）》，《中国历史研究法》，第十五章。
② 梁启超：《清代学术概论》，《戊戌变法》，第一册，第437页。
③ 王照：《礼部代递奏稿》，光绪二十四年六月，注三，《小航文存》卷1，《戊戌变法》，第二册，第355页。

持，反而指出康梁伪造，以打破他们对华人财政和道义支持的垄断。在这方面他们得到来自王照对犬养毅陈述的消息，可能也获知毕永年《诡谋直纪》的内容，因此在对康梁派的争斗中，隐然占据上风，攻击康梁派造伪时信心十足。即如日后胡汉民所言：

> "那《戊戌政变记》，随口捏造，虚谬处极多，……康有为出外求救的话，纯然乌有子虚。要是果然康有为已晓得皇上危如累卵，旦夕有性命之虞，自己奉着密诏的人，那有逍遥自得的？这明明显出康有为自己弄的手段，原想哄到光绪，他就趁机行事，及事不成，他只得作罢。然而他心里是晓得，太后杀光绪皇帝是没这事的，既然没事，那保驾诏书就是无效。谭嗣同、刘光第在鼓里，只好听他着急，我老康却是无忧无虑，因为他算不到袁世凯竟会穿了这事，故一路行得安然泰然。"①

两个本来意在推翻清朝政权的不同派别，面对共同目标，却揭露指责不已，而清朝廷和革命党人在康梁派作伪的意见上，倒是趋于一致的。

列强政府对逃亡中的康梁派人士持容忍态度，甚或暗中扶植，希望日后有机会利用这一志在中国政权的利益集团。英国政府虽然容许康有为于香港避难，却没有如康有为所愿，发兵攻打北京，救出光绪皇帝。英国等国军队确实在京津地区调动了兵力，但并不是响应康有为的呼吁，而是因为9月30日中秋节，北京前门发生当地洋人受袭受伤之事，局势一时紧张，西方各国和日本都借保护使馆和外国人为名义，调兵进入北京，"英国海军23名，俄国陆军士官4名，士兵66名，德国陆军31名，意大利海军士官5名，士兵37名，法国海军士官1名，水兵30名、奥国海军士官2名，下士3名，水兵30名，美国海军下士2名，水兵18名，日本陆军士官3名，军乐队22名"。②他们采取这些行动，纯然是为他们自己的利益着想。

清朝政府在国内政局仍然动荡的时刻(恢复训政后十日)，根本无力抵抗来自外部的压力，虽有聂士成、袁世凯等部在京畿附近部署，但他们以及清朝政府并不敢真正强硬阻挡外国部队进京，更不敢开战，总理

---

① 胡汉民：《戊戌庚子死事诸人纪念会中之演进》，1905年10月6日，引自茅海建，《从甲午到戊戌》，生活·读书·新知三联书店，2009，第861页。

② 《日本政府关于戊戌变法的外交档案选译(二)》《天津郑永昌领事致鸠山和夫外务次官报告》《近代史资料》，第113号，2005，第46页。

衙门被迫同意各国公使的要求，允许各国队伍进京。英国、德国、俄国、法国、意大利、奥地利、美国、日本的部队于10月7日开始向北京进发，在北京构成了一个小型的"八国联军"，北京城内反而没有清军的近代化的精兵。一度奉调进入北京的董福祥甘军，移驻南苑，令各国公使和驻京部队感受到一定程度的威胁，他们再次集体威逼施压，居然迫使清朝廷下令甘军撤往远离北京的蓟州，以免威胁在京洋人和制造不稳定局面。[①]这一过程，与20世纪前期日本军队包围北平，却要求中国军队撤出该城，以免局势恶化，是同一形式内涵的武力侵占和强盗逻辑。

由于看不到英国政府和军队采取切实活动，康有为转而寻求日本政府的协助和保护，得到当时执政的大隈重信政府的许可，于10月19日乘船离开香港，前往日本。虽然康有为之前到过香港，但此时在狭小而邻近广东的香港，他的安全都得不到实在保证，而他的其他同党都在日本，比在香港更为方便。依靠日本政府的供养，日本友人的协助，和梁启超等同派人士的支持，康有为在日本的生活基本安定下来，并筹划出许多"勤王"活动，包括刊发梁启超主持的《清议报》。

但康有为在日本继续面临着与王照的矛盾和与孙文革命党人的冲突，让日本政府和人士都忙于调解。横滨大同学校是康有为派的"保皇会"副会长徐勤创建和维护的地盘，势同水火的康梁和孙文两派在此发生激烈冲突，要劳动日本文部大臣犬养毅亲自出面斡旋，"会客室贴有'孙文到，不招待'之字条……有教员陈荫农直认己作不讳，因与总理(孙文)驳论激烈，相持不下，校董冯镜如闻之，乃到校极力劝解始止。事后，各校董多不值徐(勤)陈所为，有数人提议辞职，学校基础为之动摇。犬养以学校解散为可惜，特亲莅横滨，邀请各校董维持现状，且愿任名誉校长，以资提携。各校董感其热肠，咸允照旧担任"。[②]在日本的维新和革命两党，出力争夺地盘人心资源，以及领袖理念之争，无可融合。

这一海外反对势力正在急剧发展壮大期间，赶上日本政府换届，山县有朋于11月初接替大隈重信出任首相，其外相青木周藏随即停止了对康梁等人的周济，理由很简单，清朝政局趋于平稳，表象之一，就是11月5日，慈禧太后与光绪皇帝一同接见了日本公使矢野文雄，光绪皇

① 茅海建、郑匡民：《日本政府对于戊戌变法的观察与反应》，《历史研究》，2004年第3期。
② 冯自由：《革命逸史》，《戊戌变法》，第四册，第243页。

帝在恢复训政的一个半月之后，正式露面，第一次官式接见外国公使。慈禧太后借此对外发出一个重要政治信号，特别是向西方国家证明，光绪皇帝仍然存活和在位，并没有被废黜。所以日本在任政府改为采取对华务实策略，改变同情赞助康梁派的策略，以向中国深入渗透，寻求更为广泛的政治经济利益。

在此国内外情况均发生变化的大背景之下，康梁派在日本进行的针对慈禧太后的攻击性活动，自然同日本政府和军队试图加大与中国地方政府和清军合作的强烈意愿发生矛盾，对流亡人士的态度也大不如前，更对康梁派压制王照等人的内斗手段表示担心。

日本政府多次试图礼送康有为离境，派出官员前来劝行，最后于1899年1月，由近卫公爵出面劝康有为离开日本，给以费用九千元，不能再加推延。康有为被迫于1899年3月底离开日本，坐船赴加拿大。①

康有为于1899年7月20日同当地华人领袖李福基等，在加拿大正式组成"保皇会"，以光绪皇帝的名义，号召"勤王"和争取皇帝复辟，又称"维新会"，以继承变法之前和过程中宣扬的理想理念。"保皇会"的建立，开始了流亡人士通过海外组党方式反过来干预中国政治的过程。

"保皇会"由会长康有为一人把持总会，拥有庞大的各地分会组织，至1905年达到160所，还拥有多种报刊和商业公司，主要财源来自华人捐献和那些公司收入贡献，梁启超1903年赴美洲研究巡视，据说募集了70万元的捐款。②康有为不停地在海外巡游演讲和募捐融资，他对外宣示的光绪皇帝钦差代表的身份，对他本人和保皇派帮助极大，赢得海外华人的赞助，而不明缘由的西方人，也将康有为、梁启超的头衔不断改变和拔高，从前首相到亲王，不一而足，令康梁所巡回演讲经过的地方政府，也在无意之中，经常给他们以隆重正式的礼遇，与清朝廷的官方驻外使节竞斗对立。

基于从海外华人那里募捐而来的大量资金，康梁等不仅维持相当舒适的生活，出入豪华酒店，组建无数地方分支和控制报刊学校，还足以拨出专项款额，组建自己的武装力量。他们在戊戌变法后期的突然失败，就是因为没有掌握自己的武力，被新建陆军首领袁世凯告密而束手

---

① 茅海建、郑匡民：《日本政府对于戊戌变法的观察与反应》，《历史研究》，2004年第3期。

② 蔡惠尧：《试论"保皇会"失败的内部原因》，《近代史研究》，1998年第2期。

无策，所以在海外流亡时就有以武力"勤王"的设想，在国外组建训练部队，然后派回中国，推动地方起义和击败清军，中期目标是光绪皇帝复辟，长期目标是支持自己建立的立宪制新政权。

在这一野心勃勃的军事计划当中，康梁派遇到一位美国冒险家，双方长期合作，康梁出钱，美国人训练部队。这位不同寻常的美国人，是荷马·李（Homer Lea），来自科罗拉多州的富有家庭，后来被称为李将军。

旧金山华人报纸《美华西报》（后《中西日报》）的创办人伍盘照，对荷马·李帮助最大，利用他的个人影响和人脉关系，将荷马·李引进当地华人圈子和"保皇会"内部。位于日本横滨的"保皇会"领袖接受了美国华人团体的推荐，认为荷马·李可以出任军事职务。荷马·李于1900年初到达旧金山，被那些华人视为法国将军拉法耶特、戈登将军和拿破仑合为一体的化身，交给荷马·李一个重要任务，作为军事顾问，到中国南方去训练和领导当地的"保皇会"武装。

荷马·李拿到六万美元的资金，于1900年6月乘船驶往中国。虽然他在新加坡见过康有为，但香港、澳门的"保皇会"人士，却对这个从美国加州远道而来的"顾问"没有信心，更加挑剔，也没有合适的位置安置他，更不愿意让他参与即将发动的起义机密。荷马·李提出的占领广州的冒险计划也遭到否定，只好于1901年初悄悄返回美国。

荷马·李在中国经历了四个月的实地活动，与军事行动无关，也没有具体指挥过任何作战部队或攻占任何地方，是个身边只有两名助手的空头司令，从事过毫无意义的征兵和训练工作。但对他本人来说，却收获不小，一是向"保皇会"高层证明他确实参与了在中国的实地行动，二是从这一为时短暂的旅途中，得到"保皇会"的一纸"中将"任命证书，将他从一个普通大学生骤然变身为一名军队将官，对他的意义格外重大，意味着他回到美国之后，有了军衔和以军事专家身份活动的资本。[①]

但康有为开始对他表示出怀疑态度，认为他贡献甚微，不适合担任"保皇会"下武装力量的要职，"即孔马哩（荷马·李）已费数千，而未收分毫之用。假若纷召各埠，则所捐得之款，尚不足养各埠议事之人，况言办事乎？孔马哩及容纯甫（闳）辈，皆纯乎西风，开口辄问我会千数

---

① 以上关于荷马·李的记载，来自Lawrence M. Kaplan, *Homer Lea: American Soldier of Fortune*, the University Press of Kentucky, 2010。

百万，其军械宜买几百万，某轮船宜买几百（万）。不知我会大如蚊血，小如蚊旋，即汝所经各埠所捐，多则千数，小乃数百，以众蚊之血而供大象之一啖且不足矣，如孔马哩所言，不类于梦话乎？外埠不知内地办事之苦，捐钱则不能多，责望则极大，岂不可笑乎？"[1]

从"保皇会"得到许可和资金后，荷马·李着手建立自己的士官学校。通过美国政府的战争部，搞到一封霞飞将军(Chaffee)给"李中将"的信，得以从美国军队中合法地招募到称职的新兵教官。荷马·李背后的"保皇会"拥有足够的资金，令他可以开办士官学校和训练营，以超出美国一般在役士官教官工资四五倍的水平，聘用专业人士，悄悄地在美国内地建立起康有为、梁启超属下的自立队伍，最后形成遍及二十多个城市的庞大网络，同时确立了荷马·李在"保皇会"中的军事领袖地位。

梁启超1903年去美国活动时，获得美国在任总统小罗斯福和国务卿海约翰的接见，得到在美国练兵的默许。洛杉矶当地华人为梁启超举行的盛大欢迎活动中，荷马·李表现特别突出，请到了本地美国政客出席，包括市长、国民警卫队司令、法官和商会首脑，为梁启超的活动增光。梁启超离开之后，荷马·李全力扩展，组建了一个包括四个团的所谓"第二步兵师"，散布全国各地。[2]

1905年3月13日，康有为也来到洛杉矶访问和筹款，荷马·李陪同康有为检阅他手下刚刚经历训练、全副美式的华人卫队。在花了康梁"保皇会"和海外华人的大量金钱之后，荷马·李终于在美国建立起一支名义上属于康梁"保皇会"的华人部队，不过至今仍然毫无用处，真正的起义和对清朝廷的武力冲击，还是发生在中国境内。

由戊戌变法和太后训政引发的巨大政治动乱，于1898年撼动了清朝廷统治的根基。甲午战争后的内政颓废和外国势力瓜分形势急剧恶化，无疑促使年轻的光绪皇帝下定决心启动变法，作为摆脱内外困境的良方，值得赞赏，而康梁派的在野维新人士也积极卷入变法形式的社会变革，但变革的方式、进程和领导者，才是决定变革成败的主因和关键。

---

①《康有为致谭张孝》，1900年7月，《近代史资料》，第80号，1992年，第8页。

② Lawrence M. Kaplan, Homer Lea: American Soldier of Fortune, p82.

无论光绪皇帝或康有为，都是主张由上而下的变法维新，热衷于顶层规划，希望由此避免由下而上的政治社会运动带来的激烈震荡。但这两位特殊人物的合作，却是中心矛盾纠结的起因。康有为作为体制外人士，急于通过最高皇权来迅速达至符合自己"圣人"名望的领导地位。

虽然光绪皇帝拥有最高决策权，利用社会名人的外力打开局面也无可非议，但是在清朝政府的官僚体制之下，由一个六品官员来指导推动全面改革，无可避免地制造出内部分歧和扩大原有两党的对立，中央政府内部缺少认同变法又操作有效的重臣在位，整体局面失去平衡，光绪皇帝的焦急和康有为的狂躁相结合，产生了不少匪夷所思的举措。对急于进入政府体制的维新派来说，这些都不是问题，他们可以用日本变革中的混乱和暴力的例子来作出解释，甚至认为必须将现有机构人事全面变更，大批起用本派之人，才有可能收到变法实效。康梁派设置由皇帝直管的顶层机构的构想，形同设立新军机处，想就此完全避开官僚机构内部晋升途径和权力架构的障碍。至此，变法维新变成人事权力之争，惹起官员反弹和消极抵抗，进而令他们更加决绝地铲除旧党设置的障碍。

这些变法行动和反弹仍然属于在体制内解决的事项，通过慈禧太后与光绪皇帝的争论交流之后，也达成了一些不触及底线的共识，包括远离康有为本人的影响，稳步推进已经公布的变法措施，甚至含有召张之洞进京主政的想法。这一变化中的趋势，符合杨锐、王照等温和变法派官员的意愿，将是变法第二阶段中的主题。但康梁等人等不及了，一旦变法进入常轨，不再专门特快提拔"通达时务"之人，他们将再次处于被排挤的境地，位于政府中层而不得上达，只靠舆论声势却得不到实权地位。

如果康有为按光绪皇帝的谕旨，循例出京南下，结果就是回到他在发起"保国会"时的状态，只有半官方的身份，而他那些大胆的变法建议，将会逐渐被证实为不合时宜、不切实际的空谈，例如靠容闳一人外借数亿两白银以资强国强军之议。变法的稳定有益进展，却不一定有利于自认为是此次变法主力和主要受益者的康梁派，再加上在京维新派中本来就有坚定的反清人士如谭嗣同、毕永年等，按捺不住，令康梁也无从后退。

变法政治活动仍在体制内进行，慈禧太后是否干预训政，都在朝廷和政府内部的控制范围之内。光绪皇帝若不愿妥协，继续震撼官场，强行按照康有为的上书方案推行下去，无疑会招来乐于守成的慈禧太后的回击，事态至不可收拾之时，"废立"之说必然再起。但在光绪皇帝一边，绝然不愿拂慈禧太后之意，这是最后的底线，否则将会导致废立，而他在赐给杨锐密诏之后，已经释出折中妥协之意，从盲动到缓进，并无走向决裂的明显意图。慈禧太后在两次垂帘听政之后，实际上并不热衷于再次行事，由六十多岁的她去一力支撑国事和清朝廷命运。导致变法突变为政变，帝后两党妥协变为大肆清洗，源于其他因素。

康梁派对时局的判断，出现重大错误，对杨锐带出的密诏的反应，就是他们十分自大的表现，自我解读为光绪皇帝对他们的绝对信任和紧急求援，而非有意缓和解局。他们将之前拉拢袁世凯新军的谋反计划提前实施，以响应子虚乌有的"勤王""清君侧"的号召。康有为伪造"密诏"或"衣带诏"，以其个人强势性格和投机心理，属于势在必行，制造理据，以自己制定的兵变计划去对付捏造的荣禄兵变"弑主"。系于袁世凯一身的兵变计划，包含着谭嗣同、毕永年"围园杀后"的核心内容，这一点是康梁派骨干都认同的，依照他们对帝党后党政争的理解，只有铲除慈禧太后，才有光绪皇帝按照他们的方式进行变法的可能。寻求日本、英国的援助是另外一个因素，为了挽救光绪皇帝的地位，"合邦"结盟，以长期性对外政策，服务于解开当下政治难题的需要，自然属于盲动之举。光绪皇帝对征求外援一事，认识理解可能与康梁派不同，而在兵变计划上，完全是闻所未闻，没有从任何官员士人那里得到过汇报请示，为此举而惹怒慈禧太后发动政变，实在是受康梁之累的冤枉之事。

戊戌政变之后，被视为维新派领袖的康有为，依据所谓的光绪皇帝"密诏"在海外进行广泛活动，借助皇帝钦差大臣的身份，给海外维新立宪派以重要的道德精神上的支持，让清朝廷无法彻底抵赖反驳。海外华人和西方及日本人士都对此毫无怀疑，给予康有为足够的合法性，在海外和国内推行反清活动。即使杨锐之子交出光绪皇帝的唯一密诏，康有为继续以光绪皇帝代表的身份行事，并不为此反悔和承认作伪，多年之后也以服从事业最高利益而继续作出辩解，梁启超也从未直接承认过，由此而创造出了中国近代史中少有的一件悬案。戊戌变法的记载解读，一直是以康有为、梁启超的版本为主干的，略过或者无视两人的作伪行为，而当康有为在"密诏"和"围园杀后"上的作伪行为遭到合理的质疑时，他和梁启超的正统观点看法，如《自编年谱》《政变记》等，也应随之受到质疑。其实当时与康梁派对立的革命派，就已从他们的既定立场出发，指责康有为作假，"保皇"可笑，但他们的革命立场并没有令他们完全否定康有为在戊戌变法中的作用和活动，也无意挖掘揭露兵变密谋等难言背景，不愿为清朝廷推卸罪责。

慈禧太后恢复训政后，后党大举反扑，光绪皇帝被软禁，维新派和一些激进帝党人物被送进监狱或刑场，康梁等流亡海外，变法举措大部停止。慈禧太后和后党实际上遭受了颇大挫败和损失，政局突然扭转，留下严重后遗症，社会上对变法中断感到失望，对变法维新派的遭遇表示同情的大有人在，适当必要的变法过程停滞，清政府统治基础衰弱如故，管治威信剧失。同时，这一政治挫折也加重了西方国家和日本对中国有力自强和维护统一的怀疑心态，增强了他们认为中国不文明、无前景的意识，推行瓜分更无顾忌。变法失败逆转的严重后果之一，就是浮现出一个庞大的海外反对派，拥有足够的人力财力和外国支持，清朝政府无力铲除，外国势力也在影响干预中国的代理人方面，拥有了更多选择。

清末中国连续遭遇外患之际，这一由内乱而起的危机，预示着更多的地方起事，海内外反对派逐步控制了国内部分地区的局势和走向。太平天国的兴起，一度严重威胁清王朝至分裂为两半的境地，但清朝政府内部的汉族士绅阶层出来挽救了濒危局势。但在1898年，变法大义获得普遍认同，汉族官僚体制中也少有出来抵制者，虽然变法很快沦为权力之争，但因主张变法而受到驱逐惩处，多少给了康梁这些人以某种合法性，成为新兴集团和未来权力中心的象征，公开与清朝廷争夺政治认可性和统治基础。这是甲午战争之后前所未有的新形势，中国政局中出现两个甚至更多政治中心，分离割据倾向严重，令清朝廷日后全国行政的有效性，急剧下降至最为可悲的地步。

1898年戊戌变法的各项措施，并未涉及当时严峻的外国瓜分形势，变法核心人物提出的如裁减冗员和科举改革措施，无助于中国政府在面对更多来自西方国家的额外权益要求时，进行有效谈判和抵制。以德国侵占胶州湾为起因的戊戌变法运动，其间所作所为，与抵抗外侮毫无关系，反而联结列强以解本国困局的建议不绝于耳，而深陷维新自强中的清朝政府，仍然被迫与英国签订了"租借"香港新界和山东威海卫的协议。如果此时在外事方面发生某些重大事件，再现德国借一般教案侵占山东的情形，才是真正体现变法维新派如何应对外侮的方式和决心的时刻。康梁派如果未因激烈冒进而被清除出清朝政府，将有机会直面一年之后的国内众多教案和义和团等群众运动，直接与强横的外国使节打交道，能否委曲求全，还是强硬以对，那时才是考验他们变法强国理论的真正时刻，即无论是维新派还是守旧派的执政者，都必须要面对严重的内外危机。

第二编　教案与义和团

一、基督教在中国

鸦片战争以降，西方影响的入侵冲击，除了以武力打击力度和技术水平优越，令中国政府和民众震惊之外，还有更为强力的渗透工具，即西方基督教的宗教渗入，比军事胜利和技术转移为中国带来的一些正面影响的作用，都要更为强大深远，对清末年间的政治社会，造成更大的长期频繁的巨大破坏。

19世纪的中国基督教士，完全不同于明清时代来华的耶稣教士，那时的传教士们以谨慎守本分的态度，经过长期磨合努力，才取得中国官员士人的认可接受，以此为荣。而19世纪的天主教新教教士们，对待中国的态度已经完全不同，基本不再认为有容忍、学习和汲取中国文化的必要，反而万分鄙视蔑视，带着"拯救"的使命而来，在描述中国落后状况时的强烈蔑视心态，暴露无遗，传教士是反映西方人这一普遍心态的主要代言人。西方国家以军事技术和武力至上策略全力侵入中国，几乎所向披靡，用近代新式枪炮打出多个不平等条约，包括为传教士打开传播福音通路的条约条款。

西方传教士于1842年后重新正式进入中国，在五口通商口岸被置于治外法权的保护之下。《天津条约》签订之时，法国也与清朝政府签约，给以所有在华传教士无限制的自由，可以进入中国内地的任何地区，并设立教堂传教，天主教、新教和其他教派纷纷涌入中国，积极投入传教活动，争夺教徒，尤其是天主教士，吸引本地教民入教，不分良莠，唯以增加教民数量为首要目的，以向各自国内的所属教会汇报进展，证明物有所值。传教士们以文明代表自居，力图改变中国人的原有信仰，"拯救"中国人的灵魂。他们对自己所拜宗教坚信不疑，而对中国已有的宗教和思想，包括儒家思想，嗤之以鼻，视为异端，在这一点上毫无妥协的余地。

传教士们发放的宗教传单和文件，都强调两种必要内容，即攻击本地神祇和攻击祖宗崇拜，要求入教的教民彻底抛弃以上两类文化象征。这就直接触及中国传统文化的核心，所以每当传教士散发这类传单时，都很容易惹怒本地人和引发地方反洋教活动，特别是那些由本地绅士参与组织的反教活动。这类活动都会疏离民众，不利于传教士争取增加皈依基督教者数量的目的。[1]

各地的传教士有充分机会直接接触中国的普通民众，包括内地边远州县，亲眼目睹了19世纪中国的贫困状况和官员贪污腐败的劣迹，这些都增加了他们对这个东方社会以及民众的敌意和蔑视。蔑视是19世纪西方人与中国人打交道时具有的普遍心态和主调，根深蒂固，一些西方传教士又通过他们关于自己中国传教经历的记载著述，多方强化本国人已有的对中华文化的蔑视态度。

早期的一位著名新教传教士马礼逊（Morrison）认为："中国充斥着愚笨的偶像，远离真正的上帝，仇恨和迫害耶稣基督的名字，是基督徒们的奇迹和遗憾。"[2]资深传教士阿瑟·史密斯（明恩溥）写道："中国的习俗在整体上引不起西方人的兴趣，是一个怪诞和不文明社会的产物，西方人可以任意加以嘲笑，而不用担心说话过分。"[3]一个自称不带偏见的英国科技旅游者富特恩，不承认中国在农业上能与"文明"的西方国家相比，中国甚至没有权利与西方相提并论，在科技、艺术、政府或法律方面更是远远落后于西方。[4]史密斯进一步分析道，中国人缺点多多，不注意精确性和时间，固执而又带随意性，故意误解他人意思，无方向性，缺乏勇气、公众精神、同情心和诚意。一个法国遣使会

---

① Richard, Timothy, *Forty-five Years in China*, p146.

② J.A.G. Roberts, *China through Western Eyes, the Nineteenth Century, a Reader in History*, Alan Sutton, 1991, p40.

③ J.A.G. Roberts, *China through Western Eyes, the Nineteenth Century, a Reader in History*, Alan Sutton, 1991, p141.

④ Colin Mackerras, *Western Images of China*, Oxford University Press, Hong Kong, 1989, p55.

教士认为，中国人肯定比欧洲人低能，因为他们缺乏真实感情，懒惰、贿赂，公开展示其罪恶。[1]

清朝第一个赴西方国家访问的官方使节志刚，在巴黎就曾遭遇到法国人的质问："中国何以残害子女，不但不为抚养，反以之供猪狗嚼噬？"志刚大感不解，询问他们如何抱有此种错误印象，据说均来源于法国派往中国的传教士，借此一类的传言，让本国人更加相信他们的文明优越性，以及向在中国传教的法国教会捐钱，虽然讲来十分荒谬可笑，但令西方国家的人们信以为真，而志刚则不免叹息"教士太无良也"。[2]西方人如此形形色色的种族优越感，在19世纪的世界早已变得牢不可破，当时西方人的著述极少不带偏见和蔑视的色彩，习以为常，被称为维多利亚时代的恶习之一（Victorian vices）。

拯救中国人的灵魂的愿望吸引了一批又一批的西方传教士来到中国，许多人既年轻又充满狂热，他们任意流动，进入中国内地，诸如成都和贵州这样的偏远地方，都有西方传教士的活动和教堂，甚至设立了主教。这些众多传教士的活动有时表现得甚为幼稚和极端。如在1893年，重庆的英国领事报告说，一些传教士对当地中国人的活动进行了毫无顾忌的抨击，那里的一场大火烧毁了城中近四千所房子，当地一个已经相当本地化、与其他教会不同的"中国内陆传教会"（China Inland Mission），仍然开始分发标语传单，嘲笑中国人所大力顶礼膜拜的火神无力保护人们不受火灾之扰，为了他们以后的生活财产安全着想，传教士们鼓动当地居民转而拜求耶稣基督去降福于他们。那个英国领事认为此举不妥，并承认持有外国护照的传教士在内地的过分举动极易激起暴动。[3]德国传教士在山东也曾与当地和尚进行过求雨比赛。在他们的鼓动之下，教民们认为得到上帝之助，不再崇拜中国文化的象征，不惧引发与传统社会民众的冲突，"广东河源县董天村教民毁神像，村口聚千人围教堂，幸教堂未毁，教士未伤"。[4]

大名鼎鼎的英国传教士李提摩太，抵达中国后不久，遇到1877年发

---

[1] Fay, Peter Ward, *The Opium War: 1840-1842*, p241.

[2] 志刚：《初使泰西记》，文海出版社，第155—156页。

[3] Wehrle, Edmund S., *Britain, China, and the Anti-Missionary Riots, 1891-1900*, University of Minnesota Press, Minneapolis, 1966, p55.

[4] 《翁同龢随手记（下）》，《近代史资料》，第98号，1999，第166页。

生在山西的大灾荒，随之投入到募捐救灾活动中，就此获得名声和地方官府的赞赏。即便如此，李提摩太丝毫不忘抓住赈灾的机会，打着宗教旗号，四处向当地人们宣扬基督教，每到一处，都准备了标语牌，向那些求雨的本地人展示，并置于他骑马走过的十一个州县的城门上，大举号召人们"祈求真神"，与其向传统神祇去求雨，不如转信耶稣基督和上帝。据他自己说，确实有大批男女老幼前来向他祈求聆听福音 。[①]

早期传教士中的普鲁士人郭士立 (Gutzlaff)，在其传教事业初期，就与在华经营的英国鸦片商人联系密切，卷入中国沿岸鸦片贸易，包括翻译、中介协调和寻求财政支援。郭士立不仅是第一次鸦片战争中侵华英军首领义律的翻译和与中方联系人，还是英军在定海、宁波推行行政管理的实际负责人，相当于占领区大总管。他日后又出任香港英国总督之下的中文秘书，手下管理众多当地华人雇员，并且建立起最早的由本地华人组成的国内间谍信息网。[②]所以郭士立的在华传教事业是与英国政府和中国政治紧密相连的，亦政亦教。

另一位相同时期内的新教教士麦都思 (Medhurst)，在自大狂妄和蛮横方面，并不比郭士立逊色，紧紧跟随郭士立的榜样，早在鸦片战争打开中国通商口岸之前的19世纪30年代，就按照郭士立的敢闯精神，企图不经官方许可，就在中国内地随意传教，因此频繁与地方官员发生冲突。麦都思极度秉承郭士立的强硬态度和针锋相对的策略，以打破局面和打开传教通路，为此始终试图把自己放在与地方官的同等地位之上，在礼节上面斤斤计较，不愿在中国人面前自认"野蛮人"，生怕失去"拯救"中国人的居高临下的资格。但是这些早期传教士背后没有西方政府的武力支持，因此迭遭挫折，他们私下向村民散发的宗教传单，也被地方官府随后公开焚毁。[③]

麦都思在中国的主要助手是王韬，帮助其翻译宗教文献和进行传教

---

① Reeve, B., *Timothy Richard, D.D.: China Missionary Statesman and Reformer*, S.W. Partridge and Co. Ltd. London, 1916；Richard, Timothy, Forty-five years in China, pp97-98.

② Lutz, Jessie G., *Karl F.A. Gutzlaff and Sino-Western Relations, 1827-1852*, Wm. B. Eerdmans Publishing Co., 2008, p112.

③ J.A.G. Roberts, *China through Western Eyes, the Nineteenth Century, a Reader in History*, Alan Sutton, 1991, pp86-87.

活动，后者对中国社会的一些维新启蒙思想，实际上主要来自于传教士带来的基督教教义，加以修改附会而成，最终目的还是转化中国为基督教国家。[①]王韬活跃于国内众多文化新闻领域，但他很小心地从未公开显示自己的教会背景，所以除了西方传教士外，当时极少有中国人知道他是个基督徒。[②]

两次鸦片战争之后，外国传教士在华活动获得了武力和条约的保护，更易进入中国内地，来华教士人数也随之剧增。在中国的新教传教士，在1858年是81名，第二次鸦片战争后的1864年为189名，十年后为436名，再五年后为618名，1889年达到1926名，是先后被派来华一共2500名新教教士中，依然留存在中国的人数。[③]至1905年，在华新教传教士数目达到3500名，其下有万余名中国教徒为他们服务，替他们向本地人传教。[④]而天主教会下的中国本地教徒，在19世纪的最后十年内，达到了七十二万人。[⑤]

那些在新历史阶段进入中国的西方传教士，无疑比早期的郭士立、麦都思都更加怀有征服"拯救"中国的雄心和强烈意愿，他们来到中国的目的，"不是为了开发国家资源，提升贸易，或者仅仅是推广（西方）文明，而是向黑暗的权力开战，拯救有罪之人，为耶稣基督征服全中国"，"把中国的异教徒们都改造为上帝天国的臣民"，"上帝无所不能"。[⑥]传教士们坚持扫除中国文化中的所有"伪神"，必须为基督教会腾出神位，中国教徒们不得再崇拜上帝耶稣之外的其他神灵，必须公开表达抛弃所有与基督教争雄的教义，这与17世纪在华耶稣教士们对中

① J.A.G. Roberts, *China through Western Eyes, the Nineteenth Century, a Reader in History*, Alan Sutton, 1991, p271.

② Bays, Daniel H., *A New History of Christianity in China,* Wiley Blackwell, London, 2012, "Leading Chinese Christians".

③ Carlson, E.C., "Obstacles to Missionary Success in Nineteenth Century China", *Asian Studies, the Philippines*, 1966, 4:1.

④ Bays, Daniel H., *A New History of Christianity in China*, Wiley Blackwell, London, 2012, "Leading Chinese Christians".

⑤ Standaert, Nicolas, ed., *Handbook of Christianity in China*, volume 2, Koninklijke Brill, Leiden, The Netherland, 2010, p239.

⑥ Carlson, E.C., "Obstacles to Missionary Success in Nineteenth Century China"；Carlson, E.C., *The Foochow Missionaries, 1847-1880*, the President and Fellows of Harvard College, 1974, pp6-7.

华文化所持有的相当容忍恭顺的态度，形成格外鲜明的对比。[①]

1885年的重庆教案，是在基督教和当地民众争夺地产的长期纠纷中爆发，从最早的长安寺被天主教主教改建为天主教堂，到英美新教教士在重庆多地大举置地建堂，遭到本地民众反对。但此次事件中的新因素是当地适逢武考，武生聚集，而早有准备的本地教民，向聚集起来的考生挑衅，双方群体械斗，考生死伤三十余人，更对绅士阶层和官府造成直接挑战和侮辱，结果激起众愤，骚乱扩大，附近地方新近组织的民团也加入群斗，捣毁教民据为靠山据点的多处教堂，酿成重大事端。在西方各国使节的巨大压力下，地方和中央官府被迫介入，不顾民众一方的损失和最初的地产购置纠纷，反过来处罚多人，向天主教会赔偿财务损失二十余万两。[②]与福州发生的乌石山教案类似，此次重庆冲突中也有地方士绅阶层的卷入，但对手是势力已变强大的新教教会，在中国刚刚遭受中法战争巨大冲击的时刻，总理衙门自然不愿再挑战其他西方国家，特别是在中法战争中并未公开站在法国一方的英美国家，所以按照惯例赔款处罚了事。但此次事件对地方绅士的打击甚大，在西方教会直接公开的挑衅面前，仍然占不到上风。

西方传教士在中国毫无意外地面对着接受什么样的华人教徒的核心问题。他们极有可能将那些并不理解和崇信基督教义的人纳为自己的教徒，尤其是那些连基督教义的根本—原罪都不理解或不承认的人，也被吸收入教。郭士立在中国建立起来的教会，面对着他人的严重质疑，虽然一度快速扩张，却被指其中的"吃教者"（rice Christians）数目太多，不少人拿到教会的材料和福利之后，就不再有所作为，甚至离去，许多教会分支也只存在于纸面上。[③]他的教会网络吸收了大笔来自本国信徒的捐献资金，迫使其他传教士起而竞争，以致把郭士立的传教活动充分暴露出来，导致本国内的教会于1850年发起对他的中国教会的调查，发现夸大教徒数量和教会成绩的劣迹，令其蒙羞，在西方传教士中被动陷入孤立，直至去世。[④]

① Carlson, E.C., "Obstacles to Missionary Success in Nineteenth Century China"; Carlson, E.C., *The Foochow Missionaries, 1847-1880*, the President and Fellows of Harvard College, 1974, "Obstacles".

② 郭廷以：《近代中国史纲》，中文大学出版社，香港，1980，第328页。

③ Lutz, Jessie G., *Karl F.A. Gutzlaff and Sino-Western Relations, 1827-1852*, Wm. B. Eerdmans Publishing Co., 2008, p237.

④ Lutz, Jessie G., *Karl F.A. Gutzlaff and Sino-Western Relations, 1827-1852*, Wm. B. Eerdmans Publishing Co., 2008, p257.

19世纪后期的传教士把注意力和传教努力逐渐转到清朝政府内外的知识分子身上，争取他们入教，以改变教民素质普遍偏低、社会背景低下、造成地方教案不断的弊病。王韬是一个典型的例子，在辅助传教士渗透中国社会和招揽中层以上人士方面，贡献甚大。李提摩太在初期投入地方上的传教赈济活动之后，也转为以接触清朝知识分子为主，包括康有为等，以扩大教会在中国的影响力。

李提摩太的转折，间接受益于1880年在天津同李鸿章的一席谈话，当时李鸿章对李提摩太的传教活动不以为意，"你们能够聚集教民，只是因为他们靠为你们服务为生，除去那些给教民的支付抚养，就不会再有教民存在了"，而受过教育的儒生阶层中却没有教民（李鸿章当时显然还不了解王韬的背景）。这对李提摩太产生了极大震动，回去深思反省，确定以后的工作重点是以基督教义影响官员士人，甚至李鸿章、左宗棠、张之洞、曾纪泽这样的重臣和文人领袖。[1]这无形中导致他直接深入地介入到戊戌变法活动中，积极靠拢变法的主要参与者。正因为如此，李提摩太在中国的名望远远超过在中国辛苦耕耘的众多传教士，包括英国内地传教会的元老级传教士戴德生（Hudson Taylor）。

至1889年，在华新教教会的华人教徒（教民）总数为37287名，至19世纪末也远远达不到传教士们先前所预期的以百万计数的教徒群体。[2]正是因为几十年来在华投入太大，传教士们对扩大教徒队伍的渴望也更为强烈，以图大见成效，为此特别反感地方官府的推托敷衍，和各地民众的自发抵触和被动反抗。在一个悠久文明和政治体制之下，一个外来宗教企图大举扩张，无论是佛教或基督教，成为社会舆论和文化主导，都绝无可能避免爆发矛盾冲突，更何况是在历史巨变的19世纪末期。西方外交官、传教士和炮舰这一紧密的三位一体，[3]强势入侵中国，居高临下，传教士们势难同当地文化融合，相安无事，结果或是教民被"拯救"，或是中华文化维持原状，仍被西方文化依仗武力推着前行，萌发烈度不同的纠纷冲突。

---

① Richard, Timothy, *Forty-five Years in China*, p151. 该书的第五章即是"活动于官员学者当中"。

② Carlson, E.C., "Obstacles to Missionary Success in Nineteenth Century China"；Carlson, E.C., *The Foochow Missionaries, 1847-1880*, the President and Fellows of Harvard College, 1974, "Obstacles".

③ "The triple alliance of a missionary, a consul, and a gunboat", in "Blake to Morrison", 18 August 1900, *The Correspondence of G. E. Morrison*, volume 1, p143.

二、教会与清朝政府

传教士们自从进入中国的早期起，就拒绝中国人把他们作为西方帝国主义势力的一部分对待，或者将他们视为中国灾难频发的原因之一，他们是为了救中国人出世而来，不是招祸、嫁祸于中国。[①]但他们就是插入到中国社会内部的一种外来力量，无法不引起当地政局的震荡，再加上在华洋人的特殊身份，西方传教士自然会被视为西方势力在华代表。从另一个方面看，西方教会将其在本国之内的管理机构层次搬到了中国，构成从在京主教到各地教士的复杂组织，深入到中国内地，各县各府都有分支和负责教士，等于是在中国的官府之外建立起另一个行政机构和权力网络，而且比清政府官衙更为有效，在很多情况下也与西方外交使节在华网络，协同互补。

这一遍布全国的教会组织网络，无形中为辖下的内地教民提供了仅次于西方人在华治外法权的特权，西方外交官在保护传教士的前提下，将那些教士享有的权利，延伸到教会属下的教民，若不如此，传教士们将会在吸引本地人入教方面遇到额外的困难。把清帝国属民分离于现有政治统治体系之外，这是之前从未发生过的事情，即在中国不仅存在着一个特殊的洋人阶层，还存在着拥有特殊地位的教徒（教民）群体，他们只听从本地教士的指挥和引导，依仗教会的势力，不必再服从当地官府和律法，即使与官府命令和朝廷旨意相悖也在所不惜，因为教民信任教士和西方人的上帝，也在连续发生的地方宗教冲突中，对西方国家的实力、军力和外交官的干预效果，无比信服。[②]一个国家内存在着两种制度和权力系统，其分裂崩溃的命运自然难以避免。

清朝政府对国内存在着众多身份独特又自行其是的教民团体，自然深感不安。恭亲王在总理衙门办公的早期，就在面见英国公使时直率地说道，"撤走你们的鸦片和传教士，我们就欢迎你们"。[③]传教士与鸦片

---

① Lutz, Jessie G., *Karl F.A. Gutzlaff and Sino-Western Relations, 1827-1852*, Wm. B. Eerdmans Publishing Co., 2008,p314.

② Smith, Shirley Ann, *Imperial Design: Italians in China, 1900-1947*, Fairleigh Dickinson University Press, Maryland, 2012, p13.

③ Sir Robert Hart, *These from the Land of Sinim,* p68.

并列，关系密切而互助，前者对国内政权执政，是个更大的威胁。在鸦片战争之后的时代中，清朝官员时常目击和经历教士、教民在中外争端中为西方人服务而对抗清朝中国。

一个最为明显的事例，就是中法战争。法国作为在华天主教会的最重要保护国，在本国军队对华作战时，也无时不忘利用亚洲地区内的教徒力量，具体做法就是在越南招募当地教民，用于在当地和其他地方对华作战。张之洞调任补授两广总督之后，从一名内地官员变身为奔赴对法作战前线的统帅，直面在越法军及其附属教民，"所属钦州，与越之海宁府毗连，一名芒街，而此中越交错数百里之中，教民素多，皆系客匪。……前广西提督冯子材，任之营于东兴街，七月底突来教民数百，屯聚北海，调团练往，始行散去。又有法船五艘，由越境岳山港登岸，至芒街，号召教民，散给衣械，法酋复经逼我军营垒熟窥而去，法船半月始行。……查廉钦一带，水陆兼防，法船顷刻即可来，教匪窟穴不能去"。①

刘永福的黑旗军和驻防清军在北圻山西一战中，就受累于攻城法军部队中的教民队伍，暗中策反了城内越南守军，清军在腹背受敌的混乱情况下被法军破城。法军舰队在孤拔指挥下进攻浙江镇海之前，薛福成所采取的增强防务措施之一，就是把当地法国传教士和教堂中的教徒全部迁移至远离法军可能登陆的地点，并派兵监护，以阻止他们与来犯法军进行接触和互通信息，对拒不服从，甚至声言会召唤法军舰队前来宁波定海实施镇压的教士，薛福成等地方官颁布了巡抚谕令，令他们退而让步。众多事例表明，教士和本地教民同外国势力军队之间存在着千丝万缕的联系，在宗教信仰基础上建立起来的共通联结，是难以割断的，更有可能超越国家民族的界限。

传教士的肆意活动自然会引起他们与乡绅和官府的冲突。传教士在一定程度上取代了乡绅的传统功用，如修桥修路、赈灾助学、医疗慈善等，传教士用他们手中掌握的大量金钱，同样可以做到，而且发展了"育婴堂"等新设施，乡绅们自然感到他们的传统和权威受到威胁。天主教设在中国的主教们坚持采用与中国巡抚相对应的仪式和排场，服装上饰有官衔的标志，出外有相应数量的轿夫抬轿开路，带有随从及官差等，往来需鸣炮致敬，教士们也要求以官服着装，这些仪式都用来显示

①《敬陈海防情形折》，《张文襄公奏议》卷9，光绪十年九月初三日。

传教士已经拥有与中国官府相当的权力地位。①

至19世纪末期，清朝政府已经失去控制教案局面的能力和愿望，基本上放弃约束传教士活动的企图，反而期望通过给以传教士特殊礼遇，换取他们的合作，或者至少不要惹起纠纷，"总理各国事务庆亲王奕劻等奏，为拟订地方官接待天主教士事宜五条事。兹因天主教既在中国各省地方建立教堂，久奉国家允准，欲使民教相安，便于保护起见，谨订地方官接待教士事宜五条，恭呈御览，谨奏。光绪二十五年二月初四日奉硃批：依议"。所涉及的五条，包括"总主教或主教，其品位既与督抚同"，"办事之各司铎名姓、教堂住处开单报明督抚"，"无事自不必远赴省城请见督抚"，"各省出有重要教案，所在之主教司铎等，须转请教皇所命保护天主教之国之公使，或领事官"，"地方官应随时晓谕约束所在平民，务与教民一视同仁"等内容。②

清朝政府这一官方文件，将天主教在华教会教士组织系统，与清朝官府系统等同起来，不吝允许在国内存在一个平等地位权力的机构，所要求的交换条件，仅仅是由那些已经遍布各地的传教士们，做出更多努力去约束他们手下的传教人员和教民。虽然此令只涉及天主教会，但国内的新教教会无疑连带受益，地位提升。在这种中央政府主动放弃权力的情况下，长期把持从政渠道和享有社会声望的绅士阶层，深切感受到外来威胁，在官府都甘愿屈从于教士教会的新时代，官绅一体结构中的人士自然容易产生失落感，增强仇教情绪，其中既含有民族情感，又是非常明显的现实利益之争。乡绅、生员这些官府之外人士，之后成为各种反洋教活动中的骨干。

清朝政府于1860年同英法两国签订的《天津条约》，对西方天主教和新教传教士开放了通商口岸，允许传教，从中国本地人中招收教徒，将在南方广州、香港等地的活动扩大到国内地方。传教士们首先要解决居住和做礼拜地方的问题，所以需要获得土地，或租或买，就此面临一个官方许可的长期难题，困扰双方。传教士和西方商人都声称他们拥有

① Esherick, Joseph W., *The Origin of the Boxer Uprising*, Berkeley, University of California Press, 1987, p84; Standaert, Nicolas, ed., *Handbook of Christianity in China*, volume 2, Koninklijke Brill, Leiden, The Netherland, 2010, p316−317.

② 《总署奏拟订地方官接待教士事宜以便保护折》，《清季外交史料》卷137，光绪二十五年二月初四日。

在内地任意购置地产的权利。按照英国人威妥玛的解释，传教士们的这种印象，来自清政府在与法国、俄国的条约中，允许外国传教士在内地持有效护照旅行的权利，怀疑这一条被他们任意引申为允许随意居住置产。另外在与英国签订条约中的第十二条款，允许英国人在通商口岸和其他地方使用土地房屋。按此理解，英国人和其他西方人似乎可以在通商口岸之外或内陆地区置产。

但参与条约草拟的威妥玛本人对此作出解释，这是因为那些被条约划定的通商口岸所在城镇，还不是货船装卸之处，即如广州城和黄埔港的关系，英国商人随后要求再获得一些额外土地，由威妥玛向率领英法联军攻占北京的额尔金勋爵提出建议，加上"其他地方"等词，作为方便英国商人的临时修补，并非涵盖所有西方商人或传教士。

传教士们所依据的，还有清朝廷与法国签订条约中文版本的第六条款，含有传教士可以在中国各地租赁购买土地和兴建房屋的内容，最为传教士所重视，频繁使用。但威妥玛自己作出声明，这一中文条款在法文版本中是没有的，不知为何会被加入在中文版之中，而条约内容解释又以法文版为准，因此传教士实际上并未得到许可享有这一权利。[①]

张之洞一度深受自称享受这一条款保护的传教士们的困扰，在担任地方督抚的实际行政管理经历中，得出了与威妥玛相同的结论：

"查近年各国教士皆援引法国续约第六款，有并任法国传教士在各省租买田地建造自便等语，以为借口。殊不知法文续约并无此语，且法约第四款载明，自今以后，所以议定各款，或有两国文词辩论之处，总以法文做为正义，是法文所无，中文虽有，仍不得援以为例。……美国教士每欲援引此约，历任使臣，多不谓然……前湖北利川县教堂买地一案，法领事悻悻来见，词气暴横，经臣援引指出，法国条约法文并无准其买地之语，明白揭破，严词驳斥，该领事竟无词以对，气焰立沮，默认而去，是其明证，自后遂不复引约纠缠。"[②]

虽然传教士任意购买地产房屋的条约法理依据已被证明为误解滥

---

① Cooley Jr., James C., *T.F. Wade in China, Pioneer in Global Diplomacy, 1842-1882,* Leiden, E.J. Brill, 1981, p63.

②《请申明约章限制教堂买地折》，《张文襄公奏议》卷38，光绪二十年十月十八日。

用，传教士们购置地产的活动日后并不因此而受阻，反而层出不穷，地方官员也无可奈何，放任自流，却无法回避由地产纠纷而起的民教纠纷，麻烦更多。

围绕地产购置一节，传教士同地方民众及其官府进行了长期的缠斗，进而把属下教民的地产纠纷也包括进去，插手干预，成为教案反复丛生的核心起源。教会与教民的财产，被置于地方官府的保护之下，而地方士绅和民众方面失去对事态的掌控和官府的保护。地方官判定这类纠纷案件时，最终抵挡不住来自传教士及其背后西方外交官的巨大压力，一般都以倾向于教会方面的裁决结尾，而在民教双方爆发流血冲突后，官府的通常反应就是做出赔款，颇难切实依循国法作出裁决。

地方反基督教的活动一般处于下风，只有到了后期的义和团时期，才出现以民间暴力压倒基督教会的短暂时期。民教地产纠纷的一个典型事例，就是山东冠县梨园屯反复延续的争产事态。梨园屯士绅捐资建造了玉皇庙，之后入了天主教的乡民把部分土地转给当地法国传教士，于同治年间在砸毁玉皇庙后的原址上，建起了天主教堂。关键是地方官府同意了传教士的建造计划，多一事不如少一事，当时平息事端，但仍然没有躲过由传教士们继续扩建教堂所激起的乡民反弹，本地民众以原始武力对付教堂中教民拥有的枪支武器，双方对峙。地方政府被迫介入，派出清军队伍维持秩序。乡民们一度夺回基址，又在官府的干预之下，被判给传教士用于建造天主堂。民教双方对这一庙堂基址的反复争执、得而复失的情形，犹如犹太教和伊斯兰教先后占领耶路撒冷城一般。直到义和团运动时期，在八国联军横扫中国北方的压倒气势之下，梨园屯的基址最终被天主教会占据所有。

三、天津教案

令清朝政府深切意识到这些散布各地的传教士造成严重损害的，是1870年爆发的天津教案。延至此时，西方传教士已在条约的正式保护下合法传教十年之久，传教士自认为可以任意进入内地和公开传教，只需得到官府的首肯即可。这些源于自我意识的鲁莽行为所带来的严重后果，无论传教士、官府和当地民众都无法事前预料得到。

1870年的天津教案，起因于当地传教士们的救婴活动引起谣言传播。

像育婴堂这样的新设施不仅尚未被当地居民普遍接受，又同当时天津流行的疾疫联系起来，出现婴儿尸体，以致一些民众将怀疑的目标指向教堂和育婴堂。对于这种潜在危险事态，天津地方官员知府张光藻、知县刘杰出面与传教士磋商，试图以合作方式解决问题，并采用惯常的方法，派兵丁阻隔民众逼近位于望海楼的大教堂。教堂内的传教士们起初拒绝中国官员进入教堂巡视搜查，认为这样做违反了治外法权的规定，更是官府屈从愚民的表现，甚为不满，经劝说后才同意配合调查，因无法指证涉嫌诱拐幼童之人而作罢。依照事件发生之后曾国藩所派官员的详细调查所述，此时局势依然可控，并无重大异常，天津地方官员也在尽力避免事态失控，特别是遏止当地百姓自行组织的"水火会"在现场聚众生事：

> "本年五月端阳前后，谣传河东地面天主教仁慈堂，埋葬幼孩数十棺，有一棺两三尸者……民情汹汹，势将聚众滋事。……阜府（张光藻）因外间谣言日甚，变端不测，当嘱刘令再行研鞫。乃二十日（6月18日）复有乡民获送拐犯武兰珍一名，讯系用药迷拐桃花口人李所被获属实，未加刑讯，到堂即供。……商宪（通商大臣崇厚）亦以外间谣言太甚，势难不为查办，遂令本道往见法国领事丰大业（Fontanier），请其将教民王三送案质对，该领事许为查问有无其人。至晚无信，商宪请亦不来，遂亲往面商，伊仍不管，但请助教谢福音同商，……至二十三日（6月21日），本道率府县带犯前往查看，堂内并无栅栏、天棚，核与供情不符，堂内并无王三，遂同回禀商宪。"①

法国驻天津领事丰大业的突兀粗暴行为导致事态迅速恶化不止。丰大业是一个狂妄自大的法国驻外官员，在东南亚活动多年，历来视中国政府如无物，是外国驻华使团中巴夏礼一派对华欺压横蛮行为方式的忠实信徒。对于天主教会此时遇到的意外麻烦，丰大业认为责无旁贷，自然出面向天津地方官府施压，保护教士教民。此时教堂附近的局势，却变得有些紧张，"有闲人在天主堂外观看，见有教民出入，齐声喝好讥诮，有堂内用人，即众所称为鬼奴者，出扭一人辫发殴打。于是众人出砖瓦，其地距院甚近，该助教（谢福音）遣人告知，商宪当令两巡捕弹

---

①《张光藻密禀》，《近代史资料》，第88号，1996，第23~25页。

压。巡捕到，众人均已敛手。又有堂内有人出来呵斥巡捕：'何不将闲人拿去？'巡捕回称：'彼不闹事，何用拿他？' 适丰领事出来，持鞭将巡捕乱打，口称'尔宫保教尔领许多兵来搅我，我定不依'等语"。[①]

性情暴躁的丰大业随即直接去找更高官衔官员，要求调动驻防天津的正规清军部队出面镇压。他径直前往通商大臣崇厚的官邸，"脚踹仪门而入，一见商宪即放一枪，商宪暂避入内，随将屋内器具砸破。经巡捕、戈什齐将该领事劝住，商宪复出相见，又向地施放一枪，大肆咆哮，口称'尔有百姓在天主教门外滋闹，因何不亲往弹压，我定与尔不依'等语。商宪向其周旋，伊竟不理，仍复大怒，复持刀枪而出"。[②]

法国作为第二次鸦片战争中两个西方战胜国之一，在华气势压人，驻华使节一贯气焰嚣张，借教案事件骚扰清朝官府如同惯例。这一次教案又发生在焚烧圆明园仅十年之后，法国在华余威仍在，因此法国驻天津领事丰大业才有对崇厚等清朝官员直接开枪的胆量。即使丰大业当时直接击毙崇厚或其他天津官员，西方驻华使节们事后仍然不会以事实为据，就此野蛮行凶行为，惩罚闹事西方外交官，而是轻略混过。

丰大业离开崇厚官邸，自行前往闹事地点的教堂，只带一名随从西蒙，可见其非常自信，认为只要他到场就可吓退大批民众。丰大业仍然意图对天津官府施压，强迫官府为法国外交使节和教堂服务，否则就要直接介入，即调动邻近水域的法国军舰。在这一狂热情绪的影响下，丰大业在混乱现场无法控制自己，遇到在现场弹压和维持秩序的知县刘杰时，即喝令其下令官府衙役巡捕驱赶教堂外聚集的民众。刘杰劝丰大业先"返回院署"再说，令丰大业极为不满，认为刘杰竟敢公然违抗他的命令，失去理性，"猝放一枪，仅伤跟丁"。[③]

丰大业开枪之前，民教双方的口角缠斗，已在官府控制之下，并未有任何一方的人员伤亡，聚众示威虽然对教堂教士教民构成一定程度的威胁，但天津地方官员、差役都在现场，群众畏于官威，未敢采取进一步行动。天津知府、知县等仍在试图达成双方当面对质，或者开始驱散民众，而一旦丰大业将知县刘杰击伤、轰跑崇厚，围观群众继而不受控制，群情激愤而爆发。法国领事丰大业贸然开枪射杀他所遇到的官府中

①《周家勋致吴汝纶密函》，《近代史资料》，第88号，1996，第19页。

②《周家勋致吴汝纶密函》，《近代史资料》，第88号，1996，第19-20页。

③《张光藻密禀》，《近代史资料》，第88号，1996，第25页。

人，是天津当地的民教纠纷对峙骤然转为暴乱教案的直接起因。

虽然丰大业手持两支手枪，随从西蒙携带利剑，但他们身处众多本地民众和兵丁之中，贸然开枪后必然寡不敌众，谈何吓退围观群众。"而百姓遂怒极动手矣"，丰大业和西蒙被当场群殴而死。①民众的激愤情绪一发不可收拾，官府即使立即采取行动，也已无法遏止平息。原本处于保护隔离之下的天主教堂和仁慈堂，此时自然无缘避免被波及，立即被愤怒的民众攻破和焚毁。随后的民乱席卷天津，导致其他教堂、洋行和法国领事馆被毁，十余名外国人遇害。暴动民众的指向仍然非常清楚，除了遭到误认的三名俄国人外，被击毙的洋人都是法国人，而没有其他西方人遇难，"现查法国被杀男女有尸者十二人，俄国被杀男女三人，外有法国数人尚无下落"。

事出意外，丰大业的极端行为无法预测，以致事态紧急，事先准备不足的天津官府甚为措手不及，"因闻锣声，询之众已滋事……卑府当与同城文武，分投弹压解散，直至掌灯时，始渐散去"。②这一事件中天津官府的反应迟缓，未能及时维护事发现场的教堂安全，成为事后西方国家施压和索赔的主要理据，而将丰大业自行挑起流血事端的严重过失，轻轻略过。

西方人通常将此教案称为"天津大屠杀"，经历现场的传教士们所得感受是非常恐怖的，特别是城内随处可闻的反洋教的声音，却忽略了事件之后官府出于恐惧而迅速弹压的行动，错以为地方官府同街头游行的民众并无区别。③西方人，特别是教会人士，非常反感将他们的保护神丰大业领事的鲁莽枪击行动，作为整个事件的起因，竭力解脱丰大业的责任，"法领事急忙赶往附近的崇厚的衙门，衙门派去的官员试图解散众人，但不能奏效，领事在护送下力图夺路返回领事馆，但在从衙门到自己住地之间的路上被暴徒杀害"。④西方人格外强调当时针对外国人的阴谋是普遍广泛的，士绅要为此负上责任，对此要求驻华外交机构向总理衙门提出抗议，对华强硬施压。⑤实际上当地西方人和传教士得

---

① 《张光藻密禀》，《近代史资料》，第88号，1996，第25页。

② 《张光藻密禀》，《近代史资料》，第88号，1996，第25页。

③ 《郝题廉牧师（Hall）关于某中国人讲述的目击三个在津俄国人被杀经过的报告》，《近代史资料》，2004，第109号，第84-86页。

④ 《山嘉利牧师（Stanley）有关某中国基督教徒证据的报告》，《近代史资料》，第109号，2004，第95页。

⑤ 《理一视（Lees）和郝题廉牧师致代理领事李蔚海函》，《近代史资料》，第109号，2004，第89页。

到的信息大多是谣传，如知府、知县都赞同杀死所有的外国人，正在准备进攻天津租界，或者新近派来解决事端的曾国藩会派出清军援助乱民，等等。①这些所谓供词的潜在价值，就是为西方外交使团向清朝政府发出更多要求，提供自己一方的证据。

事件爆发后的紧急事态，令守护地方有责的官府都感到恐惧，"二十四、二十五两日，人民惊扰，土匪四起，卑府亲往各地巡查……终日不能归署"，由义愤而起的民教冲突有可能转为地方动乱，威胁天津官府的管治，他们由此全力投入压制地方团体如"水火会"等的活动。另一方面，善后措施必然包括应付天主教会和西方人的要求，"二十三日，天主教堂救出幼孩十人送院，委员讯供，发县收养。……仁慈堂救出大小男女一百五十名，卑府逐一讯问，有数十名不知姓名里居，并不知从何而来，想系被拐而卖与堂中者。其余俱系各处教民子女，从本籍教堂移至天津者"。②无论天津教案日后如何解决和解释，被劫拐的幼童与天主教堂的联系，始终存在。

更为麻烦的善后问题，是与西方使团会商责任赔偿。作为天主教在华保护国的法国，反应极为激烈，再次以传教士问题发难，军舰驶近天津外港，"数日内法国有小兵船来，即令其在紫竹林停泊"。③外交官们在未获得他们认可的理想结果之前，对总理衙门以断交宣战相威胁。在华西方各国代表中，"俄国虽被误杀三人，其领事官官孔气但以混星误杀为言，并不忿怒，美国领事密陀士久在中国，人颇和平，亦无他言。余国未遭其害，均无关系。唯英国与法国向系合同办事，其新来之李领事（Lay，李蔚海）年纪尚轻，性亦褊急，且其妻曾到仁慈堂，与法国诸女教士相契，颇露不平之意。幸英国尚未伤人，将来说合调合，必须俄、美二国"。④

英国领事李蔚海临时代理法国在津事务，而作为丰大业后台的法国驻华代办罗淑亚（Rochechouart，后任公使），更加难以对付，并不愿意轻易放过这一事件中的天津官员，反而认为这是彰显法国天主教保护国地位的绝好机会，因此做出文武两方面的反应，即调动少量法国军舰

---

① 《山嘉利牧师有关某中国基督教徒证据的报告》，《近代史资料》，第109号，2004，第98页。

② 《张光藻密禀》，《近代史资料》，第88号，1996，第25页。

③ 《张光藻密禀》，《近代史资料》，第88号，1996，第27页。

④ 《周家勋致吴汝纶密函》，《近代史资料》，第88号，1996，第21页。

到天津口岸停泊，以示威吓，又提出以天津三位地方负责官员抵命的无理要求，放言若不如此，将从法国本土调兵前来，展开又一次进攻京城的战役。这些极为苛刻的善后条件，令以恭亲王为首的总理衙门难以应付，之前曾经主持弹压的张光藻、刘杰均被拘留入狱，情急之下，授命重臣曾国藩前往天津全权处理这一重大教案。

赶赴天津的曾国藩派出自己的亲信官员进行详细调查取证，最后得到关于此案的真实情况，但他在无意之中进入到与西方人直接对阵的局面，这对他来说并不是一个十分熟悉的领域，外事交涉的结果，最终损害了他之前建立起来的赫赫勋名。即使他按照一贯的实事求是的态度去接手案件，同意了可以接受的对方条件，赔偿损失，处罚犯案民众，也无法违背现场事实全面接受法国的要求。难题的核心，是法国代表要求处死天津涉事道府县官员，以此抵丰大业等人之命，这对曾国藩来说是极不合理的要求，意味着法国政府和外交官正在直接干涉中国内政，特别是政府官员任命解职处分的独有权力，因此被他拒绝，双方谈判陷入僵局。

按照清朝廷寻求和解的中心对策，曾国藩应迅速了事，平息事端，以避免法国军舰逼近塘沽和登陆后向北京进发。曾国藩深受天津教案之累，进退两难，朝廷"但冀和局速成，不顾情罪之当否"，尤其是法国人处置天津主要官员一事，委实无法下手。事态背景和朝廷内斗的复杂性远超出曾国藩的预想，"旁观则哆口乱谈，不顾事势之可否利害，一味欲以冒失行之，于家严（曾国藩）之办法，皆嫌过于柔懦。汉奸则不在平人，而在大位，不在局外，而掺事权。于家严办法，尚嫌过于刚正，甚至暗中挑唆，教之要挟，欲以取媚于洋人，以自便其私"。[1]曾国藩在一片指责声讨之下，只有把案件交给不畏舆情而实干的李鸿章、丁日昌去处理结案。

当时的曾国藩，精力、体力已经大为不济，"右目昏蒙，渐至不辨人物"，处置教案之中，又"眩晕发动一次，又生呕泄诸病"。[2]曾国藩事后发出无限感慨，加深了对教案危机的理解，也深为担忧，日后各类教案必然毁国不已：

"府县本无大过，张光藻尤著循声，臣之初意，斤斤保全……过听

---

① 曾纪泽：《致程桓生书》，同治九年七月八日，《近代史资料》，第75号，1989，第151-152页。
② 曾纪泽：《致程桓生书》，同治九年七月八日，《近代史资料》，第75号，1989，第151-152页。

浮议，以为下狱以后，轻重尚可自主，遽将府县奏交刑部。此疏朝上，夕已悔恨……而神明之咎，实至今未尝暂弭也。……此等疏忽之咎，地方官皆所时有，准以寻常之法，至重不过革职而止，而臣初奏遽交刑部，宜物论纷纷不平。……良由法人之天主教，但求从教之众多，不问教民之善否。其收入也太滥，故从教者良民甚少，莠民居众。词讼之无理者，教民则抗不遵断，赋役之应出者，教民每抗不奉公。……

"凡教中犯案，教士不问是非，曲庇教民，领事亦不问是非，曲庇教士。遇有民教争斗，平民恒屈，教民恒胜，教民势焰愈横，平民愤郁愈甚，郁极必发，则聚众而群思一逞。……此次天津府县，其始不过欲治一教民，其后竟至下狱，已为向来所未有，若部议再与重谴，将来地方官必群以为前车之鉴，谁敢与教民较量？……臣愚以为，中国欲长全和局，外国欲久传此教，则条约不能不酌增。拟请议定，此后天主、仁慈各堂，皆归地方官管辖，……教民与平民争讼，教士不得干预扛帮。请旨敕下总理衙门，可否就此次议结之时，与各公使商定，预杜后来衅端。"[①]

天津教案的演变和事态发展，并没有按照曾国藩的退让和两全之策进行，法国人讹诈不停，坚持处罚甚至处死涉事三名天津官员，强迫曾国藩在上疏中列入这一要求。此时的外交局势尚属微妙，而非绝望，只有英国公开加入法国一边，由一贯对华强硬而狡诈的威妥玛，出来会同法国公使罗淑亚提出善后条件，并有意动用附近军舰，再度上演第二次鸦片战争时英法两国并肩征伐中国的业绩。由于事发突然，英国、法国政府都未做好对华正式开战的准备，因此英法海军在东亚和京津外海，只有少量军舰可用，更无任何可用的登陆部队进行陆上作战。尽管如此，英法两国使节不断通过崇厚向中方传达英法增援部队正在前来中国的路上的讯息。因为中方并不具备海外情报系统，又无驻外使节汇报通信，曾国藩和总理衙门只能听任西方使节以武力相威胁，而产生退缩情绪，以致清朝政府对天津教案的处理，基本上按照法国使节的要求进行。

中方的这一重大缺陷，导致整体策略方面的严重后果，令教案问题延续下去，而没有可能按照曾国藩的建议进行修正。英法两国在情报方面对华占有最大优势，由此掩盖了他们当时实际上并无动用武力解决的真实实力的狼狈情况。在与曾国藩进行紧急磋商的时刻，英法使节返回

① 《曾国藩密片之二》，《近代史资料》，第88号，1996，第27—31页。

京城，声称正在等待来自本国关于教案的指示。如果他们决定不接受曾国藩的解决方案，再次爆发战争似乎不可避免。

但是在这一中法重大外交争端之中，最终并未出现法国军队再次杀入中国大陆、焚平圆明园或皇宫的情景，法国在中国海域的少量军舰，也未起到预期的立竿见影的作用。法国驻华外交官做出了最有威慑力的恐吓，之后却没有动用这些吓人的武力。这其中当然有曾国藩着手实力准备的因素，开始调动洋务运动初期建立起来的湘淮军队，特别是刘铭传的铭军，以应付即将到来的开战。

但最为重要的原因，则是法国自身此时不幸陷入空前危机。在天津教案发生后不到一个月的时间内，法国皇帝拿破仑三世贸然对新兴国家普鲁士宣战，御驾亲征，但法军实力不济，溃败失利不断，在色当会战中被迅速击溃，拿破仑三世被迫于9月2日向普鲁士人投降，自居俘虏，普军随后一路打到巴黎，法兰西第二帝国垮台，法国军队投降，法国人面临灭顶之灾，成为德国附庸，割让掉洛林和阿尔萨斯两省，留下了《最后的一课》这样仓皇无奈的名篇。在这种灭国亡军的悲惨情形之下，一向高傲无比的法国人，决然毫无能力发动大军东进亚洲，同中国开战。

虽然当时清朝政府确有外派使节正在法国公干，即志刚使团，他们却没有任何同本国政府联系通报的可能，获得天津教案或普法战争的消息，均来自于英法媒体（新闻纸）和法国政府，在双方对峙的关键时刻，自然处于被动地步，以致错过了与法国人进行公平谈判的时机。

志刚出使原为修改条约之旅，首次赴法时，法国仍在和平强大环境之中，不屑于同这一清朝使团去商谈修约之事，让蒲安臣和志刚滞留达九个月之久。志刚在这一段时间内接触过法国教会人士，与他们辩论在中国传教过程中的各种弊病，"教士在中国诱人习教，招聚地方无赖之徒，倚势行强，名为劝人为善，实则代人扛讼抗债，霸产欺压善良，侮慢官府，甚至结深讐，犯众怒，激而为烧杀拆毁。以异国之人而扰中国，固中国之自疏，何至籍端造谣，而反欺哄本国以剥削桑梓之脂膏耶？"志刚又与巴黎城内一位已经皈依天主教的中国茶商，谈及法国传教士在华所为，得到十分坦率的答复，"教士恶习甚多，若中国兵强力足，伊等自然不能取闹"，认为纠纷原因不在宗教教义，或文明与落后，而在国家实力。[①]这些关于传教士的讨论，已经预示了天津教案一

---

① 志刚：《初使泰西记》，文海出版社，1975，第156、189页。

类事件的爆发。

当志刚游历完欧洲各国之后再返回巴黎时，天津教案已经发生，法国舆论喧嚣，志刚虽然不是清朝政府所派谈判教案的特使，却同样承受着来自法国人的白眼和法国政府的冷待，只好转赴西班牙访问。但不久就时过境迁，法国自身处在战争状态中，无暇他顾，志刚也在无意当中在第一线亲眼目睹了这一欧洲强国悲惨地倒下去的过程。"七月十七日（8月13日）晚至巴里客寓，连日新闻纸传，布法交兵之事，时见军营载回伤病死亡者，络绎于道，巴里戒严，时刻征兵集饷，至并罗马保护教主之戍卒，亦调往军营，教主失恃，意君遂乘势逐之，而建都焉。其在法都之教士亦不安其居，相率鸟兽散。执政大臣纷然更动，外部至无主政之人。目睹其国事抢攘，而我所欲办之事，竟无所措手焉，计惟束装以行耳"。①

此时法军与普军尚在相持阶段，作为欧洲大国，不愿向新兴的普鲁士示弱，拿破仑三世御驾亲征，以图一逞。之后军情紧急，急转直下，志刚对此有所记述，"二十六日，闻布法交战，法人三站三北，布人复分兵，绕道而攻法之沙陇，为法都咽喉，距城三四百里，再进则各铁道拆毁，路断行人矣"，"（八月）初九日街巷张告示言，布法交战，法君那波仑并兵四万余被擒，大将马克孟（McMahon）伤亡。缘法军被攻甚急，弃兵不战，布人径入法军，掳去人卒四万，大炮五百，群子转肚炮七十，遂将那波仑携去"。②

法军的惨败投降，令志刚目瞪口呆，不可思议。自从最早的赴外洋清朝使节起，他们都对法国高度发达的近代文明和工业军事实力印象深刻，清军在北京八里桥附近大败于法军之手，似乎也无可争议，一向深受法国实力的威慑，确实对法国的威名心存戒惧。但志刚却没有想到如此近代化的一个大国，近代文明的典范，却在短期之内就败于军力相近的德国，连似乎至高无上的法国皇帝都被敌军掳走，实际上比当年逃往热河的咸丰皇帝的命运还要悲惨，更有十分现实的亡国之危。

志刚使团本来的目的就是赴法商谈修改条约之事，顺便大力学习引进，但遇到法国国难，惊愕不已，无意中窥测到西方强国的弱点，亲眼目睹一个焚毁圆明园、令咸丰皇帝战栗不已、名列世界第二的西方大

① 志刚：《初使泰西记》，文海出版社，1975，第307页。
② 志刚：《初使泰西记》，文海出版社，1975，第308、313页。

国，瞬间降服在另一西欧国家的脚下，"三万德兵列队入巴里，齐唱凯歌……直抵王宫"，[①]法国人尊严扫地，志刚等使团人员的感受，肯定逃不脱中国人常说的"世事无常"，对法国的景仰拜服也随之大打折扣。

法国皇帝被擒和废黜，之后新成立的共和国临时政府手忙脚乱，当然无法以西方大国的高傲姿态接待中国使团，与志刚首次抵达巴黎时的情景相比，已经发生了天翻地覆的变化。法国政府各个部门乱成一团，少人主持，连志刚前往进行礼节性拜访，都无人接待，更无从谈及具体事宜，只有悻悻而归。"原拟少留以俟转机，事已至此，无可待矣，乃于二十七日往其外部辞行，与其暂理外事德大臣晤谈，据称天津一事未能办结，中国虽有钦使前来，法国亦不愿接待，答云天津起事根由，孰曲孰直，必当分明，而中国断不能置之不办也"。[②]法国人对东方人的傲慢心态不改，虽然亡国剧痛，局势危急，仍以天津教案未能了结为由，拒绝与志刚详谈，以遮掩其本国政府的无奈无能。志刚也确实没有机会就修约和教案之事，为中国多进一言，争取更好结果。

志刚离开巴黎之时，仅仅在法国皇帝拿破仑三世宣布投降之前数日，"八月初一日（8月27日）由法国巴里司都邑起程，乘火车东南行，望马尔塞海口候船"，因此未能亲历法国近代史上最为凄惨耻辱的一幕。[③]志刚认为他本人的外游修约之旅，至此告一段落，自认可以回国交差，潜意识中并未把法国的空前国难同公平解决天津教案联系起来。

志刚亲身经历普法战争的又一收获，就是西方国家在发展过程中的弊端危机，已经显现。就当时的法国而言，内政原已不稳，"（四月）二十一日（5月21日），法人内讧，欲逐那波仑，另立公会（议会），而会堂议官主立君之党尚多，乃另议条例呈递"。[④]

法国的军事失败缘于内部矛盾丛生，拿破仑三世强行出兵，志刚所记的内因当中，颇有与清朝中国相类似之处。"惟因此前法都屡次内讧，皆由那波仑任用私党，不听公论，久假不归，而私党为之朘民养

① 张德彝：《三述奇》卷3。

② 志刚：《初使泰西记》，文海出版社，1975，第309页。

③ 志刚：《初使泰西记》，文海出版社，1975，第308页。

④ 志刚：《初使泰西记》，文海出版社，1975，第277页。

兵，籍兵挟民，民心不服，而军心因之不固，故布人乘之，急则弃兵不战，而大事去矣。始以奸谋自利者，卒之为法自蔽"。忧虑中国内困的志刚，竟在远处欧洲的法国，观察到西方一国败因的实地表现，不由其发出感慨，"孟子云，祸福无不自己求之者，法人内讧，布国兴师，可为西国殷鉴，不但横而观之天下，即纵而观之古今，不过如是"。①

志刚所撰《初使泰西记》，以往一向对其评价不高，被视为昏庸迂腐清朝官员的观光采风记，对其嘲笑讥讽者居多（如张隆溪：《张隆溪文集第二卷》，2013 年，第137-140页），为此而忽略了志刚对西方各国实况的切实描述和外交交涉过程，特别是关于法国及普法战争的详细观察分析。由于志刚几乎是目击法国空前国难的唯一清朝官员，他对西方人灾难临头时的亲身感受，是无法同国内大臣官员们分享的，后者自然难以想象和相信欧洲强国法国的崩溃之惨。

志刚和之后赴法谢罪的崇厚，都未能有效利用法国这一最为孱弱乏力的时刻，为国家争回一些利益，因为他们原先确定的外派使命就是了解学习和乞求公正，根本没有可能想到会面对一个失败得一塌糊涂的西方国家，也就怯于做出格外的努力去争取平等地位。虽然志刚在事发现场有过无限感慨，"凡教人向倚法国为护法者，树倒猢狲散焉"，原本有利于总理衙门应对一向紧逼的法国使节，但他并无与国内政府及时通信的技术手段，而当他返回京城交差时，已是十月二十六日（11月18日），曾国藩、李鸿章等重臣正在将天津教案屈从了结，志刚无从参与，而出使回国后，志刚也未在总理衙门或其他重要部门担任要职。

法国公使罗淑亚之前对曾国藩肆意提出各项要求，却不料本国兵败如山倒，帝国不再，只有梯也尔（Thiers）组成的临时政府，根基尚且不稳，自然无暇顾及海外殖民地和远东的地方教案，也就难以给予身在北京的罗淑亚以有力的武力支持。即使一力帮同法国的英国，更焦急关注着普法战争的结局，对法国败于普鲁士之后如何续办天津教案，拿不出切实主意，当时仍然只有依靠已在中国海域的两国军舰，谈判破裂后大举进军的可能性，实际上并不大。同样涉案的俄国，对善后要求只限于赔偿，因为三名俄国人是不幸陷入当地暴乱之中而丧生的，与当地官府无关，也与教案无关，所以并不支持法国提出的由地方官抵命的要求，易于结案。这就使法国使节处于孤立的状态，国内政府对处理教案

---

① 志刚：《初使泰西记》，文海出版社，1975，第313，334页。

无法给予任何指示，以军力为背景的强硬抵命要求，此时已截然不切实际，近似无理，罗淑亚必须自己做出修正。罗淑亚束手无策，施压不遂，背后空虚，只有仓皇接受中方之前提出的妥协条件，了结天津教案，不再提下旗返国，而是赶回北京，如常办理外事业务。

清政府由于信息不灵，当对方面临亡国被奴役之危时，仍然继续将其视为西方列强之一，照常退让了事，因此未能充分利用这一良机去挫败法国的傲气，提升本国的威望，反而见法国人接受条件就欣喜不已，迅速结案及赔偿。善后条件包括处死被捕获的参与杀人的当地民众十八名，充军流放二十五人，赔偿银两约五十万，重建被毁各座教堂，派通商大臣崇厚为特使赴法国谢罪道歉。对清朝政府管治权威危害最大的，是将已下狱中的天津知府张光藻和天津知县刘杰，革职充军发配到黑龙江。虽然这已是在曾国藩坚持之下，让法国人从抵命处置要求后退了一步，但仍然是与通常的教案赔偿结果大为不同的，实际上是将清朝官府定罪，连实际受害人刘杰（险被击毙）都要为此承受后果。

罗淑亚在法国亡国的阴影之下，欣然接受清朝政府提出的这些赔偿条件。曾国藩、李鸿章等人当时有线索得知法国与普鲁士开战，[1]但绝对没有可能预料到法军大败、法国亡国，法国的境遇原来比当时的中国还要悲惨得多，罗淑亚和威妥玛实际上是在大言惑众，虚张声势。拿破仑三世于9月被普鲁士军俘获，但天津教案的谈判过程在七八月间已经基本结案，曾国藩拟定的各种让步措施早已上报朝廷获批，中法代表双方已经签字，之后被押犯人被执行死刑，涉事官员被发充军，法国战败这一绝好机会已然错过，无可挽回，徒唤奈何。

被士人民众普遍认为"媚外"的崇厚于1871年初出使法国谢罪，处境十分尴尬，法国灭国的灾难已过，但内乱不止，混乱非常，梯也尔的临时政府和巴黎公社运动的国民自卫军在战场上依然对峙，仍在巴黎和凡尔赛附近展开激烈战斗，一时难分胜负。崇厚使团此时尚不清楚是向何方谢罪，崇厚和随员张德彝进退两难，如果巴黎公社坚持下去，获得部分法国地方的统治权力，法国一分为二，这一来自中国的使团就有可能找不到合适的对方去呈致歉意。

按照张德彝的随团记载，1871年抵达巴黎后，于1月26日在城里闲

---

① 杨天宏：《普法战争与天津教案》，《教案与近代中国——近代中国教案学术讨论会文集》，贵州人民出版社，1990，第91—104页。

游观戏，"看戏者武将颇多"，庞大豪宅边"一路道途泥泞，楼房鄙陋，破墉颓垣，居民半类乞丐"，破败情形与志刚叙述的法军兵败内因相对应。而军官们在国难之际，享乐如故，"尚游玩看剧，不以官事为重"，"可谓燕雀不知大厦之倾也"，而"法京被困之时，有大官乘气球欲逃，不意行至半路落于德营，奇甚"，法国全军上下士气崩溃。①更让张德彝惊诧的，是所谓强大的法军，状况堪忧，他多次形容所见法军部队"队伍不齐"，"破靴敝胯"，"不甚整齐"，尽显战败之军的征象。②

法国临时政府与俾斯麦在凡尔赛宫谈判订约，停战二十一天，以便将前线法军调回，对付巴黎公社武装力量，从而把赴法谢罪的崇厚、张德彝困在当地，出使法国的任务随时夭折。先行赴巴黎寻觅租房的张德彝遇到双方交战而不得脱身，"飞禀星使，请仍在波耳多暂驻数日，俟军务稍定，再禀移入法都"。之后连张德彝也不得不在战乱中历尽艰辛，逃往波尔多避难。张德彝亲眼目睹了巴黎公社成员驱逐官军出城的过程，"（同治十年一月）二十八日（3月18日）……会堂公议出示，逐散巴里各乡民勇，又各营派兵四万，携带火器……拟取回大炮四百余门，因此四处皆系乡勇看守，官兵到时，乡勇阻其前进，将军出令，施放火器，众兵抗而不遵，倒戈相向，将军无法，暂令收兵，叛勇犹追逐不已，枪毙官兵数十人，武官被擒二员，一名腊公塔（勒康特，Claude Lecomte），一名雷猛多（克列芒·托马，Clement-Thomas），亦皆以枪毙之"。③部分临时政府的军队转向巴黎公社一方，令战事并不如梯也尔政权一方的预想而迅速结束。

法国临时政府的处境格外窘难，任由巴黎公社执掌国政，壮大声势，这一临时政府的合法性必然消失无疑，而要采取军事行动，必须征得普鲁士的俾斯麦政府的许可，是否被认可为全国政权，也要依附已经占据法国大部领土的普鲁士军队，连巴黎周围的炮台军营要地，也都在普军的占领之下。即使在如此严苛的局限之下，梯也尔临时政府也要全力对付镇压巴黎公社运动，投降普鲁士的总体方针不变。

崇厚、张德彝成为这一法国内战的旁观者，继而意识到，被清朝政

---

① 张德彝：《三述奇》卷3。

② 张德彝：《三述奇》卷4。

③ 张德彝：《三述奇》卷4。

府和曾国藩视为极严重事态的天津教案处置，在法国本国其实是无足轻重的。法国对普鲁士的赔偿让权，远比天津教案赔款要严重得多，仅临时停战的二十一天期间内，就需立即向普鲁士交付三百四十万两白银等值的兵费，事后商定的赔款总数达五十亿法郎，法国的命运比清朝中国要悲惨得多。即使在法国驻华公使罗淑亚认为绝对重要、不可轻亵的教会地位和教士安危问题，也在巴黎革命和内战中被冲击得落花流水，在天津活动的法国教士不幸丧生之惨，惨不过巴黎教士被巴黎公社逮捕处决之惨，其中包括原巴黎大主教达卜瓦（Darboy），也被巴黎公社成员处死，崇厚、张德彝日后被邀出席补办的该大主教的丧礼仪式。巴黎城内，众多天主教会被关闭，教会学校改为公立学校，天主教的法国之内正在进行着一场政教分离和宗教去神秘化的群众运动。身在北京无情逼压总理衙门的罗淑亚，听闻来自本国的这些坏消息，应该感到更为愤怒和尴尬。

志刚使团和崇厚使团先后目睹法军的败象和战时法国人的狼狈形状，"法邦各处，亦有卖马肉狗肉者，甚至下等人不洗面不整容，衣服褴褛，多生虱虫，更有以唾沫和烟而吸者，女子则首如飞蓬，小儿则坐于塗炭，如是则洋人之笑华人不洁者，其亦未之深思耶？""法邦耗费一空，无处周转，致将所让二省（阿尔萨斯和洛林）之火车铁道折卖，仍不足数，良可浩叹"。[1]法国失败之惨，无以言尽，无形中影响到此时访法的中国使团人员的对法观感。

法国局势前景莫测，西方国家互斗，无形中打击了法国驻华使节的气焰，后援空虚，是两次鸦片战争以来清朝廷外事交涉中极为少有的有利局势。崇厚使团继续其道歉使命，等待法国局势消停明晰，才能交差回国，并无胆量据当地情况对所奉使命提出一些修改建议，或径直回国向朝廷解释法国命运难测的现实，以打破罗淑亚、威妥玛特意营造的法国无敌、即将征伐中国的虚幻印象。与法国外交官在天津签订的地方性协议，牵扯住崇厚使团远在法国的行动，加上电信通讯等技术性条件的硬性限制，令崇厚使团继续其贬低中国地位的使命，具体的表现，就是站在梯也尔临时政府一边，长期静等获得召见的时机。

随着梯也尔临时政府被巴黎公社武装力量赶出巴黎城区，崇厚使团也跟着滞留波尔多，之后迁往凡尔赛，仍然无法面见政府首脑，以正式

---

[1] 张德彝：《三述奇》卷4。

了结这一非常尴尬的谢罪使命。临时政府的军队一度并不在战场上占据优势，损兵折将不断，"巴里共有红头四万七千，枪炮六万余，颇属利害，前日在纳里一役，……彼此各伤数百人，提督阵亡二员"。只是到了最后阶段，梯也尔政府大力调动各地聚集的军队，总算攻入巴黎，镇压了巴黎公社，"（四月）十一日 （5月29日），巴里通城克复，炮台亦皆收回"，[①]直到在蒙特马尔高地枪毙了最后一批公社社员，才算平息了实际统治巴黎城达数个月之久的巴黎公社运动。巴黎主城和凡尔赛的对立交战，增加了巴黎城的毁坏破损，也延长了崇厚使团的无谓滞留，但同时令处于灾难之中焦头烂额的法国，无意中削弱了因天津教案而激起的对华敌意。

梯也尔临时政府仍然无暇处理天津教案后的道歉使团这一微小事务，令崇厚待等了相当长的一段时间，只有在巴黎徘徊观光，苦无要务可做，无奈之下去了英国一游，继而越游越远，于七月二十七日 （9月11日）抵达美国东岸的纽约，几乎就要顺风乘船返回中国。崇厚在美国却遇到"法国柏公使来拜，再三强请星使仍回巴里，待星使允乃去"。[②]崇厚毕竟不敢擅自在使命未完成之前就径自返国，被迫于停留数日之后，又坐船返回法国巴黎。延至11月23日，抵达巴黎将近一年之后，崇厚才被安排在凡尔赛宫，正式向临时总统梯也尔递交国书，并收到正式法国国书回递，完成道歉仪式，崇厚从此才可以名正言顺地踏上归途。

天津教案一事，曾国藩迫于朝廷的压力和崇厚等人的蒙混，采用了严厉镇压和裁撤官员的方案，对法国使节委曲求全，日后醒悟办理失策，惹起民怨极大，为此悔恨不已，自谓"内疚神明，外惭清议"，遭到国内士人声讨的浪潮，多年声誉毁于一旦，从仕途生涯顶峰上跌了下来，不久后郁郁而终。精于传统文化和国内事务的清代名臣曾国藩，在面对西方外来势力上却不幸一败涂地，威风谋略不再，这实际上是当时中外实力对比背景的真实反映，令国内精英权臣无从施展，屈从负辱，之后数十年的外交状况也没有脱离这一外力冲击和强力压制的基本模式。

李鸿章、丁日昌在曾国藩之后，迅速处置此次教案，避免事件升级

---

① 张德彝：《三述奇》卷4。
② 张德彝：《三述奇》卷6。

和外国军队危及京城，之后被朝廷誉为外交名臣。但无论曾国藩、李鸿章或丁日昌，虽然事实上沾了远在欧洲的德国打败法国的光，但确实错过了一个绝好的外交机遇，作为经办外交的高官，却没有及时利用对己明显有利的国际大势，甚至没有努力继续拖延僵持一段时间，以待变局，却任由法国人继续讹诈取利。清朝政府在海外局势情报方面的严重缺陷，日后得到补正，在1884年的中法战争期间，清朝政府持续获得关于法国、法军的情报，利用了电信通信手段，而曾纪泽等驻外使节也在积极为本国政府汇报法国及各国的精确信息，大幅减轻了被蒙在鼓里挨打的程度。而在法国方面，驻华使节当时在天津教案的处理上举措失当，先扬后抑，匆忙了事，而本国又战败失城，自身不保，无心无力对华大举武力施压，接受中国道歉使团之后，法国政府转而表示希望维持两国的友好关系。法国作为西方强国之一，普法战争令其在华威望大损，不再享有第二次鸦片战争后的无上威风，日后中法冲突导致两国卷入局部战争时，清朝政府也不再如之前一般的怯战，有胆量对法国的入侵采取了积极对抗态度和持续的军事对应措施，在战场上维护本国权益。

天津教案中所显示出来的深层民众情绪，当是视传教士为外来侵入者，这与当时法国民众对德军的敌对情绪，并无多大不同。据张德彝记载，"（六月）二十一日（8月7日），闻近日德人来法，多有被害者，前夜某村有一德人街行，被土人由窗中以手枪打死，次日德人闻之大怒，戕死男女数十，以报复之"。①如果按照西方人通常给出的严谨解释，这些零散德国人并没有直接挑衅本地民众，激起众怒是其他原因。所谓的在华传教士团体，实际上是依仗西方国家的军力并压制住本地官府，才得以在中国大举宣扬本教的，并持续扩张地盘和扩大权益，反过来就是剥夺本土教派和士民的权益。

1870年天津教案的爆发，负有极为深远的历史意义，超过后代论史者通常列出的愚昧（民众）迂腐（官府）或文明入侵（西方）的内涵和意义。这一次中西政教直接冲突的重大事件之后，政治上的互动角力模式就此定格，长期统治中国的清朝廷，毕竟没有抗衡住西方外来压力，被迫将地方行政系统的部分裁定权让给了西方国家驻华使节，即由外国使节决定地方官员的惩罚和命运。民众一向畏惧官威，却被西方教士和

---

① 张德彝：《三述奇》卷6。

外交官轻易打破了幻影，此举向全国民众公开展示了清朝政府自身的虚弱无力，令人对其统治全国的权威和合法性发生怀疑。在之前一直被掩盖和弱化的满族朝廷少数人统治的现实之外，天津教案的处理结果，证明官府无上权威不再，维护秩序的力量大损，从而进一步减弱了汉族士绅阶层原先对朝廷的一贯支持效忠态度，其中部分成员甚至倾向于参与民间的反洋教活动。

就教案本身而言，曾国藩所提出的由西方外交官限制传教士活动的合理建议，被西方驻华使团完全置之不理。[①]由清朝政府提出规范教会和传教士活动，从根本上不符合西方外交使团和西方教会的在华利益追求，在19世纪的殖民时代，这些制约绝对不会为西方中心主义者所接受。西方使节和教会反过来大力施压清朝政府，依仗治外法权，全力保护在华传教士以及教民的权益，从而在社会民间中彰显并确认了这一特定阶层不可触犯的地位，即使洋务运动和维新运动，也不能对此采取改变更正措施。

四、乌石山事件

天津教案之后，凡涉及教士案件均成为大案，引申之下，涉及教民的案件也动辄成为大案，其难缠难解，令地方官府望而却步，经常要另案处置，法外施行，以致不敢且不愿接手，结局也基本上只有压制地方民众一法。清朝地方官府对与传教事务有关的案件，都避之唯恐不及，反映在众多涉教事端中，久而久之，以致极少一些按照冲突实情处理的官员，显得格外突出，也随之被西方外交官和传教士们视为对外强硬派，必欲去之而后快，通过到北京拉驻华公使告御状的方式，去负面影响这些个别官员的仕途前景。

天津教案之后的光绪二年（1876年），四川地方上的民教冲突，很快有法国驻华公使直接卷入其中，逼迫清朝廷发布上谕，有关地方督抚，在压力之下委曲求全，无须太多调查，就按照法国方面的要求，着手教民呈报的损失赔偿问题，

> "据成都将军魁玉等函报，四川涪州南门各团民有聚众打教之事，将教中医馆打毁。……查清折内开教民赵泰顺等，世居涪州，今本地豪

① Standaert, Nicolas, ed., *Handbook of Christianity in China*, volume 2, p315.

恶，效江北打教之风，于五六两月劫毁教民一百余家，杀死男妇十余命，十月十九日劫毁教堂，拆烧教民房屋一百余家，将州属一带教民概行驱逐，去归无路，是以吁恩转达。

"法国公使函述涪州民教滋事情形，查与该省所报不尽相符，惟民教互相寻仇，一波未平，一波又起，且据称被害教民至三百余家之多，虽不无张大其词，亦未必全无影响。……光绪二年十二月二十五日奉上谕……著魁玉、文格敕令该地方官确切查明，秉公妥办，丁宝桢到任后，即著会同魁玉迅速办理，以弭衅端而靖地方。"[1]

地方官员以迅速结案为主要处置手段，特别是在颁有皇帝上谕和总理衙门官方指示的情况下，多说无益，反招斥责，不如尽快安抚了事。即便如此，一些地方民教纠纷因为事端繁多，解决颇费周折，连宁愿做出妥协的地方官员都难以下手。最早开放的通商口岸福州（1844年），就出现"乌石山事件"，成为一个典型教案范例。

福州开埠不久，只有英国领事和鸦片商人时，就有西方传教士随之进入福州传教，主要人物为来自美国国外宣教会的约翰逊（Johnson）。长期驻在曼谷的约翰逊牧师被改派到福州，先在福州城外居住和传教，没有引起当地居民和官员的太多注意，但之后大批英美新教传教士接踵而来，居住地方越来越大，各个教会必须寻找传教士的居住和传教地点，由此引发了著名的"乌石山事件"。[2]

位于福州城内的乌石山，最早被英国领事占用，英国新教圣公会海外传道会的传教士们，随之来到乌石山居住建造，靠近他们本国的领事官员，以此为据，规模日益扩大，逼近已在山上的佛道院落，引发麻烦。英国领事的翻译金执尔（Gingell）竭力为这些传教士奔走谋划，将他们引入乌石山上的一间道教院落，属于全真教的"道山观"，以此拒绝福州官府提出的换址建议。侯官知县兴廉误以为前来租用道观的是英国领事人员，而不是未获准许的西方传教士，故此循前例盖印批准。领事翻译抓紧时机紧急行动，派领事馆人员先行住进道山观，替仍在准备

① 《总署奏四川民教滋事请敕该省大吏迅速结案折》，《清季外交史料》卷8，光绪二年九月十二日。

② Carlson, Ellsworth, *The Foochow Missionaries, 1847-1880*, The East Asian Research Centre, Harvard University, 1974, p20.

搬迁的传教士们占住居所为上，并威胁道士和地方官，他要就此事通告香港总督文翰（Bonham，当时南方各省涉外事务由英国港督负责）。福州官府事后发现错误，直接与英国领事协商，喧嚣了很长一段时间，才得到英方同意部分换址安排，最先抢占乌石山的两名英国传教士移往福州城内另一地点。[1]

但因为英国领事已经占住乌石山上一处，日后来福州传教的教会人士，都把乌石山视为最佳安身立会的地点，该地教士云集，至光绪年间，难免再起民教纠纷：

"福建省城内乌石山为第一名胜，可以俯瞰全省形势。道光二十八年间，洋人力持在此山租造洋房，当时疆吏不能与争，辄将此山指为城外朦混。……自此之后，该山上教堂洋楼日辟日广，所有山上名胜，几全为教士所占，而该教堂洋楼又复高耸入云，有碍全省风水，民心忿怨，敢怒而不敢言。督臣何璟到任后，与臣（丁日昌）熟商……必先令乌石山上教堂全行撤移城外，商议既定，适英领事星察理（Sinclair）……谒见，臣再三开导，谓百姓深恨……不如将城外官买电线局官屋官地与乌石山一切教堂洋楼，互相抵换，仍略贴助之资，此后教士即永不在乌石山上建造一切。英领事亦欣然答应，当面商立议单，由英领事携回。次日英领事即函称，邀到教士胡约翰（Wolfe），传知一切，该教士颇亦情愿，并无不可之意，惟须写信回国与教首商明，往来须五旬之久。"[2]

传教士们以多种借口，将乌石山换址一事拖延下去，期望地方官府不再查问，同时借机兴建更多高大房屋，开办教会学校，动工不已。这一所谓等待回信过程太长，延至次年，地方士绅要求官府对传教士违约不搬等行为采取行动，最后引发小规模骚乱：

"本年五月间，教士胡约翰竟在乌石山雀舌桥添盖楼屋三间，大碍方向，叠据举人林德霖、乡耆雷在南等先后具票，救局照会该领事官，救令停工，定期会勘，而迟延日久，始暂停工。……时近山聚观之民，为胡约翰举手驱逐，已形愤愤，经地方官弹压而止。……旋领事星察理于午后入城，众复随至山

---

[1] Carlson, Ellsworth, *The Foochow Missionaries, 1847-1880*, The East Asian Research Centre, Harvard University, 1974, pp21–22.

[2] 《闽抚丁日昌奏闽省乌石山名胜俯瞰全城拟令教堂他徙片》，《清季外交史料》卷11，光绪三年九月初一日。

上，胡约翰见随从人众，便开口谩骂，众心业已不服，又见中国年轻妇女聚于教堂，群情大愤。力哄至崔舌桥，将侵占公地新盖之楼拆毁，继之以火。……据情照会英国署使臣傅磊斯（Fraser）在案。……拟请敕下闽浙总督何璟、署福建巡抚吴赞诚等，妥速筹办，并严敕该地方官确切查明，持平议结。"①

清朝政府担心的是时任英国公使威妥玛一贯强横，事无巨细，都要同总理衙门较真，并把英国政府必然报复一词，挂在嘴边不绝，比法国公使更甚，务求解决办法有利于教士教民，故此各地教案发生后的结果大同小异。此次福州"乌石山事件"，威妥玛正在英国休假，代理公使是傅磊斯，故此总理衙门试图在威妥玛回国之前，尽快了结此案，赔偿平息，以免威妥玛之后节外生枝，索求无度：

"臣等督敕营将府县拿获放火滋事之林依奴等九名，续又拿获主使滋事之武生董经铨等三名，业已按照条约分别办理，而英领事星察理狡诈万分，所欲甚大，始终坚执必须罚官绅银五万元，并指绅士林应霖上年递禀，有请官将洋楼拆毁等字句为主使确据，必须严办等因。……林应霖虽无主使确据，亦加以不能临时劝止之咎，拟摘去顶戴，停委三年，该领事亦复无可挑驳。……兹据该领事申复，据称此案现在妥办了结，本领事心想，本国朝廷喜悦，除俟驻京大臣不日来闽，即行呈报，察定可否，将结案办理情形，具报外政大臣察核等语。"②

在福州官府和英国驻华使节反复交涉妥协之下，大致达成协议，涉事地方官员士人被贬被辞，确定赔偿费额，基本结案，仅剩教士换址一事需要细商，也已获得总理衙门同意，福州督抚都会尽力迁就，以求避祸。最为总理衙门头痛的威妥玛由英国返回之后，亲自来到福州巡察，如同他当年亲赴云南办理马嘉理一案的情况，事必躬亲，不吝挑剔。

出乎意料之外，一贯难缠的威妥玛并未推翻已基本谈妥的方案，而是出面作为中间人综合转递两方的要求，"询问应如何能令两造使不成讼之法，威妥玛答以，教士现在情愿将烧毁之新洋楼及围墙拆去，旧洋

① 《总署奏闽垣英教士洋楼被众焚毁请敕该督抚妥速办结折》，《清季外交史料》卷14，光绪四年八月二十二日。
② 《闽督何璟等奏办结乌石山教案折》，《清季外交史料》卷15，光绪五年三月二十二日。

楼一概改作，只要准其久住。……威妥玛允为转劝……臣丁日昌本拟案结后即行回籍，因威妥玛来闽，是以仍留在此，与之辩论"。①

福州英国传教士们在本国公使亲临当地的情况下，自然深受鼓舞，继而提出众多要求，反而令原本站在他们一边的威妥玛不堪其扰，尴尬不已：

"连日择地抵换，已有数处，威妥玛甚为合意，而教士不肯依从，威妥玛百般劝解，无如之何。迨三月初九日，威妥玛又言，教士意欲迁徙英领事所租前福建总督范承谟祠西馆畔行馆，亦即派遣道员方勋、盛世丰等前往踏看。威妥玛并与教士三面约定，教士当已应允，其英领事则由威妥玛劝令归并迁徙一处，领事亦已答应。威妥玛旋与臣等商议换立租约等事，正定议间，教士遣人持函至威妥玛处，又复翻悔，不愿抵换。威妥玛接信后，亦深恨教士不可以情喻理劝，并谓此时只可由绅董控告等，审到教士无理，由公堂断令驱逐，我亦不加怜悯等语。……无如闽省处处曲全，而教士节节翻悔，威妥玛至此已深谅绅董等，万不得已，始行控告之苦心。此案官已调停不下，将来两造，应俟到案后，再分曲直。"②

福州教士的强势、宗教狂热和无理要求，令英国各位驻华使节都大感匪夷所思，备遭挫折沮丧，受到牵连的本地英国领事为此失去自己的住所，仍然不能顺利结案，"领事又因教士窥夺其多年住居之地，亦与龃龉。据该领事星察理云，教士如此恃强，必须由绅董控审，将其实在侵占凭据和盘托出，然后英国朝廷始知教士无理底里，免致将来处处坦庇教士，调停之说断不可行"。③

事已至此，威妥玛深知自己卷入了一场无可获胜的案件，不符合他之前尽力赢倒清朝廷的处事标准，本国教士的不可理喻，间接令他这位在中国权倾一时的英国使节下不来台。他手下的领事和代理公使都曾经深入调查过案件事实，与福州官府密切合作，接近于成功，这就让威妥玛不可能专权独断，把谈判破裂的责任完全推到中方一方，像当年巴夏礼在"亚

① 《闽督何璟等奏英使威妥玛到闽言教士愿将被毁洋楼折去片》，《清季外交史料》卷15，光绪五年三月二十二日。

② 《闽督何璟等奏英教士翻悔乌石山换地片》，《清季外交史料》卷15，光绪五年闰三月初四日。

③ 《前闽抚丁日昌奏英教士侵占乌石山一案该教士翻悔前议折》，《清季外交史料》卷15，光绪五年闰三月二十三日。

罗"号事件中一般，硬挺下去，自行定议，或贸然采取外交或军事行动。
另外此时清朝廷已有驻英公使在位，郭嵩焘和继任者曾纪泽都得以同英国
外交部直接交涉沟通，驻华英国使节不再独掌两国之间的官方信息渠道。

初到伦敦、巴黎出任使节的曾纪泽对这一拖延时久的教案十分关
心，"细阅乌石山焚毁教堂案卷"，"阅上海寄来文牍，闽中大吏咨送
乌石山供单，极长，阅视最久"。①他在获派海外公使之职之后，就逐
渐了解到西方本国人对传教士存在着各种不同的看法，并非全面支持。
"兰亭谈及： 新任（法国）下议政院首领刚必达（Gambetta），人甚
公平，不肯袒庇教士，宜与结交，则以后遇事牵涉教堂者，易于了
结"，"自更民主之后，教士之势渐衰，诋毁之者渐不乏人"。②

刚必达日后与曾纪泽正式面谈时，也对传教士问题作出过明确表示：

"晤谈时，意甚殷拳，其弦外之音以为： 中国与法国交涉，他无辨
难棘手之处，有时龂龂相持，意见不睦，但因教士无理取闹故耳。本首须
素不以教士横恣为然，对余隐约论之，谓： 此后遇有民教交涉之事，定
当主持公道，断不偏袒教士、神父，务使中法之好，日益亲睦云云。言之
可信与否，良不可知。然去冬在'阿马松'轮船，即闻法之副将白某昌言
诋毁教士，本日刚必达复为兹语，意者教焰渐有衰耗之机耶？"③

这些微妙的变化迹象，都多少鼓励了曾纪泽，在赴华传教士滋生麻
烦事端等事上，取态更为积极，尽力提出中国一方的论据观点。

曾纪泽接受了其父曾国藩天津教案处置中信息不灵的惨痛教训，直
接向英国外交部就乌石山一案进行交涉和澄清事实。曾纪泽利用面见英
国外相索尔兹伯里侯爵的机会，"至外部，坐候良久，乃见沙侯，将乌
石山及台湾轮船私货两案，约略一谈"（曾纪泽与英国外相的爵位相
等）。他之后又撰写给外相的长篇函件，"核照会沙侯稿甚久，论乌石
山事也"，再"核改乌石山案英文照会稿极久"。④曾纪泽在呈给英国
外交部的官方正式照会中，明确充分地表明了自己的态度和切实合理的

① 曾纪泽：《出使英法俄国日记》，光绪五年六月二十九日。
② 曾纪泽：《出使英法俄国日记》，光绪五年元月十九日。
③ 曾纪泽：《出使英法俄国日记》，光绪五年二日初三日。
④ 曾纪泽：《出使英法俄国日记》，光绪五年三月十三日、四月初七日。

分析事态，这份文件被使馆秘书英国人马格里视为清代中国外交信心正在增强和立场坚定的范例，令人惊讶，也是中国拒绝就传教士的错误行为导致教案而做出赔偿的最早表示。①

征得英国使节的同意之后，清朝政府准备将此案交到在华英国裁判所，作为普通财务纠纷去加以判定，而不把它列为容易触及英国人和西方人神经的基督教案。同时，威妥玛在调解不利的情况下，找借口离开福州，前往香港躲避。此事暂时搁置，但福州官府日后按照曾纪泽、威妥玛的意见，在英国人主持的上海法庭上兴起诉讼，英国派驻中国的最高法律裁判官傅兰治（George French）判定，在这一租地纠纷案中，英国传教士败诉，"道山观"可以讨回乌石山租地。这样一来，一直占据乌石山的传教士，不便再滞留下去，只好再退回到福州官府早已提出的方案，放弃在乌石山的房屋，搬到位于南台的电线局地址，之后全力在该地发展教会学校等设施。多年之后，在中国各地广泛展开传教活动、洋务维新的大趋势之下，外国势力不再限于最初的五个通商口岸范围，反对西方人进入福州城的传统已成为过去，西方传教士们得以重返乌石山，建造教会所属的庞大屋宇院落，蔚为壮观。

福州的乌石山案件是个以西方传教士为主角的代表性事件，传教士们利用任何机会借口插入到现存民间社会之中，传播基督教和实体扩张，并且随时得到西方外交官的全力支持和亲身协助，自始即对地方官府无所顾忌。此案发生后，地方骚乱很快受到控制，地方官府不得已宁愿压制本地士绅，多方让步于及时插手的英国外交官员，形同天津教案时做出的危机反应。唯一不同的是，西方传教士和外交官之间并不完全同步，对华索求不同，以致最后外交官们所得到的，只是福州官府已经同意做出的赔偿处置，未能借机夸大其势，逼迫总理衙门更大幅度地出让教案之外的国家权益。

乌石山一案中，只涉及土地纠纷，只有烧毁房屋之举，在地方官府的严密监视之下，并无任何西方人遭受伤亡，本属于极为微小的地方事件。即便如此，此案仍然骚扰多年，需要劳动英国驻华各级使节，甚至连长于干预中国事务的威妥玛，都要从英国赶回中国，并亲赴福州考察，少有地出面调解地方上民教双方的纠纷。威妥玛本人愿意以中间人

---

① Bougler, D.C., *The Life of Sir Halliday Macartney*, John Lane Company, New York, 1908, pp328-332.

的身份出现，已经证明当地西方人所持理据并不充足，否则他必然会穷追到底，丝毫不留余地。现实如此，连外交高手、传教士保护者角色的威妥玛，都暗中认可了福州官府推出的妥协方案，事后对传教士的顽固无理甚为不满，以致为福州官府指出法庭诉讼这样一条解决途径。

"乌石山事件"清楚见证了民教双方的利益追求所在，被动的地方士绅阶层和主动狂热的西方传教士之间，真实权益纠纷和外来文化侵入，纠纷在所难免，导致官府和西方使团之间的较量妥协。按照两次鸦片战争后的中西力量对比实际来衡量，乌石山当地民众和官府以事实为据的平息努力，获得一定程度的成功，甚为难得，少有地赢回一些权益。但官府在占有理据的情况下，秉持退让策略，只能压制民众和士绅一方，民愤难平，必将导致民教纠纷的复杂化和日渐激化。福建省日后发生的传教士被杀的严重教案，与早期事端引起的民怨不伸有着直接的关系。

五、教案泛滥之势

随着传教士大举进入中国内地，遍及各省各县，各地教案发生频繁，地方官府和总理衙门都感疲于奔命，急需统筹，找到解决办法。在无力将传教士驱逐出国土之外的现实情况下，唯一的可行方法似乎就是规范传教士的活动，以及限制教民的规模和行为。清朝廷中讨论过的方法之一，就是将教士教民都登记注册，便于管理，对教会产生某些约束作用，但收效甚微：

"近来交涉棘手，莫如教案，各处教堂林立，有借民房传教，事后遂为教堂者。教民恃教为护符，有因犯案争讼，临时投教以求胜者，亦预查各省教堂坐落何处，洋房若干，民房传教之处若干，一一绘图贴说，并将教民编入教籍，注明生理丁口，仍一律准其应试捐官，由各省督抚照会领事，造具清册，一并咨送军机处总理衙门存案。其有续增之教堂及新入教之户口，随时补送备案，其未经册报有案者，有事不得籍口。……光绪十七年长江教案纷起，曾由臣衙门（总理衙门）通行各省督抚将军都统，每季造册……地方官俾有案据，不至临时漫无稽考。查现只美国使臣年终汇报，各国均未一律应允。"①

---

① 《总署奏尊议瞿鸿机请敕各省册报教堂教民数目折》，《清季外交史料》卷134，光绪二十四年七月十六日。

新近被外派出任山西巡抚的张之洞，由京官翰林转任地方大臣，直接面对众多清朝官员都避之唯恐不及的教案问题，不得已自创应对方法：

"晋省民教交涉事件，近年日渐繁多，缘奸民恃其护符，无理生衅，该教堂包揽祖庇，动辄径向巡抚衙门投递信函，时来恩扰，教堂日横，民怨日深，实属可虑。臣到任后，察此情状，因设立教案局，派员冀宁道专司其事。……该局委员遇有教案，令教堂函致该局，衡量事理，依据条约，分别准驳，其来臣处径渎者，斥之不答，救令各县州，遇案必秉公剖断，其逞刁之教民，救其驱逐出教，生事之教士，责令主教撤换，教堂之安分讲理者，亦即施以嘉奖。秋冬以来，稍觉安静。

"大率各州县教民，来省朦聋主教，省城主教又到京朦聋该国公使，但使该公使不受朦聋，则教堂无所倚恃，不能干预扛讼，自然相安无事，庶免激成众怒，转难收拾。仰恳救下总理衙门，遇有晋省教案，捏词朦聋，该国公使向总署搅扰者，一切据理驳斥，切嘱该公使不可偏听受欺。臣于外间，斟酌操纵，断不容其长成气焰，亦不致滋生事端。"①

对于张之洞来说，对付本地的西方传教士，并不是件容易的事情，仅在他的官衙所在地太原城内，就有两位天主教的主教，手下教士众多，传教活动遍及全省一百零八个县。主教们为了地方教案或有关事项，随时都可直达张之洞，提出申诉，尽管设置了教案局，也难以为他阻挡息事。梵蒂冈教皇将中国的天主教会分为五大区，设主教作为教皇在华代表，处理有关教务，山西的太原为其中心之一，而在山东省城济南，早在1873年就设有天主教主教。②清朝地方官府系统在相当程度上尚且不能与这一强大宗教组织的完整系统相比拟，在教会和外交官这两大强力系统联合发出的攻击力面前，更加无能为力。

在许多情况下，传教士任意索取赔偿的数额之大也超出常理，例如在四川省，1863年至1869年间，被当地传教士索取了二十六万两银子的赔偿。③传教士经常压迫地方官府惩罚非教民的一方，要求不遂即告到附近的法国领事处，寻求所谓的公正解决，并向清朝政府上层施加压力，

---

① 《设立教案局片》，《张文襄公奏议》卷6，光绪八年十二月十六日。

② Richard, Timothy, *Forty-five Years in China,* pp174-175, p193.

③ Cohen, Paul, *China and Christianity: the Missionary Movement and the Growth of Chinese Anti-Foreignism, 1860-1870*, Harvard University Press, Cambridge, 1963, p191.

以获得保护和大量赔偿。张之洞等的地方官员，夹在愤怒民众和任意活动的教士之间，付出赔偿几乎是唯一的解决办法。

在与日本交涉《马关条约》的1895年的艰难时刻，四川地方发生一件教案，迫使焦头烂额的清朝廷前去调解平息。"重庆教堂六处全毁"，后收到外方所提的要求，"成都法教堂赔款索七十万，省外及英美尚须另议，……前日所报重庆系讹字，是崇庆州之案也"。"旨：敕鹿传霖持平办教堂之案，所索七十万应与磋磨，并敕刘秉璋俟教案办结，再行启程。"

在双方讨论赔偿问题时，英法两国按照惯例，展示武力，"法因川案，有兵轮四进长江，现驻江阴。英人云法来索费，不允即将攻击等语"。谈判过程中障碍甚多，"成都教堂赔价不肯减，省外尚须另议"。"鹿：教堂英尚易结，且迷孩事，伊亦内愧。惟法难了，被毁者二十处，且一洞乔老教堂实有存款二十万，故狡称七八十万，意在多赔"。事件骚扰到最后，处在甲午战败浓重阴影之下的清朝政府，无力强硬相对，仍然是按照西方使节的要求，尽力给予赔偿，"赔款本年交三十万，余分三年，款由川筹。省外各堂及英美索多至三十万"。①

在这样恶劣的交涉教案的环境条件之下，一些官员能够解决危机和减少赔偿，此类事例甚少，为此而被视为能员。1900年发生在湖北地方的骚乱，在被划为教案之后，令湖北官府无端做出赔偿：

"湖北宜昌、施南两府属会匪，前年因川匪余蛮子之乱，群相煽动，扰及利川、长乐、长阳、巴东等县地方，烧毁教堂，杀毙教士董若望等及教民一案。……据法领事德讬美开列各条款，要求甚多，并索赔恤银四十二万五千两之多，万难照准。当派委候补道朱滋泽，候选直隶州梁敦彦，会同法领事德讬美等，迭次妥议各条，拟给教士董若望家属恤银一万两，其各县地方天主堂育婴堂学房教堂公产，并失去什物等项，共给银四万四千五百两完结。"②

从美国留学归来的梁敦彦，受到张之洞的赏识，办理此次教案甚为得力，争回一些权益，或者说减少了被法国人讹诈的损失，有利于其仕途发展。此次索赔款项甚多，经过梁敦彦等人的核实分理，定下的赔偿

①《翁同龢随手记（下）》，《近代史资料》，第98号，1999，第155-201页。

②《张文襄公奏议》卷51，《办结宜施教案折》，光绪二十六年五月二十八日。

数额为原索赔款额的近十分之一左右，可见传教士们在索赔方面已经很有经验，经常以大额赔偿为据，试图蒙混过关，若地方官府一意息事宁人，则额外收益甚多。这一数十年来形成的夸大损失以肆意索赔的习惯，在之后的义和团赔款过程中，更加表露无遗，欲不可遏。

在张之洞等清朝大臣努力试图约束在华传教士的同时，在华教会也在通过它们自己的宗教机构，向清朝政府提出正式的保护传教的规则，以在全国推行，由此减少他们在应对地方官府时的诸多麻烦。李提摩太在成为广学会（S. D. K.）的总干事之后，积极推动召开全国会议，争取在教会内部达成一致意见，然后利用他与清朝高官如李鸿章、翁同龢等的紧密联系，游说政府高层改变对传教士的总体态度。1895年中，在中国甲午战败的阴云之下，李提摩太等传教士利用福建古田惨案的缘由，抓紧活动，向总理衙门递交了他们撰写的关于在华教务的正式条陈。李提摩太等教士代表在北京各政府衙门之间频繁活动，面见了恭亲王、李鸿章、翁同龢、张荫桓等人，形同一个强大的院外游说组织。

李提摩太自称是世界上所有国家的基督徒的代表，向总理衙门尽其全力地为传教士的活动作出辩解，强调他们为中国人做了无数好事，却经常被本地人误解，成为被李提摩太形容为无穷无尽灾难的受害者。李提摩太故意作出明确表态，在被证明真正违法有罪时，传教士们以及教民会自愿承担罪责。[1]

事实上李提摩太根本无法为那些传教士作出如此坚定的保证，他们自始就不愿接受地方官府的案件裁判，而在天津教案到1895年的那些年间，传教士们早已视地方官府如无物，频繁引进外交官们的直接干预，附加于西方炮舰的威力。李提摩太并语带威胁地将善待保护传教士，同中国将会遇到的"国际麻烦"联系在一起。问题的关键难点，并不在于传教士们所做的一些教育医疗赈灾等方面的好事，而是由传教士依靠治外法权而引发的诸多摩擦纠纷，以致教案，即在坏事范畴之内的活动。李提摩太所提到的"国际麻烦"，正是教案爆发的严重后果，而预期而至的军事干预，也是传教士们之所以自行其是而不惧的最基本原因。

总理衙门对前来游说的李提摩太，以礼相待，但最后没有为其所惑，毕竟在过往数十年中，给他们以更深印象的，不是传教士们所做的一些善事，而是那些特定阶层的西方人所引发的地方教案，比西方商人

① Richard, Timothy, *Forty-five Years in China*, pp242–252.

和军人带来的麻烦更多。总理衙门发给李提摩太的回复，与以往一样，两面讨好，不愿得罪教会势力和立于其后的西方外交使团，但同样不愿意公开放弃对传教士特别是教民的管辖权。即使一众高官包括恭亲王都礼貌和有兴致地聆听了李提摩太的当面陈述，因为李提摩太的条陈完全没有涉及规管传教士活动的内容，自然不为总理衙门全盘接纳：

"总理各国事务恭亲王奕䜣等奏，为英美两国耶稣教士条陈中国教务，……本年九月二十九日准美国使臣田贝函称，有各国耶稣教人公举在华办理教务教士李提摩太、惠志道（Dr. Wherry）缮备一册，拟亲呈。……照会内称，李提摩太系英国上议院大员，秩中国一品。……

"所陈亦不无可采。惟其中仍只论传教之益，而不计传教之弊，殊欠周密。臣等拟乘该教士等立意就商之际，为因势利导之方。……拟请嗣后华民入教，亦须开列姓名籍贯，报明地方官查明，此前并无犯案之人，方准注册教籍，照约保护。教民本系中国人民，遇有案件，依华例惩办，不得因其人入教，妄分轻重，亦不得恶其入教，颠倒是非，民教一律，务持其平，期教民不至欺压贫民，平民亦不致歧视教民，民教不期安而自安矣。……

"无如教士良莠不齐，往往袒护教民，干预公事，挟诈侵权，无所不为。该教士曾面称，如有此等情节，即当公议，驱之回国。拟请嗣后即照该教士所称办理，其有安分传教者，地方官绅不妨与之往来，以礼优待。……以上各节，皆由该教士先发其端，臣等即拟迎机导之，以期就我范围，俟有成议，再行知照英美使臣，与之重订章程，颁行各省一律遵照办理。该教士既愿重订，该使臣当无异辞。耶稣教既愿重订，天主教当亦无异辞，或亦为中国教案挽救之一策。光绪二十一年十月十四日奉朱批，该衙门酌核办理。"①

西方驻华使团早已拒绝了曾国藩在天津教案之后提出的规范传教士的主张，现在仍然不愿涉及教案的诸多成因，故此对总理衙门作出的一些回应，仍然不会接受，总理衙门自然以此拒绝了李提摩太版的偏袒传教士的条陈。总理衙门复文内关于教士教民均须接受官府注册规范的内

① 《总署奏代递英美两国教士条陈中国教务折，附李提摩太等奏折》，《清季外交史料》卷118，光绪二十一年十月十四日。

容，是清朝官府的一贯要求，现在正好借李提摩太上奏条陈的机会，一并提出，以求达成两方化解纠纷的模式。正因为有此重要关节在内，不管总理衙门是否拒绝，西方外交官和李提摩太都无意同意总理衙门的解释和建议。

美国驻华使节田贝（Denby），故意欺蒙总理衙门，把英国在华教士擅自提升为英国有爵位的贵族和头等政治家，以此在气势上压倒总理衙门大臣，要他们必须给李提摩太以格外的重视。李提摩太等教士原先期望通过游说，获得清朝廷颁布明发上谕，以单方面的教会章程全面护教，而总理衙门所求的是一个全面解决教案问题的方案，包括约束教士的内容，同时压制住民众义愤，祈求外方做出些许让步。

李提摩太根本没有想到，事情要比他最初想象的复杂得多，总理衙门回复中的不少条文，都因李提摩太所请而起，趁机把原先酝酿的一些约束内容加入其中，而李提摩太连保证教士违法即会被驱逐这一条都做不到。如果李提摩太确实投入到具体细节的讨论，将不得不在许多条文上被迫对传教士有所约束，等于是传教条约的重新谈判。这早已超出了李提摩太的本意和权力范围，必然引起各国公使及其本国政府的不满。更何况他本人只能代表在华新教教会，而对势力更大、网络更广的天主教会，并无多大影响力，容易引起固定保护国法国的猜疑，反对他越权交涉和自作主张。既然李提摩太没有能力去解决贯穿全局的教士教案问题，他很快就知难而退，把教案问题又交回给在北京的英美使节，在自己的回忆录中草草结束了赴北京交涉护教事务这一章，乘兴而来，虎头蛇尾。

北京游说之行，对李提摩太来说，并非毫无收获，他同清朝高官士人的接触，更为方便而频密，日后更被招入京城，参与谋划变法活动，而在变法高潮的1898年7月，确实有懿旨颁布，下令各直省大吏实力保护教堂教士，加入了惩罚涉事地方官员这一有效胁迫手段。李提摩太的积极活动，达到了部分目的，但教会教士并没有在自身规范方面，做出任何让步，总理衙门借机挽救教案败局的希望，也随之破灭。

六、山东教案与德国占据胶州湾

这些长期反复的民教纠纷和教案，随着西方全面侵入的大潮，呈现日趋激烈之势，但仍然不脱纠纷骚乱后官府赔偿道歉了事的基本模式，直到1897年，才发生了根本性的变化。这些教案和教案之外的各种事端，令民教纠纷更加不可化解，分为清楚的两派，结成世仇，在很多地方带有小型宗教战争的性质。[①]教案及教士与西方在华势力的结合，成为清政府最为头疼之事。德国侵占青岛之后，传教士们的布道活动和身家命运，与西方列强侵略瓜分中国的高潮两者之间，变得更加紧密而不可分割了。按照美国驻华公使田贝所述，美国传教士最早踏入中国内地，然后才是士兵和外交官，商人随后，传教士已经成为19世纪下半期的世界帝国主义时代不可或缺的附属品。[②]

日本是发起瓜分中国狂潮的先行者和魁首，作为后起强国，日本在甲午战争后割掠中国权益的示范作用，其恶劣效果远甚于传统西方强国。它对甲午战争的最后处置，一是天价索赔，二是武力任意侵占，向西方列强即时展示了瓜分中国的时机已经到来，无须再犹豫顾忌，而且越迟动手，索取势力范围越受限制。贪婪的日本政府和军队除了索取巨额军费外，还以肢解北洋水师的方式，为西方国家的侵入瓜分扫清了道路，否则游散于中国水域的西方远东舰队，并不愿轻易地将军舰开进京津口岸，实施武力威胁。清朝廷过早承认甲午战败的恶果之一，就是让西方列强突然发现，中国竟然如此容易屈服。它们受到日本人侥幸获胜的鼓舞，日后不再顾虑采用军事行动的危险，以武力突破和大举要价，酿成八国联军之祸。在中国方面，败于日军对本国军队士气的打击十分沉重，既极度缺乏财力重整军备，又在心理上和策略上惧怕与外军交火，失败主义泛滥，一蹶不振，军队丧失了保家卫国的基本功能，无力阻止瓜分掠夺，或者作为中央政府解决教案的实力背景，其剩余武装力量最多只能沦为内战的工具。

德国作为西方列强中的后起者，气势压人，来势汹汹，急于在已经存在西方国家势力范围划分的中国，找到一块属于他们自己的地盘。正是在这一巨大需求的推动之下，新兴欧洲强国德国于甲午战争之后跟进日本，利用传教士先行，引发教案，再由国家军队介入，在中国划分出自己的殖民地。

德国在参加"三国干预还辽"之后，一直试图从清朝中国得到自己认为必要的回报，觊觎中国某地为德国专属的远东基地，作为在华势力

---

① Bickers, R., ed., *The Boxers, China, and the World*, chapter 2, "The Church Militant".

② Standaert, Nicolas, ed., *Handbook of Christianity in China*, volume 2, p330.

范围的起点。清朝廷当时感于俄法德三国在辽东逼退日本，也在设想以某种方式作为回报，如向德国大额借入贷款，同意德国在汉口、天津拥有租界等，因此难以断然拒绝德国的领土要求。"德有归辽之功，必应酬谢，德无屯兵之岛，必与一地。惟胶湾必宜，设法商令退还，恐各国效尤，俄占旅顺，日占威海，英占吴淞，法占琼州，海口全失，海军无澳，永无自强之望，不可为国矣。只可以福建他岛与之，以为酬谢，虽或加他项利益，亦可至胶改作商埠，多给租界，能如署议最妥。"[①]

在西方各国之间游移不定的德国，于19世纪90年代境况大为改善，变得游刃有余。德国外交部的常务秘书就此明确说过，"可以想象英国的索尔兹伯里勋爵会因我们不在南非给英国造成进一步的障碍，同意做出补偿吗？目前我们可以更容易地从英国得到让步，在中国获利，因为我们已经确定，俄国不会给我们带来麻烦，反而会对我们给以道义上的支持。……我们只需要同索尔兹伯里勋爵达成协议，或是简短交流，就可以把中国的一部分土地放在口袋里，不会引起麻烦"。[②]外交形势的改善和军事实力的增强，令德国政府更加热衷于在中国扩大贸易和寻找港口基地。

德国海军一直非常希望在远东拿到海外基地和补给点。[③]他们派出的军舰要解决巡航中的加煤需要，只能使用英国人占据的香港，英国人做主的上海，或是日本的长崎，能够临时使用的是厦门港口，对此甚为不满，寻找永久性基地和加煤站是绝对必需的。[④]德国军舰为了在香港的船坞中进行维修，要提前九个月预订，否则就会没有空位，对它们在东亚活动和巡航的负面影响，可想而知。[⑤]德国皇帝和政府一致支持从中国拿到一个基地，否则仍然在势力范围的争夺上落后于其他欧洲国家。他们

① 《鄂督张之洞致总署胶事危迫谨陈应付办法五条电》，《清季外交史料》卷128，光绪二十三年十二月二十六日。

② *The Holstein Papers: Correspondence,* 1897-1901, Norman Rich and M.H. Fisher edited, volume 4, pp22-23.

③ *The Holstein Papers: Correspondence, 1897-1901,* p49.

④ Gottschall, Terrell D., *By Order of the Kaiser: Otto von Diederichs and the Rise of the Imperial German Navy, 1865-1902,* Naval Institute Press, Annapolis, 2003, pp136-137.

⑤ Von Tirpitz, *My Memoir,* Dodd, Mead and Company, New York, 1919, Volume 1, p95.

为此进行了广泛的搜寻和考察，曾经考虑过台湾、厦门、舟山等地，但台湾已被日本抢去，舟山接近英国人盘踞的上海，而厦门太靠近英国人的香港，在接通内陆市场上存在着不小的障碍，本身经济发展不被德国人看好，德国人也不敢公开抢夺一个英国人为主、各国都在使用的最早的通商口岸。[①]

德国人内部争论不休，在海军主要将领，特别是海军少将狄尔帕兹（von Tirpitz）和迪特里希（von Diederichs）的大力鼓动之下，最终于1897年初选订了山东半岛青岛村旁边的胶州湾，作为驻华海军的最佳港口。海军将领们制订了作战计划，德皇威廉二世撇开首相和外交大臣的顾虑，立即批准，并得到不知胶州湾位在何处的俄国沙皇的口头许可，只等机会一出，就派出军舰，采取占领他国领土的具体行动。[②]迪特里希上任远东舰队司令后，还在于总理衙门面见李鸿章时，预先把获取胶州湾的意向透露给对方。[③]德国海军这一既定军事计划，无关乎在华传教士的活动和遭遇，也不受清朝政府一意退让的影响，势在必行，是德国海军在中国采取行动的唯一目的，为国家荣誉和传教士的安全而战，只是德国政府随时可用的一个应景借口。

当时的德意志帝国是个以新教徒为主体的国家，天主教属于国内宗教中的少数派，后来在山东大举扩张和惹事的一个德国天主教会，甚至要跑到荷兰境内去建立总部，以避免德国首相俾斯麦政府的骚扰。但是德国政府为了增强本国在欧洲的实力地位，自然不愿将天主教的护教权继续放在自己手下败将法国的手中。正好德国在山东的天主教士安治泰（Anzer）赴欧洲寻求支持，有意转向德国，德国政府和皇帝积极回应，于1890年受梵蒂冈教皇委托，从法国手里接过了远东天主教保护国的责任。德国政府为此特意向山东派出德国领事赛肯道夫男爵（Seckendorf），

---

① Gottschall, Terrell D., *By Order of the Kaiser: Otto von Diederichs and the Rise of the Imperial German Navy, 1865-1902*, Naval Institute Press, Annapolis, 2003,pp139－140；Gottschall, Terrell D., *By Order of the Kaiser: Otto von Diederichs and the Rise of the Imperial German Navy, 1865-1902*, Naval Institute Press, Annapolis, 2003,p93.

② *The Holstein Papers*: *correspondence, 1897-1901,* p49；Wood, Ge－Zay, *The Shantung Question, a Study of Diplomacy and World Politics*, Fleming H. Revell, New York, 1922, pp31－32.

③ Gottschall, Terrell D., *By Order of the Kaiser: Otto von Diederichs and the Rise of the Imperial German Navy, 1865-1902*, Naval Institute Press, Annapolis, 2003,p149.

表示对当地天主教的全力支持。[①]

最早进入山东地域的德国天主教士，作为德国影响渗入山东的先锋，成功地设立了主教等位置和教内系统，而德国驻华和驻山东省的外交官，也持续不断地介入当地教务事件。在地方局势不稳、动乱频繁的北方地区，拥有特殊地位和治外法权的西方新教和天主教教士，反而容易吸引寻求保护和安定的民众，将他们转化为教徒。[②]

此时在山东境内的德国传教士，比英法传教士，态度更加进取和粗暴，勇于干涉，不惧与官府交涉，毫不犹豫地利用外交压力袒护教民和压制地方官府。他们的积极干涉态度，大举扩张，激起民怨，也成为地方武装团伙的袭击对象。传教士之一的薛田资（Stenz）是一个十足的种族主义者，仇视本地人，偏袒教民，鼓励他们挑起事端，干预地方诉讼，通过清朝政府的教案赔偿，获得传教的财政支持。[③]安治泰主教在山东省内，通过"深度羞辱中国人的自豪感"的方式传教，为此特意在孔子故乡曲阜附近的兖州，建立起一间教堂。安治泰通过种种手段，从清朝廷那里拿到了一品官衔，得以身着官服，出入乘坐八抬大轿，足以压倒本省地方官府。韩神甫把中国称为"撒旦帝国"，"与基督教国家相比，更像是魔鬼的领地"，"中国人是古代习俗和东方专制机制的黄种奴隶"。[④]

来自德国巴伐利亚州的安治泰有酗酒的习惯，曾在欧洲因酒醉而从马上坠地，醉卧不起，令那些打算给这位在中国威风一时的主教以超常礼遇的欧洲人，都尴尬不已。[⑤]他的其他恶习是粗暴对待手下教士，私交妇女，惯于撒谎，令人不快，激起山东教会内部的激烈矛盾，遭到其他教士的敌视鄙视，把他告到教廷和德国教会处，之后被其他人取代出任主教。安治泰于1903年被召回罗马，接受教廷对他的各种丑闻的进一步

① Stenz, G.M., *Life of Father Richard Henle, S.V.D.*, Missionary Press, Illinois, 1915, pp79-80.

② Standaert, Nicolas, ed., *Handbook of Christianity in China,* volume 2, pp308-309.

③ Esherick, Joseph, *The Origin of Boxer Rebellion*, pp124-125；Xiang, Lanxin, T*he Origins of the Boxer War,* p59.

④ Steinmetz, George, *The Devil's Handwriting: Precoloniality and the German Colonial State in Qingdao, Samoa, and Southern Africa*, the University of Chicago Press, 2007, pp416-419.

⑤ Standaert, Nicolas, ed., *Handbook of Christianity in China*, volume 2, p66.

聆讯，在压力之下因心脏病发作而去世。[①]但安治泰的强硬作风和冒进策略，在关键年间对德国扩大在华利益和传教事业发展，做出了显著贡献，是明确而不可否认的，其恶劣作用同早期在华活动的郭士立教士相类似。

1897年11月1日深夜，身在巨野张家庄的韩教士和能方济教士（Nies），被据称是反教组织大刀会的成员袭击杀害，酿成一起小型地方惨案。此事件对德国来说是天赐良机，他们决心充分加以利用，达到预定目的。德国公使海靖（Heyking）在事件初发时，即致信总理衙门，提出正式交涉，"二月初七日曹州府有德国传教者二人，一人被杀，一人无下落，又寿张县德国传教人房屋，皆被劫掠，本大臣请贵大臣急速设法保护……此事全责之于中国国家，暂且先望设法严惩滋事之人，为德人申冤"。[②]

总理衙门意识到这一地方事件的严重性，在给山东巡抚李秉衡的紧急电寄中给出指示，"该抚奏报迟延，着速派司道大员，驰往该处，根究起衅情形，务将凶盗获办。李秉衡身任地方，总须办结此案，方准交卸。现在德方图借海口，此案适可为籍口之资，恐其肇衅，福建古田案办理得法，着总署择要钞示"。[③]此时总理衙门还抱着幻想，试图以高压严厉手段，按照解决古田教案的方式，尽快了结，息事宁人，以避免因未能满足德国的要求而出让更大权益。总理衙门根本没有料到，山东的教案会比当年的天津教案更加难办，结果更加难堪。

在朝廷的不断催督下，山东地方官员迅速行动，抓了涉事的附近民众，以后按照德国人的要求，处决了两名主要"案犯"，监禁了其他数人，试图消除误解和缓和事态。但德国政府和外交官意不在此，也不将此事当作一般教案处理。德国驻华公使海靖在等待来自国内的指示，对总理衙门的询问置之不理，故意回避，令总理衙门摸不着头脑，无处下手。"前接专电，谓德廷注重，促海使回京商办，讵海使并不回商，德参赞今午来署，亦无一言宣露，遽令兵船入岛占据，殊非友国举动。因

---

① Standaert, Nicolas, ed., *Handbook of Christianity in China*, volume 2, pp66–68.

②《德使海靖致总署称德教士在山东被劫请严惩照会》，《清季外交史料》卷127，光绪二十三年十月十三日。

③《旨寄李秉衡曹州教案》，《清季外交史料》卷127，光绪二十三年十月十六日电寄。

一教士为盗戕害，何至遂乖数十年睦谊。中国现已查办，今业将电旨示德参赞，该参赞亦无异词，且携示海使，乃照北洋警电，是否海使专擅，抑奉训条，望询外部电覆"。[①]驻德国公使吕海寰也深感诧异，刚刚与海靖见过面，尚未返回德国，无法探听更多消息，"海靖到沪，海（寰）往晤，情谊甚洽，毫无形迹"。[②]

海靖最早的照会只是虚晃一招，其后的故意推托，更多的是在等待本国海军登陆行动的确切结果和国内增派军舰抵达中国山东海域。德国政府获悉山东巨野教案后，急于做出反应。位于这两位被害教士之上的安治泰主教，此时正在欧洲巡游，得到消息后赶回德国，直接向德皇威廉二世提议，加派两艘军舰前往山东。德国皇帝和政府军队并不需要安治泰的催促，已经自行采取军事行动，但安治泰的贡献还在于向德国政府和海军将领指明确认胶州湾的各项优点，适于德国海军进驻、占领和作为中国基地。[③]

按照国内指示和传教士们提供的情报，已在中国海域的德国军舰实施了事先准备的作战方案，在胶州湾登陆。事实上，在巨野教案发生的同一日，德国威廉二世已经正式下令德国海军夺取胶州湾，只是该命令尚未传达到位于远东的迪特里希海军少将手里而已。在两名德国传教士被害的消息传出之前，德国海军就已经按计划着手占领青岛，迪特里希会同德国领事与当地一名德国商人签订秘密协议，私下购买胶州湾附近的土地，作为日后入驻时的立足之地。迪特里希也曾一度试图利用在武昌发生的德国军舰"科摩兰"号（Cormoran）官兵与当地民众的冲突，前往胶州湾展开登陆行动。[④]德国政府、军队、外交官和商人已经集体投入到侵占胶州湾的计划中，只剩下利用德国传教士被害这一借口，甚至不惜贸然利用其他国籍传教士遇难的

---

① 《总署致许景澄希询外部》，《清季外交史料》卷127，光绪二十三年十月二十一日。

② 《吕海寰出使发电--发北洋大臣王电》，《近代史资料》第60号，1986，第51页，光绪二十三年十月二十三日（1897年11月17日）。

③ Young, Ernest, *Ecclesiastical Colony: China's Catholic Church and the French Religious Protectorate*, Oxford University Press, New York, 2013, p65.

④ Gottschall, Terrell D., B*y Order of the Kaiser: Otto von Diederichs and the Rise of the Imperial German Navy, 1865-1902,* Naval Institute Press, Annapolis, 2003, pp154-155.

借口行事。

此次侵占胶州湾的行动，特别来自海军将领们的反复请求和催促，以实现他们早已要求的永久性基地的目的，而最上层的德皇威廉二世，又非同寻常的野心勃勃，积极回应侵占中国领土的请求，甚至拒绝了外交大臣及其部门的保守意见，自己发布战争宣言，把派往中国的舰队称作德国"邮寄出去的铁拳"，并直接电令迪特里希，立即出动在华所有舰只占领胶州湾。①

驻防在当地面对德军的，是登州镇总兵章高元，久经战阵，在之前中法战争的台湾战场和甲午战争的辽东战场上，都有不俗的表现，特别是在对抗法军时奋战立功，但也曾经在抵御日军时败仗不断，信心大受打击。章高元在战后转移到山东地界任职，原本并不负责要地防卫任务，但正好碰上德国侵占山东海口的既定军事计划和行动，事到临头，不免手足无措。在陆军方面，德军是当时世界上最强大、最为成熟的军队，在普法战争中树立起赫赫名声，连强悍的日军，当年都是以德军模式和组织指挥系统为基准，才得以战力暴增，而袁世凯的新练陆军，同样以德军为学习样板。因此当时在章高元属下的山东地方清军，明显的不具备抵抗登陆德军的意志决心和作战实力。

更为难办的是负有守土之责的前线将领，受到中央政府指令的束缚，畏首畏尾，不能根据实际情况即时做出决定。这在章高元身上表现得最为明显。他属下的部队毫无准备，德军将领伪称友好访问，迪特里希少将于9月13日亲自上岸，四处进行悠闲无碍的视察，选择进攻地点和估量可能遇到的抵抗，附近的民工还在加固现有工事，没有料到那些工事此时已经失去效用了。

次日一早，三艘德国军舰直驶入港湾，派出七百名左右的水兵到海滩上，未遇到任何抵抗，在普鲁士军乐的伴随下，大摇大摆地进行登陆行动和占领登陆地点附近的制高点。在章高元还在青岛城内准备接待"来访"的德军时，迪特里希派出自己一名助手作为代表，前往清军驻地，直接向章高元下达最后通牒，命令清军自行撤离驻地，让给德军进驻。这些绝不合理的要求，让章高元感到意外的震撼：

---

① Gottschall, Terrell D., *By Order of the Kaiser: Otto von Diederichs and the Rise of the Imperial German Navy, 1865-1902*, Naval Institute Press, Annapolis, 2003, pp155-157.

"接登州镇章高元电，二十日早，德国棣提督（von Diederichs），率领德兵纷纷上岸，分布各山头后，送来照会，内开，胶州湾一带，限三点钟，将驻防兵勇全行退出女沽口、劳山以外，只允带火枪一项，其余军火炮位，概不准带，以四十八点钟退清为限，过此即当敌军办理。现在砍断电线，意在挟威霸占。变起仓促，我军兵单，又未奉到本国公文，究应如何办理，望速示遵行，等因。此事出人意外，无理可讲，除电敕该镇应机办理外，谨飞电驰陈，请代奏并求速核示遵。"①

德军占据青岛电报局，据为己有，"逼令青岛报房代发密码，并不准收华报……或代转，或断线，乞酌示"，总理衙门当然不愿失去与山东地方的通信联络手段，急回电"华洋并发，不必断线，救局员妥办"。②

青岛当地清军并无作战准备，清朝廷对德军入侵胶州湾，事前毫无预警，误以为只要尽快了结巨野教案即可，这些因素都使迪特里希的小型舰队轻易拿下胶州湾和青岛城。如果章高元的部下有所准备，进行最低限度的抵抗，当地事态的发展本来可以有不同的结果。

迪特里希升起德国国旗后，向本国政府发出登陆青岛的电报，却很快收到国内政府发来的指令，要求他暂停原定计划，不要宣布德国对胶州湾的主权，而是等待德国外交使团的谈判结果。德国外交部十分担心胶州湾登陆一事会引发军事冲突，导致一些西方大国出来干涉，为此紧急发电约束迪特里希。③此时已是德国海军总监的狄尔帕兹，也心怀顾虑，认为与中国的正式战争可能不可避免，以后或许被迫转去另外一处地方，作为德军退出胶州湾的交换条件。④

只是在迪特里希回电强调当地平静、登陆彻底成功后，德皇威廉二世才转变态度，确认胶州湾已经到手，带头向迪特里希表示祝贺，把他提升为海军中将。如果章高元的部队稍做抵抗，形成交火场面，双方各

---

①《直督王文韶致枢垣》，《清季外交史料》卷172，光绪二十三年十月二十一日。

②盛宣怀：《愚斋存藁》卷29，电报六，"寄总署""总署来电"，光绪二十三年十月二十一、二十二日。

③ Gottschall, Terrell D., *By Order of the Kaiser: Otto von Diederichs and the Rise of the Imperial German Navy, 1865-1902,* Naval Institute Press, Annapolis, 2003,pp163–164, p171.

④ *The Holstein Papers : Correspondence, 1897-1901*, p49.

有伤亡，德国政府的决心就会动摇，事件将拖下去，加上其他西方国家介入，最后以谈判方式解决，不至于让德军如此顺利无碍地挺进占领。

其实当时的德国正在进行着世界范围内的势力角逐，与英国和俄国的关系都相当微妙，特别是与英国在世界各个地方都在争取相等权益，而在远东又十分注意俄国的反应，避免触及。因此虽然德国皇帝和政府都雄心勃勃，但在世界范围内的多处地方卷入纠纷和开战，并不符合他们的整体利益，也力不从心。只是因为有传教士被杀害的前提和机遇，德国才有可能得到他国默许而采取军事和割占行动，改变欧洲强国中只有德国没有中国基地的现状。更何况如果德国此次成功，其他西方列强既可以权益分享，又找到实例借口逼迫总理衙门对他们做出其他让步。

德国政府派出的这支舰队和附属登陆部队，充分显示出德军在远东地区实力的薄弱。德国能够派到中国海域的军舰数量本来就不多，不如在旅顺部署军舰的俄国，更不如一直保持一支可观海上力量的英国。迪特里希手下最大的军舰"凯撒"号，是德国东亚舰队旗舰，英国19世纪70年代为德国建造的一只老旧舰只，被改装为重装甲巡洋舰，虽然最大排水量可达八千余吨，但只有八门十吋火炮，作战攻击能力尚且不如"定远"两舰，而且刚刚大修过主机引擎。轻巡洋舰"威廉王子"号虽然较新，19世纪80年代后期服役，但只有五千吨排水量，六英寸火炮十四门，火力更弱。而随行的"科摩兰"号，是一艘不到两千吨的无铁甲保护小型巡洋舰，几乎没有值得一提的火炮威力，只是在德国人临时拼凑这支小型舰队时，才被编入序列。如果是在仅仅两年多之前的北洋水师时代，这几艘德国军舰应该不是水师舰只的对手，也不敢贸然前往山东水域实施登陆。只是日本海军在甲午战争中扫清和吞并了北洋水师舰只，德国人才得以在临近北洋水师衙门的山东海域自行登陆，不再心存顾忌。

即便如此，这支德国小型舰队也不具备真正的登陆能力，舰上并没有载运海军陆战队，完全是抽调三艘舰上的水兵，才凑出七百余人登陆，相当于一个加强营，兵员十分不足，只是依靠舰上火炮，才不惧陆上清军的威胁和抵抗。章高元手下的整体兵力达到三千人，并非不够一战，但散居各地，没有重炮，对突如其来的外军袭击，毫无准备，又受"来访"的欺骗，故而让德军部队轻易进入和站住了脚，并占领了四面高地。

面对德军将领提出的最后通牒，章高元在现场束手无策，游移不决。清军在甲午战争后，普遍丧失了抵抗外军的勇气和意志，在无上级明确指示的情况下，绝对不敢对外军开一枪，更加不敢采取行动驱逐进入辖地的外军。清朝廷上下，对此意外事件毫无准备，措手不及，也就无以为对，无所指示，只能抱着"衅不自我开"的宗旨，委屈求和，拖延待变。

山东在任巡抚李秉衡以守战两端上奏，紧急寻求明确指示，"查巨野教案，已派司道前往督拿凶盗，现在盗已拿获四名，办理不为不速，乃德人竟以兵船登岸，图占胶澳。查各国从无因一抢杀案不容办理，立即动兵占地之事，是其蓄谋已定，即无此盗案，亦将别起衅端。现在胶澳止有四营，恐难持久衡。……应请敕下总理衙门与该国使节理论，如不可以说动，则衅自彼开，非与决战不可衡，不敢以交卸在即，稍存退诿"。

总理衙门对这一请求，毫无对策，虚言应付，"十月二十一日奉旨……电李秉衡，敌情虽横，朝廷断不动兵，此时办法，总以杜后患为主，若言决战，致启兵端，必至掣动海疆，贻误大局，试问将来如何收束？ 章高元、夏辛酉均着于附近胶澳屯札，非奉旨不准妄动。……此事已敕总署，与之理论，再定进止。新抚张汝梅已敕赴任，所有获犯讯供等事，着李秉衡上紧妥办"。[①]

这些含糊指示和回应，将身处前线、接到德军最后通牒的章高元置于死地，进退两难。德军部队进入清军营地，强令清军官兵缴械撤离，如同日后侵华日军逼近张学良东北军的北大营。章高元在这种情况下无从作为，既不能自行开火拒敌，打响自卫第一枪，违背朝廷不得擅自开战的命令，又绝对不愿屈从德军要求，将自己辖地交出去，放弃守土职责。因此他手下的清军退一步算一步，自德军要求的午后时间开始，缓慢后退到周边的村庄中。尽管德军很快进入城内，升起国旗，但章高元部仍在城边驻守，双方并无开火冲突。之后章高元被朝廷命令再回青岛与德军论辩讲理，章高元几乎是只身前往德军营地，随后被软禁于当地，根本没有谈判的机会。迪特里希也不屑再与他谈判，作为军人，已经完成自己的作战使命，占据敌方领土，公告本地居民，此地已由德军

---

① 《鲁抚李秉衡致枢垣》，《清季外交史料》卷127，光绪二十三年十月二十一日。

永久占有，谈判之事将由政府和外交官去进行。

由于章高元在软禁中仍在秘密对外传信，发送关于德军行动的消息，德国人只得把他转移到"威廉王子"号上继续软禁，就此割断了他与清军和官府的联系。"顷据章营禀报，初七日午刻，德兵逼章高元上船，各将弁以主将被掳，愤急欲战，力阻不止。初八日奉旨，敕将章营扎烟台，并知会德提督，容章回营，整队移扎。讵德兵五六百人，自即墨来，开放排枪，我军遵旨不战，移至东山山外，现已拔队向烟台云云。刻下兵端已自彼开，我军虽迭奉严旨，亦断无听其轰击、束手待毙之理。现章已移扎，夏辛酉一军扎平度，设再逼迫而致胶州即墨，节节退让，究到何处为止？ 如何办理，乞示。"①山东界内的清军在巡抚李秉衡的指挥调动下，一度反过来向青岛推进，部分队伍前进到青岛附近可以用步枪打到德军军营的地方。②

清朝政府也有意调动其他地方的清军进入山东助阵。"关外马贼已剿除，零落不成股，请敕提督聂士成迅速回防，以资整备。"③另外山东新任巡抚张汝梅也请求调动董福祥部，"德人占据胶澳已一月有余，朝廷息事宁人，不准动兵，业经钦遵办理，惟兵不可无备。迭据胶州文武各员禀报，英提督已来驻胶澳，十一月十五日俄国又有兵轮二艘驶入青岛，德兵出队迎接，是各国蓄意谋我。……查董福祥一军驻扎甘肃，现在该省事已大定……董福祥现已入都陛见，可否仰恳天恩……敕下董福祥将所部扎海州，为游击之师"。④这些计划中的部队调动，对改变山东局势的作用不大，也非用于反击，"东抚竟欲与战，旨严敕不准"，⑤他们最多可以做到的，是将德军占据的胶州湾区围困起来，但若德军继续外扩进军，清朝廷是否会下令现有山东清军切实强力抵抗，还是个问题。

德国公使海靖在确认德军已经占领胶州湾后，受命返回北京，继续与总理衙门交涉教案处理方法。章高元被关押在德国军舰上作为人质，

① 《鲁抚张汝梅致枢垣》，《清季外交史料》卷127，光绪二十三年十一月十一日。

② Gottschall, Terrell D., *By Order of the Kaiser: Otto von Diederichs and the Rise of the Imperial German Navy, 1865-1902*, Naval Institute Press, Annapolis, 2003, p170.

③ 《直督王文韶致枢垣》，《清季外交史料》卷127，光绪二十三年十月二十二日。

④ 《鲁抚张汝梅致枢垣》，《清季外交史料》卷128，光绪二十三年十二月初四日。

⑤ 《愚斋存稿》卷29，电报六，"寄刘岘帅"，光绪二十三年十二月二十三日。

令迪特里希感到棘手，当然不想让这名清军将领死在自己的船上，不得不请求海靖出面处理。经过总理衙门斡旋，德军于12月3日释放章高元，返回清军驻地。他之后总算得到朝廷的明确指示，放弃胶州湾和青岛，手下部队奉命转移到烟台驻扎，避开了咄咄逼人的德军。

清朝廷为避祸而急于把李秉衡调离山东，"此案颇难收拾，李秉衡素不喜谭洋务，深恐办理未能妥协，应否敕张汝梅速赴新任，将教案从严惩办，务期速结"。①李秉衡之前在中法战争中表现出色，受到张之洞的推荐：

"李秉衡素有清望，为臬司时吏民久已翕然称颂，及到龙州办后路，即值大局将溃之时，屹然不动，收集吏民，严禁逃溃。……于主客各军将领，苦心调和，视同一家，粮饷军衣，不分东局西局，但择其急者，便宜应之。在军自奉刻苦，滥费冒之，力持不予，于战恤功赏，则搜括腾挪，力从其厚，一无吝惜。护抚命下之日，欢声雷动，桂省官吏军民，若庆更生，无论桂军，即广军楚军诸大将，无不虚心相听，愿为尽力。大抵冯子材李秉衡两臣，其忠诚廉直皆同，而其得人心亦同。……该两臣均膺重任，克振大局。"②

李秉衡得以与老将冯子材并列，可见其官声尚佳，颇有作为，不染清朝官员贪污恶习，又有抵抗外辱的意识，已在山东调动本地清军，准备反攻青岛德军。身为清官能员的李秉衡，受到巨野教案和德军入侵的牵连而被罢黜，难免增强他仇视传教士和西方势力的心态。

另一方面，朝廷对山东地方再起骚乱甚感担忧，特别是在德国公使海靖借此抗议而中断谈判、号称"下旗出京"时，急忙撤换了山东总兵万本华，并严斥张汝梅，"旨： 巨野教案正在议结，又有曹州集众，欲杀洋人之事，德使顿翻前议，实属可骇。总兵万本华着即撤任回省，听候查办。该抚身任地方，一味颟顸，于朝廷现办情形，全未体会。……该抚奉此旨后，若再延不奉行，饰词回护，致令外人籍口，定将该抚严惩不贷"。③总理衙门在与德国使节交涉时，生怕节外生枝，无

---

① 《直督王文韶奏请敕张汝梅赴任》，《清季外交史料》卷127，光绪二十三年十月二十二日。

② 《张文襄公奏议》卷10，《请褒赏冯子材李秉衡片》，光绪十一年四月初二日。

③ 《旨斥张汝梅办理教案颟顸》，《清季外交史料》卷128，光绪二十三年十二月初八日。

法谈拢，因此不仅在教案最终处置中惩罚涉事官员，而且早在赔偿谈判进行之中，就因担心外军侵占的危机尚未过去，而严惩被视为冒进的本地官员。这些反应，虽然让朝廷主谈官员如翁同龢、张荫桓一时过关，却向外方明确表明，目下山东境内的部队调动完全是毫无目的的，令人更加失去对朝廷权威的信心。

即使在章高元部被迫撤离青岛一地的情况下，德国人所面临的地方局面并不稳定，迪特里希的千人部队和三艘军舰，并不足以完全控制当地，变为德国所有之地，他也担心章高元等部清军获得增援后，再反攻青岛。迪特里希紧急向国内要求增兵添舰，特别指明要得到更先进的"凯瑟琳·奥古斯塔"号重巡洋舰，六千两百吨，以及增派海军陆战队营。德国政府积极回应，派遣"凯瑟琳·奥古斯塔"号离开地中海，前往胶州湾，又加派重巡洋舰"德意志"号，八千八百吨，和轻巡洋舰"格菲昂"号（Gefion），四千二百吨，另外紧急组建了两个陆战队营。[1]不过这些新增舰只在1897年12月才得以从德国开拔，于年底到达中国，陆战部队在次年一月份才抵达。在此之前，迪特里希的特遣舰队仍然十分孤立，清军在做出必要调整和增援后，仍然有希望拿回青岛，特别是由十分有限的水师舰只在港口外实施偷袭，被迪特里希视为一个严重的威胁。为此，德国海军部仍然在担心胶州湾局势的恶化和复杂化。[2]

获得来自德国本国的增援部队后，德军从青岛向外扩张到了五十公里以外的即墨，加以占领，从而控制了胶州湾周围的主要地区。在这一段时间内，聚齐起来的清军一直没有展开反攻，还在等候朝廷的指令，而青岛德军的实力则增加了一倍以上，对青岛、胶州和即墨进行了实质性的占领，直接影响到当地的清官府电报局，"胶电局为德兵占据，机器全被毁坏，局员仍奉敕回胶接线。惟胶城既占，勉强搬回，恐专为彼设，我军不能打电，应请即在平度设局，以便军报"。[3]直到十二月中，德国海军部和外交部仍然对中国的强硬反应感到担心，希望俄国不要在

---

① Gottschall, Terrell D., *By Order of the Kaiser: Otto von Diederichs and the Rise of the Imperial German Navy, 1865-1902*, Naval Institute Press, Annapolis, 2003,p165.

② *The Holstein Papers : Correspondence, 1897-1901*, p49；Wood, Ge-Zay, *The Shantung Question, a Study of Diplomacy and World Politics,* Fleming H. Revell, New York, 1922,p58.

③《愚斋存藁》卷29，电报六，"寄总署"，光绪二十三年十一月十五日。

背后进行鼓动。[①]德国当时面对的外交压力并不小，但他们确认英国政府（索尔兹伯里）不会干预，因此俄国的威胁不会成为现实。同中法战争时的政治外交局势截然不同，清朝政府缺乏最基本的对抗意愿，山东当地的军事准备和行动也受到影响，并未走向积极反击德军的阶段。

与此同时，海靖在北京向总理衙门正式提出了教案解决方案，其中心就是割让胶州湾。就此一来，不论山东地域的清军是否具备反攻的实力，清朝廷已经失去了展开军事行动的机会，而调动章高元部转往烟台，也证明总理衙门准备承认现实，放任德国占据山东省的一部分。奉旨与海靖主谈的是翁同龢和张荫桓，艰苦的谈判过程大概也是日后翁同龢不愿出席海靖宴会和迎接德国亲王，以及消极对待变法的原因之一。在不愿惹起外患的主旨下，清朝廷对德国公使海靖作出退让姿态，平息巨野教案，"必不至于彼此失和"，生怕山东地界正式爆发军事冲突，一发不可收拾，再现之前日军在山东地域横行的情形。

1898年3月6日，德国强迫清政府签订《中德胶澳租界条约》，最终达成"协议"。在此条约之前，清朝政府迅速答应海靖关于教案的要求，以图德军之后仍能撤出胶州湾，但签订这一条约之后，最后的希望也已消失。条约规定：除了青岛港外，胶州湾方圆五十公里的地方为所谓的"中立"区，德军可以随意行动，实际为他们的控制区域；德军获得胶州湾九十九年的租约，含有续约之意，用于修建各项设施；对这块约550平方公里的土地，租约上并没有明确向清朝政府缴纳多少租金。在租界条约之外，海靖还为了结所谓的巨野教案规定了其他条件，赔偿各地传教士和教堂的损失，在兖州、曹州和济宁重建大教堂，并特别标明"敕建天主堂"。山东巡抚李秉衡被撤职，处分最重，"该使照会，以李秉衡屡违朝旨，不受中国政府之命，酿成巨案，请革职永不叙用。臣等坚持不允，议令删去永不叙用四字，但将不可再任大官之意，奏请准行"。[②]

清朝廷之后发布的上谕中，"山东巡抚李秉衡于巨野一案，事前未能防范，迨总理衙门电查，始行奏报，实属咎有应得。李秉衡着降二级

[①] *The Holstein Papers : Correspondence, 1897-1901,* p49；Wood, Ge-Zay, *The Shantung Question, a Study of Diplomacy and World Politics,* Fleming H. Revell, New York, 1922, p59.

[②]《总署奏议结曹州教案并商办胶澳租界事宜折》，《清季外交史料》卷128，光绪二十三年十二月二十三日。

调用，不准抵消。调任兖沂曹济道，锡良撤任。曹州镇总兵万本华、曹州府知府邵承熙，均着革职留任"。①海靖更一度对山东官员任用提出非分要求，试图让彭虞孙继任空出来的兖沂曹济道职位，"又告以海靖荐彭，及限时答复，实无礼。毕（Bülow，毕鲁是时任德国外交部长）亦允电敕海靖，撤回照会，并嘱电署先转告海云"。②

与海靖的协议还给以德国商人修建铁路和开矿的权利，最初确定了两条铁路线，一条从胶州到济南，经过潍坊、青州、邹平。另一条线由胶州经沂源、莱芜到济南。在铁路沿线的三十里范围内，由德国和中国合组的公司从事开矿业务。③海靖原先尽力争取再加上由胶州往南至沂州的铁路线，被总理衙门驳回而从协议中删去，但德国借租约盘踞山东之后，修建铁路不再受清朝政府所限定，胶州沂州铁路也不再是个问题，并转而着手沂州到济南的铁路。④尽管有这些合作规定，德国人通过该条约，不仅实际上将胶州湾踞其"合法"的租界地，而且事后利用山东东南部的这一基地，延伸外扩，干预山东省境内事务，将山东地区变为德国的实际势力范围，并得到其他列强的理解同意，包括于相同时间内借机割据威海卫的英国。⑤

朝廷重臣之一的刘坤一曾经建议，"胶澳开作口岸，利益均霑，各国互助"，以此抵消一国占领的威胁，令其他西方国家去与德国争夺。⑥但德国政府早已制定一国独占胶州湾的策略，在成功登陆和占领之后，绝对不会退让，甚至不会同意与其他西方国家共享，最多只会以默许他国在中国攫取额外权益，作为交换。

如果仅仅是保护传教士和依法处罚杀人犯，那么巨野教案只是一个地方性事件，本地官员就可以解决，而且已经采取了符合中外条约要求的对应措施，只需要再次重申传教士在中国享有的权利和官府的保护。

---

① 《谕山东巨野教案保护不力》，《清季外交史料》卷129，光绪二十四年正月十一日。

② 《吕海寰出使发电——发总署电》，《近代史资料》第60号，1986，第62页，光绪二十四年二月初四日（2月24日）。

③ Wood, Ge-Zay, *The Shantung Question, a study of diplomaly and world politics*, p34.

④ 《使德吕海寰致总署》，《清季外交史料》卷129，光绪二十四年正月初九日；光绪二十四年正月二十八日。

⑤ Wood, Ge-Zay, *The Shantung Question, a study of diplomaly and world politics*, p37.

⑥ 《江督刘坤一奏》，《清季外交史料》卷127，光绪二十三年十一月二十八日。

但是德国采取的诸多行动已经完全超出了保护宗教的范围，明目张胆地在中国建立自己的殖民地和势力范围，与宗教无关，也与保护宗教的条约无关。在这一登陆占领事件中，德国自我谋划的惩罚之举，显得分外的离谱和无理，使用军事手段占领与教案无关的地方，在和平环境下侵入外国地方并驱逐当地军队，而对华照会由本国军官递交，而非外交官，却又避开向中国的外交机构总理衙门进行正式交涉。德国政府的这一系列怪异和违反常理的举动，都超出了国家间交往的常规，违背当时已有的国际法和国内法。这一切只有在德国宁愿打破一切规矩，纯以武力行事，才可以得到合理的解释。

德国对山东教案的所作所为，确实属于过度反应，名义上是为了给中国一个教训，维护德国的威望和传教士的安全，但基本目的是为德国在东亚获得最大的利益。而英国、美国对涉及教案的恶性事件的反应，并未显得极为激烈，因为两国在中国的势力范围已基本确定，对华贸易投资进入正轨，特别是上海的英美租界，成为他们对华贸易的重要据点。他们谋求的是局势稳定之下的守成和扩大，不会因为一些教案就贸然兴起大规模军事行动，推翻此前确定的双边关系模式。对于鸦片战争以来开辟的对华关系和市场开拓，英国政府基本上是满意的，对于某些传教士在那里惹起的麻烦纠纷，怀有一定的戒心。1868年的扬州教案中，中国内陆会的教堂遭受袭击，当时英国驻上海领事麦华陀（Medhurst）亲自指挥两艘炮舰上溯到扬州，压迫曾国藩同意他提出的善后条件。英国国内政府对此甚感惊讶和不满，议会和媒体都对传教士不断挑起地方冲突感到厌烦，外交部次长也就驻华外交官擅自动用炮舰的举动公开表示不快。①

巨野教案之前不久，1895年8月1日发生了古田教案，福建古田的斋教徒袭击了在当地花山上避暑的外国教士及其家属，共杀死11人，伤数人，震惊中外，是以往福建省内民教长期纠纷背景下爆发的恶性地方事件。那些参与袭击的斋教徒中，既怀有与基督教争夺信徒的目的，有人在教民圈内混不下去时，就转到斋教中生存，又有借甲午战争后清朝政府手足无措的机会，夺占地方州县的计划，因此袭击杀害了在古田度假的著名英国新教教士史荦伯（Stewart）等人，有图财劫掠的意图在内，

---

① Standaert, Nicolas, ed., *Handbook of Christianity in China,* volume 2, pp312–313.

以资助即将举行的打击地方官府的行动。①

福建古田教案的受害人数远超过巨野教案，杀害方式也残忍得多，包括妇孺，但英美政府按照常规派出外交官和军官，赶赴福建处理紧急事态，成立调查团，而美国派出巡洋舰"底特律"号前往福州，旗舰"巴尔特摩"号由日本的长崎驶往中国烟台，以备万一。②但是清朝中央和地方官府都对此教案积极回应，"电旨：敕严擎古田菜匪，按律惩办，并查明何国教堂，所毙何人，并将各教堂寓所妥为保护"。③官府尽快处决七名所谓"人犯"，又配合西方调查团的活动，因此英国、美国政府事后除了要求清朝官府赔偿道歉惩罚之外，没有采取其他超越惯例的行动。这表明当时英国政府维持现状的倾向，对再次展开鸦片战争一类的大规模军事行动不感兴趣。

美国方面也继续以传统方式处理发生在中国的教案，如不满赔款结案内容，最多加上惩罚涉事官员一条，仍然不脱二十五年前天津教案的模式。美国驻华公使田贝曾经为了某一教案之事，于1897年初致信总理衙门，抱怨只获得一些赔偿，却没有涉事官员为此遭到处罚，因此难以起到威慑作用，遏止日后再发反教骚乱。

总理衙门理直气壮地回复田贝，1885年9月，二十八名中国矿工在美国怀俄明州被当地白人肆意屠杀，美国联邦政府和州政府在此案发生之后，不仅没有处罚当地负责官员和群起施暴的当地白人，而且根本就没有对遇难的中国人做出过任何钱财赔偿。与此相比，田贝毫无理由地在清朝政府已经就这一教案作出赔偿之后，进一步要求政府处罚当地官员。虽然总理衙门认为双方在处理遇害国民的方法上，已经十分不平等，据理力争，却极为缺乏要求外国平等相待的实力。④怀俄明州的暴乱中，当地白人把前来工作的中国民工视为侵入本地的外来人，他们中的大多数人，包括妇女，都参加过对华人的屠杀。美国政府对此案无所作为，只是派出军队到当地维持秩序，事后没有任何白人为屠杀华人去

① 谢必震：《古田教案起因新探》，《近代史研究》，1998年第1期。

② *The Virginia Times*, 13, August, 1895.

③ 《翁同龢随手记 (下)》，《近代史资料》第98号，1999，第174-175页，光绪二十一年六月十五日。

④ Standaert, Nicolas, ed., *Handbook of Christianity in China*, volume 2, p329.

坐牢或受罚，而政府却对矿业公司被毁的财产作出了赔偿。在指责中国政府保护传教士和教民不力时喋喋不休、义正词严的西方媒体，对美国白人大肆屠杀无辜华人，却不屑于发声，只有极少的读者致信报刊，为中国人在当地的不幸遭遇鸣不平。[1]田贝当然十分清楚中国人在美国不受保护的悲惨境地，以及两国之间的极为不平等的事件善后待遇，因此对教案的处理方式并未超出以往的先例，尚未走到大动干戈的地步。

新兴德国与英美等国的所求正好相反，它在中国基本上没有固定的独享地域和特定势力范围，当年加入"三国干预还辽"，正是寄望找到一个介入远东地方的最好借口，短期不耐烦的等待之后，即以这两位德国教士在山东境内遇害而大举兴兵。德国此时的反应和行动，在很大程度上与两次鸦片战争期间的英国极为相似，在尚未建立属于自己的势力范围之前，十分焦虑，急于利用任何借口动用武力，以打开僵局。德国在19世纪90年代进入到与当年英国相类似的局面，尽管洋务运动期间的强兵活动，为德国提供了相当重要的外来财源，清朝军队向德国订购了大批军火、武器、军舰、枪炮，仍然不能满足新兴德国工业企业的胃口和对外扩张的强烈需求，特别是拥有等同于英国的海外殖民地网络，对德国的巨大诱惑，难以抗拒，否则德国仍然在欧洲不被认为是头等国家，在世界上也受到其他国家的限制。当时的德国政府仍然把对英法俄国的抗争，视为对"列强"之战，[2]潜意识里把德国列在低于"列强"的地位，必须竭力提升本国到那个最有特权的俱乐部中。

两名德国传教士的被害只是一般教案的性质，而割占胶州湾则正如总理衙门所说，"有失公理"，德国人并不占有道德高地。但当时的局势和西方大国的角力结果，对中国十分不利，德国人"在任何情况下都不会离开胶州"，而"俄国当时绝对不会（为此）对德国宣战"。[3]在实际占领控制了胶州湾之后，德国政府排除了之前与俄国商谈一个更为偏南的地点的可能性，而且通过与俄国的利益交换，为俄国提供占据大

---

① *The New York Tribune,* 10 August 1895, p7, letter to the editor, "The Chinese Outrages—This Country's Hands Are Not Clean", by Mrs. S. L. Baldwin.

② *The Holstein Papers* : *correspomdence, 1897-1901,* p57.

③ *The Holstein Papers: correspomdence, 1897-1901,* p57.

连湾的对等借口，反过来保住了自己强夺而来的土地。在这种情况下，德国政府指示海靖在对华谈判中改为九十九年租约，从当时迪特里希少将占领时宣扬的永久占领胶州湾，表面上往后退了一步，但仍然达到了把青岛变为一个德国占领区的目的，这一租约同样保证了在非常长的一段时间内，德国海军在东亚获得了一个稳固优良的军港基地。

赫德对德国的侵占胃口极为反感，"他们现在声称整个山东省都要听从他们的命令！从一个加煤站，到一个港口，再到一个省，从一个省到一个帝国，难道这就是德意志人的进化方式？"[1]作为英国人，赫德对德国人的海外扩张怀有一种天然的警惕意识。德国政府直到在山东割去一大块地盘和夺得海军基地之后，才稍微满意地放慢了吞并步伐，专心打造青岛和山东德管地方成为一个典型的德国海外殖民地。

巨野教案和德国侵占胶州湾事件，意义深远，沉重打击了清朝中央政府，加深他们的管治危机至无可挽回之境地。清朝政府之前失去领土，都是在大规模防御战争之后才被迫割让，而且都不在中国大陆领土之上，如香港和台湾，而此次德国用一个根本不成样子的借口，不用正式宣战，仅动用极小建制的部队，就在邻近京城的山东省境内割地自据。这给西方人和国内人的印象，就是国门基本不设，只要西方人信步走上海滩，不费一枪一弹，就可以宣布周围大片地域属于某国所有，如同当年英国船长库克在澳洲悉尼海岸旁若无人地登陆一般。赫德对德国人行动的示范效应非常担心，"德国人的行动令我抓狂，如此的高压手段，违背所有的正确准则，而且极为可能引来其他国家的模仿。可怜的中国！"[2]如此一来，清朝廷的全国统治地位和权威，扫地全无，地方官府形同虚设，清军守备部队威慑力丧失殆尽，一切都尽现国将不国的征兆。

当地普通百姓对那些外交军事活动并不关心，却对朝廷官威有着独特的敏感，颇有官声民望、贵为一省之首的巡抚李秉衡，都在德国人的压力之下，因地方微小刑事案件被迫去职，继任巡抚张汝梅也要按照德国人的意愿行事，这只能让他们明确无疑地看清了清朝现有官府系统的无能和执政权威的消逝，从而极大地减弱了他们对朝廷的信心和对管治

---

[1] *The I.G. in Peking,* Letter 1097, p1152, 27 February, 1898.

[2] *The I.G. in Peking,* Letter 1092, p1147, 7 January, 1898.

的服从感。这是整个国家民心溃散的恶性前兆。官府功能弱化崩坏之后，民间百姓的不满情绪，如何发泄，如何选择后策，暴乱、起义、革命，都已经不再是清朝廷所能控制把握的了。继日本之后，德国人再次向清朝臣民清楚展示了清朝廷的虚弱无力、名不副实。

之前国内各地发生的教案中，传教士全力争辩、争权、争赔偿，勉强可以称作文化入侵冲突的后果，而胶州湾事件之后，教案的性质完全改变了。德国皇帝和政府利用这一地方教案的方便借口，高调宣扬惩罚中国的远征，凭空索取，割去山东省很大一部分地方，并加剧地区紧张局势。这一事变原本仅限于赔偿处罚等的可控冲突，却急剧转变为引发西方列强瓜分狂潮的前奏。

七、瓜分中国狂潮与义和团

1900年的义和团运动是1860年以来民教纠纷积怨的必然结果，也是对1895年以来列强群起瓜分中国高潮的一次集体抗议行动，在当时的国内力量平衡和西方强力入侵的悲观局面之下，反洋教和抗西方的暗涌，是官府和外部势力所无法抑制和消弭的。义和团群体组织成员们所能采取的，只有中国传统文化中的神秘迷信部分，因为他们不可能采用自己所痛恨的洋人的生产方式和武力手段，而且能够真正发挥作用的近代军事力量武器和工具，都掌握在作为洋人政策执行者的地方和中央政权手中，他们别无依靠。虽然西方人的论著中一般都突出描述义和团的宗教仪式和迷信武术，以此作为西方军事介入和拯救本国宗教组织人士的借口，但义和团的出现和逐步蔓延本身，即源于民教纠纷和西方国家施加的政治压力，形成日益强烈和壮大的反洋教运动。

巨野教案和胶州湾事件，直接关联到之后几年的巨大社会动乱和亡国危机。教案蜂起和义和团运动的关系，带来八国联军的大举入侵，将清朝廷最后一线生存希望，彻底打碎。两次鸦片战争起始的西方"冲击"之后，在三十多年之内，大型工业项目如铁路、矿业都接近于完成。但自1894年日本侵华时起，形势遽变，数年之内，大势一发不可收拾，西方列强瓜分，内外重压，试图勉强度日、延续社庙的清朝政府躲无可躲，统治权威在历次入侵赔款割地之下，接近于丧失殆尽。对外谈判只有"拖"字一诀，有国际法理据，有明悉国际规则的外交官员和驻外使节，也有被列强侵占逼迫的确实证据，但是就是没有实力，在列强互相谋利于中国的恶劣环境中，最后仍然不脱让利屈从，不断失去权益和领土。对内则地方分权之势日显，一度试图推行维新，未见其利，先自肇祸，不仅朝野震动，而且清代历朝未见的"围园杀后"，都几乎发生在京城之中，新练近代陆军险些成为宫廷政变的杀手。

西方人和列强政府一贯强调，与中国签订的条约都是有效的和必须遵守的，包括保护传教士的条约条款，以符合西方认可的法治精神和近代国与国之间的关系准则。但是那些具体条约的签订，是在19世纪的特殊历史情况下，按照西方殖民体系的框架和宗旨，使用武力征服而形成的，目的是划分势力范围和抢夺潜在市场，并以自行确定的条约和现有武力，去限制挑战殖民主义的行动。当时处理洋务外交的恭亲王和薛福成这样的外交人士，都逐渐理解和领悟了19世纪西方法理和公约的真谛和时代特点，反而是后代的一些中国人，切切拘泥于条约条文，自诩遵循国际法律，承认中国清后期以来签订的各项不平等条约的有效性，为西方列强的行为和掠夺作出理论上的辩解。

传教士们在中国狂热传教和力图消除其他所谓的异教，自然将他们在中国的渗透和挑衅行为，视为卫教活动，如同十字军东征，理所当然，反过来引导西方国家的人民，西方宗教正在与中国的落后儒学作斗争，当然应该得到大力支持和推进。山东巨野教案的起始和后来的性质急剧转变，成为又一个直接可见的案例，明确地昭示了清后期不平等条约的普遍虚伪性和强迫性。这在日后又得到了进一步的佐证，德国在第一次世界大战战败之后，自然被迫放弃了它此前在中国攫取的权益，武力争夺而来的在山东省的九十九年租约，随之失效。由于这些殖民列强时代的不平等条约并不具备真正的法理性，日后自然由被动签约国在新形势和大变局下，被一并废除，由武力所维持的所谓法律公正性和遵守条约的极度必要性，也不复存在。

在帝国主义潮流被视为时尚的19世纪最后一个年代中，主要西方国家都在进行必要的战略调整，先后把驻华使节更换为更具帝国扩张野心的人物，撤回那些长期在华服务和拥有实际交往经验的外交官。列强政府担心，这些外交官可能受到中方和中国文化的影响，心肠不够硬，对中国内外磨难的境地报有一定同情理解的心态，所以需要更换。英国公使由奥康诺换为窦纳乐（MacDonald）少校，美国以康格（Conger）少校替换了田贝，是一位美国政客，毫无中国经验。德国公使原是在此职位上坐了三十三年的巴兰德（Brandt），被换成海靖（Heyking），之后换成脾气更为暴躁的克林德（von Ketteler），是德国前任驻墨西哥公使，与海靖互换。法国公使也换成皮松（Pichon），俄国公使卡西尼（Cassini）被一名不通中国事务的男爵替换。[1]这些新任西方外交使节，参与瓜分中国的意图更为明显，意志更为坚决，唯恐落后于他国。西方各国驻京使团，在教案和戊戌政变之后，对清朝政府持有更为严厉和仇视的态度。

当时作为外交使团首脑的英国公使窦纳乐，自己就是一个典型的英国殖民时期的外交官，之前在非洲的尼日利亚任职，却自命不凡，被转职后，一心要在中国做出番事业来，又对中国极为蔑视，"欧洲的文明政府和官员，与这些中国人的行事方式决然不同，因此把中国当作文明国家对待，是个最为严重的错误"。[2]"如果给我两百名英军士兵，其他国家政府又不反对的话，我就可以轻易占领紫禁城和北京"。[3]英国外交部原本不把窦纳乐作为中意的公使人选，提名了外交经验更为丰富的哈沃德（Howard），英国驻法参赞，但索尔兹伯里侯爵在面试了当时只是英国在非洲尼日尔沿岸保护区行政长官的窦纳乐之后，满意他的强硬态度和严厉管治非洲当地人的经验，推荐给伊丽莎白女王，使其获得批准上任。[4]

他刚到中国不久，总税务司赫德就曾经评价过："对窦纳乐的任命值得关注。我们这些因为把中国人当作文明和受过教育的人来对待，而诸事很不成功的西方人，现在应该准备向一个精通统治黑人术和对东方完全无知的人让步了！"[5]由于窦纳乐在尼日利亚的管治政绩臭名昭著，以致李鸿章的一个由国外回来的幕僚都抱怨道："为什么要他来中

① Smith, Shirley Ann, *Imperial Design: Italians in China, 1900-1947*, Fairleigh Dickinson University Press, Maryland, 2012, p7.

② Smith, Shirley Ann, *Imperial Design: Italians in China, 1900-1947*, Fairleigh Dickinson University Press, Maryland, 2012, p7.

③ Xiang, Lanxin, *The Origins of the Boxer War*, p49.

④ Jones, R.A., *The British Diplomatic Service: 1815-1914*, Wilfred Laurier University Press, Canada, 1983, p212.

⑤ *The I.G. in Peking*，Letter 1004, p1048, 19 January 1896.

国任公使？我们又不是黑人。"①英国殖民时期海外任职的官员，并不按照其知识专业或历练业绩而派遣，只要有为扩张而卖力和有决心冲在前面的人，都可以被调动到世界上某个角落的英国殖民地或相关国家任职，不管是亚洲或者非洲、美洲。窦纳乐的上任和他随后采取的行动，进一步加深了与中国政府的矛盾，并最终导致所谓的"拳乱"和八国联军的入侵。

具体到19世纪末，德国在中国的冒进和疯狂，产生了那些涉及山东的不平等条约，成为西方列强公开争权夺利的开端，由日本至德国，迅速引发列强瓜分中国的狂潮，英国也随后跟进。在瓜分狂潮中，俄国在中德条约签订的相近时间内，得到了旅顺、大连租约，迅速将其私改为"关东省"，自行其是，以致赫德抱怨说，"现在去大连湾的人都要到北京的俄国使馆领取'护照'，才可以成行"。②英国于1898年7月，从焦头烂额的清政府那里，强行获得香港新界以及威海卫的两件所谓九十九年租约，一举双得，法国于1899年得到广州湾租约。其中德国同俄国进行利益交换，各得好处，令一贯奉"以夷制夷"为对外主线的清朝政府，损失惨重，毫无所得。

瓜分中国的狂潮（scramble for China），形同疯抢，同当时正在发生的瓜分非洲潮（scramble for Africa），都是西方列强在尽最后的努力，尽可能多地在世界上抢夺领土和势力范围，并在它们之间划定界限，在这一过程中萌生的激烈对抗和实力地位转换，是第一次世界大战的直接导因。在这一大背景之下，中国发生的一些反洋教活动，被西方人直接迅速地提高到保卫西方文明的高度，以实现各国争夺领土权益的最终目的。重点并不是某些教案处理得是否合理、骚乱事态是否令西方本国民众感到愤怒，在19世纪末的西方人看来，中国的事情很少是合理文明的，否则也就不需要他们派出传教士前去"拯救"。

中国这一广大地域，如果处在非洲部落政权林立的状况中，被吞并和灭国将是家常便饭，而在清朝中央政府尚在而中国地域又实在太大的现实情况下，利用各次教案机会从中国逐次割去尽可能多的权益，这一做法效率更高，代价则小到不需要认真考虑的地步。在日本狮子大开口

---

① King, Paul, *In the Chinese Customs Service, a Personal Record of 47 Years, 1924*, reprint, Garland Publishing, Inc., New York, 1980, p153.

② *The I.G. in Peking*, Letter 1106, p1162, 22 May, 1898.

的战争赔偿条件的先例面前，西方列强不再有耐性和理性去考虑中国的利益和接受程度，容忍度迅速降低，无情地把清朝政府逼到崩溃的边缘。

欧洲的其他国家见此情景，不甘落后，借故或无故地对总理衙门提出自己的要求。比利时的驻华公使（Cartier de Marchienne）于1898年向本国外交部提议，受到德国割占胶州湾的启示，从中国那里可以廉价地拿到一块殖民地或至少是块租界，现在已是众所周知的了。他为此咨询法国政府，如果一位比利时传教士在中国被杀害，可以从清朝政府得到多少赔偿和权益出让。他希望能够在汉口得到必要的回报，也就是扩大比利时在当地的租界地盘。比利时政府毕竟不敢公开讨论借用传教士的生命去为国家牟利的议题，把此建议压下不提。[1]

与此同时，另一个欧洲国家意大利也开始觊觎中国，为自己争取一个属于本国的势力范围。意大利政府和派往中国的使节比德国人更加决断，连借口都不需要，无论是传教士被害，或意大利商人遭受损失等，而是直接前往北京的总理衙门，要求得到一个港口和附属领地，采用与德国相似的"租借"形式。被他们看中的是浙江中部的三门湾，临近中国经济命脉的长江流域和富庶的江南地区，往北即是宁波市，位置甚至要好于德国侵占的胶州湾。割占三门湾又不会影响到英国人已经占据经营多年的主要势力范围，使意大利政府认为不会招来其他西方列强的嫉妒和干预，有望成功，将浙江省大部拿下。意大利政府为自己做出了最好的安排，事先也获得英国、德国不会加以反对的含糊表示，于是像德国一样，在1899年初派出四艘军舰来到中国水域，发出了下旗出京的威胁性最后通牒。这些西方列强对华施压的惯用手法，意大利紧随不变，一样不缺。

清朝政府一度十分紧张，收到了有关信息和汇报，开始监视意军舰队的行动路线，在接到意大利使节马蒂诺（Martino）的要求和最后通牒之后，不予回应，原件退回，等于是直接给以拒绝。这一强硬和不予理

---

① Young, Ernest, *Ecclesiastical Colony: China's Catholic Church and the French Religious Protectorate,* Oxford University Press, New York, 2013, p69；Walle, W.F. Vande, ed., *The History of the Relations between the Low Countries and China in Qing Era (1644-1911),* Leuven University Press, 2003, p452.

会的姿态，令意大利人不知所措，以致忙中出错，外交上无协调余地或后路可退。之后意军舰队继续在中国海域内徘徊不定，"烟台电闻意国暗调兵舰欲截三门湾电，又云要占（山东）登州府庙山岛，职亦未敢以风影之谣，冒昧电禀。讵今昨两日，天明时意兵官连发三等密报十数次，情形甚急。……九月二十八日奉旨……意使在总署索款，久议未允，搁置不议，情殊叵测，难保非故作宕延。俟调到兵舰，出其不意，庙岛地方空阔，向未驻兵，夏辛酉所统防营是否足资分布，北洋沿海一带，亦应预备不虞。着裕禄毓贤密敕各军早为部勒，勿使乘虚而来"。①总理衙门十分担心立即发生又一德军登陆胶州的事件，起码不能让意军再次顺利登岸得手。

意大利是个1871年才达成统一的松散联邦制国家，把原先的各省绑在一起，国内政治生态混乱不堪，议会随时垮台重选，狭隘的地方利益与国家利益之间存在着巨大的鸿沟，因此对外政策混乱而跟随西方大流。②即使对非洲的军事征服也不顺利，在1896年的阿杜瓦（Adowa）战役中，意军被埃塞俄比亚人打败，损失惨重。意大利外交官在北京的行为莽撞，错收电报，发出最后通牒又自行收回，成为外交使团中的笑柄，以致态度强硬的公使马蒂诺被本国政府召回，另派他人，国内外交部长也辞职换人。

意大利军舰巡航到北方山东海域，前后往返，半年时间内都没有采取任何具体行动，反而令清朝廷捉摸不定，被迫猜测意军的登陆地点。清朝廷暗中做了一些基本的防卫准备，包括指令在水师新提督叶祖珪手下的新到德国造舰艇，以及袁世凯的新练陆军，随时听候调动。虽然刚刚遭受过德军威吓和逼退的山东清军，战斗力和决心都十分可疑，但清军和官府并未被意军的实际作战能力折服，对其评价不高：

"意人要索三门湾一案，自本年正月起至今，将及一年，屡以虚词恫喝，至今我糜帑增兵办防不已，且重烦宵旰焦劳。……窃以为一意大利不足虑也，其联合谋我则可虑……意之不足虑，约有五端，国小民

---

① 《大理寺卿盛宣怀致总署》，《清季外交史料》卷140，2315，光绪二十五年九月二十八日。

② Smith, Shirley Ann, *Imperial Design: Italians in China, 1900-1947*, Fairleigh Dickinson University Press, Maryland, 2012, pp1-2.

贫，难筹战费，一也；运一兵来华，约费华银二百余元，难以动大众，二也；自拿波利起至中国，二万余里，俱无该国埠头，煤水皆仰给于人，三也；一兵一卒皆须运自本国，非若英兵可拨由印度，法兵可出自安南，四也。"①

处于守势的清军，对于是否与万里外前来的意军直接交战，态度两端，尽力防备，而如浙江巡抚刘树堂这样的地方官员，关心的更多的是本地辖区内的安定平稳，因此督促地方军民切实把守沿岸防地。

西方列强对意大利前往中国讨要领土或租界的行动，态度和反应各样，最为典型的回应，就是担心意大利行动的负面影响，牵连到自己在华利益和势力范围。英国是最早同意意大利采取行动的列强，目的是提携意大利，在列强割据的局面中加入一个自己能够控制的欧洲国家，有利于保持霸主地位和号召力。但英国政府仍然担心意大利的军事行动，会扰乱已经成型的各国在华局面，因此只愿意给以外交支持，而非动武。②由于意大利到中国来讨要地盘，连个稍微像样的借口都没有，不似德国人抓住了传教士被杀一案而喋喋不休，所以在理论上意大利人所为是违反国际公法的，让其他西方列强的驻华外交官都缺少理据出来偏袒或抗议。如英国公使窦纳乐，就只限于劝告总理衙门，不应该连意大利呈送的最后通牒都不开封，据说这样做不符合通常的外交礼仪。

尽管西方列强并没有对意大利索取三门湾给以明确公开的支持，但他们却执意抱着一种不能让中国人占上风的坚定信念，否则意大利人在华讹诈失败，影响的不仅是意大利一国的声誉，更是破坏贬低了西方列强整体在中国人眼中的形象，中国人和政府一旦受到这一局部胜利的鼓舞，信心大增，以后会更加"傲慢"，不再对西方人服从听训了。这将严重破坏他们半个世纪以来在中国通过武力欺压和"文明"入侵而建立起来的既定模式，危及这一模式历来给他们带来的丰硕利益收获。

基于这些复杂的中方和列强等各方面原因，意大利远征中国的计划一直未能得以实施，国内政府选择了放弃使用军舰部队的武力选项，转

---

① 《浙抚刘树堂奏意人要索三门湾敬陈防务情形折》，《清季外交史料》卷141，光绪二十五年十二月十三日。

② Smith, Shirley Ann, *Imperial Design: Italians in China, 1900-1947*, Fairleigh Dickinson University Press, Maryland, 2012, p8.

而进行外交谈判，继续要求三门湾租约等条件，但最终未能成功。由于当时已是1900年中的义和团运动时期，清朝政府面临着更大的麻烦，对意大利提出的要求，仍然置之不理。虽然当时意军并未就三门湾一事对华开战，日后还是派出步兵和海军陆战队，加入到八国联军中，随同他国部队攻入北京并加以占领，报了之前受到清朝政府冷遇和拒绝之仇。

在意大利之后，还有其他一些西方小国如荷兰、比利时、丹麦，正在等待他们的时机，向清朝政府要求正常通商之外的在华权益。赫德听闻路透社关于丹麦派出巡洋舰到中国的消息，预测他们前来是为获取一个港口，为此再次发出"可怜的中国"的叹息。[1]清朝政府态度突然转硬，令意大利远征中国之举受阻，对这些欧洲小国起到一些警示阻碍作用，令其不免暂时缩手。这是清朝政府在19世纪末期少有的由始至终抵制外国压力之举，是最后一次遏制外国势力瓜分的努力，采取了外交和军事上的实际行动。在教案频发、德国侵占胶州湾和戊戌变法失败等一系列事件之后，清朝廷中枢转趋保守，更为仇视外国势力，对意大利所提要求的反应，借机发作，一力阻止，否则之后西方国家的群起侵夺，愈发不可收拾。

被德军占领的山东地区，日后成为中国社会动乱的源头。德国人在统治青岛的过程中，不断采用武力对付周围地区的民众抵抗和消极反应，地方状况不仅并未趋稳，反而日益恶化。清朝政府对此局势，比德国人还要焦急，"胶州水手被刺，德廷甚不满意……德不撤兵，日久必激而生变，葛胜焦急，海使有无格外要挟，乞电示"。[2]在德国人的直接管治保护鼓励之下，山东地区的教民数量明显增加，[3]教会势力获益于德国保护而分外强大，"教士教民动辄倾陷某人毁谤洋教，或指某人为会匪，怵以兵威"，引德国青岛总督和驻军出来干预，比之前召唤西方外交官的方式更为有效。[4]教民的活动比之前更加公开和张扬，气焰高涨，与本地非教徒的民众冲突日益频繁，而教民占上风的情况更为普遍。

---

① *The I.G. in Peking*, Letter 1137, p1193, 2 April 1899.

②《使德吕海寰致总署》，《清季外交史料》卷129，光绪二十四年正月初七日。

③ Stenz, George M., *Life of Father Richard Henle, S.V.D.: Missionary in China*, Mission Press S.V.D., 1915, p131.

④ 郭廷以：《近代中国史纲》，中文大学出版社，香港，1980，第330页。

　　在官府无力无能的情况下，地方民众只有依靠自己，组成和加入能够与强势的地方教会相对抗的组织，以求得某种平衡公正。身在北京的赫德，深为了解这一民间存在的愤怒情绪和他们起而反抗的意愿，"如果所有中国人都自愿参与行动，像非洲的祖鲁人攻击那个殖民兵团一样地对待在中国的外国人，他们就应该起来投入战斗"。[①]在山东冠县梨园屯的土地纠纷中，就由于教士的肆意干预和官府施加的压力，经常处于劣势，与基督教对立的地方绅士和民众只有求助于其他组织，包括武术组织和一些原本带有反清性质的秘密结社。

　　真正以西方人为打击目标的，起自四川的余栋臣，直指洋人特别是教士们在华的各种罪行，而山东民众对洋教洋人势力的感受，更为直接贴近，反感情绪更为强烈。即使是公务干练、听从德国人，而又统帅新军部队的继任山东巡抚袁世凯，也对当地民众与德国势力的频繁冲突，深感头痛：

　　"此项（铁路）章程迄久未定，德人恃无钤制，往往恣意横行，加以东省风气未开，民情强悍，龃龉生事，时所不免。上年（1899年）五月间铁路公司所雇小工与高密县大吕庄民人口角互殴，庄民乘势拔去路桩，聚围公司。德人籍口保护路务，遣兵竟至高密，击毙庄民二十余人。兵复盘据不退，经调任抚臣毓贤议偿德人桩价、兵费等款，共银三千四百余两，始行罢兵结案，是德人之恃强逞凶动因细故，称兵压胁久已成为惯技。⋯⋯

　　"（上年）十二月初二日，（高密）武生李金榜等率二百余人执旗抬炮，往拆德人窝铺，掠取粮物。⋯⋯德人因我兵未肯抵击，拟调洋兵剿办。⋯⋯旋于二十八日将李金榜缉获禁押，因令作书解散徒党以自赎罪，并派高密绅士、教谕单荫堂约同乡绅分投开导。该民等仍不听从，本年正月初二日，复聚数百人，夜赴南流地方，围攻公司德人，驻局者五人，均夺围而出，转毙华民一人，伤二人。该民亦将德局拆毁。德人执意用兵，复经竭力劝阻。臣以事久相持，骤难妥结，加派登莱青道李希杰、烟防统领汉中镇总兵孙金彪，会同驰往查办。⋯⋯德人因递被抢掠，我兵保护不力，执为口实，竟调兵三百名，进驻胶州，距高密四十里，相机而动，势将决裂，岌岌可虞。⋯⋯

---

① *The I.G. in Peking*, Letter 1095, p1150, 6 February 1898.

"为善后之计，惟有妥订章程，使彼此均有遵守，德人不至暴横自恣，愚民亦不至疑忌生衅，庶足渐度纷纭。臣叠商叶世克（Jschke，德国胶澳总督）派员来省议章，复奏请调派记名副都统荫昌来东赞佐。……屡议屡改，商至两旬之久，始先后以定交涉章程七款，煤矿章程二十款，铁路章程二十八款，此外委员委实无法再争，当于二月二十一日由臣会同荫昌逐一签押。"[①]

由于当地人聚众破坏铁路工程的少量财物设施，就出兵击毙二十余人，并得到地方官府的赔偿，可见德国在青岛山东境内实地统治的强暴，"恃强逞凶"，无人可以制约，也足以解释为何当地民众不断掀起反抗活动。德国人借助修建铁路和派兵平剿的借口，将其势力从青岛一角，覆盖山东一省，近邻京城，对清朝廷构成真实威胁，是为心腹之患。这些激烈地方矛盾先后葬送了几位山东巡抚的仕途，从李秉衡到袁世凯，绝难调解，愈演愈烈。

李秉衡的继任者张汝梅将当地民间组织义和拳归入乡团或民团等类型的组织，相当于正常社会团体，而不是非法团体，以回避对可能起事的组织必须进行清剿的责任。义和拳的来源多种多样，其中有白莲教等地下组织的性质，同时还有大刀会一类专习武术的团体，出现了"红灯照""本明和尚"等团体首领。这些零散各异的组织之间互相串联合作，修正了之前反对清朝政府的内涵，在山东省内教案不止的情况下，转而以洋人洋教为主要斗争目标，曾经支援过本省冠县梨园屯居民同教士教民的寺院基址之争。伴随着德国人的势力扩张和瓜分中国潮起，义和团也扩大了在省内的活动范围，参与各地教案和反对德国人的活动，扩大组织规模。义和团的秘密会社性质仍然不变，为了吸引徒众入伙，以"神灵附体""刀枪不入"等为号召，为了让徒众们相信，尽管官军没有能力和意愿抵抗洋人的军队，加入义和团的人却能抵挡住他们的枪炮，作战不必畏死。

张汝梅在位不久，就让位给毓贤，内务府正黄旗人，长期在山东当地做官，后来被洋人视为最无能和最仇外的一位清朝官员。他以此而格外出名，并不仅仅是来源于他当时在山东行政所为，实际上更是出于他

---

① 《鲁抚袁世凯奏陈办理高密阻修铁路情形暨进呈铁路章程折》，《清季外交史料》卷142，光绪二十六年三月十九日。

日后在山西纵容屠杀传教士群体的事例。毓贤和之前的张汝梅在无力对付德国人和本地民乱的情况下，改剿为抚，容忍了义和团的存在和活动。毓贤在遇到德国人击毙二十余名村民引发的地方动乱危机时，束手无策，只有请求一名正在当地办学的德国传教士卫礼贤（Richard Wilhelm），出来劝退德军，解决纠纷。

毓贤本人一向是著名酷吏，镇压手段残酷无情，甚至可以说是杀人如麻，但在对待山东省内的民教纠纷上，毓贤做出自己的判断解读，"东省民教不和，由来已久，缘入教者多非安分良民。再二十年前，平民贱视教民，往往有之，并未虐待教民也。迨后彼强我弱，教民欺压平民者，在所多有。……每因教民肆虐太盛，乡民积怨不平，因而酿成巨案"。①毓贤在该省内发挥了他的能力才干，坚持"秉公讯断"，"持平办理"，按照自己派员调查的结果，作出公平裁断，不偏袒民教任何一方，以平息争端，而不是激发争端。②在不受外国教会和驻华使节干预重压的情况下，这一解决方式无疑应该是最为合理恰当的。

毓贤对教案的处置方式和对待义和团模棱两可的态度，令德国人十分不满，认为他放纵和庇护境内的义和团和反教组织，本人又极端排外，以致义和团在山东获得大力发展的机会。在青岛的德国人和安治泰这样的德国传教士，都视毓贤为他们在山东发展扩张传教的主要障碍，屡次纠集西方外交官对清朝廷和总理衙门施加压力，迫使毓贤转向保护教会及镇压义和团。毓贤随后按照朝廷命令行事，执行了清剿任务，捕获义和团首领朱红灯、本明和尚等人，施行处决。

毓贤以为这些严酷镇压行动可以满足当地德国人的要求，令其不再挑事，但西方外交官认为他的名声已坏，无法得到信任，继续施压，特别是美国新任公使康格，出力最甚，借口平原教案事件未能平息，对待教士不周，向总理衙门发出强硬照会，迫使朝廷替换现任山东巡抚。③这一处置已经远远超过曾国藩处理天津教案时对地方官员的处罚程度，再一次向全国官民明确无误地宣示，即使是督抚一级的清朝高官，也不过是受西方驻华使节监督和调遣的一般官吏，并不能自主行政，彰显清末

---

① 《义和团档案史料》，上册，第24页。

② 戚其章：《关于毓贤评价的几个问题》，《社会科学研究》，2000年第3期。

③ Purcell, Victor, *The Boxer Uprising: A Background Study*, Cambridge University Press, London, 1963, p203.

中国的国权政威接近于丧失殆尽。毓贤在这一督抚级职位上，仅坐了不到一年的时间，自1899年4月起，至当年12月初就被解职。

袁世凯受到朝廷和西方外交官的信任，于1899年12月，由工部右侍郎位上，被派去署理山东巡抚。他的上任与其前任格外不同之处，就是随带由他统领的新练陆军，离开京城直隶的防地，赶赴山东。这一特殊行动的目的，就是利用袁世凯手下的精锐兵力，对付山东境内的义和团和其他反教组织，如同当年天津教案中法国领事丰大业对崇厚所说，由西方国家出资装备训练的近代新式清军，就是用于保卫西方在华利益和传教士的，别无他用。袁世凯首次获得独自管辖一方、只有督抚们才拥有的真实行政权力，加上独有的新练陆军，幸逢绝无仅有的机会，以实现他的管治理念。袁世凯仍然是个绝对的实用主义者，之前既从光绪皇帝那里被越级提升到侍郎品级，又依靠荣禄和慈禧太后的赏识，得到荣禄入京后的护理直隶总督的机会，既要向朝廷中枢展示效忠之心，又要向西方人表示他开通明理，不同于保守派或顽固派，与其拉开距离，而他本人也深明中国政府和军队赶上西方近代经济和军事发展潮流的绝对必要性。

因为背后有西方各国使节的支持，袁世凯本人也视义和团等民间团体为应被剿除的暴民，因此在山东境内进行武力清剿时，不遗余力，大肆杀戮，被定为义和团者，杀无赦。袁世凯同时充分利用地方士绅的力量，同义和团争夺地方民众，如之前袁世凯关于高密地方纠纷的奏折所示，在纠纷萌生和发生时，经常命令乡绅去劝喻乡民，"分投开导"，"劝谕解散，断为上策"，让他们离开义和团组织和放弃暴力活动，产生了意想不到的效果。对付士绅和村民，毕竟比应付青岛的德国人要容易得多。袁世凯确实将手下的精锐清军用于平息内乱，而他的部队被调离直隶，也避免了日后在京城附近与西方军队直接对阵。

袁世凯拒绝再为义和团提供官方保护，以铁腕手段，大力清剿，逼迫义和团余众逃离，转移到邻近的直隶境内，以躲避袁世凯手下精锐部队的打击。虽然袁世凯解决了他的山东前任留下的难题，却为清朝中央政府制造了更大的麻烦。在山东义和团活动减弱的同时，直隶境内的活动范围和规模却在增加，而且由于义和团的主体更加接近帝国首都，造成的影响更大，特别是那些驻京津的西方外交官，都切身感受到义和团和民间反教组织的激进活动，直接酿成了日后的重大统治危机。

1899年后义和团运动的壮大，与这两三年内的严重自然灾害有着直接关系，直隶、山东、山西等地都遭受着严重的旱情灾荒，加上清朝政府因每年必须支付数千万两战争赔款而频繁加税，极大地加重了民众生活的艰难程度，许多地方民不聊生。[1]很多人都将加入义和团和从事反教活动，视为一种可行选择，因此呼应参加者甚多。这些流动转移之中壮大的民间组织，成分变得更为复杂，出现不少因势因乱而加入义和团者，谋利扰乱，难以控制。义和团内部的组织原本就不严密，并非正规军的严格指挥系统和结构，又无获得一致认可的实权高层领袖，各"总坛"之间互不统属，事出多头，临时合作，因此各分部属下不免鱼龙混杂。

义和团进入直隶京城附近地区时，仍然是一个与清军和官府对抗的民间武装组织，属于被镇压的对象，直接听命于朝廷中枢的直隶总督裕禄，也将义和团进入直隶、逼近京津，视为地方性叛乱威胁，在朝廷和西方外交官的双重压力下，不断派出官兵进行清剿。与此同时，不少地方的传教士们，积极武装辖下教民，这些队伍一般都持有洋人提供的近代武器枪炮，比义和团的刀剑土枪等武器要先进得多，组织更为有型有效。如南直隶魏县的三个村子内，完全被天主教会的武装队伍占据，聚集了六百名左右的作战队伍，每队持有黑色十字旗，队员统一着装，戴着饰有"红十字"或"圣心"的白色帽子，如同历史上十字军东征时的装束。所以类似教会队伍日后在山西省内，会给人留下深刻印象，似乎附近地区的洋人正在准备武装行动，虽然他们的主要目的是防卫和威吓地方民众。[2]在河间府任邱县内梁召、正乐等村的教民，对抗路过回家的义和团众时，"枪毙拳匪三十余人，负伤甚多"，战斗力不容忽视。[3]那些不在教士私设武装保护之下的教民，则选择逃亡到北京等大城市。

虽然义和团徒众在清军和教民夹击下，不断遭受重创，仍然相信那些非科学的神化传统迷信，其中部分原因在于，尽管他们尚未面对过西方军队，毕竟在对付教会武装力量和持有近代枪炮武器的清军的过程中，并非全败。例如1900年4月的涞水之战，他们不仅击败了装备、组

---

[1] 郭廷以：《近代中国史纲》，中文大学出版社，香港，1980，第326~327页。

[2] Bickers, *The Boxers, China, and the World*, chapter 2, "The Church Militant", p24.

[3] 《梅统领 (东益)、张道 (莲芬) 保定来电》，光绪二十六年二月二十三日酉刻到，《义和团运动史料丛编》，北京大学历史系中国近现代史教研室编，第二辑，中华书局，1964，第87页。

织优良的教会武装，而且击退直隶总督裕禄派出的正规军马队，击毙带队军官分统杨福同。这些对抗官军和有组织教会武装的行动，使他们对洋人军队的畏惧也随之减轻。

义和团众们同时相信，义和团北上之后，他们所重点宣扬的反洋教口号，"扶清灭洋"，能够得到清朝中央政府的认可，改变被清剿围堵的局面，得到生存下去的机会。在这一扩张过程中，大批清军士兵也受到影响和感召，转变为义和团成员，令义和团组织更为方便地进入北京、天津，连朝廷和荣禄直接统帅下的清军营队都无法阻止。

清朝廷中枢此时对义和团的态度，颇为含混矛盾，左右摇摆。全国不少地方的局势不稳，民乱不止，维新派、革命派活动频繁。这些动态本应令担忧统治局势恶化蔓延的清朝廷，对流窜难制的义和团抱有敌意和坚持镇压，但朝廷内极端顽固一派的人物，如端郡王奕劻、徐桐、刚毅等人，反而认为这是排除洋人干预朝政的一个机会，施压于慈禧太后，试图借用义和团的群众势力，辅助清军之明显不足，以驱逐强大难控的外国势力。教案频发、德国借机侵占青岛和西方各国的瓜分狂潮，这些重要外部因素合并在一起，共同发力，是激发义和团和朝廷与八国联军交战的主要原因。自从德国和意大利相继起衅之时起，清朝廷就意识到对西方外国势力不能再行退却，这两个事件的结果完全相反，对德国全力避免冲突，对意大利则尽力备战而拒绝其要求。意大利的三门湾要求未能成功，这一结果正好符合朝廷的期望，令其感到满足和受到鼓励，进而确信，在下一个面临列强挑衅逼压的时刻，如果采取强硬对策，很有可能生效，从而稍微减缓瓜分中国狂潮的扩展速度。

近两年来清朝廷对这类反洋教民乱的反应，让自威妥玛时期起就惯于施压的西方外交官感到迷惑和不满，清朝廷没有彻底依从他们的建议和清剿方式，依然在全面弹压清剿义和团和宽纵他们以利对外这两者之间，犹豫不决。其实清朝政府对各类民间武装组织，包括义和团，历来是剿抚两手并用，1900年间也并无更好的办法。被夹在西方军队和民间武装组织之间，让清朝政府无处可避，非此即彼，必须选择威胁性更小的一方。朝廷内的保守派和顽固派认为义和团这样的民间组织，威胁不到王朝的生存，动用清军，特别是袁世凯一类的新练陆军，就足以应付。最近两年兴起的义和团，具有一定战斗力，令大意出而清剿的官军都感到头疼，似乎既可以被清朝政府借助为对外力量，又不必担心引发内乱。而西方对华干预和侵夺，现有清军显然不足以真正抵抗，清朝廷也并无意愿意志以武力对付外军。朝廷内部在对外抵抗一事上，存在着借助义和团的潜在之意。

西方国家自1897年起的瓜分狂潮，对中国予取予夺，赫德特别注意到"清政府对英国的态度开始变得非常冷淡，英国在香港和领土扩张上的处理方式激怒了所有的人"。[1]另外，自从戊戌变法失败之后，慈禧太后与西方各国驻华使团的关系逐渐恶化，愈加不满外国人的频繁干预和持续强横态度。戊戌政变之后，光绪皇帝已经成为清朝廷的一个负担，权力极为有限，位置尴尬。虽然他并未听闻或参与康梁谭谋划的"围园杀后"，却在朝内守旧派中被视为一个必须去之的麻烦人物。在很短的时间之内，朝廷内外就有一些"废黜"和"立大阿哥"之论，涌现出解除光绪皇帝这一不再享有威望和信任的人物的各种替代方案。这一重大举措的政治危险极大，因为每次更换皇帝和新朝开启，都有可能发生各种意外之事，甚至动乱，即使有慈禧太后在上主持调停，对朝内贵族和官员来说，都将是段非常艰难不安的时间，特别是在清末社会已经极为不稳的情况下，更是如此。因此"废黜光绪"一事，只能是最后的选择。但曾经在戊戌变法期间遭受沉重打击排挤的守旧顽固派，必欲取代已经无权无势的光绪皇帝，极力游说慈禧太后做出最为极端的更换皇帝的决定。"当戊戌政变后，宫闱之内，母子之间，盖有难言之隐矣。而一班熏心富贵之徒，致有非常举动之意，东朝惑之"。[2]

即使此时已内调军机大臣、身居高位的荣禄，也无法遏制这一强劲潮流。身为满族人的荣禄，基本上接收了李鸿章当年拥有的那些官位，而立场态度也向李鸿章等洋务派拉近，并不保守，"在津行在时，在仲相（荣禄）前密言，内外大臣志在自强者不多，人务须联络一气。仲相深然之，允即先与钧处（张之洞）通函，以后好商量办事，并云素来佩服，惜未晤面耳，或候其函到时，复书恭维之，或竟不待其函到，先致数行乞酌之"。[3]荣禄本人也同情光绪皇帝的境遇，利用自己的地位间接地做出努力，以阻止那些尽快废黜光绪皇帝的倡议，缓解即将爆发的政

---

① *The I.G. in Peking*, Letter 1138, p1194, 23 April,1899.

② 陈夔龙：《梦蕉亭杂记》，《近代稗海》，第一辑，第328页。

③ 盛宣怀：《愚斋存藁》卷33，电报十，"寄香帅"（张之洞），光绪二十四年七月十七日。

治危机。"次日朝罢，荣禄请独对，问太后曰：'传闻将有废立事，信乎？'太后曰：'无有也，事有可行乎？'荣曰：'太后行之，谁敢谓其不可者？顾上罪不明，外国公使将起而干涉，此不可不慎也。'太后曰：'事且露，奈何？'荣曰：'无妨也，上春秋已盛，无皇子，不如择宗室近支子，建为大阿哥，为上嗣，兼祧穆宗，育之宫中，徐篡大统，则此举为有名矣。'太后沉吟久之曰：'汝言是也。'"[1]

朝廷内部的顽固派试图达成的"废立"方式，连慈禧太后都难以接受和立即实施，在皇室宗族中又无合适人选出来取代光绪皇帝，包括后来被选定的端王载漪之子溥儁，也并非十分满意的人选，不过是年龄合适而已。此外，各地实权督抚更不愿意朝廷内部兴起巨大政治风波，因此在朝廷征询他们的意见时，都给以消极回应，尤其是两江总督刘坤一，给以明确否定的答复，"荣禄兼掌外务，自知弄巧成拙。又尝以私意阴示刘忠诚公（刘坤一），忠诚复书曰：'君臣之义已定，中外之口难防。坤一为国谋者以此，为公谋者亦以此。'荣禄悚然变计，于是密谏太后，得暂不动"。[2]

这些地方重臣的负面回应，对朝廷中枢构成必要压力，短期内发动废立的企图难以得逞，逐渐消弭。慈禧太后只得接纳荣禄的建议，另行采用设立"大阿哥"的办法，将端郡王之子列为随时见机承接皇位的位置上，而端郡王等人期待登基之日的强烈愿望，难以忍耐此事拖延举行。这是中国以往朝代中的常见现象，一旦某位皇室人员被定在储君位上，自然会随之出现一个新的政治派别集团，极力鼓动储君尽早继位，甚至不惜制造一些提前行动的借口。在光绪皇帝基本失去权威的情况下，朝廷中推动"大阿哥"尽早继位的派别预期前景十分乐观，谋权活动更加无所顾忌，正如荣禄后日对顽固派各项所为的归纳，"不如是，恐祸不在国，而在彼也"。[3]

在这些朝廷皇族内部的问题上，西方驻华使节按照本国政府的指示，一致表示反对，并强迫朝廷同意让光绪皇帝接受法国医生进宫诊断，身体健康即不再足以作为废立皇帝的合适借口。加上西方国家外交

---

① 恽毓鼎：《崇陵传信录》，《戊戌变法》，第一册，第478页。

② 王照：《方家园杂咏纪事》，《近代稗海》，第一辑，第6页。

③ 《愚斋存稿》卷37，电报十四，"荣相三十复江楚各帅电"，光绪二十六年六月二十日。

官对戊戌变法主要参与者康梁等人的协助庇护，都逼迫朝廷中枢缩手，进而走向敌视西方的方向。"英公使私探其情于李鸿章，鸿章力辩其诬，因留之饮酒，徐试之曰：顷所言，仆实毫无所闻，设不幸而中国果有此事，亦内政耳，岂有邻好而肯干人内政乎？英使曰：邻国固无干与之权，然遇有交涉，我英认定光绪二字，他非所知。鸿章以告荣禄，为太后所知，益恨之刺骨，此庚子拳匪之祸所由来也。"①

英国公使窦纳乐的一番话，连设立"大阿哥"的选择都予以排除，更何谈废立。西方驻华使节自称不干涉中国内政，特别是朝廷皇室内务，但又指定光绪皇帝在位，不得换人，实在是难以自我解释的说词。如果是由英国和西方国家来确认或否定中国的皇帝人选，即已达到外国干预一个主权国家内政的极点，同英国对待印度殖民地的态度并无显著差异。但当时的西方国家并不认为在亚洲和世界其他地方以这类方式进行干预有何不妥，又对光绪皇帝的变法活动抱有同情，正在暗中谋划中国南方地区的自立分立，因此对北京朝廷采取任意干预逼压的对策，窦纳乐自认合情循理，不足为奇。

在19世纪末年的中国，清朝政府如何举措，都在西方各国的掌握和左右之中，西方列强需要的，是一个对内强硬管治但对外接纳顺从的清王朝，中央政府和地方政府系统能够正常运作，以此有效地保护他们的在华利益，包括铁路、矿业项目等。正如陈庆年所言，"英债系以长江权利为质，各省厘金、盐厘其最膏腴之处，彼皆遣员坐收，度支困窘。……英计极毒，彼取我利，而不夺我土，意欲留我官为彼看守，如遇扰乱，惟我官是问，而彼无所糜费，无所责成，不如割地之痛快矣！"②

西方国家及其驻华使节为何汲汲于保护光绪皇帝的地位，反复干涉阻碍，无视乃至敌视大阿哥，甚至不惜与清朝廷关系破裂，一直是个被忽略和未能得到满意答案的问题。只靠同情变法和光绪皇帝的个人遭遇，不足以解释西方对此事的关注度和执着性。按照赫德的观察，"上海的（英文）报纸严厉指责慈禧太后，有人把翻译件送往宫中，结果对英国的态度变得不再如前般的友好。在我看来，那些报纸从来没有干过

---

① 胡思敬：《国闻备乘》，见《戊戌变法》，第四册，第278页。

② 陈庆年：《戊戌己亥见闻录》，《近代史资料》，第81号，1992，第106页。

好事，自我来到中国时起就持续地造成损害。文人写作雄文的机会是无法拒绝的，因此满足虚荣心的代价，就是失去必要的常识"。[1]

西方人推崇光绪皇帝的部分原因，在于利用他执政经验不足的弱点，对外言听计从，同时又是在试探他们是否能够真正左右中国政局，按照需要推出和安置自己认可满意的实权人物。西方外交官们已经在李秉衡和毓贤这一督抚级别官员的任免和仕途上，干预成功，而在名义上对光绪皇帝不断地包庇维护，则是在政权最高层施展外力作用，以确定在官府和全国上下的政治权威，被肯定赞扬者升官在位，被否定的"仇外"者被罢免驱逐，事无例外。慈禧太后和清朝政府若在"废立"和义和团的问题上，违逆西方国家的意愿和指令，后者之前奉行的维护现状政策，随即变为干预强压，甚至开启由他们主导"废立"选择的军事行动。

朝中大臣颇有仍视义和团众为"匪"者，认为他们一无是处，必须全力平定，用来对付西方军队时只有惨败的结局。但那些朝廷花费巨额财政经费供养培植的清军部队，包括新练陆军，不仅毫无作为，不能被用于抵御外来入侵，而且一如既往，既缺少顽强作战意志，也没有实战能力技能，战场失败如同家常便饭，攻不下，守不住，作战能力并不优于地方民团或聚众而起的义和团一类组织，极而言之，只可用于内战，对外作战乏善可陈。这一内外作战表现两端的情况，一直延续到20世纪中叶，即使是由袁世凯新练陆军肇端的近代陆军，仍然摆脱不了这一重大缺陷。

这就让朝廷中枢几乎完全不能依靠正规军队达到抵抗外力入侵的目的，基本上没有选择，经常溃败。如果明确要求军队不做抵抗，这样的命令和旨意由朝廷发出，只能是自我贬低，自认落败，于朝廷官府的声誉权威绝无益处。正因为允许投降让步的旨意发出得太多，令人麻木，到1900年时，面对西方各国各种切香肠式的或者暴力威逼式的瓜分行动，清朝廷完全找不到应对之策，以致退无可退。起用义和团等民间组织，对于当时处境极为艰难的朝廷中枢来说，只能是个没有办法的办法。

正因为当时存在这些多方面的背景因素，清朝政府在1900年处置义

---

[1] *The I.G. in Peking,* Letter 1124, p1180, 4 December,1898.

和团的议题上，向地方官府发出含有混乱两端的指令，包括对毓贤、袁世凯的指示，既有"实力弹压""不得宽大"，又有"依据事实""平等对待义和团"之语，这也是毓贤在山东容忍本地团众、又处死义和团主要首领的背后原因。西方驻华外交使团对朝廷公开发出的谕旨，感到困惑，要求总理衙门澄清，以求镇压义和团和保护教会的宗旨得到切实保证和执行。清朝廷这一段时间内下达的那些严厉对待义和团等群众团体和惩罚不怠的指令，很显然是在西方外交使团进行武力威吓的情况下被迫发出的。

但严厉镇压剿灭义和团，被事实证明并不能解决由频繁教案引发的严重地方事件和骚乱，义和团等分散民间团体，毕竟不是当年太平军类型的有组织军事集团，无法集中兵力包围全歼，杀完就能了事，而是来自平民村夫，散去仍为平民，继续与邻近的教民相对立。直隶总督裕禄及其下辖的清军统领，不停地抱怨现有兵力不敷分配，凡是遇到外国主教或外交官提出某项要求，就必须派兵前往个别村庄去保护单个教堂，兵力自然不敷所用。[1]清军部队经常出击无方，为应付不同村庄发生的小规模骚乱，不得不四处巡查，疲于奔命。

唯一的办法，是同西方外交使团甚至梵蒂冈整体全面地讨论约束和管理在华传教士和教民的问题，但在1898年李提摩太建议条文毫无结果之后，地方教案同西方国家攫取在华利益之间的关系又日益明确之时，以窦纳乐为首的西方驻华使节已经没有兴趣和耐心，去认真公平地讨论民教纠纷之中的各种难解之结，倾向于以实力和武力解决一切对华问题，特别是事关重大的列强之间利益、领土瓜分的议题。

原先大权在握的李鸿章，此时已经失去对清军及其将领的直接统领之权，也不掌握任何有实力的队伍，就军事实权而言，尚且不如手下有近万名新练陆军的山东巡抚袁世凯。李鸿章所依靠的，是他在中央政府内的现有官衔职务和过去积累起来的威望，但前者有虚衔之虞，如大学士和总理衙门大臣，后者也在被张之洞等实权督抚所逐渐取代。当北京的清朝廷考虑如何应付义和团和外力侵入的并发危局时，李鸿章这样的资深大臣，却因在近几年内被搁置闲散，缺位于朝廷高层的策略辩论，他本人又不愿意掺入皇室内政，因此那些力图保护西方外交官和剿灭义和团的一派官员，缺少实力大臣为其发言助威，未能扭转朝廷内顽固派

---

① 林学瑊编：《直东剿匪电存》，《义和团运动史料丛编》第二辑。

借重义和团以求一逞的意愿。

1900年1月，闲散数年的李鸿章，终于获得旨意前往广州上任两广总督，一个拥有地方实权的位置，也是他从未出任过的地方官职。论督臣地位，两广总督当然不如李鸿章之前做过的直隶总督，但这已经是他近年内的唯一督臣任命，因此李鸿章欣然前往，离开北京到南方上任，也由此离开了朝廷内关于内外政策的争吵辩论，并幸运的在日后避开了承担决定和战的无上重责。

教案处理不力和义和团活动蔓延，被西方外交使团视为清朝廷敌视态度的确实体现，不再仅仅是一个影响有限的内政问题，而是摆脱西方的开始，特别是在意大利寻求中国势力范围不逞后，令他们感到在操纵强制清朝政府方面，有失去以往效用的潜在危险，因此必须对此有所行动。英国传教士布鲁克斯（Brooks）于1899年12月底，经过山东肥城地区，与村民发生口角冲突而被杀害。虽然涉事民众不一定是义和团成员，但此事发生在毓贤卸任山东巡抚一职之后不久，令英国和其他国家的外交官们倾向于把此案归于义和团作乱，强硬施压山东巡抚袁世凯，要求大肆镇压捕杀，并作出大额赔偿。

虽然全力镇压义和团的袁世凯在山东取代了毓贤，但邻省的直隶总督已换成满人裕禄，被认为是朝廷内顽固派人物之一，他本人的取态与活动，直接影响到朝廷的义和团对策和直隶省内的局势，特别是在义和团主力已经被迫转移到直隶境内之后，直隶当局成为处理义和团事件的主要角色。大量义和团众被迫由山东省境流向直隶地域，进入北京、天津和当时直隶官衙所在的保定三地的区域之内，之后大量焚毁教堂和杀害教民之事，都集中在这一三角地区中。

这一特定区域内基督教堂林立，遍及各县，甚至深入密布到各个村庄之中，教徒数量庞大而且聚团，又享有北京、天津和保定所在的西方外交官的直接支持，势力不容忽视。本地民众原本就与迅速膨胀的教会势力摩擦不断，乡村中时常发生的微小争端频繁纠缠不休，埋下双方的恩怨难解。如4月底发生在清苑县姜庄的民教冲突，原本事因微不足道：

"本月十八日，庄民张洛弟烷姜庄锯锅教民王洛敏代钉火镰，王洛敏因未给钱，担入张洛弟家坐索、口角，劝散。十九日，姜庄教民三十余人赴村叫骂，要索四款，一，罚席五十桌，二，罚修教堂，三，要京钱百吊，四，要张洛弟全家奉教。因说合未允，连日赴村叫骂五次。二十二日，有白帽、白衣教民开枪骂街，放伤张姓三人，枪毙张麦收一命。村民不平，聚人找至姜庄教堂，教民升屋开放枪炮，放毙二十余人，并自焚教堂之半，及教民房屋十一间。此查勘、询问之大概情形。现在拳教各散，延请绅董开导，惟教堂无人传话。"①

外来义和团众流入这一区域，更是直接冲击到已经建立经营有年的繁密教会系统，使地方上的民教关系陡然紧张。这些都加深了西方驻华使团的焦虑感，他们以布鲁克斯案和直隶境内义和团蔓延失控为题，自以为掌握足够借口，反复向总理衙门施压，试图一劳永逸地解决教案问题，直至决定采用武力。

西方驻华使团于1900年2月向总理衙门提出集体照会，目的是促使朝廷发出态度强硬的谕旨，强迫地方官府彻底镇压义和团和保护教会。在山东境内逐渐平定之后，他们惊恐地发现反洋教团体反而蔓延到距离更近的直隶地区，日益壮大。他们之后于3月初提出另一个照会，对类似事件进行以往一贯的威吓恫吓，要求所发谕旨必须公开点名"大刀会"和义和团，并且尽力镇压。②

毓贤在3月份被朝廷转而任命为山西巡抚，西方外交官们又对此表示严重不满，但英国外交部认为对毓贤重获任命一事，可以放下不管，重要的是英国人的在华利益。③毕竟毓贤被免职缘于他处置教案不合西方外交官之意，而非像李秉衡一样，受重大命案之累，所以西方外交官也无法就此深究。虽然索尔兹伯里侯爵对窦纳乐的强硬立场表示满意，力主任命他为驻京公使，但之后几年之内的时间内，却不得不经常直接或通过外交部，告诫窦纳乐要谨慎行事。④外国瓜分浪潮和驻京外交官的焦急催逼，令1900年之后的中西方关系紧张程度升温，清朝廷对近在咫尺

---

① 《两司（廷杰、廷雍）电》，光绪二十六年三月二十四日辰刻到，《义和团运动史料丛编》，第二辑，第93—94页。

② Landor, A. Henry Savage, China and the Allies, volume 1, Charles Scribner's Sons, New York, 1901, pp39—41.

③ Bickers, *The Boxers, china, and the world,* chapter 2, "The Church Militant", p160.

④ Bickers, *The Boxers, china, and the world,* chapter 2, "The Church Militant", p160.

的外来威胁感到难耐，加深了力图摆脱的强烈愿望。

到了4、5月份，义和团成员接近北京地区，毁掉丰台地方的铁路和烧掉车站，迫使在当地施工和服务的西方工程人员逃亡，带动当地教民也随之向北京转移，引来西方外交官们的关注。"总署电，光绪二十六年三月十七日亥刻到，昨据俄使密告……卢沟桥一带教民，今早纷纷进城，避在南北教堂内。现在各国使署人员，咸有戒心。"①当义和团大举逼近和进入北京、天津之时，连朝廷内支持他们的大臣都已经无法完全加以控制，包括竭力包庇他们以图利用的端郡王载漪和刚毅。"两宫诸邸左右，半系拳会中人，满汉各营卒中，亦皆大半，都中数万，来去如蝗，万难收拾，虽两宫圣明在上，亦难扭众，天实为之，如之何哉！"②荣禄此言虽然不无夸张，特别是关于慈禧太后等完全被义和团成员包围控制一事，但反映了当时北京城内义和团聚集和四处活动的情况，他们不再被视为必须严厉镇压的地下团体，而是可以有组织地公开活动，甚至扰乱京城内外。

西方国家政府早在1898年的戊戌变法期间，就利用中秋节期间京城发生袭击洋人案件的借口，英国、德国、俄国、法国、意大利、奥地利、美国、日本的部队，于当年10月7日开始进入北京的使馆区，将该地变成要塞，构成一个小型的"八国联军"。位于北京的天主教主教樊国梁（Favier），关注北京城南地区的义和团活动和扩展，尤其是5月初以来在涞水地方义和团与教会和官军的对抗活动，按照以往习惯，故意夸大其词，将被害教民数人，称为"杀毙教民约有六十八名"，并在致信荣禄时，先以西方各国派兵入侵相威吓，"本主教业已确知，四国欲以护教弭乱为名，仿效德国占据胶州之故事者。阁下既位居首相，权制众军，何不及早谋诸总署，将此邪党丑类，剪除根株，以谢天下，更待何哉！"③樊国梁本人就是最早鼓动派兵之人，在向西方外交官汇报时，声称看到义和团民在行动和作战时，曾经高举"奉旨作战"的旗帜，以此作为义和团得到清朝廷许可鼓励的证据，有效地说服了西方外

---

① 《总署电》，光绪二十六年三月十七日亥刻到，《义和团运动史料丛编》，第二辑，第90—91页。

② 《愚斋存稿》卷37，电报十四，"荣相三十复江楚各帅电"，光绪二十六年六月二十日。

③ 《樊国梁等函牍》，《近代史资料》，第3期，1963，第25—26页。

交官们，决定召集大量西方军队前来北京。

5月28日，西方外交使团要求清朝政府允许各国派出军队赴京，自行负责使馆防务。总理衙门申明此举必然激发民愤，令紧张局势升级，但他们劝说无效，无计可施，只能力图限制进京外国士兵的人数至每国三十名，局势平静后就应立即撤出北京。西方外交官们只关心军队进京的问题，并没有考虑日后撤出，而且明知清军无法检查，无力阻止拒绝，因此故意超出约定数量，不断增加部队人数，从天津坐火车抵达北京，到6月初接近千人左右，超过了一个加强营的陆战部队，构成日后正式"八国联军"的主力前锋。在他们身后，更多数量的各国军队已经进占天津，利用当地各国租界的地盘，屯兵补给，作为日后进入北京和控制华北地区的基地。这些天津外军，正在从中组建第二支主力队伍，紧跟已经进入北京的先锋部队，向北京进发，自然不必再理会之前总理衙门订出的数量和行动目的上的限制。这些重要的部队调动，没有受到来自清朝政府的任何阻碍，使紧挨北京紫禁城的使馆区迅速变成一个庞大的兵营，天津也被相当规模的外军加以部分占领。这明显违反了在他国设立使馆的近代公认标准规则，对清朝廷是个巨大的身边威胁，也是西方势力实际控制中国政权政治的具体象征。

面临着西方军队进京、兵临城下的现实威胁，清朝廷内的两派仍在持续争论对策，如何利用义和团成为争论的中心部分。被朝廷撤掉山东巡抚一职的毓贤，回到京城后竭力向朝廷推荐义和团，认为他们能够在对抗外国军队上起到一定作用，人数众多，勇气可嘉。朝廷中枢派出刚毅和赵舒翘分别前往直隶地区的义和团聚集地涿州和保定，实地考察。两员大臣一满一汉，均有能员之称，刚毅本人被归于顽固派重要人物之一，但陕西籍的赵舒翘仅是政府能员，并不从属于顽固派，无此意愿。赵舒翘在任职吏部和出任尚书期间，长于平反冤案和弹劾贪官去职，包括高官梅启照和李鹤年，因此官声尚好。赵舒翘时任总理衙门大臣、军机大臣，就职务而言，应该是与仇外的刚毅相对，朝廷的意思显然是为了兼顾争论两方的意见。赵舒翘在视察了涿州的义和团群体之后，所得印象是团民们并不可靠，剿灭乱"匪"的传统观念占上风，但为了顺从权势更大、联结内宫的满人大学士刚毅，将自己的建议改为收抚义和团，编而练之，归于官府和清军统辖之下，是个两面讨好的方案。他本人并不会想到朝中部分官员有利用义和团去攻打西方军队和使馆区的意思，基本上仍然是沿袭以往常用的操控民间武装的方式，以应对和稳定当下的危局。由于两位外派调查大臣的意见相近，刚毅推荐更急，给朝廷中的顽固派以义和团可用于对外作战的印象，更倾向于招纳，放弃清剿。

处于中间地位的荣禄，身负重任，又兼有京城附近治安的责任，必须实地处理义和团众的活动影响，因此行事谨慎，既剿又抚，不敢力压，"若因有教案，一味严拿，不惟虑失民心，兼恐激之生变。……仍应遵上年谕旨，但论其匪不匪，不问其会不会，会而不匪，虽会何伤，若既为匪徒，例应严办，而况冒拳名以张匪势乎！"①当时"长辛店卢沟桥一带，电线铁路已为拳匪焚毁，洋工匠司事人等，均已逃逸赴津"，荣禄除派出手下武卫军马队步兵前往弹压外，"率同署全军翼长恩祥、内阁侍读学士陈夔龙，乘坐轮车前往丰台，查看该处机器厂、电报局、火车房材料厂、洋人住房，均被焚毁，烟火尚燃，火车铁轨均尚无恙"。②

对待义和团众占领涿州一带，荣禄与直隶总督裕禄携手派兵前往镇压。尽管如此荣禄仍然不忘宣抚宗旨，向卢沟桥一带聚集的义和团众"晓以大义，反复开导……实为教民欺压，团练学艺为各保身家之计……旋即纷纷走散，此等情形，似又未便率队攻击"。③同时，荣禄又需顾及使馆区的动向，出外视察时，"见各国使馆洋人洋奴纷纷出入，似有惊慌之色，而道旁观看闲人，数已逾万……该处虽有步军统领衙门所派官兵驻守保护，若事起仓猝，恐亦不足深恃"。④作为朝中重臣的荣禄，要关照多个方面，对义和团仍采取剿抚并用之方，最终还是要看朝廷和西方国家的意图行事。

西方各国已经积极向天津大沽调兵，并在陆地上向北京展开全面进

---

① 《查拳教滋事片》，光绪二十六年五月初二日，《近代史资料》，第54号，1984年，第31页。

② 《拳匪滋事分拨队伍弹压片》，光绪二十六年五月初三日，《近代史资料》第54号，第32—33页。

③ 《拳匪团聚卢沟桥派员剀切晓谕片》，光绪二十六年五月初六日，《近代史资料》，第54号，1984，第34页。

④ 《京师严查保甲缉匪安良片》，光绪二十六年五月初六日，《近代史资料》，1984，第35页。

攻，在此危局之下，一些朝廷官员宁愿选择妥协，以避免洋军大举入京，因此强调只能采取大举镇压义和团等民间组织的策略，清除被他们视为"匪"的官府传统敌人，与视义和团为可用的一派构成尖锐矛盾。如安徽巡抚王之春上奏荐言，"探报保定四关莠民拒守北通州，毁教堂，戕教士，接踵而来，势难结束，是效尤余蛮一证也。古人以剿为抚，与其授人以柄，不如自行征剿，无法劝谕，终归于剿，惟有大伸手挞伐，庶可略止戎心"。①

太常寺卿袁昶，因在戊戌变法中有关八旗生计、理财振兴、清理税务等奏议被光绪皇帝采纳，政变之后依然获得提升，"赏直隶布政使袁昶三品京堂，在总理各国事务衙门行走"。②身为对外事务官员，袁昶认为利用义和团的想法是一严重错误，鉴于西方列强必将大举报复，事态紧急，连续上奏陈词：

"本月十六七日拳匪倡乱京师，连日召见王贝勒内外臣工……去年吴桥县知县劳乃宣说帖考之最为切实明白。前东抚毓贤办理平原县邪匪一案，称匪首朱红灯自称明裔，妖言煽乱，各处响应，幸被官兵掩捕擒获，就地正法，绝无能避枪炮刀斧之妖术，此其明证。上年臣询提督程文炳，该提督乙未年驻军近畿，有山东义和拳又自称金钟罩、红灯照名目四五十人投效，以火枪利刃试其技，立时见血伤毙，是妖术全不可信确凿无疑。……匪胆愈张，焚毁芦保铁路，京津铁路电杆，又毁京津至张家口电线。此皆国家派员出内帑借洋款所经营，一旦焚毁，数百万巨资深堪惋惜。又焚毁教堂教民数百处，将来议偿亦不资。……

"复乃自本月十六七日，该匪胆肝潜入京师，盗兵挚毂之下，焚毁教堂，攻击各使馆，纵横恣肆，放火杀人，震惊宫闱，实为罪大恶极，万不可赦。二十日焚毁前外千余家，京城财产精华所聚，焚掠一空，士民搬徙，十室九逃，商贾尽行闭歇失业，饷项亦难于汇兑给发。……各国公使因匪仇教，畏其凶锋，情急自卫，现兵只有四百十余人，各保性命，是其实情。十六日枢臣启秀等传懿旨，慰问各使馆并及公使之妻，该公使等感戴圣慈，沦肌入髓，口称调洋兵为卫馆保命，绝不干预中国国家公事，匪平无事，即行撤回，指天誓日，其词绝非虚伪。

① 《皖抚王来电》，《李文忠公电稿》卷22，光绪二十六年五月十八日巳刻到。

② 《戊戌变法》，第二册，第105页。

"今日之计，惟有先清内城之匪，以抚定民心，慰安洋情，乃可阻其续调之兵，必中国自剿，乃可免洋兵助剿，情势显然。……伏乞皇太后皇上赫然震怒，恭行天讨，上安九庙，下靖兆民，专责成大学士荣禄，兼用且剿且抚之法，得以便宜从事。先肃清内城地面，尊旨立即出示，遍逾军民人等，凡遇头扎系红布、身系红带、持刀放火杀人之匪，准其格杀勿论，并悬重赏之格，缚献匪首所谓老祖师大师兄者，赏银两万两，立即超擢官阶。……若云匪术能避枪炮，何以十六七等日，该匪连攻东交民巷使馆，洋兵放枪，立毙数匪，昨又击毙帅府胡同拳匪四十余名，拆毁其坛。……

"各公使馆蒙天恩保护，感激再生之恩，则续调之洋兵自可阻其来，来亦可以城匪既清，无庸自行保护折之，令其撤回。……各国势大怨深，并举报复，祸患不可胜言。与其外兵干预，代行剿办，必至拳匪洋兵互相斗哄，喋血京师，转至玉石不分，杀害无数良民，大局糜烂，不可收拾，不如我自行剿办，尚可示以形势，杜彼族之口实。"[1]

这一奏折呈上的时间非常微妙，特别是在内外各类事态发生的时间次序上。西方国家派出的第二批规模更大的部队，早已开拔赶往北京，接近京城，如果不是义和团众在京城之外自行阻击，这些外军早已抵达北京，威胁紫禁城，袁昶和朝廷高官们能否在朝堂上继续争辩剿办义和团事项，都是个问题。所谓各国公使"指天誓日"，只为保护使馆区，更是公开的谎言，前往北京的第二支部队（西摩尔部队）正是他们暗中指示调动的，因此绝无"匪平无事，即行撤回"的意图。袁昶上奏和在朝堂上力辩洋人百般无辜之状时，西方各国的海陆联军已经占领大沽口炮台和开始进攻天津城，处于对华不宣而战的战争状态。袁昶和其他人对此外部军事危局一无所知，仅仅熟悉对民间团体势力的镇压方法，一意以剿杀的传统方式化解危机，以取信于正在大举入侵内陆、夺取省会京城的外军。

---

[1]《太常寺卿袁昶奏局势危迫亟图补救以弭巨患折》，《清季外交史料》卷142，光绪二十六年五月二十二日（6月18日）。21世纪初的史料研究已对袁昶各有关奏疏有所质疑，或者根本就没上奏，或者是由日后的好事者伪作托名于袁昶、许景澄，同样也没有正式上奏（见陆玉芹：《穿越历史的忠奸之辨——庚子事变中"五大臣"被杀研究》，中国社会科学出版社，2010年）。

这些官员提出的严厉剿杀选项，一是以自杀自残劝退外军，二是在外军仍然入侵的情况下，会同西方军队展开清剿义和团的战役，共同作战，扫荡华北地区，以达到维持原状的最后一丝希望。被紧急调动起来的西方军队，包括正在前往津沽地区的海陆军主力，此时已经完全没有自行退出的意愿，即使清朝廷在北京、天津采取了一些清剿义和团的行动，西方军队抵达北京的现实及其随后活动，必然会在这些地区占据战略主动和优势。在剿灭国内群众运动和被西方军队主力全面包围的情况下，清朝廷的统治合法性和权威，无可避免地走向消失。

1900年5月28日，北京西方外交使团以"保护使馆区"的名义，召集本国军队入京，续派大批援军，无形中反过来增强了朝廷内倾向于利用义和团的一派的力量。西方驻华外交官们擅自调动军队进入中国境内和逼近首都，正是1900年对华战争的开端。至6月间，原属国内性质的教案和义和团运动，转化为八国联军的对华战争。

第三编　八国联军对华战争

一、临战前夕

1900年6月之后发生在京津地区的陆上军事行动和战争，导致发生社会动乱的极端状态，局势大乱。八国联军取得战役胜利和控制北京之后，西方政府和媒体操纵主导世界舆论，把发动战争的罪责置于清朝政府身上，特别是在发出所谓"宣战诏书"的慈禧太后身上。加上历来西方人持有的国内现状愚昧不文明的印象，攻入北京的八国联军自然不必承担战争罪责。这一观念长期以来定型不变，国内的论史者把普通民众反对现代文明、政府昏庸愚蛮作为战争主因的情况，常见不鲜。

这场战争爆发的重要前提，就是教案、借教案侵夺领土权益，和西方驻华使团对中央政府施压不绝，这三位一体的因素组合。战争前夕的中外互动和战争进程次序，更加证实这是一次以八国联军为主动方的侵略行动。更为重要的是，所谓的慈禧太后"宣战诏书"，并非如其名称所示，以一国敌十数国的疯狂行动，实际上是西方国家和联军为了支持他们发动对华战争、索取巨额赔偿而提出的所谓理据，把处于防守一方的清朝政府列为战犯，加上宣扬义和团的疯狂愚昧和使馆区被包围，使整场侵华战争被描绘成为西方国家为正义而战的大规模海外军事行动。

西方各国政府和舆论不断公开讨论瓜分中国的选项和方式，即使是美国政府通过国务卿海约翰（Hay）提出的"门户开放"政策，也无法约束西方各国的势力范围和权益之争。在这一大背景之下，对华动用武力势成必然。美国驻华公使康格于3月10日公开宣称，"我们都相信一场舰队演习就会促使他们尽快服从，如果还不奏效，再让各国海军陆战队登陆，收到保护外国使馆的呼吁之后就开往北京，然后就再也不会有不服从的现象了，因为他们最害怕和担忧的，就是那些他们无力在帝国都城保持秩序和治安的传言。他们会做任何事情不让这种情况发生"。①

西方国家早于1900年初就屡次要求清朝廷全力镇压剿灭境内的义和团，在外交手段之外，已经各自要求本国政府开始调兵，最为接近北京的俄国在调动陆军方面行动最快也最方便，而各国海军也于4月份起，就在天津大沽之外集结海军舰只，预先做好入侵的准备工作。调动海军舰只和陆战队的主意，起源于5月20日的各国公使使节会议，同意开始各自召集手中拥有的军舰，汇集于天津外海。②

法国和德国公使接纳了法国总主教樊国梁提供的大难临头的危急情报，在他们的大力推动下，各国公使馆于5月28日决定调兵入京，5月31日首批部队乘坐京津火车抵达，自行部署和防卫使馆区。这些外军进占行动，必须经过天津口岸，给正在派遣兵勇对付义和团众的直隶总督裕禄，带来极大困惑和麻烦：

"现接法国总领事杜士兰（Count du Chaylard）函称，代各国领事公乞：英法德俄美意日本驻京大臣，以现在情形险要，公同议定，各抽调兵丁百名登岸。此项队伍不日到来，遣赴北京。各国领事与本总领事，请速饬所属，于各队伍到时，竭力帮助登岸，并饬备火车，届时运送赴京，以期妥速。如何办理之处，即请示复，等语。禄当以婉言回复、阻止，第恐各领事以奉其公使之命，坚执不听，阻挡不住。应请钧署速向各公使商阻，俾各领事无词可借。"③"各兵今日均已到津，无论总署准否，定准明日赴都。如候至明晨尚无回信，即赴车站乘火车动身，若火车不载，亦即自行起早前往。……明日恐万难拦阻。"④

① Steiger, G.N., *China and the Occident, 1932*, pp191–192, cited in Diplomatic Quarters in Peking, by Chia Chen Chu, University of Ottawa, 1944, p43.

② Landor, A. Henry Savage, *China and the Allies,* volume 1, Charles Scribner's Sons, New York, 1901, p50.

③ 裕禄：《致总署电》，光绪二十六年五月初二日，《义和团运动史料丛编》，第二辑，北京大学历史系中国近现代史教研室编，中华书局，1964，第127页。

④ 裕禄：《致总署电》，光绪二十六年五月初三日，《义和团运动史料丛编》，第二辑，北京大学历史系中国近现代史教研室编，中华书局，1964，第132–133页。

这些对外事务自然必须由北京的朝廷中枢和总理衙门去处理，裕禄及天津官员无所作为，绝无实力和意愿强力阻止。鉴于总理衙门已经被迫同意北京公使馆的卫队进京要求，天津官府反而必须向外军提供火车运输服务，并详细记录乘车洋兵数目：

"各国护馆洋兵到火车站时，经铁路局查点大致兵数，先行电陈。兹据铁路局于该洋兵上车时查明实在数目，计开：英国兵官三员，兵七十二名，美国兵官七员，兵五十六名，意国兵官三员，兵三十九名，日本兵官二员，兵二十四名，法国兵官三员，兵七十二名，俄国兵官四员，兵七十一名，共计各国兵官二十二员，兵三百三十四名，均随带枪械。"①

德国与奥地利卫队近百人随后乘车自行前往北京。此时京津铁路未受义和团活动影响，清军和外军利用现有铁路线顺利调动兵力，为此日后义和团的主要活动之一就是破坏铁路，以达到阻止敌军行动的目的。

西方外交官们的意图实际上并不仅限于守卫使馆区，此外还企图借助这些前锋部队，为大批西方军队到京做好准备，启动北京政局发生全盘变化，在武力平定义和团之外，打击清军，并强迫清朝政府作出符合自己利益和意向的部署。赫德早在5月28日西方外交官作出召唤卫队的决定之前，就意识到他们这一行动的最后结果，很可能就是"外军占领北京"。②

赫德同时理解清朝廷的两难处境，不镇压义和团，公使们威胁自行采取行动，而大举镇压义和团，这一"爱国"组织就会转化为一场反清反朝廷的运动。西方军队展开这些军事调动和占领行动的时间，早在清朝廷派出刚毅和赵舒翘前往保定地区调查义和团活动（6月6日）的近十天之前，后者刚刚出使之时，西方军队的前锋部队已经进驻使馆区，在紧挨紫禁城的地方安营扎寨，接管了原先负责使馆区防卫的清军的责任，并立即将清朝廷中心轻易地置于自己速射炮的射程之内。

---

① 裕禄：《致总署电》，光绪二十六年五月初四日（5月31日），《义和团运动史料丛编》，第二辑，北京大学历史系中国近现代史教研室编，中华书局，1964，第138页。英文记载中的相关数字略有不同，而且他们携带了五门速射炮。Landor, A. Henry Savage, *China and the Allies*, volume 1, Charles Scribner's Sons, New York, 1901, p61.

② *The I.G. in Peking*, Letters of Robert Hart, volume 2, Letter 1171, p1230, 27 May 1900.

当年北京城的使馆区不仅设立在紧靠朝廷皇宫的近邻街区，而且设在所谓的满城（Tartar city）之内，而一般汉族官员和北京市民只能居住在城墙之外。使馆区占地宽广，东边地界为今崇文门到东单一线，西边地界偏南的一小部分挨近前门，南北两边为今前三门大街到长安大街。英国使馆占地最广，在西边偏北的位置，原先是梁公府旧址，馆区内有水井七口，其中五口的水质好到可以口饮，足以维持使馆人员长期使用。英国使馆北与翰林院相邻，西与清政府的六部衙门和上驷院相邻，南接俄国使馆，两使馆均在今日的正义路以西，是与清朝廷及政府六部衙门所在最为接近的使馆。

由于使馆区被指定设置在这一区域，馆区内还存有一些原居住于此的官民住所，其中有肃王府，位于英国使馆东侧，裕王府，位于馆区北界的奥地利领馆东侧，大学士徐桐住所，以及满族朝廷的"堂子"等。区内其他设施为赫德辖下的海关机构、邮政局、教堂和洋人建立的酒店，所以各国驻华使节人员享有充分的活动空间。外交使团的位置处在清朝廷的邻近地带，就在紫禁城墙边，去总理衙门也非常方便，在城墙上巡逻的洋兵可以轻易观察到附近皇城、官府和市区的动静。让外国公使和领事们随时可以接触清廷官员，这大概是开放之后的直接后果，由拒绝远方夷人，到容忍西方人就待在皇帝内廷的眼皮底下。

这些进入北京的先遣部队，只是西方国家侵入中国境内军力的一部分，除了进占天津的陆军部队外，相当规模的西方海军舰队，已经聚集于大沽口外，不仅为登陆部队提供支援补给，也为大规模输送部队登陆和占领京津地区做准备。因此，最早的一部分入京部队，在5月底6月初构成侵华军队的一部分，早在清朝廷开始严肃讨论和战重大议题之前，就展开了由正规军采取的正式军事行动。在6月4日，刚毅、赵舒翘尚未受命出行视察直隶境内义和团时，西方外交使团以听闻北京、天津铁路线被切断为名，一致决定，要求停泊于天津海外的舰队司令们做好解救使馆区的部队准备和调动。[①]使馆区在一个营的海军陆战队保卫下，此时安然无恙，周边毫无异常事故发生，外交官们预定解救使馆的目标，不过是希望找借口召集大批军队进入北京而已。

窦纳乐和康格仍然觉得不够安全，也明白数百名外军尚且不足以威吓清朝廷和控制全城大局，随后两人于6月9日，私下向天津外国驻军发出更为急迫的指示，指令已到达天津的英国海军中将、中国舰队司令西摩尔（Seymour）采取行动，从威海卫派出了包括一万余吨的旗舰"百夫

---

① Chu, *Diplomatic Quarters in Peking*, pp45–46.

长"号在内的舰只，由英美两国舰队组建规模更为强大的援军队伍，立即开往北京。英美两国公使的擅自行动，既没有同其他国家的外交官们会商谈论，更不屑于向总理衙门通报或得到许可。[①]

西方外交使团第一次提出使馆区驻军时，尚且在表面上遵循了例常程序，以强硬态度获得正式许可，而此次完全是自行活动，更为专断蛮横，也显示出他们惊慌失措的心态，自我夸大乱情，做出仓促鲁莽的判断，在未向本国政府申请获批的情况下（当时国际电信传达信息已经非常方便快捷），擅自动用海陆军，调动大批军队侵入一个主权国家，而作为一国公使本来是没有这些调遣海陆军将领的相关权力的。

况且6月9日之时，清朝政府仍然在调动清军密集镇压直隶境内的义和团，裕禄派兵在涞水、涿州与义和团反复作战，胜负未定，包围使馆区或挑战西方各国，完全不在他们的计划之中。北京城内也未发生针对洋人的敌意活动，直至6月13日，北京城内的教士教民同样未曾受到攻击和直接威胁。[②]一些本地传教士为安全计，决定搬移到使馆区内，但他们仍然可以自由往来自己的教堂和使馆区之间，以及城内各处，并非身在危险之中。[③]

西方外交官更为担心的，是驻防于北京附近的董福祥甘军，甚至把这一因素作为先派卫队、后派大军进京的主要理由。"明日各国公使要联名照会总理衙门，请将董福祥所统甘军立即遣回甘肃，各国公使均已议定，不但不肯撤回驻京之兵，尚欲添兵数千，以防不虞"。[④]甘军原先驻防于蓟州，偏于北京东北方，后被调遣到更邻近京城的南苑附近，明显有在聂士成军四处征剿不及的情况下，防卫正在北京之南的涿州、保定大肆活动的义和团众之意。

早在窦纳乐和康格召唤本国海陆军之前的6月6日，清朝廷在中外形势恶化的巨大压力之下，颁发了一条重要上谕：

"庚戌（初十）谕内阁：近来各省教堂林立，教民繁多，遂有不逞之徒，溷迹其间，教士亦难遍查其优劣，而该匪徒籍入教为名，欺压

---

① Chu, *Diplomatic Quarters in Peking*, p46.

② Xiang, Lanxin, *The Origins of the Boxer War, a Multinational Study*, Leuven University Press, 2003, p268.

③ Chu, *Diplomatic Quarters in Peking*, p46.

④《樊国梁等函牍》，《近代史资料》，第3期，第30页。

平民，武断乡里，谅亦非教士所愿。至义和拳会，在嘉庆年间，亦曾例禁，近因其练艺保身，守护乡里，并未滋生事端，是以屡降谕旨，饬令各地方官，妥为弹压，无论其会不会，但论其匪不匪，如有藉端滋事，即应严拿惩办。

"是教民、拳民，均为国家赤子，朝廷一视同仁，不分教会。即有民教涉讼，亦曾谕令各地方官持平办理。乃近来各府厅州县，积习相沿，因循玩误，平日既未能联属教士，又不能体恤民情，遇有民教涉讼，未能悉心考察，妥为办理，致使积忿已深，民教互仇，遂有拳民以仇教为名，倡立团会，再有奸民会匪，附入其中，藉端滋扰，拆毁铁路，焚烧教堂。至铁路原系国家所造，教堂亦系教士、教民所居，岂得任情焚毁，是该团等，直与国家为难，实出情理之外。

"昨已简派顺天府尹兼军机大臣赵舒翘，前往宣布晓谕，该团民等，即遵奉一齐解散，各安生业。倘有奸民会匪，从中怂恿煽惑，希图扰害地方，该团即行交出首要，按律惩办。若再执迷不悟，即系叛民，一经大兵剿捕，势必父母妻子离散，家败身亡，仍负不忠不义之名，后悔何及，朝廷深为吾民惜也。

"经此宣谕之后，如仍不悛改，即著大学士荣禄，分饬董福祥、宋庆、马玉崑，各率所部，实力剿捕，仍以分别首从、解散胁从为要。至派出队伍，原所以卫民，近闻直隶所派之军，不但未能保护弹压，且有骚扰地方情事，即著直隶总督裕禄，严行查办，并著荣禄派员查访。倘有不肖营哨各官，不能严束勇丁，即以军法从事，决不宽贷。此旨即著刊刻膳黄，遍行晓谕军民人等，一体知之。"[①]

这件上谕表明，慈禧太后和朝廷中枢的策略，仍然以查禁剿灭义和团为主，点名指派数名主要清军将领，专责此事。因此直到6月初，清朝廷并无明显地庇护或动用义和团众的意向，也充分顾及了西方外交使团近来表达的忧虑，官方回复了西方人和教会多次明发上谕的要求。这一回应举动和裕禄、聂士成等人的持续清剿行动，并不能令西方外交官们感到满意，何况大批西方军队已经正在进京的路途上，那些整天听闻传教士，特别是樊国梁，向他们传递拳民屠教信息的外交官们，如赫德所预料的，此时已经不再满足于，或者真正关心清朝廷是否还在发出惩

①《义和团》，第四辑，中国史学会主编，1951，第16页，光绪二十六年五月十日，辑自《清德宗实录》。

罚反洋教地方团体的允诺，而是决定在强大军力背景之下，自行在中国领土上和京城采取行动，主动掌控大局。

二、西摩尔联军和京城内外军挑衅

西摩尔将军接到北京使馆发来的命令后，急忙从陆上和军舰上召集了两千余人的部队，接近于一个团的正规军，为此要求尽快从香港和新加坡等殖民地调集军队前来天津，补充西摩尔部队离开后的空缺。西摩尔部队乘船驶过大沽口炮台，在上游的塘沽港登陆，然后乘火车前往天津，准备于次日的6月10日，即率领这支联军部队向北京进发，由此正式开始了西方各国的对华军事入侵行动。

就当时的近代国际公法而言，除去获得清朝政府勉强许可的进京卫队部分外，西方国家军队进占天津和派出西摩尔部队开往北京，已经是在严重侵犯中国国家主权，属于十分明确的战争行为。德军在胶州湾的行动，既定目标是占领青岛地区，而西摩尔部队行动的目的，则是占领和控制首都北京，将清朝政府置于被动无力而完全屈从的地位。由于西方国家军队已经习惯于在中国领土上任意动用武力，特别是在德军山东行动之后，因此如同西摩尔部队如此之大规模的军事行动，威胁京城，也不向清朝廷通告，潜意识里不会将其视为战争行动，行动目标只以自己的意向和现实机会而定，因此才会在遇到抵抗和反击时，反而悍然地将对方定为对西方各国战争的发动者。

按照首批西方军人入京的程序，西摩尔命令部下乘坐火车进京，预计两三日之内，全体队伍和辎重就可抵达北京。为了防备以英国为首的联军快速夺取北京城，朝廷在收到裕禄报告后，被迫调动驻防清军，"洋大队距城十数里，枢派董十营卫宫，十营驻城外备敌"，[1] 又将聂士城部派遣回防到天津附近地区，插入到入侵北京的西摩尔部队和占据天津的其他联军部队之间。正是因为清军兵力外调，清朝廷更加失去对付控制在直隶境内和北京城内活动的义和团武装力量，即使当时有意大举镇压义和团众，也有力不足之虞。之后城内清军以董福祥的甘军为主，加上荣禄手下的武卫中军，对于压制城内各处的骚乱，或在朝廷旨意下驱散正在入城的大批义和团众，都存在着一定的困难。

---

① 《东抚袁来电》，《李文忠公电稿》卷22，光绪二十六年五月二十三日戌刻。

西摩尔召集起来的增援部队于6月10日早上九点半坐火车离开天津车站，运送915名英国官兵、450名德国官兵、300名俄国官兵、158名法国官兵、100名美国官兵、52名日本官兵、40名意大利和25名奥地利官兵，共2040名。随车附带了100名中国苦力作为随时修理铁路线之用。另外一列运兵火车于次日6月11日开出。[1]

提督聂士成的部队驻守在位置十分重要的杨村车站附近，是西摩尔车载部队进京的必经之路，目睹大批西方军队风驰而来，聂士成大为吃惊，一时不知所措，或是阻止或是放行。"今午忽有洋兵千余，随带快炮材料等，由车直赴北京。正欲诘止，旋接铁路局复电，专车装洋兵入都，系奉制宪札饬办理等语。伏思外人纷来，海防吃紧，敝军久驻杨村，毫无裨益，当饬营队回芦，以备不虞。"[2]

西摩尔部的洋兵，当日中午到达杨村车站，铁架桥完整无损，加水完毕，继续向北京进发，聂军士兵虽然部署了四门火炮，却毫无动作，反而一路保护铁路，防范义和团众，让乘坐京津铁路局车辆的外国军队顺利前行。[3]

裕禄在应对剿平境内义和团上，已然焦头烂额，面临内外交困的局势，不少事务都不能由他做主，因此紧急向朝廷请示，

"查各国兵舰陆续到大沽界外者，现有二十二只，进口内者，兵舰三只，雷艇两只。其洋兵到紫竹林租界外约有九百余名，另已入都者四百十余名，并闻随后尚有浅水轮船，可装兵械直入紫埠。刻下各领事等蛮横情形，已属不受商量，不服稽查，观其举止，恐有进兵剿匪之势，其时敝处必不能阻止。彼虽现未明言，不可不预为之防。果有此举，大局不堪设想。务恳钧署与各国钦使设法豫为筹商，免致临时无所措手。"[4]

他又接到法国总领事杜士兰的通知，"各国领事公议照会，请预备

[1] Landor, A. Henry Savage, *China and the Allies*, volume 1, Charles Scribner's Sons, New York, 1901, pp86~87.

[2]《聂提台(士成)电》，光绪二十六年五月十四日，《义和团运动史料丛编》，第二辑，第187页。

[3] Landor, A. Henry Savage, *China and the Allies*, volume 1, Charles Scribner's Sons, New York, 1901, p87.

[4]《致总署电》，光绪二十六年五月十三日，《义和团》，第四辑，中国史学会主编，1951，第185页。

专车，以便速派队伍抵京之用，立候复文，……再三商阻，不允。并探得各国立定主意，系保护使馆，势在必行，如不肯派车，亦即抢夺火车而行，并一面修路，一面进京，强阻必即开衅。敝处实无法可施，只可知会铁路局查照核办。闻各国共集一千余名，业已登车"。①

北京朝廷对这一第二批外军主力赴京的消息，更是深感震惊和恐惧，不得不做出武力防备的表态：

> "又谕：前据裕禄报称，日内有洋兵千余，将由铁路到京等语。现在近畿一带，土匪滋事，办理方形棘手。各国使馆先后到京之兵，已有千余名，亦已足敷保护，倘再纷至沓来，后患何堪设想！著裕禄迅将聂士成一军，全数调回天津附近铁路地方，扼要驻扎。倘有各国兵队，欲乘火车北行，责成裕禄设法拦阻，并著聂士成整齐队伍，备豫不虞。其大沽口防务，并著督饬罗荣光，一体戒严，以防不测。如有外兵阑入畿辅，定惟裕禄聂士成罗荣光等是问。将此由五百里各谕令知之。"②

清朝廷之前的关注重点，全在义和团及其与教会组织的冲突之上，聂士成等清军部队的主要任务也是剿匪，突然之间，京城之内将有强大外军驻扎，成为朝廷旁侧的重大威胁，迫令朝廷将原本正在防范京城南部义和团的聂士成等清军，转调至外军侵入之地和向北京进发的途中，以防不测。此时清朝廷明显地还没有完全转向，无缘采取所谓的仇外措施，仍在避免军事冲突，对裕禄的指示，无非是一贯的劝说西方人之策，如同之前推却北京西方使团调派各国卫队入京一样，期盼成功，却无力阻拦，对已经大批驶往北京的西摩尔部队，更是无可奈何，重点放在阻止后续部队再行入侵之上。

西摩尔率领的联军部队于下午六点到达廊坊附近后，距北京东交民巷使馆区的直线距离约为50公里。如果继续如同之前进京的前锋卫队，或者他们离开天津之后的行进速度，这一个团的近代西方正规军队于次日就可以到达北京，令仍在紫禁城内商量剿抚义和团的朝廷中枢，再次面临城下之盟，连对外"宣战"或发出外交照会的时间都没有。京城局势并没有按照西摩尔和窦纳乐的计划预期发展演进，原因就在于渗入直

---

① 《致总署电》，光绪二十六年五月十四日（6月10日），《义和团》，第四辑，中国史学会主编，1951，第187页。

② 《义和团》，第四辑，中国史学会主编，1951，第19页，光绪二十六年五月十七日（6月13日）。

隶境内的义和团众，当聂士成部精锐清军对西摩尔部队的大举入侵坐而静观之时，发动了首波自发的抵抗行动。

杨村附近的义和团众已经开始拆毁通往北京的铁路和破坏桥梁，迫使刚刚驶出杨村站几公里的西摩尔部队停止前进，进行紧急维修。这是西摩尔部队遇到麻烦的开始，如此强大的一支西方近代化军队止步不前，破坏了西摩尔和窦纳乐的全盘计划。义和团众在此地的行动，明显是为了阻止西方军队入侵和攻占北京，他们之前在直隶境内对抗官府镇压时，也采用过类似破坏手段，以尽力阻止清军利用铁路运输，不得快速调兵打击各处义和团聚集地，"匪因火车调兵迅速，自高碑店拆起，五日焚毁百数十里"。①

这类破坏活动确有现实需要，在阻挡西摩尔部队时，义和团众破坏路轨和袭击列车等手段，也收到意外效果，将大举进京以威震都城的联军官兵，阻挡在离北京一段距离之外，进退不得，发挥了陆战中少有的地形地利优势，才有此成效。后世的一些论史者，将这一类破坏铁路设施现象，概括地归纳为义和团众敌视和肆意摧毁近代文明产物，借以指责其落后性质，这其中更多的是不符合当时现状和忽视作战实际需要而来的偏颇观点。

在杨村附近阻截西摩尔部队的义和团众，明显不具备起码的实地作战经验，于6月11日贸然向停止行进聚集于车队周边布防的洋军发起进攻，自然遭到密集火力网的压制，损失惨重。"洋兵业经开仗"，"津电，洋兵一千三百名进京，在落岱开仗，枪毙拳匪五十名，伤者甚众"。②

拥有近代锐利武器的西摩尔联军，兵员数量足够，相比于英国公使窦纳乐认为足以荡平津京的数百名西方军人，已大为超出，受到铁路破坏时前进不利，但在防守方面绰绰有余，可以充分利用重机枪和快炮等先进武器，大量杀伤仅仅持有刀剑棍棒草叉和土抬枪的义和团众。

打退这些来自义和团的第一波地方抵抗力量，西摩尔部队继续启程前行，第二梯队的三百名俄军和五十八名法军官兵，此时也赶了上来，于12日中午一同抵达廊坊，才再次被迫停车。义和团众继续采取拆毁铁路的策略，并将几百米长的铁轨扔到河中，这样即使西摩尔部队中的苦

①《盛京卿宦怀又电》，光绪二十六年五月初六日未刻发，《义和团运动史料丛编》，第二辑，第148页。

②《李文忠公电稿》卷22，《盛京堂来电》，光绪二十六年五月十八日巳刻到。

力和维修人员赶工修复，列车上所载运的修路材料也不敷所用。用这种简单原始的方法，二千五百余名的西方军队，被一定数量、组织松散的义和团众阻挡在廊坊一带坐等，早日进京的计划显然已经落空。

西摩尔联军部队北上的消息早已传到北京，使馆区派出的秘密信使也已抵达廊坊，催促他们尽快再度出发。北京使馆区外，本来已有荣禄属下的武卫军队伍驻守巡查，之前并无生事，城内也没有洋人伤亡。但在西方各国派兵入城保护之后，形势反而紧张激化，原因之一就是使馆区内的西方人，包括外交官们，依仗大量本国卫队部署在附近，气焰大长，又深受西摩尔部队即将到达的消息所鼓舞，行为上自然表现出转守为攻的态势，认为救兵马上到京，有强大武力为后盾，更加肆无忌惮，异常活跃。不仅在京外交官态度大变，尤其是德国公使克林德，而且一般西方人也采取主动出击的方式，向刚刚开始进入北京的义和团发出挑战和攻击。

北京城南远郊供西方人专用的赛马场，于6月8日被周围村民焚毁，使馆区内的几名年轻翻译生之后骑马前往查看，如同探险，看到了仍在冒烟的马场建筑，并策马驱散了附近村庄前来马场寻找和捡拾剩砖的村民。他们继续向南骑行，被愤怒的村民包围，大喊"杀""杀"，被迫骑马突围而出。后面又有两名翻译生骑马前来，陷入村民包围，慌乱之中，翻译生布里斯托（Bristow）开枪打死一人而逃。这是北京城内洋人第一次向中国人开枪致死，但西方媒体对此事均避而不提，尤其是事后因报道围攻使馆区而全球出名的《泰晤士报》驻京记者莫理循（George E. Morrison）。[1]事后西方人的记载都把这些翻译生们路上所遇到的村民列为"拳匪"。至6月9日时，仍有外国人外出使馆区和城门，巡游玩乐。[2]

到了6月10日，西摩尔部队赴京的消息已传遍京城，期盼他们尽早

---

① Seagrave, Sterling, *Dragon Lady: the Life and Legend of the Last Empress of China,* Vintage Books, New York, 1992, p315.另一名翻译生Hewlett（休略特）虽然没有同去，也记下此事，却把日期写为6月16日，但该段文字列在他未发出的6月10日的信中，实际上记录的是9日发生的事情，他自己记录混了。（William Meyrick Hewlett, *Diary of the Siege of the Peking Legations*, June to August, 1900, Harrovian（英国哈罗公学校刊）, November, 1900, p96）一名八国联军史的作者（Landor）把村民都称为"拳匪"，而且形容翻译生们没有走出一公里就遭到"拳匪"阻击，似乎义和团众已经接近了使馆区，但事实上翻译生们先赶到城南十公里的赛马场，意犹不足，又向南行，才遇到了村民们的阻拦。

② Chu, *Diplomatic Quarters in Peking*, p47.

到达的各国公使，甚至召集了50辆马车，在40名卫兵的护卫下，前往火车站迎接西摩尔部队，却失望而归。[①] 6月11日，心有不甘的日本公使派出书记官杉山彬，单身一人，身着西式正装，再次前往永定门火车站，去迎接西摩尔的到来。他在路上遇到董福祥的甘军士兵，被他们截住和视为间谍，正在接应外军，因此遭到杀害。正在尽量减少与公使馆麻烦的总理衙门，马上派出特使，专门到使馆区做出道歉，并求得朝廷为此特地颁发上谕，"十五日永定门外，日本书记生杉山彬，被匪徒戕害之事，闻之实深惋惜。……该地方文武，既疏于防范，凶犯亦未登时擎获，实属不成事体。著各该衙门上紧勒限严擎，务获凶犯，尽法惩治。倘逾限不获，定行严加惩处"。[②] 而日本使馆方面也未就此提出格外的要求。

但西摩尔部队的消息带来的后果不仅仅至此，作为国内民众对此明显入侵行为的反应，受到刺激的义和团众首次成组织地进入北京城内。[③] 这其中有当地官府放行开城门的因素，暗中得到一些朝中大臣的赞同，既然西方大军马上就要进入京城，周围直隶地区的义和团众，在得到朝廷许可的情况下，或许可以被视为一种与外军对抗的力量。义和团在北京城内的活动迅速波及各区，设坛无数，团民活动也在6月13日发生急剧转变，开始袭击焚烧抢劫本地教会财产和人士，专供洋人使用消夏的西山"公馆"，也被焚毁。至6月下旬，城内义和团被荣禄估计为"都中数万，来去如蝗"，严格控制他们已成难办之事。

义和团众在京城内的活动，先是设坛练拳，以教民为主要敌对方，之后人员混杂，受人操纵，发生劫掠现象，并危及官绅，但官府压制力量仍在，甚至得以将被抓团民处刑。时为顺天府尹的陈夔龙，直接接触进入京城的各类义和团众：

> "拳民虽恣睢暴戾，寻仇擅杀，然亦尚知敬重长官。余署京兆尹时，各城门闹市均设神坛，虽亲贵大臣经过，喝令下舆行礼，不敢不遵也。独余车过时，知为顺天府，谓系父母官，转学西人举一手为礼。……有大师兄求见。延之入，立于阶下，持刚相名片一纸，谓现因

---

① William Meyrick Hewlett, *Diary of the Siege of the Peking Legations,* June to August, 1900, Harrovian, November, 1900, p1.

②《义和团》，第四辑，中国史学会主编，1951，第18页，光绪二十六年五月十七日（6月13日）。

③ Chu, *Diplomatic Quarters in Peking*,ibid, p47.

会中人数太多，餐食不给，所寓某寺与（顺天）府中所设平粜局相近，拟借拨京米二十石备用，俟筹有钱米，即行奉还。……当即缮发谕帖，令其持向局中与该局浃洽，如数拨用。时天际浓云密布，大雨将至，该拳民仰天太息曰：我等亦系好百姓，倘上天早半月降雨，四野霑足，早已披蓑戴笠，从事力作，哪有工夫来京，作此勾当。所谓盗亦有道也。"[1]

军官出身的克林德（Ketteler）1899年才被任命为德国驻华公使。在义和团仍然远离使馆区时，克林德于6月11日将两名无意之间走近使馆区的本地居民抓进使馆区，拷问盘查，经京城官府多次交涉，包括步军统领崇礼亲身前往，仍不放回，借口他们是义和团员，拘捕多日，其间被捕的少年死在德国使馆中。《泰晤士报》驻京记者莫理循借机到附近的肃王府内，到处查看，未找到这位孩童，被在场目击的一位英国人故意把孩童的消失，说成是有内线帮忙。[2]

此事自然成为次日义和团众在使馆区外示威和放火的肇端，使馆区防备严密，义和团众更多的是烧杀区外的教民和教堂。住在使馆区地界内的徐桐，身为朝廷大学士，先被德国卫兵扣留，接着被软禁监视，几乎成为西方人的人质。徐桐之后拿到使馆发出的通行证，仍然遭到馆区内神经紧张的武装人士阻挡出行，被拉出他坐的官轿，被迫坐在地下，接受盘查，经过交涉后才得以通过使馆关卡，悄悄逃离到其他地方居住。[3]徐桐本人对洋人的态度感受，可想而知。

本来用于防守使馆区的各国士兵，公然在中国都城的主要大街上任意横行，开枪开炮，晚上出于对义和团的恐惧，也在外出时随时向路边

---

[1] 陈夔龙：《梦蕉亭杂记》，《近代稗海》，第一辑，第347-348页。

[2] Weale, Putnam, *Indiscreet Letter from Peking,* Dodd, Mead and Company, New York, 1907, p51. Weale（威尔）是一名在中国海关供职的英国人，真实姓名是 Bertram Lenox-Simpson，当时正好身在使馆区内，事后用此笔名发表他的个人记录。从他化名发表、出版时间晚和文学性极强的特点等考虑，此书多有事后加工修饰的迹象，因此最好将他的回忆文字与其他相关资料互相参考。他在八国联军战争中的抢劫劣迹名声，令他于次年离开中国海关。他的回忆录"传达的是帝国主义的声音"，"主调是帝国主义冒险，成就了众多伟大事业"（Bickers, R., *Britain in China,* Manchester University Press, 1999, p34）。

[3] Xiang, Lanxin, *The Origins of the Boxer War,* p299; Weale, Putnam, *Indiscreet Letter from Peking*, Dodd, Mead and Company, New York, 1907, pp84–85.

可疑的阴影密集开枪，为了打倒一个可疑的人，打出近百发子弹。[1]法国卫兵于6月13日射杀两人，是西方人在使馆区内最早向外开枪击毙本地人的事例。[2]诸如此类的蓄意挑衅行为，激化了义和团与西方使团及洋人的矛盾，把义和团斗争矛头引向使馆区，引起群体示威和使馆区外的抢劫，而亲身参与、表现独特的克林德，更成为袭击的目标。

一些西方外交官和武装洋人率先向北京内外的义和团众发出挑衅，直接攻打附近街道的义和团众。他们组织了"猎获拳民行动"，由小队士兵和武装人员，主动跨出使馆区的界限，在北京城内的一些地区大肆枪杀刀刺，有的士兵陷入近于嗜血的"兰博"式屠杀。[3]

这些活动有些是借救援教士教民之名，有些完全是以途中遭遇和阻击义和团众为目的的袭击活动。6月14日，一群外国士兵在记者莫理循的带领下向外出击，营救了一些中国教民，却在一座庙宇中枪杀了46名义和团民。北京失陷后，这些团民的尸骨仍然留在那里。[4]这一事件在袁昶的奏折中也有所体现，即在帅府胡同发生的枪杀义和团之事。

更为严重的是，在西方外交官的鼓励之下，使馆卫队官兵开始放任自由地从使馆区向外开枪，在毫无危险情况发生时，以附近街区目力所及可见的义和团众为射击目标。6月13日法国士兵开枪后，使馆区内的酒店人员也积极加入射击比赛，以杀人为乐，胡乱开枪的后果，就是打伤了一名日本人。[5]狂妄傲慢的克林德很早就下令在城墙上巡逻的德国士兵做好作战准备，特别是利用那些面向南城居民区的从崇文门到前门的城墙，见到义和团众在使馆界外活动聚集，就自行瞄准开枪射击。自14日起，他在前门城墙上指挥德国海军陆战队，向远处正在演练武术和

[1] Weale, Putnam, *Indiscreet Letter from Peking,* Dodd, Mead and Company, New York, 1907, pp61−62.

[2] William Meyrick Hewlett, *Diary of the Siege of the Peking Legations*, June to August, 1900, Harrovian , November, 1900, p3.

[3] Weale, Putnam, *Indiscreet Letter from Peking*, Dodd, Mead and Company, New York, 1907, pp70−72.

[4] Giles, Lancelot, *The Siege of the Peking Legations,* A Diary, University of Western Australia Press, Perth, 1970, p113; William Meyrick Hewlett, *Diary of the Siege of the Peking Legations*, June to August, 1900, Harrovian , November, 1900, p8.

[5] William Meyrick Hewlett, *Diary of the Siege of the Peking Legations,* June to August, 1900, Harrovian , November, 1900, p3.

操练队伍的义和团进行排射，如同日常射击操练，结果枪杀无数，包括围观市民和巡逻清军士兵，克林德自己亲自开枪，射杀数人。[1]

据美国公使康格给本国政府的报告，至6月15日，至少100名被认为是义和团的本地人被各国使馆卫兵打死，不计在城内其他地方分散击毙的人，如莫理循所率小队外出枪杀者。[2]而善于以战绩自吹自擂的海军陆战队员们，声称仅他们的一个20人的小分队，就在外出执行任务的三天中，打死了至少350名中国人。海军陆战队中士沃克（Walker）一次外出就开枪打死8人，相信他射出的子弹一定还打中致伤了不少人。[3]这些来源于各人所记的数字总数不明，使馆卫队在外出时因惊慌和嚣张而随意开枪，杀人无数，对他们的"战果"只能大约以百计数。

在6月中旬，在京西方武装人员杀死了数百名当地人，应该是没有疑问的。连城内甘军士兵都在这些有计划外出活动的洋人袭击中遭到伤亡。6月17日，一些德国卫兵故意向附近路过的甘军士兵开枪，致数人死亡，而甘军在董福祥的控制下并未回击，之后英美公使窦纳乐、康格同甘军军官协商，双方都同意要避免冲突，不再扩大纠纷。[4]之后甘军士兵向北方向移动，主动撤出会与使馆卫兵冲突的街区。总理衙门派员前往使馆区，要求公使们约束他们的卫兵，停止外出捕杀义和团众，但公使们都不愿意对此作出回应和保证。[5]与此同时，无论是义和团众或是政府军，都尚未对外军的种种侵犯活动采取任何报复反击行动，而荣禄之下的武卫中军反而继续保持着与使馆卫兵们的良好关系。[6]

---

① William Meyrick Hewlett, *Diary of the Siege of the Peking Legations,* June to August, 1900, Harrovian , November, 1900, p5；Chu, *Diplomatic Quarters in Peking,p48*；Hayter-Menzies, G., *The Empress and Mrs. Conger: the Uncommon Friendship of Two Women and Two Worlds,* Chinese University of Hong Kong Press, 2011, p132.

② Chu, *Diplomatic Quarters in Peking,* p48.

③ Hooker, Mary, *Behind the Scenes in Peking: Being Experiences during the Siege of the Legations,* John Murray, London, 1911, p36, p41.

④ Chu, *Diplomatic Quarters in Peking*, pp49-50；William Meyrick Hewlett, Diary of the Siege of the Peking Legations, June to August, 1900, Harrovian , November, 1900, pp9-10.

⑤ William Meyrick Hewlett, *Diary of the Siege of the Peking Legations,* June to August, 1900, Harrovian , November, 1900, p10.

⑥ William Meyrick Hewlett, *Diary of the Siege of the Peking Legations,* June to August, 1900 , Harrovian , November, 1900, p8.

那些使馆卫兵和武装人员外出袭击事件发生多次，死伤无数，令使馆区周边的街区成为危险地带，激起民愤，直接威胁到在京洋人生命，义和团民和清军士兵更对克林德本人恨之入骨。令人感到非常奇怪的是，远在伦敦的报纸，早在6月16日就根据来自天津的记者信息，公开报道这位德国公使已经被杀，连德国政府都因为收到这一坏消息而格外紧张。[①]

此时清朝廷针对京城内的义和团活动，特别是反洋教活动，试图加以约束，减少麻烦和来自外交使团的抗议之声。6月14日使馆卫队射击使馆区外民众和外出袭击的高潮之时，"谕军机大臣等：顷闻义和团众，约于本日午刻，进皇城地安门、西安门焚毁西什库之议，业经卞兵拦阻，仍约于今晚举事，不可不亟为弹压。著英年、载澜于拳民聚集之所，务须亲自驰往，面为剀切晓谕。该拳民既不自居匪类，即当立时解散，不应于禁城地面，肆行无忌。倘不遵劝谕，即行严拏正法"。[②]

随后，对各处教堂被毁一事的回应，是"崇礼、英年、载澜均著交部严加议处，两翼翼尉等均著革职留任，并摘去顶戴，仍勒令严拏首要各匪，务获惩办"。[③]荣禄所率清军中的武卫中军，在京城之中尚能控制局面，既然朝廷剿抚义和团的宗旨未变，使馆区方面实际上并没有受到来自清军部队的明显威胁，只是区内洋人对董福祥的甘军在城内四处活动，怀有极度恐惧心态，甚至不惜主动出外向甘军挑战。

对在廊坊一地被围的西摩尔部队，当地义和团众在几天内发动了多次攻击，都被处于稳固防守位置的联军官兵击退，在机枪扫射下的冲锋，几乎是自杀性行为，因此死伤惨重。西摩尔部队官兵更多地看到头扎红布的义和团在向他们发起冲锋，而且队伍人员的数目一般并不占绝对上风，通常以一两千人的义和团众，就去进攻总数近两千五百人的西方联军，自然胜算很小。他们缺乏明确指挥方法和相互合作，都是以义勇精神投入战斗，一旦伤亡众多，所谓的"法力"失效，即退出战场，再寻机会，所以基本上不是西方正规军的对手。拥有同西摩尔联军武器

① Smith, H. Arthur, *China in Convulsion*, Fleming H. Revell Company, New York, 1901, p256.

②《义和团》，第四辑，中国史学会主编，1951，第20页，光绪二十六年五月十八日。

③《义和团》，第四辑，中国史学会主编，1951，第21页，光绪二十六年五月十九日（6月15日）。

装备水平相近的清军，也在附近驻防，但在南边杨村的聂士成军，按兵不动，北边被派出城的董福祥部清军，只有少数几次与义和团共同出现在战场上。

虽然西方联军不断击退义和团众，杀伤不少，但沿线铁路已被破坏，仍然无法实现依靠装甲列车运送部队进京的计划。其实这五十公里的陆路，离京已经不远，以西摩尔当时手下部队的实力，步行跨越这段距离，仍然不是个大问题。但西摩尔身为海军中将，严重缺乏陆战经验，特别是苦战决心，停留在廊坊一地，把列车当作军舰，惧怕远离，犹豫不决，进退不定。在北京外交使团催促他们尽快前往北京之时，西摩尔反而违抗这一命令，滋生退回天津的念头。这是因为他更多的是从军事行动和作战现状的角度去考虑，并不直接附属于驻外使节，但海军出身的西摩尔将军却不去考虑，返回天津的路上距离在六十公里以上，比到北京的距离还要远。

同时，天津口外的西方海军，也在紧锣密鼓地为即将到来的大规模登陆和全面占领天津、北京做最后的后勤准备，"连得探报，大沽口各国兵船已到二十余艘，英法尚在调兵"。[①] "各处教堂均毁，波及通京津，甚乱，沽口兵舰已泊四十二艘，洋兵入都三千，驻津倍之，朝局可危，闻内廷仍无剿意"。[②] "尚有俄兵二千名到津，并闻驻旅俄兵有数千名来津，日本亦必添兵云"。[③]西方舰只数量迅速增加，从全国各地的军事基地和邻近的殖民地，如威海卫、青岛和香港，调集了陆战部队和各类船只，包括运输补给船，西方各国的海陆军都在准备大打一场。在中国北方局势仍然基本稳定的6月14—15日之间，西方军队就已形成对华全面作战的计划和组建成侵华远征军主力。

西摩尔部队在14日被阻于廊坊之后，在原地停留了数天，除了防守阵地外，只对附近的村庄进行了搜索和清剿，再没有全力以赴地向北京挺进。西摩尔将军在廊坊附近的战局中，置自己拥有两千多名近代洋兵的优势于不顾，而是注重所面临的各种困难，铁路不通，弹药给养逐日减少，前方不知有多少义和团和清军在埋伏待战，而开往天津的铁路仍

---

① 《盛京堂来电》，《李文忠公电稿》卷22，光绪二十六年五月十八日巳刻到；《皖抚王来电》，《李文忠公电稿》卷22，光绪二十六年五月十八日（6月14日）刻到。

② 《天津王委员来电》，《李文忠公电稿》卷22，光绪二十六年五月十九日（6月15日）午刻到。

③ 《盛京堂来电》，《李文忠公电稿》卷22，光绪二十六年五月十八日巳刻到。

然可用，西摩尔因此心生怯意，自行做出了退回天津的决定。[1]

即使沿着水路前往北京，也被认为是不安全的做法，未被采纳，因为部队掌握的火炮和重机关枪不便携带，而西摩尔本人不愿远离装甲列车，去进行艰苦和难以预测的步兵作战。至6月19日，天津附近中外大战已起，西摩尔联军部队的官兵却放弃了他们的优势前锋位置，离开被阻挡在杨村的列车，开始步行返回天津。如果他们以这种陆上行进方式，继续向北京进发，而不是退回天津，依照之前击退义和团和清军进攻的例子，同样有望获得成功。从军事角度看，西摩尔做出退兵的决定是错误的，实际上联军部队在6月20日返回天津的路途中，就以优势火力，再次击退了布阵防守要道的清军。

与此同时，位于杨村天津一带一直坐而观战的聂士成部清军，于6月17日之后，开始加入对早已谋面的西方军队的实地作战。6月18日，聂军士兵在义和团的辅助下，向开始退往杨村的西摩尔部队发起攻击。虽然据说聂士成动员了六千清军，但西方人认为义和团众是此次攻击的主力，被排列在聂军队伍之前发起冲锋，因此遭受伤亡更重，而聂军士兵虽然装备了与联军类似的近代化枪支，却缺乏适当训练，用心不专，胡乱射击，很少打中，也不在乎是否能够打中敌军。交战结果，义和团和清军伤亡五百余人，西摩尔部队死六人，伤六十人。[2]直到西摩尔部队逼近天津以北重镇北仓时，聂士成军才真正进行了有效抵抗，并且较好地使用了手中的火炮和较新型的无烟弹药，节节抵抗，让西摩尔联军在6月21日用了一天的时间，才拿下这一地方。[3]

西摩尔部队在廊坊和返回天津途中所经历的战斗过程，证明他们在步兵作战中并不处于劣势，反而能够大量造成杀伤，克服敌方的阻截，也能够按照计划攻占沿途村庄。这样一支庞大的近代化正规军队伍，竟然受阻和被迫折返，主要是领军主将指挥不力，西摩尔本人经常身处前线，冒险参战，据说为此获得联军官兵的赞誉，但实际上却放弃了他本

---

[1] Landor, A. Henry Savage, *China and the Allies,* volume 1, Charles Scribner's Sons, New York, 1901, p97.

[2] Landor, A. Henry Savage, *China and the Allies*, volume 1, Charles Scribner's Sons, New York, 1901, pp97~98.

[3] Landor, A. Henry Savage, *China and the Allies*, volume 1, Charles Scribner's Sons, New York, 1901, pp102~104.

应承担的责任，推动部队继续前进，仅仅因为自己对部队处境的担忧而主动放弃既定作战任务。联军部队在很大程度上依赖铁路运兵，被义和团拆毁铁路后，行动大受限制。他们作战不精，疏于进攻，依赖防守，离开火车大炮，步战效率就大为降低，即使敌方实力不足，作战散落无方，仍然担心落入陷阱，在缺少远见和毅力的将领统帅之下，难免陷入困境。无怪乎事后西摩尔将军的名字被赫德和其他人稍加改动，变为"再也见不到的将军"（General see-no-more）。

　　同时在北京，鉴于外军入侵在即，使馆区卫兵不断开枪射击邻近街区的目标，作为反应和报复，城内义和团和官兵袭击教堂教民的行动，大肆展开，并且试图通过焚烧离使馆区近的房屋，展示火攻的威胁性，但控制火势失败，连累紧邻的前门商业区，大片焚毁，其中又有抢劫事情发生，因此被试图保护西方人的一派官员，在奏折中和朝堂之上，用来证明义和团只有破坏，毫不可靠，朝廷容易失去对他们的控制。作为京城防务首长的荣禄，在事发之后的第二天（6月13日），就出动手下的武卫中军，控制了那里的局势，抓捕起事团众，并同庆王奕劻一道，发文致信各国使馆区，再次给以他们安全保证。

　　但是自6月15日起，使馆区内的卫队和武装人员，开始执行涉及范围更为广泛的营救京城内教民的行动，派出多股队伍，外出执行任务，穿越北京的大街小巷，途中自然以保护自己的名义鸣枪放炮，以吓跑周围的义和团众，甚至在遭遇到董福祥的甘军队伍时，也不惮开枪交火，造成甘军士兵伤亡。[1]使馆卫队虽然在外出执行任务时未受挫折，击退清军，但之后德国公使克林德就被意图报复的甘军士兵枪杀。凑巧的是，发生击毙董福祥甘军士兵的时间，正是西方联军攻击占领大沽口、正式对华开战的同一日。如此看来，无论是在京城还是在津沽塘地区，西方国家军队都在采取积极攻势，直接动用武力，而不顾中方的行动和反应，保护教会和教民不再是他们关心的主要问题，只是一个有利于开展军事行动的借口。

三、大沽炮战和"宣战"风波

　　在这种诡秘莫测的紧张情况下，清朝廷在集聚朝臣会议之后，仍然

---

① Chu, *Diplomatic Quarters in Peking*, p49.

发出一道关键上谕，涉及使馆安全和人员去向，"庚申（五月二十日，6月16日）谕内阁：近因民教寻仇，讹言四起，匪徒乘乱烧抢叠出，所有各国使馆，理应认真保护。著荣禄速派武卫中军得力队伍，即日前往东交民巷一带，将各使馆实力保护，不得稍有疏虞。如使馆眷属人等，有愿暂行赴津者，原应沿途一体保护。惟现在铁路未通，若由陆遄行，防护恐难周妥，应仍照常安居，俟铁路修复，再行察看情形，分别办理"。①

按照荣禄命令前往使馆区交涉此事的清军军官，同使馆卫队司令商量过清军在使馆外部署清军防卫的位置，而且直到6月19日，清军官兵对使馆区内的洋人的态度，都是非常友好和遵守规矩的。②这首先是因为他们遵循最高军事长官荣禄和朝廷的命令，而且尚且不知在西摩尔部队之外，西方联军正在准备武力夺取大沽口。

清廷中枢在这关键的几天内的态度立场十分微妙，数次召集有关官员，叫了几次"大起"，在朝堂上商讨对策，实际上是在被动地应对外部急剧变化的局势，求生存而已。历次所发上谕，依然显示朝廷清剿压制义和团和取悦于西方外交使团的主体意图。朝廷内的人事变化已经有利于顽固派一方，连荣禄等现实派官员，人数和气势上都处于劣势，原因之一是依附"大阿哥"的人士占据了更多有关职位和有权发言的位置。"谕军机大臣等：昨派端郡王载漪管理总理各国事务衙门，该郡王差务繁重，未能常川进署，如该衙门遇有紧急事件，仍著随时会商"。③未来摄政王和准皇帝的潜在势力权威，压倒了那些反对顽固派的官员们，也极易影响慈禧太后本人的意向，而由端郡王管理总理衙门，对外交事务具有日益显现的负面效果。

尽管如此，平定京城居民和安抚驻京使节，仍然是朝廷中枢的核心考虑因素。"谕军机大臣等：近来拳匪滋事，叠经谕令严办。惟京师地面辽阔，城隅旷地，以及废寺闲房，最易为匪徒匿迹之所。闻炸子桥、沙土围、白纸坊等处，奸徒聚众学习拳棒，并有为首之犯，绰号应天禄、及李七等，其余匪徒尚不止此，亟应查禁。著步军统领衙门、顺天

---

① 《义和团》，第四辑，中国史学会主编，1951，第21页，光绪二十六年五月二十日。

② Chu, *Diplomatic Quarters in Peking*, p51.

③ 《义和团》，第四辑，中国史学会主编，1951，第17页，光绪二十六年五月十五日（6月11日）。

府、五城一带，一体严查，遇有此等匪徒聚集，即行拏办驱逐，以清奸宄"。①上谕中仍称义和团为"匪徒"，应对措施依然是严厉查禁，与袁世凯在山东的策略行动相似。

至五月十九日（6月15日），"谕军机大臣等：李鸿章著迅速来京，两广总督著德寿兼署。袁世凯著酌带所部队伍，迅速来京"。②李鸿章承命赴任两广总督，仅有半年，此时被紧急召回，显示慈禧太后和朝廷已经感觉到外交局势危急，总理衙门事务繁重难办，在西摩尔部队前往北京、却被义和团阻截的开战情况下，如仍以外交解决为主，根据慈禧太后之前几十年的经验，除了召回李鸿章重掌外交之权，别无他法，不但端郡王对外务一窍不通、极不可靠，即使是荣禄，也因被西方人视为后党人物而难以取得他们的信任。另一方面，袁世凯镇压义和团的成功经验，同样值得将他召回京畿，动用清军精锐，应付声势已经浩大的义和团众。朝廷召唤李鸿章、袁世凯两人回京，对外发放的信息非常明确，朝廷在义和团和使馆安全方面，都愿意继续妥协，甚至包括为西摩尔部队清除义和团设置的路障阻碍。

至6月16日，朝廷意向立场有所变化，在内部义和团问题严重和外部威胁加剧的情况下，先后两份上谕分别应对，一份是谕令荣禄派兵保护使馆，而另外一份，则似乎内容迥异，"谕军机大臣等：拳民仇杀教民，肆行无忌，本应严行剿办。本日召见（共七十一人名），沥陈愚民无知，姑开一面之网，即著责成刚毅、董福祥一面亲自开导，勒令解散，其有年力精壮者，或请召募成军，免其生事。该拳外虽以义勇为名，实难备折冲御侮之资，朝廷现已宥其前愆，以观后效，究竟该拳之化莠为良，有无把握，世铎等须细加体察，谋定后动，万不可孟浪从事。将此各谕令知之"。③这无疑是接受了赵舒翘提出的妥协方案，将义和团散众暂时收归清军所属，似可缓和局势紧张程度，但从另一方面，这也给予义和团一些合法存在的理由，从全力清剿的立场后退了一步，自然无法取悦于西方外交官。

①《义和团》，第四辑，中国史学会主编，1951，第18页，光绪二十六年五月十七日（6月13日）。

②《义和团》，第四辑，中国史学会主编，1951，第21页。

③《义和团》，第四辑，中国史学会主编，1951，第21—22页，光绪二十六年五月二十日（6月16日）。

这就解释了朝廷使节到访使馆区时受到的待遇。朝廷于17日派出立山、联元和徐用仪前去会见美国公使康格，奉皇太后和皇帝之命，向他保证会尽力保护使馆区和在京外国人，并劝说他外军不必再前来北京。康格对此提议漠不回应，因为正是他和窦纳乐之前暗中召唤西摩尔率大部队进京，而且命令各国舰队展开登陆战役，此时当然不能在清朝廷的正式保证面前，承认自己判断错误和行为莽撞。康格借机大发牢骚，教训朝廷特使，妄言若有一千名美军在旁，定能扫清和杀死京城内的数万义和团。康格的恶劣态度，令这几位趋向于同西方使节和解的大臣不知所措，空手而归。①

同一天，朝廷"又谕：现在各国使馆，已饬荣禄派武卫中军等认真保护，明降谕旨矣。此后各国如有续到之兵，仍欲来京，应即力为阻止，以符张翼（在津帮办铁路大臣）等与杜士兰约定原议。如各国不肯践言，则衅自彼开，该督等须相机行事，朝廷不为遥治，万勿任令长驱直入，贻误大局，是为至要"。②

张翼与杜士兰之间达成的协议，原先同意，一旦清朝廷发出保护使馆区的明发上谕，大沽口外和天津地域的外军就不必进京，甚至连西摩尔部队都可以考虑招回。实际上那支联军先遣队伍本身都在进退两难当中。清朝廷随后履行了己方的承诺，于6月16日发出了责令荣禄负责实力保护使馆区的上谕。而在西方使团和军队方面，却并不按约行事，一切照常，继续其占领大沽口炮台、天津和对北京攻势的计划和军事准备。

朝廷对外态度此时有所转变的重要原因之一，在于西摩尔部队之后，朝廷从裕禄处得到信息，盘踞于大沽口外的西方舰队，已经准备就绪，向清军守卫部队将领罗荣光提出最后通牒，试图于次日加以占领。此举令朝廷大为困扰，也增加了朝廷内顽固派强硬派的声音力度，外军既然在朝廷压制义和团和保护使馆之后，仍然大军压境，夺城抢地，与之一战，也就自然行之有理。朝廷之前两次允许外军进京，一次被迫，一次无力阻止，此时清朝廷改变了对地方官员和清军的指令，"力为阻止"，不让外军"长驱直入"，威胁京城，也就给予聂士成等清军将领进行抵抗反击的行动自由。

---

① Chu, *Diplomatic Quarters in Peking*, p52.

②《义和团》，第四辑，中国史学会主编，1951，第22页。

　　惊闻西方联军意欲武力夺取大沽口之后，由于京津地区局势混乱，朝廷失去关于前线的最新情报，无法确定战和之策，因此在做出最后重大决定之前，于6月20日再次发出上谕，"谕军机大臣等：裕禄于二十一日后，并无续报，究竟大沽炮台曾否开仗强占？ 连日洋兵作何情状？ 现在召募义勇若干？ 能否节节接应？ 拳民大势，又是如何？ 著即迅速咨明总署转呈，并遵前旨，随时驰报一切。将此由六百里加紧谕令知之"。①

　　在电信线路被掐断的情况下，转为依靠传统的马队驿站方式传递和接收信息，幸好京津之间距离有限。这一谕旨表明，外军行动强势，毫无顾忌，令一力妥协退让的清朝廷步步落在后边，连下达清军正当防御和抵抗外军入侵的命令，都过于迟滞。

　　慈禧太后和朝廷在6月16日的上谕之后，连续举行最高层会议，反复争辩和战议题和选择。西摩尔部队到京计划大为延误，这几天内所发上谕，更多的是针对京城内义和团的骚乱，严防失控和劫杀。对外交使团方面，只要他们承诺不再增兵，其余事都好商量，等待李鸿章前来，和解有望。由于西摩尔部队据传被堵在廊坊一带，反过来证明洋人军队并非不可抵御，连民间武装义和团都可以撑住一时，虽然损失惨重，却同之前对抗官军的效果相似，有胜有负，这无疑加强了朝廷内外对抗外军的信心。外部形势的发展超出了他们所能掌握的范围，打破了这些避免爆发直接冲突的幻想，尤其是外国大军在三处地方的军事行动——廊坊、大沽口和天津——自然被视为中外战争的开端，从而极大地助长了朝廷内顽固好战派的气势，压倒了能够理性外交解决的声音。

　　西摩尔部队在廊坊、杨村之间地带的进退两难，掩盖了大沽口外西方军队正在大动干戈、筹备重大战役的紧急情况。到了6月16日，形势大变。大沽口守将天津镇总兵罗荣光，之前在镇压义和团的高潮中，收到裕禄命令，"速饬大沽李营官，带步队三哨（连），由塘沽搭火车，至高碑店驻防，听候调拨"。②这支部队于四月二十一日（5月19日）到达高碑店。为了平息和剿灭义和团活动，连远在大沽口的部分清军队伍

_____

① 《义和团》，第四辑，中国史学会主编，1951，第25页，光绪二十六年五月二十四日。
② 《致天津镇（罗荣光）电》，光绪二十六年四月十七日，《义和团运动史料丛编》，第二辑，第101页。

都被裕禄调动离去，重点对内，面对口外西方军队的守军实力，直接受到影响。当罗荣光再度收到朝廷旨意，加强防备时，情况紧急，很难从其他地方调动兵力回防，又需准备在港口布雷。无论在与西方陆军还是海军部队的力量对比上，大沽口守将罗荣光都处在下风。

罗荣光的直接对手——西方各国海军将领们，于6月15日在俄国军舰"俄罗斯"号上召开紧急会议，讨论大军行动。由于西摩尔部队至今仍然陷入困境，而西方国家公使发出的援军进京指示并未撤销，张翼与杜士兰的协议由于西方国家一方的违约行为，已经失效，所以这些海军将领们认定，必须采取下一步入侵活动，特别是不能允许数千名洋人主力部队，在中国内陆被包围消灭。为此他们决定必须占领重要大城市天津，而要占领天津，就必须占领大沽口炮台。

如此一来，在本国政府并未对中国宣战的情况下，在清朝廷明发上谕保护使馆区之时，西方军队对大沽口采取军事行动，却在紧急讨论之中，而且势在必行。做出这一决定之时，在克林德被杀的数天之前，西方军队在进京卫队和西摩尔部队之后，除了已经解决的日本书记官被杀一事外，北京尚无任何使馆区受到威胁的迹象。

对各国舰队司令来说，这并不是一个十分艰难的决定，在他们的潜意识里，向中国守军开枪和夺取阵地，都不是战争行为，而是在享受各种对华条约赋予他们的特权，而首要考虑的，仅仅是自己部队的调动进攻如何方便，却不必过多顾虑在中国展开军事行动和策划战役将会带来的政治外交问题。毕竟德国军队两年多之前，就在胶州湾径自登陆和赶走驻防清军，而一个团的西摩尔部队开往中国首都，也无须得到任何中国官员的批准。因此，各国海军将领开会商讨之后，就自行准备登陆战役，而为了欺骗清军守卫部队到最后一刻，于6月16日晚，才向守将罗荣光提出最后通牒，声称将于17日凌晨从清军手中接收大沽口，否则开战。

这样留给罗荣光的回应和撤兵准备时间，只有几个小时，对任何军队来说都是完全不够的，让罗荣光和部下无从准备或者答复。西方舰队将领这样做的目的，就是打乱清军的部署，不给其以收到武力威胁之后紧急增强防务的机会，他们给出的通牒时间极为短暂，接近于无，等于是自己做出决定之后就直接展开进攻。西方舰队司令们在大举准备入侵的同时，指责驻守清军"带有侵略性"，包括布雷，影响到他们的自由行动和入京平乱。[①]他们所做的一切，与德国迪特里希将军类似，走的不过是个程序而已。这也与法国将军孤拔在福州港内的袭击行为是一致的，表明西方各国军队都将侵入中国领土和炮轰守军作为一件例行公事，甚至无须向本国政府和驻外使团通报。

大沽口炮台的三千守军陷入孤立境地，铁路、电信联络均被切断，在西方军队包围之下，已经确认无法得到来自天津的任何增援。老湘军将领罗荣光毅然放弃了朝廷授予他的晋升机会，未去出任新疆喀什噶尔提督，而是留在大沽当地驻守。在形势恶化之时，罗荣光当面拒绝了西方各国联合舰队的最后通牒和派人前来劝降，在敌方给出的最短时间内和黑暗的夜中，做了尽可能的准备，但最多只是增加炮台的防守人数，火炮数目无可增加，弹药库和阵地工事也没有时间再进行加固了。早在16日下午，递交最后通牒之前，近千名各国官兵就已选择地方登陆沙滩，准备攻取炮台，一部分日军也自15日起就开始登陆，从后路靠近塘沽，以对大沽炮台形成夹击。[②]

半夜时分，离最后通牒还有一段时间，吃水较浅的西方炮舰就已开入内河，当时它们驶过了大沽炮台的位置，可以继续前往天津，但为了清除清军炮台对海河的封锁，它们调转船身进入较佳射击位置，提前开炮轰击大沽炮台。清军从夹住海河的南北炮台开炮回击，双方交火至四点半左右，无保护的清军弹药库被敌军炮弹打中，起火爆炸。[③]之后联军原已登陆的部队开始向炮台发起冲锋，日军从背后袭击，但炮台守军仍然坚持射击，直到敌军步兵冲入炮台。离西方舰队最近的西北炮台最先陷落，然后是北炮台，带队冲锋的日军上尉服部被击毙。[④]

与以往清军对抗外军的经历相似，一旦清兵被赶跑，余下的武器马上被敌军转过来用于打击仍在坚守的其他清军，清军手中拥有的武器越

① Landor, A. Henry Savage, *China and the Allies*, volume 1, Charles Scribner's Sons, New York, 1901, pp113-115.

② Landor, A. Henry Savage, *China and the Allies*, volume 1, Charles Scribner's Sons, New York, 1901, p115.

③ Landor, A. Henry Savage, *China and the Allies*, volume 1, Charles Scribner's Sons, New York, 1901, p122.

④ Landor, A. Henry Savage, *China and the Allies*, volume 1, Charles Scribner's Sons, New York, 1901, pp124-125.

好，被敌军缴获后对其他清军的杀伤力越大。此次大沽北岸炮台被夺，其中的火炮立即被用于炮轰南岸清军炮台，令其更加力不能支。清军在敌军猛烈炮火下伤亡惨重，但仍然坚持发炮还击，前赴后继，他们的顽强战斗精神和较高的射击精度，得到敌方官兵的一致赞许。直到联军步兵从北岸乘船攻上南岸，守卫清军才在开战接近六个小时之后，从最后一座炮台败退而出，罗荣光或称阵亡，或称退往天津，大沽口被联军占领。①联军的损失数目为四十六人死亡，包括六名军官，一百七十人受伤。②

但清军水师方面却没有动静，"海容"号轻巡洋舰未采取任何战斗行动，大概他们意识到无力与港口外的强大西方舰队的数十艘军舰相对抗，干脆放弃，一枪未放，就被联军舰只包围和控制，而"海龙"号等四艘新到的德制鱼雷艇，因没有足够时间装备武器和出航，被英军俘获，比北洋水师的命运更惨。这些由接近于财政破产的清朝政府勉强拨款购买的海军舰只，再次轻易落入敌军之手，如同奉送，对事关重要的大沽口防卫毫无贡献。联军的主要损失是俄国炮舰"机略克"（Giliak）号，舰身中四炮，打中水线以下，被逼搁浅，舰上伤亡54人。③

对大沽口外的西方海军将领自行决定的军事行动，一些西方人也认为他们侵犯了中国的利益，但为八国联军辩护的人则认定清军在大沽口和天津集结兵力，增强守卫，造成威胁，所以西方海陆军必须抢在"东方人"之前，采取攻击行动。④

联军解决大沽口炮台的障碍后，沿北河往天津进发，沿途清军已经溃散，只有少数士兵还在向经过的联军船只放冷枪。天津租界的西方部队，早已采取行动自行解决城内的义和团问题，基本方式是向任何看来可疑的当地居民开枪。直隶总督裕禄面临着义和团和西方军队两面夹击

---

① Landor, A. Henry Savage, *China and the Allies*, volume 1, Charles Scribner's Sons, New York, 1901, pp126-127, p130.

② Landor, A. Henry Savage, *China and the Allies*, volume 1, Charles Scribner's Sons, New York, 1901, p128.

③ Landor, A. Henry Savage, *China and the Allies*, volume 1, Charles Scribner's Sons, New York, 1901, p120.

④ Landor, A. Henry Savage, *China and the Allies*, volume 1, Charles Scribner's Sons, New York, 1901, pp93-94.

的境况。在朝廷并未发出抵抗西方外来势力的任何明确旨意前，他无法动用聂士成部投入到抵抗外军的行动中，因此西摩尔部队得以顺利离开天津前往北京，似乎并不是裕禄的责任。而朝廷连续发出清剿义和团的谕旨之后，至今仍未能解决直隶、天津局势不稳的局势。在此情况下，裕禄的兵力运用策略十分谨慎和含糊。直到西方联军突袭和夺取大沽口，才解决了裕禄所面对的限制难题。

6月17日之后，清朝廷才收到了裕禄关于西方军队发出夺取大沽口的最后通牒的消息。各国海军将领给大沽口守军将领罗荣光的最后通牒，在预定期限前数小时才送达，而本应由法国驻天津总领事杜士兰送交裕禄和天津官府的正式最后通牒文本，到17日上午方才送达，西方联军此时已经拿下大沽口，正在动身前往天津。裕禄对西方驻华使节这一严重违反国际法和外交准则、恶意欺骗的卑劣手段深感愤怒，但已无法挽回，只有将天津的危急局势上报朝廷，其中特意隐瞒了当时大沽口炮台已被外军攻陷的事实，只报最后通牒一事，试图以此减轻自己未能及时派兵增援的过失。与此同时，裕禄正式批准聂士成部投入战斗，改变了之前主力清军坐观外军入侵调动、让义和团独力对抗外军的违反常理的状况。

从西方卫队入京到6月17日外军攻占大沽口炮台之间的半个多月内，部署各地的清军都未向深入内地的外军开火，因为清朝廷竭力避免因政府军与外军冲突，而给西方各国以大举入侵中国的借口。在这两次主权和军事行动方面的重大让步之后，清朝廷一无所获，外交官们反而在武力支援有望的条件下，更难商谈，甚至直接攻击周围地方的义和团众。在大沽口失守和天津遭受攻击的情况下，清朝政府再也没有借口置之不顾，不能再以外军并未挑衅，来解释政府和军队对外至今毫无抵抗的行为。

转折点在6月19日的谕旨，"谕军机大臣等：据裕禄奏：各国洋兵欲行占据大沽炮台一折，事机紧迫，兵衅已开，该督须急招募义勇，固结民心，帮助官兵，节节防护抵御，万不可畏葸瞻顾，任令外兵直入。设大沽炮台有失，定惟该督是问。兵机顷刻万变，朝廷不为遥制。该督若再贻误，试问能当此重咎乎？将此由八百里谕令知之"。[①]

---

① 《义和团》，第四辑，中国史学会主编，1951，第24页，光绪二十六年五月二十三日。

"兵衅已开"，清朝廷绝难坐视，对直隶总督裕禄的指示也随之发生变化，走向抵御，并且同意"招募义勇"，也就是义和团众，将他们置于同聂士成部清军一同作战的境地。如果裕禄之前还在观望朝廷是否坚决镇压义和团的话，现在大敌当前的情况下，就不仅是容许义和团存在的问题，而且不得不将他们投入到对西方军队的抵抗作战中。多日来一直在坐观义和团阻击西摩尔部队的正规清军，此时才得到展开军事活动的命令，出于军事外交形势紧急，连朝廷也不得不采用少见的最高等级的八百里驿站传谕的方式。

裕禄属下的清军，按照朝廷"剿抚并用"的指示，转而允许义和团活动，并任其进入天津地界，与当地清军混为一体。这是个重要策略变化，清军原本是大力镇压屠杀义和团的武装力量，此时在西方军队大举进逼之下，才被迫转向，依照朝廷旨意，要与其并肩对外作战，自然存在着严重的协调合作问题，互相猜疑，义和团众也随时面临着被朝廷抛弃和再度被镇压的危险。

天津清军防备原本就已单薄，在全力平息义和团时期，驻防军被陆续调出，以致"天津现仅五营，兵力仍单，租界人心惊惶，谣言纷起，防务甚关紧要"。[①]而已在天津租界扎营的外军，就有两千余名，其中俄军占一千多，用来保卫紫竹林租界内的七百余名西方人。[②]

在此军力对比之下，裕禄甚为依靠最近被朝廷调派到天津杨村地区的聂士成部。他首先命令聂士成部堵截正在开往天津路上的联军主力，以及正在北方撤回天津的西摩尔部队，又要开始进攻已有数千名外军防守的天津租界。这对人数已不足一万的聂士成部来说，是难以承担的多重任务，由于兵力分散于各地，先前已经错过了重创境况不佳的西摩尔余部的良好机会。为了增强力量，裕禄转而召集调用了已在天津地区活动的义和团众，作为辅助力量，除了焚烧教堂、驱赶教民外，也加入到围攻租界的行动。

在外交方面，清朝廷自然以八国联军欲强占大沽炮台作为明确标志，视此为西方各国有意失和，对中国首开战衅，因此开启了战争进

---

① 《复聂提督(士成)电》，光绪二十六年五月初二日，《义和团运动史料丛编》，第四辑，第122页。

② *Death Throes of a Dynasty: Letters and Diaries of Charles and Bessie Ewing, Missionaries to China,* edited by E.G. Ruoff, the Kent State University Press, 1990, p47.

程。作为防御一方，清朝政府必须将这一局势变化和朝廷意向，通知仍在逼迫清剿义和团的西方外交使团。总理衙门于五月二十三日（6月19日）傍晚向有份签发大沽口最后通牒的将领的该国公使，加上在北京设有使馆的其他国家公使，共十一国，加上总税务司赫德，分别发出外交照会，"中国与各国向来和好，乃各水师提督遽有占据炮台之说，显系各国有意失和，首先开衅。现在京城拳会纷起，人情浮动，贵使臣及眷属人等在此使馆情形危险，中国实有保护难周之势，应请于二十四点钟之内带同护馆弁兵等，妥为约束，速即起行，前赴天津"。[1]使馆区内现有十一国使节在驻，清政府并非针对个别国家，而是对使馆全体的移送保护措施，如果有十三国使节，也会同样处理，绝非就此对这十一个国家宣战。

一方面是西方大军入侵及震动京畿，另外一面是京城周围地区的清军全力应付四处蔓延的义和团众，导致朝廷认为实难周全保护使馆，不如将使馆人员送往西方军队在沿海一带的大本营天津，解除了官府保护外交使节的众多难题。虽然赶赴天津的路途不顺，但由朝廷派出武卫中军，外加一个营的各国精锐海军陆战队，可以提供共同使馆护卫，何况出京不久，就会遇上前来北京的一个团的西摩尔部队，之后还有驻扎天津的数千外军（按当时清政府所收到的信息计，不包括正在塘沽港大举登陆的万名外军），因此旅途安全不会是个太大问题。

一些西方人和后世论者推测，被认为仇外的清朝廷阴险地策划在离京赴津途中，将洋人全部杀死，抛尸野外。这最多只是猜测，甚至是臆测。这其中就包括《泰晤士报》驻京记者莫理循，以他为首的一批人，反对使馆人员离开北京，若让朝廷派遣的清军送往天津，每个人都会被处死，所以宁愿守在使馆区内。[2]6月19日递送到使馆区的这一外交照会，内中原本并无对外宣战之意，反而颇有抗议外敌入侵和保护使节之意，日后却被谬称为清朝廷由此向十一国宣战，实属误解误读。

以窦纳乐为首的西方使团，对西方联军占领大沽口炮台的紧急事变，并不感到意外，因为正是他们在约十天之前催促西摩尔部队迅速来

---

① 《义和团档案史料》，故宫博物院明清档案部编，中华书局，1959年，上册，第152页；Chu, *Diplomatic Quarters in Peking,* pp53–54.

② Boyd, Julia, *A Dance with the Dragon: the Vanished World of Peking's Foreign Colony,* I.B. Tauris, New York, 2012, p6.

京，同时要求大沽口外的西方舰队全力做好登陆和占领大沽口的准备。各国使馆经过开会商讨后，决定接受清政府的提议，但向总理衙门提出抗议，认为二十四小时完全不够，要求延期，以及总理衙门需于次日清晨接见各国公使，以详细解释事态。[①]这些使节向总理衙门提出的辩解理由，是他们身在北京，并不知道本国的海陆军已经夺取大沽炮台，完全不知情，所以八国联军在大沽和天津的军事行动，不能被视为西方国家对中国进行的战争行为。[②]各国海陆军将领在大沽口外做出的攻取决定，是在与北京使馆失去联系后自行做出的，但从该地派出主力部队赴京的指令，却是早在6月初就发布了，而且参战各国的政府对使用在华军事力量，已经给以原则性的批准，所以从北京外交使节到海陆军将领，都无法推卸他们挑起战争的责任。

在太常寺卿袁昶发出他那篇著名的剿灭义和团的紧急呼吁大约同时（五月二十二日，6月18日），清朝廷获悉"二十日各国致大沽炮台的书，请将山海关调到兵马遣散。二十一日炮台与英俄德法日水师开炮互击云"。[③]之后从裕禄处传来大沽炮台失陷的消息，确认局势严重。这些都清楚表明，无论袁昶一派官员赢得朝堂上的辩论与否，西方军队正在前来北京的路上，而且占领北京势在必行。清朝廷在6月16日后的数日之内，激辩应对外力入侵的重大威胁，生怕再度发生第二次鸦片战争时兵临京城的灾祸。西方联军的大沽之战和进逼天津，完全改变了朝廷内的和战大辩论的气氛，本已占据摄政王和准皇帝地位之优势的顽固派人士，受到西方军队入侵的理据支持，更加肆无忌惮，主持辩论的大流。而西方使节对待清朝大臣官员的恶劣强硬态度，令朝廷和政府部门之内对他们表示反感的人，不在少数。如德国前公使海靖，在宫廷内举行的正式仪式上，故意拉扯满族官员敬信，以诬陷对方将他摔伤，借机勒索更多条件，敬信等人之后自然十分不忿。[④]

另一方面，从事外务的官员，继续主和，如许景澄、袁昶等，坚持不对外军开衅和抵抗，如继续剿杀拳匪，外军自然会退去。袁昶之前力

① Chu, *Diplomatic Quarters in Peking,* p54.

② William Meyrick Hewlett, *Diary of the Siege of the Peking Legations,* June to August, 1900, Harrovian , November, 1900,p11.

③《盛京堂来电》，《李文忠公电稿》卷22，光绪二十六年五月二十二日酉刻到。

④ Xiang, Lanxin, *The Origins of the Boxer War,* p65.

保，对西方使节向北京派兵后会自行退出的许诺，信以为真，此时收到大沽口失陷的消息后，依然如故，力陈示弱合作之计，因为此时也别无他策可取。朝廷之中原本还有相当势力的中间派官员，如荣禄和庆亲王奕劻，后者在总理衙门行走多年，此时已六十二岁，其世袭罔替亲王身份，也让其子息有继位光绪皇帝的机会，在端郡王之子被立为大阿哥之后，奕劻难免失望，不会站在端王一边，但也不会公开与之为敌。清朝廷之前将李鸿章调出中央政府，至南方出任两广总督，此时证明是一严重失误，一是朝廷内大举讨论和战之策时，端王等人利欲熏心，压制反对意见，以图一逞，资深大臣李鸿章缺席，两方对立形势无法缓和，走向极端。之后朝廷为了谈和，又被迫将李鸿章召回。二是身在朝外的李鸿章，在两广和南方保持中立，延误奉诏，同样不利于朝廷化解紧张局势。

6月19日发出给十一国外交照会之后，朝廷之内抵御外力的基本原则已定，不会再受之前各国公使在教案和义和团上的威逼纠缠。之后于6月21日，又发出重要上谕一道：

"光绪二十六年五月二十五日内阁奉上谕：……讵三十年来，恃我国仁厚，一意附循，乃益肆枭张，欺凌我国家，侵犯我国土，蹂躏我人民，勒索我财物。朝廷稍加迁就，彼等负其凶横，日甚一日，无所不至，小则欺压平民，大则侮慢神圣。我国赤子，仇怒郁结，人人欲得而甘心。此义勇焚烧教堂、屠杀教民所由来也。

"朝廷仍不开衅，如前保护者，恐伤我人民耳，故再降旨申禁保护使馆，加恤教民。故前日有拳民教民，皆我赤子之谕，原为民教解释宿嫌，朝廷柔服远人，至矣尽矣。乃彼等不知感谢，反肆要挟，昨日复公然有杜士兰（法国驻天津领事）照会，令我退出大沽口炮台，归彼看管，否则以力袭取，危词恫喝，意在肆其猖獗，震动京畿。平日交邻之道，我未尝失礼于彼，彼自称教化之国，乃无礼横行，专恃兵坚利器，自取决裂如此乎？

"朕临御将三十年，待百姓如子孙，百姓亦戴朕如天帝。况慈圣中兴宇宙，恩德所被，浃髓沦肌，祖宗凭依，神祇感格，人人忠愤，旷代所无。朕令涕泪以告先庙，慷慨以誓师徒，与其苟且图存，贻羞万古，孰若大张挞伐，一决雌雄。连日召见大小臣工，询谋金同。近畿及山东等省，义兵同日不期而集者，不下数十万人，至于五尺童子，亦能执干戈，以卫社稷。彼尚诈谋，我恃天理；彼凭悍力，我恃人心。无论我国忠信甲胄，礼义干橹，人人敢死，即土地广有二十余省，人民多至四百余兆，何难翦彼凶焰，张国之威？ 其有同仇敌忾，陷阵冲锋，抑或仗义捐资，助益饷项，朝廷不惜破格懋赏，奖励忠烈；苟其自外生成，临阵退缩，甘心从逆，竟作汉奸，即刻严诛，决无宽待。尔普天臣庶，其各怀忠义之心，共泄神人之愤，朕有厚望焉！ 钦此。"①

　　此诏书由军机章京连文冲所撰，大体上总结了恭亲王处理教案以来，民教纠纷以至最后总爆发的过程和客观现实，其中极尽辞藻，尽显激情，"所说多系事实，文字激昂悲壮，颇可同情"。②

　　以往论史者一向认为，慈禧太后在这几日的关键时刻内，受到伪造的外国人逼她退位的刺激，惊惶之下，匆忙决心向外国"宣战"。这种说法大概所依据的多来自于后日刊印的各种杂记，或已被证明为伪作的《景善日记》。在清朝廷召开第二次御前会议时 （6月17日），西方军队就已武力攻下了大沽炮台，向天津发动全面军事进攻和打击所遇清军部队。出于各国军事将领争先恐后的主动开战行动，他们需要在义和团被镇压和清朝廷被赶出北京之后，尽力掩盖这一事实，以五天之后6月21日的所谓"宣战诏书"为起端，一意把中外开战的罪责，都推到他们所不喜欢的慈禧太后及被列为顽固派的官员们的身上。

　　关于"宣战诏书"和伪造"照会"的内容，及其会议讨论后果，以恽毓鼎所作的《崇陵传信录》，记载最为详细。恽毓鼎本人是翰林院侍读和朝廷史官，又被确认是参加了"叫大起"的官员，如在6月16日的上谕中所提及的当日受到召见的七十余名官员中，就列有恽毓鼎的名字，因此他所述内容细节，一向被视为珍贵的信史。但这本《传信录》是他在十几年后的1913年才写成的，不再以政府史官的身份，而是以私家笔记方式的随意写作，留下自己对清末往事的追忆。他本人又极为同情光绪皇帝，是官位不高的帝党人士，在民国初年写作此书的目的，本来就有为其不平而发一言之意。

　　基于如此立场，恽毓鼎所著颇多事后追述式的修正改易之处。如在6月17日的廷议中被拿出来的这份"照会"，详细列出洋人的四条要求，"一，指明一地，令中国皇帝居住，二，代收各省钱粮，三，代掌

① 《义和团》，第四辑，中国史学会主编，1951，第125－126页。
② 郭廷以：《近代中国史纲》，中文大学出版社，香港，1980，第338页。

天下兵权，……有泣下者。惟即云照会有四条，而所述祇得其三，退班后询之荣相，其一勒令皇太后归政，太后讳言之也"。恽毓鼎所述，生动栩栩，似亲历实述，却不符合外交基本规则。照会是国与国之间的正式外交文书，如果有来自外国政府的照会，必须由外国使馆先递交到总理衙门，得到确认后才得以接受，而非任何来历不明人士都可以呈奉上一张"照会"，四十年来均由总理衙门经办，此时也须由总理衙门经手。

恽毓鼎自己也知不能自圆其说，之后又言，"以各国照会事质之译署诸公，皆相顾不知所自来，或疑北洋督臣裕禄实传之，亦无之。嗣乃知二十夜三鼓，江苏粮道罗某遣其子扣荣相门，云有机密事告急，既见，以四条进。荣相绕屋行，彷徨终夜，黎明遽进御。太后悲且愤，遂开战端。其实某官轻信何人之言，各国无是说也。故二十五日（6月21日）宣战诏，不及此事"。[1]

恽毓鼎的这番解释，疑点更多。6月17日朝廷集体会议之后，派出总理衙门官员徐用仪、联元加上立山，前赴各国使馆交涉事件，主要是大沽炮台最后通牒一事，按恽毓鼎所记，也是"各国无是（照会）说也"，又询问过直隶总督裕禄，得到否定的答复，因此6月21日的所谓"宣战诏书"中根本就没有提到这一"照会"。既然如此，在这几天的时间内，"照会"为假作一事，理应在接下来的连日会议中被提出来，而由虚假外交文件而来的决战策略，也必然遭到质疑，至少如荣禄这样的负责外务的重臣，不能却而不问，贸然接受这一伪造的重要文件。问题的关键，是根本就不存在这样一份"外交照会"，不仅西方使节否认不提，连朝廷衙门之间的内部查询也毫无头绪。后世历史学者再加努力查找，也不见踪迹，"在清宫各类档册中得不到任何印证，很可能是一起子虚乌有的事件"。[2]

恽毓鼎为了证明慈禧太后因为这一份"照会"而勃然大怒，必须给出一个信息来源，就提到了江苏粮道罗嘉杰的名字，作为实在根据。罗嘉杰是位在南方任职的道员，既非接触负责国家外交事务之人，又不负有情报搜集职责，只是依附荣禄之人，且非荣禄亲信，与张之洞和杨锐之间的紧密关系完全不同，更多的是在刘坤一辖下做官，按其官职身

① 恽毓鼎：《崇陵传信录》，《近代稗海》，第十三辑，第496—497页。

② 孔祥吉：《晚清史探微》，巴蜀书社，2001，第237页。

份，并不足以向身居朝廷高位的荣禄提供如此重要的独一号外交信息。有关荣禄"绕屋行，彷徨终夜"的描述，过于夸张，他只需向总理衙门和离衙门不远的窦纳乐提出质询，就可以明了"照会"信息的真假，更何况朝廷三位大员当日就曾去过使馆区面见西方使节。恽毓鼎在事件发生的十几年后，以罗嘉杰秘密上报的"照会"，作为慈禧太后受到刺激而对外开战的理据，不过是借此把她和荣禄等都描绘为不通外交事务的蠢人，因权欲而轻易受到蒙骗。

主和派的官员袁昶，在其《乱中日记残稿》中，似乎也在罗嘉杰上报假照会一事上，与恽毓鼎的记述类似，把罗嘉杰作为主要责任人，逼慈禧太后和朝中权贵强硬应对，挑起战端。但此书中关于罗嘉杰一事的部分，在国内史学前辈们编辑义和团史料时，就被质疑为并非袁昶本人文字，故而特意加注，"按此注系续记者"，即是由后人在编撰袁昶遗作时加入的。[1]袁昶在《残稿》中原本只记有，"诸王、贝勒及崇绮等二十余人，痛哭合词面奏，云非战不可，皆主张端邸之说"，并不提照会之事，可见他本人就在总理衙门里办事，熟悉通常外交事务程序，并不会随意将传言或个人密报，视为外国正式文件。这反过来证明后日的补加附注者，无中生有，而恽毓鼎在民国时期的作品，同样编撰出一封"照会"，两者的目的，大约是相同的。至于一些常见的关于由端王制造假照会而大肆威吓慈禧太后，从而走向开战的说法，如果照会一事并不存在，这一假设也就不能成立。

在华英国人出于各种目的，在19世纪最后几年中发出瓜分中国或重构政局的议论，不足为奇。在上海的英文报刊中，自戊戌变法时起就已登出过类似内容的文章，如《字林西报》（North China Daily News）1898年10月14日（八月二十九日）的文章《最近的局势》所言，"总之，据我们看来，对于这个不幸的国家，除了瓜分他以外，似乎没有别的办法"。[2]

与假照会有直接关系的，是美国传教士丁韪良（W. A. P. Martin）的一些论述。丁韪良作为时任京师大学堂总教习，似乎在这一诡秘事件中扮演了一个间接发力的角色。此时的丁韪良，早已经不是1859年在大沽口外观战英法联军登陆袭击清军炮台、发出略带公正感慨言论的那个

---

① 《义和团》，第一辑，翦伯赞等编，上海人民出版社，2000，第340页。

② 《戊戌变法》，第三册，第496页。

年轻美国教士翻译。他在中国生活已近五十年之久，历任政府官学教习，深入了解中国，变得更为现实，也热衷于掺入中国政治，在帝国主义时代，更为积极地为英国、美国谋取海外利益。

据许多史论所述，6月18日，丁韪良在使馆区中撰写了一份文件，里面确实包括了四条重要建议，流放慈禧太后和把光绪皇帝置于列强监督之下，废除戊戌变法以来所有慈禧太后发出的命令，在得到列强允许的情况下，恢复光绪皇帝的改革计划，以及必须为列强明确划分出各自的利益范围，任命代表控制所属省份。[①]这一文件经常被列为罗嘉杰上报和慈禧太后所提到的那份"照会"的来源。但丁韪良写下的英文原文，与此假设甚为不同。丁韪良自己承认，他是在围困使馆开始时写下以上四条建议的，即在6月20日或以后，只是在日后出版时才注明为6月18日所写。真实情况可能是，他在使馆区被围期内时间充裕，加上情绪激愤，才写下这些瓜分中国和严厉惩罚慈禧太后的建议。丁韪良身为朝廷任命的京师大学堂总教习，却在瓜分中国时态度格外严酷无情，因此日后失去清朝廷的信任。张伯熙任北京大学堂总办时，于1902年加以整顿，丁韪良未再被聘用。[②]

此外，丁韪良在该文中只是说，他写出的那些建议在使馆被围期间被送到"某些"外交官手中，并非由窦纳乐让各国使节一律传阅，形成外交使团的统一文件。[③]更为可能的是，在使馆区的狭窄防御空间内，人们更容易在院落中见到他国使节，丁韪良因此有机会将自己所记交给其他人一阅。使馆被围期结束后，丁韪良迫不及待地于9月5日，将这些私人想法和建议在天津的《京津时报》（Tien Tsin Times）上刊登出来，以配合八国联军下一步瓜分中国和处置清朝廷的行动，为此而特意将写作时间列为6月18日，并暗指西方外交官们都已传阅过他的建议，因此在9月以后，各国列强更应该遵循他的建议行事。由于西方国家在1900年前后普遍考虑和公开谈论中国瓜分方式，丁韪良直截了当地提出这一综合方案，自然容易得到西方人的共鸣和认可，不会出来反驳，但

① Martin, W.A.P., *The Siege in Peking: China against the World, by an Eye Witness*, Fleming H Revell Company, New York, 1900, p146.

② *The I.G. in Peking*, volume 2, p1305.

③ Martin, W.A.P., *The Siege in Peking: China against the World, by an Eye Witness*, Fleming H Revell Company, New York, 1900, p145 .

这绝不等于西方外交使团早在6月时，已就如此影响深远内容的外交照会达成一致意见，可以随时递交总理衙门。

至于远在江南的罗嘉杰能够获取北京衙府内丁韪良写下的私人文字，更加令人难以置信，不仅罗嘉杰并非负有情报搜集责任的官员，而且丁韪良在6月20日之后才写成的文字，又受困于使馆区，应该绝无可能被一位江南中层官员（粮道）事先于6月16日就拿到手。罗嘉杰所能接触到的，最多是上海英文报纸发出的一些相关议论狂言，同样没有可能将这些非官方文字，作为西方外交照会去贸然上报荣禄，明知荣禄会很方便地去附近的西方国家使馆直接查询。

所谓慈禧太后示出的"照会"之假，也在于其内容极为怪异不经，第一条是驱逐皇帝，离开紫禁城，甚至出京，其中含义颇为不明，试图将他转移到西方国家控制的地区，那样等于立即推翻了清王朝，变为立宪民国或满洲国一样的殖民地。这样做虽然可能实现了某些人的梦想，但对满清全国王朝来说，就意味着本朝的终结。第二条是西方各国从来没有提出过的，因为如此一来，清王朝根本就没有生存之地了，取代它的其他类型的新政权，也将难以生存，西方各国在各自势力范围内牟利，变成由他们直接经手，不仅英国等大国未做好准备，那些二等欧洲国家更加难以适应。

第三条也是清朝廷历来抗拒的一个内容，戈登、琅威理等西方军人要求掌管全国兵权，一直未能成功，此时交出全国兵权，同样意味着清王朝的彻底报销。第四条的归政，最适合于被人用来证明慈禧太后发疯之源，戳中痛处，也是招致贸然对西方各国"宣战"的最根本原因，但是在其他各条生效的情况下，朝廷权力本来就已被剥夺净尽，皇帝去处不明，即使归政，也毫无意义了，连主和派都无法接受。丁韪良私下策划的这一极端方案，即使在八国联军入侵中国、占据北京北方之后，经过长期谈判论辩争执，也未能实现，其不合理性显而易见。

关于假照会的记载，《崇陵传信录》是恽毓鼎后日随意而记，有意编造，袁昶本人日记不载此事，《乱中日记残稿》中的一段是后人补记的。关于义和团运动的记载，来自私人笔记为多，各自抄袭常现。柴萼所著的《庚辛纪事》，1926年成书，义和团运动时他年仅七岁，所辑见闻均来自他处，"其中所记多见他书"，[1]史料价值低，又颇有怪异无由

①《义和团》，第四辑，中国史学会主编，1951，第549页，"义和团书目解题"。

的记载，如义和团"因一枚火柴杀人全家八口""洋人则无论英美德日，悉赐一刀，初犹未及华人也"之类，因此他的著述被时人列入笔记小说大观的类别。侨析生的《拳匪纪略》，1901年在香港出版，作为广东人的他远离事发现场，只是临时汇集报刊文章而成书。而一度被中外人士所格外重视的《景善日记》，更是在京西方人白克豪斯的故意伪造，盗用景善这一现实中清朝官员的名字，按照日记的格式编造，先以英文出版，再转译回中文，是为原本无根无源的所谓"记载"。

清朝廷6月21日发布的上谕，同之前19日的外交照会一起，被列为慈禧太后对各国"宣战"的证据，一向被视为无可怀疑的史实。但这一被包士杰特意点注为"向各国（十一国）宣战谕旨"，甚至根本就不是宣战诏书，并未按照国际法的程序，发送给各国使节及其政府，与甲午战争时中日两国皇帝均发布宣战诏书的情况，完全不同。清朝廷在发布这一上谕之前的6月20日，还特意向在天津的裕禄查询，"究竟大沽炮台曾否开仗强占？ 连日洋兵作何情状？"显示其期盼局势缓和、外军停火的愿望。得到裕禄回报大沽毫无音讯、正在天津正面接敌后，清朝廷已别无选择，强敌开战，避战不得。所以6月21日上谕的真实性质，最为合适的说法是国内国防总动员令，"是对国内发布的号召全国军民抵抗侵略的战争动员令，而不是递交外国、宣布与对方进入战争状态的'宣战书'"。[1]发布这一上谕的目的，是对内而不对外，并不指明目标国家，在迫到眉睫的外来侵略面前，希望借重国内力量起而反抗，包括并不可靠的清军、各地督抚和义和团在内的广大民众。

自6月17日起事态急剧转变的关键，并不是慈禧太后对各国"宣战"，而是西方各国对中国的不宣而战，将战争强加在清朝廷身上，时间次序前后有起有因。西方人和后世一些国人所强调的，就是这一少有的"宣战"，认为此举彰显慈禧太后和朝廷中枢无智无奈，是为倾国大难之源。但实际上，当时即使绝不"宣战"，闭口不言，所面临的结果，同样是组建好和颇有准备的八国联军攻入北京，北京朝廷是否发布开战"宣言"，已于事无补，无关大局，这些联军部队都是要向北京进发的。西方各国舰队和陆军队伍，既然已经做了诸多准备，又从中国本土之外各地调集大批增援部队到达天津外港，自然不会悄然退回。所谓

---

① 林华国：《历史的真相: 义和团运动的史实及其再认识》，天津古籍出版社，2002，第114页。

"宣战"一事，恰如当年甲午战争中的中日两国宣战书，日本早已做好战争和远征的策划准备，宣战不过是等待已久的一个借口而已。在京津之间十几万清军布防的地区，不做抵抗，任由敌军登陆后冲入京城，如同两年之前德军在青岛登陆占领的情况再现，是不可想象的，战事不可避免，只不过清朝政府一方根本就没有做好准备，和战之间的决定是仓促作出的，最后一刻的决定也是在大沽炮台被攻破、天津当时全城危急的情况下才发生的。

6月21日的上谕之后，清朝政府驻外各国使臣，并未召回，反而继续向所在国申明朝廷旨意，有7月3日致日本、美国、法国、德国的国书。①这些国书重申解释，中国没有对列强宣战，明确表明那篇所谓的"宣战诏书"，并非对各国宣战，站在国家立场，不会轻易对外正式宣战，战端乃列强强攻占大沽炮台所引起。驻美公使伍廷芳在递出给美国政府的国书时，特意强调外军夺取大沽炮台之举，"钦遵初三电旨，详达外部，并将洋兵不应攻占炮台，切讥婉讽"。②既然八国联军肆意开启战端，先行开战入侵，攻城略地，所有由清军进行的抵抗防御行动，都是守土之战。这些都是一个被动的受害者的最后呼吁，如有任何可能终止战事，即完全不必走到正式宣战断交的地步。

西方各国并不需要正式向清朝廷宣战，由他们的驻华公使团呈递致总理衙门照会之后，就可以自出行事，持续无碍地派遣大批正规海陆军队攻进北京，因此历史上留下来的，只有6月21日慈禧太后代表清朝廷发出的对西方各国"宣战诏书"，而西方外交使团却没有留下任何开战的明显证据，只有各国海陆军将领在"无奈"之下发出的占据某处军事要塞的最后通牒。而围困京城使馆，则是在西方军队已经逼近北京之时，如果西摩尔将军的联军前锋没有遭受阻碍、因指挥混乱而后撤的话，西方联军早已在并不对华宣战的情况下攻入京城，根本不会留给清朝廷向任何国家宣战的机会。西摩尔部队向北京推进和开火，本身就足以构成清朝廷对任何进攻北京的部队所隶属的国家发出宣战的理由，因为在和平时期由其他国家将领率军直扑一国首都，无论如何解释，都是侵略行为。

---

① 《义和团》，第四辑，中国史学会主编，1951，第130–132页，光绪二十六年六月七日。

② 盛宣怀：《愚斋存稿》卷37，电报十四，"美京伍秩庸星使致江督电"，光绪二十六年六月二十二日。

但是对19世纪惯于海外征服的西方军队将领来说，随意地把清朝廷的"宣战诏书"作为战火的起点，而对自己早先大举动兵交战的行为不置一词，通过西方媒体，抓住了"宣战"照会和上谕，把战争起源推到清朝政府身上，制造出慈禧太后向十一国宣战的谎言，反复宣传强调，传于后世，并作为战胜后任意索取战争赔偿的依据。这是19世纪殖民时代以来，强国压制弱国的一贯手段和强盗逻辑，依照舆论强势而广泛传播，在军力相当，或者对方有决心全力抵抗的情况下，则不能得逞，不攻自破。

四、围困使馆区

6月17日大沽炮台之变，引发了6月19日的致西方使团的外交照会，但在6月21日的上谕之前，仍然有回旋余地，即由外国公使们接受官军和外军卫队的保护，前往天津避难。各国使馆紧急开会商讨的结果，是在午夜时才对总理衙门作出函复，要求次日早上九点会谈延期赴津的问题。美国公使康格当晚为此准备了马车，用来搬运物品，其他人也做好了离开北京的准备。[①]他们的这份回复自然无法送交到已经下班关门的总理衙门，而第二天（6月20日）上午，总理衙门收到公使们的回复之后，发出回函，因安全原因不同意各国公使前来衙门，并坚持以原定时间为期限。奇怪的是，他们同时还通知公使们，联军部队就在约二十公里之外，目的也许是催促洋人尽快离开，但效果或者正好相反，洋人因为本国援军即将到来，而更加不愿离开。

但在总理衙门的回复递送到使馆区之前，焦躁鲁莽的德国公使克林德不听其他人的劝告，自行出门前往总理衙门，准备单刀赴会，争得别国公使从中国人那里得不到的结果。克林德对他在近一周内指挥卫兵进行的枪击活动感到满意，相信他们的频繁外出袭击已经吓住了城内民众，因此拒绝了使馆内其他人的劝说，或是等待，或是由使馆卫兵护送，只与自己的翻译一同出行，前后各有一名华人随从听差。[②]他所要经过的崇文门大街，路经东单街口，正是之前数日使馆卫队向聚集的义

---

① Weale, Putnam, *Indiscreet Letter from Peking*, Dodd, Mead and Company, New York, 1907, p92.

② Weale, Putnam, *Indiscreet Letter from Peking*, Dodd, Mead and Company, New York, 1907, pp99−100 .

和团众频繁任意开枪的街区，基本上无人上街，对双方人士都非常危险。克林德本人随身携带手枪，但走出使馆区后不久即被击毙，随行德国翻译受伤而逃回。[①]

关于克林德的被杀，有多种说法，其中之一是双方在行进中的相遇交火，"公使之乘轿而出也，适值神机营霆字枪队章京恩海，率领部下数十人巡街，见洋人乘轿而来，亟让在北首高处立住，取枪对准轿子将发，而公使先在轿中开手枪，恩海让过枪弹，即发一枪，枪声响处，轿夫弃轿逃散。恩海至轿前拖出公使，已气息奄奄"。[②]

此时总理衙门的复函才正在送达使馆区的路上，但由克林德被杀而来的恐惧和混乱，令原先准备撤离的公使们改变了主意，不再信任馆区周围的清军，紧急进行使馆区本身的防务事务，包括从附近街区的所有商店中，抢运回成吨成吨的粮食食品，以保证日后围困期内不至于发生饥荒。[③]

清朝廷的二十四小时期限于6月20日下午到期，使馆人员没有任何开拔的动静，总理衙门对克林德之死还没有作出反应。仍在使馆区外驻守的清军，下午四时接到命令，开始首次向洋人卫兵和区内开火，由此开始了相当长一段时间的对北京使馆区的围困，成为八国联军对华战争的一个主要部分。

使馆区内各国使馆的分布位置并不均匀，不是如同一个连续牢固的城堡，西面由北到南分别是占地较广的英国、俄国和美国使馆，贴近清

① 西方政府和媒体一向把克林德被击毙的事件称为谋杀（murder），而按照犯罪学名词解释，"谋杀"是原先就拥有杀人动机而谋划进行，此次克林德与甘军小队在街上相遇，据说是谋杀犯的恩海和克林德看到对方后，互相射击，克林德有机会开枪击毙恩海和其他清军士兵，如同他手下的卫兵外出袭击京城居民一样，但恩海的子弹打中了克林德，令其毙命。占领北京的联军，之后为了将互相枪击事件提升为惩罚清朝廷的前提之一，称此事件为蓄谋已久的谋杀，并在日后将恩海处以死刑，同时据说他死前承认是由端郡王亲自策划而成。姑且不论克林德在一周之内已经率兵开枪击毙十数名当地居民的前例，仅就此一枪击事件而言，也是紧急突发事件，难以将此称为"谋杀"。

② 杨典诰：《庚子大事记》，《义和团运动史料丛编》，第一辑，第7—8页。在克林德轿后的德国翻译并不清楚前面事件发生过程，及时逃走，其他西方人均不在场，所以他的证言成为西方各国军队所认可的唯一解释。对此事件发生经过的分析，见Xiang Lanxin, *The Origins of the Boxer War*, Chapter 14, "Who Killed Baron Ketteler?"

③ Weale, Putnam, *Indiscreet Letter from Peking*, Dodd, Mead and Company, New York, 1907, p102.

政府官衙，联成一线，而在南面的美国使馆又挨近南城墙，所以防守较易。而在东面，偏北的奥地利使馆和偏南突出的意大利使馆，最为孤立，最先遭受攻击，也是整个使馆区的薄弱部分。窦纳乐被临时推为使馆区总司令，统管一切，为了更方便防守，收缩了防线，之前频繁向外出击的使馆卫队，此时主动后退，先是于围困之前的6月14日放弃了面积非常微小的荷兰使馆，退至俄国道胜银行和美国使馆一线固守，同时放弃了最偏于东北部、面积同样有限的比利时使馆，先退至裕王府以东的奥地利使馆。在北面和东面清军的进攻之下，使馆卫队担心防线被击破和分割，窦纳乐被迫下令奥意比国的士兵，撤回到法国、德国使馆的防线一侧，令本来处于第三线的法国防线突然变成第一线，这自然让法国官兵非常不满。在围攻使馆初期，清军很快占领了两个使馆的位置，向前推进至另外两个相对较弱的使馆防线。

使馆卫兵在人数上占下风，约四百多名海军陆战队和七十名从使馆区内召集的有从军经验的洋人，组成基本作战部队，辅以大批由避难教民组成的苦力队，日本人之后又从教民中组织了一支辅助武装队伍。使馆卫队携带火炮进京，却没有带炮弹，只有一门意大利人带来的一英寸口径火炮可用，所以海军陆战队员主要依靠他们持有的近代先进快枪和机枪，在同清军士兵对射时常占上风。清军士兵枪支数量众多，因此不怕浪费子弹，随意开枪，经常进行排射，所以造成的动静很大，但射击不准，甚至向天乱开，结果伤亡人数反而多于在防守工事后死守的洋兵。

为了扩大使馆区的内部防务空间，莫理循自行占据了他之前详细察看过的面积宽阔的肃王府。[①]这一额外区域成为奥地利人撤出本国使馆之后的第二条防线，也从东面有效地保护了英国使馆一带，由附近的日本使馆卫队负责，交战双方经过激烈争夺，仍然未能危及英国使馆本身。使馆区周围已由清军部队包围，义和团众基本上被隔离在战线之外，使荣禄能够掌握围困的节奏和程度，不致失控。使馆北方部署着甘军，直攻中心的肃王府和英国使馆，荣禄的武卫中军部署在东边一线，面对法国、德国防线，而庆亲王奕劻的部队部署在城南一线。

由守卫转到进攻使馆区，对清军来说也许有些不适应。在双方开火的第二天，6月21日，出现一个奇怪的现象，据奥地利人观察，庆亲王奕劻手下的部队仍然在崇文门附近向义和团众射击，似乎还在执行守卫

---

① Weale, Putnam, *Indiscreet Letter from Peking*, Dodd, Mead and Company, New York, 1907, p74.

之责，而且到了22日下午，那里的清军对守卫防线的德军官兵依然态度友好，并表示庆亲王向他们下令，阻止义和团众靠近。[1]在此之外，甘军和武卫中军在各自战线内进行了轮番进攻和对峙，一直到7月中旬。

双方交战过程中的一个焦点问题，是翰林院被焚毁，许多西方记载和媒体都将其归咎于清军（甘军）所为。翰林院的位置正在英国使馆北部相邻之处，极为重要，如果甘军进攻英国使馆，经过翰林院的直线进攻是最佳选择之一。翰林院内同一般北京大院相似，内里四进，房屋、庭院、池塘寺庙均有，最后一进的几所高大房屋，其后墙与英国使馆的围墙之间，只有两三米的空间，是存放古典文献宝藏的所在，包括珍稀的《永乐大典》，而翰林院正门则面对紫禁城墙，为长安街所隔，此时门外聚集着甘军部队。

6月20日双方开火之后，甘军士兵仅限于开枪射击，并未向前进攻，而英国士兵已经在翰林院内正常按点巡逻，直至22日晚，院内都空无一人。23日一早，窦纳乐下令在翰林院墙上掘洞，以便士兵往来方便，同时为了安全起见，命令苦力们开始推倒英国使馆外周围的房屋。英军士兵遵照命令打穿墙洞，约一个班的士兵由墙洞进入到翰林院中，不再仅仅是巡逻，而是驻守。接近中午的十一时十五分，据报在北面清军阵地处开始起火，英军士兵赶过去，于十一时四十五分，就已将火扑灭。[2]

这一记载似乎证明是由试图攻进英国使馆的清军（甘军）纵火焚烧翰林院。但翰林院此时实际上是在英军的控制巡逻之下，甘军尚未完全进入翰林院，即被英军先头小队赶走，他们能够放火的地方只能是前院的房屋庙宇处，远离后院的存书库。英军士兵迅速赶过去灭火，说明甘军士兵根本就没有占据整个翰林院，否则英军士兵必然无法在得知起火后的半个小时之内，就能够既打跑大批甘军又将火扑灭。这一场所谓大火，势头很小，又由于风头转向，即被扑灭，几乎没有造成任何损害。

---

① William Meyrick Hewlett, *Diary of the Siege of the Peking Legations*, June to August, 1900, Harrovian , November, 1900,pp12–13.

② William Meyrick Hewlett, *Diary of the Siege of the Peking Legations*, June to August, 1900, Harrovian , November, 1900,p14. 翻译生休略特在围困开始时，被总司令窦纳乐任命为他自己的传令兵，得以最先接触各处交战信息和掌握全面情况，而且按时按日记载事项，少加评论，他的记载在使馆区解围后，不久即在英国国内的刊物上发表，无从修饰，相对其他人的个人回忆回想，要更为可信。

之后英军全面控制了翰林院，并开始动手推倒北边防线的众多房屋。^①

窦纳乐在之后宣称要派信使到总理衙门，通知他们翰林院被焚毁，但没有人愿意去。他同时命令手下官兵收集那些散落的馆藏图书。这是因为在清理翰林院的时候，士兵们将他们认为是废物的所有东西都扔到英国使馆旁边的水渠中（今正义路），而许多书籍被私下偷走，迫使窦纳乐再次下达禁止偷书的命令。^②从起火到被扑灭的不足半小时的时间，并不足烧毁翰林院内的大片房屋和室内设施，特别是离英国使馆最近的存书库，而窦纳乐的禁偷令和通知总理衙门等举动，颇有事后遮掩的意图，对在自己实际控制下的翰林院发生如此意外事情，推卸责任。

英军全面控制翰林院之后，当日又有三次火情，一次是在翰林院入口处起火，估计就在今长安大道的南边，并不严重，所以休略特的记载中没有提到派兵去扑灭。另一次是下午的五点左右，离英国使馆的墙有五十米的距离，窦纳乐和休略特都在那里观火，有人将一棵着火的大树放倒，以防烧到英国使馆的学生宿舍。再一次是七时半，似乎要烧到使馆内的马厩。^③这后面几次起火，都是在英军实地控制翰林院的情况下发生的，火势并不大，连休略特都说不构成威胁。这些火头或是由大风之中由附近（上驷院）飘来的火苗所引起，或是由院内英军士兵因不明原因而自行引起。为了扑灭这些树木和房屋之间闪现的火头，英国人决定将离他们住所最近的一栋高大房屋完全推倒，以避免烧进英国使馆，这栋大屋就是主要存书库之处。^④另外一座存放古典文献和印刷活字模板的大屋，在英军当日所有灭火活动完成之后，仍然无损，矗立不倒。^⑤推倒这座大屋和屋中古典文献被毁或流失，只能是英国人所为。

① William Meyrick Hewlett, *Diary of the Siege of the Peking Legations*, June to August, 1900, Harrovian , November, 1900,p14.

② William Meyrick Hewlett, *Diary of the Siege of the Peking Legations*, June to August, 1900, Harrovian , November, 1900,p15.

③ William Meyrick Hewlett, *Diary of the Siege of the Peking Legations*, June to August, 1900, Harrovian , November, 1900,pp15−16.

④ Smith, Shirley Ann, *Imperial Design: Italians in China, 1900-1947,* Fairleigh Dickinson University Press, Maryland, 2012, p282.

⑤ Smith, Shirley Ann, *Imperial Design: Italians in China, 1900-1947,* Fairleigh Dickinson University Press, Maryland, 2012, p284.

随着英军士兵和武装人员陆续推倒翰林院内的各处房屋，屋内的大批文献匣板被士兵们随意丢弃填坑，或用于构造工事，或被士兵作烧火取暖之用，而略知古典文献真实价值的西方人运走了无法计数的卷帙，以致窦纳乐之后必须发布禁止偷书的命令。①这些当时被随意扔掉和充当工事材料的书籍文献中的残存部分，日后大多流入了欧洲各国的图书馆和西方私人收藏，而翰林院里约二十余栋房屋，基本上都被英军士兵推倒，剩余的两栋也在使馆区解围之后，被一并推倒，整个地区推平，原翰林院所在地被并入了新的英国使馆，地域一直扩展到了长安街南边一侧，为了便于防守，在使馆界外留下很宽的一片空地。②

将周围房屋推倒或烧毁，以防敌人突进偷袭的防守策略，并非只为交战中的一方所采用。俄国、美国使馆在双方开火之后，就在自己周边地带焚毁推倒邻近房屋，日本卫队在防守肃王府时，更是毫不犹豫地放火焚烧可能危及他们防守位置的任何房屋，以清除威胁。③在6月28日中午，英国人迫于来自西面上驷院清军的火力攻击，主动把自己占据的翰林院里最靠西边的一座房屋放火烧毁。他们日后多次在上驷院一带纵火，试图逼退守在那里的清军。④所以认为英国人或西方人不会自行放火，是不符合历史事实的。

肃王府的北边一半，基本上被烧光推平，日本人以作战需要为由，也无人质疑。英国使馆方面在翰林院被烧毁推倒一事上，特别顾及自己的面子，虽然据说最初否决了焚毁翰林院的建议，但是一旦那个方向出现问题，立即毫不犹豫地派遣士兵进入翰林院，赶走刚刚试探经过翰林院到达英国使馆的甘军士兵，在扑灭火头的同时，动手推倒周围房屋，包括那些并未起火的房屋，担心陈年的木料和纸质书籍烧起来不可收

① Smith, Shirley Ann, *Imperial Design: Italians in China, 1900-1947*, Fairleigh Dickinson University Press, Maryland, 2012, p284, p542.

② Smith, Shirley Ann, *Imperial Design: Italians in China, 1900-1947*, Fairleigh Dickinson University Press, Maryland, 2012, pp542-543.

③ Smith, Shirley Ann, *Imperial Design: Italians in China, 1900-1947*, Fairleigh Dickinson University Press, Maryland, 2012, p293；William Meyrick Hewlett, *Diary of the Siege of the Peking Legations*, June to August, 1900, Harrovian , November, 1900,p30.

④ William Meyrick Hewlett, *Diary of the Siege of the Peking Legations*, June to August, 1900, Harrovian , November, 1900,pp24-25, p31.

拾。"摧毁翰林院是我们尽量向外扩展防线的手段，之后那里的防务再没有可能被敌人突破。"①

出于这一焚书责任的原因，英国方面从事件起始就认定，是甘军士兵放火焚烧了翰林院，而英军士兵不仅保护了在翰林院的阵地，而且竭力挽救中国文化经典。《泰晤士报》驻京记者莫理循，在使馆区解围后的第一时间，就把自己的被围报告发回英国报社，按照窦纳乐的说法，把责任归于甘军，"前一晚占据了翰林院的皇家军队，毫不犹豫地放火焚烧院内建筑"，在西方世界媒体中就此定调，令不少中国人士都对使馆卫队挺身出来，在翰林院内救火救书，大为感激，不愿追究其中英国人的主要责任，反过来在昏庸落后的清朝政府身上，加多了一条焚书毁典的罪责。

赫德就对莫理循的报道持一定怀疑态度，不过他只是十分委婉地表达了自己的看法，"莫里循写的关于围困的情况，是最好的，可能最为详尽。但他是凡人，我认为，他自身经受的苦难（他受了伤），使他使用了较多报复性的语气，否则他不会这样。现在不是感情用事的时候，最需要的是常识"。②

关于翰林院焚毁一事，西方记载将责任归于甘军，历来传而不疑，但很多被作为信史资料的来源，却有失准确，普遍存在着互相抄袭的现象。被视为目击者之一而被引用的一位美国女士，实际上多在美国使馆内做些缝补等力所能及的事情，在她的书中是于次日才追述所闻翰林院之事，她绝对不在现场，而是在处于南部的美国使馆内参加过救火。美国、俄国使馆附近的火情，给她留下了极为深刻的印象，在描述翰林院起火之事时，不觉之中将两者混淆。③

最多被人引用之一的威尔（Weale）所著书，在描写23日翰林院救火情景时，不仅是在次日（24日）的段落中追忆，而且再次施展他的文学才华，文笔极为流畅煽情，几乎就是一篇战场救火的激情颂歌，又与那位美国女士描写美国使馆大火的文字甚为相似。据他说，起火之后，

① Smith, Shirley Ann, *Imperial Design: Italians in China, 1900-1947*, Fairleigh Dickinson University Press, Maryland, 2012, p512.

②《中国海关密档》，第7卷，第111页，1900年10月28日。

③ Hooker, Mary, *Behind the Scenes in Peking: Being Experiences during the Siege of the Legations*, John Murray, London, 1911, p36, pp66-68.

紧急召集来的士兵和武装人员在墙上打出一个大洞，才得以过去救火。[1]
但据休略特所记，窦纳乐下令凿洞之后一个半小时，才有起火的迹象，
此时显然英军士兵早已穿越墙洞而过，到了翰林院那一边，因此才能在
短时间内就将火扑灭。此处含糊错位的描写，令人怀疑威尔当时只是在
英国使馆院内作观望状，并不在翰林院的现场。

　　威尔的书于1917年被陈冷汰翻译成中文的《庚子使馆被围记》，中
华书局出版，对翰林院被焚毁的记载，比威尔本人的英文原著还要夸张
怪异，"昨日有一放火者，伏行如猫，用其灵巧之手术，将火种抛入翰
林院，只一点钟间，众公使居住之地英使馆，顿陷于危险之域"。但查
阅英文原书，陈冷汰关于放火者的那段文字之前，威尔原有另一段文
字，"在几次半心半意的尝试之后，昨天火势急起，在这个庞大院落的
多处地点燃烧起来"，被中文译者删掉。威尔关于那位灵敏如猫的放火
者的英文字句中，完全没有提及那些火把是被扔进了翰林院，因为他身
在英国使馆院内，根本看不到翰林院内的情况。"翰林院"这几个字，
是译者自己特意加上去的，给人的感觉，是他比英国人还要急于把责任
归在中国人身上。

　　英国使馆遭受火灾威胁，起始于22日，最早起火的地方是在使馆南
部，远离翰林院。英国使馆中文秘书科克本（Cockburn）的住所紧挨西
面上驷院的房屋，当日下午五点后，那里的凉棚着火，影响到位于西面
围墙的秘书住所、学生宿舍和马厩等一排列的馆内建筑。[2]

　　来自西面的火灾威胁，也是清军施加压力的主要方向，为此英军首
先从西面开始推倒邻近房屋。威尔应该是看到了英使馆周围几处起火的
情况，特别是来自西面上驷院的火头，之后就直接把那些火头与次日翰
林院着火联系了起来。考虑到威尔本人在描述6月25日双方互相展示有
意停火的牌子时，有意回避了使馆卫队贸然开枪打死在场的几名清军、
使整个停火过程突然中断之事，他所作的使馆区被围期间的记述，难免
留下不少疑点。莫理循在《泰晤士报》的直接上司、国际事务编辑齐罗
尔（Chirol）对威尔一书的评价颇为负面，"就我而言，此书看来可信

---

　　[1] Weale, Putnam, *Indiscreet Letter from Peking*, Dodd, Mead and Company, New York, 1907, p138.

　　[2] Allen, Roland, *The Siege of the Peking Legations*, Smith, Elder and Co., London, 1901, pp121–124.

度不高，其中一些有关事件的描写，作者自己说是身在现场，有些可疑，并不能增加人们对他所述的真实性的信心。我被告知，威尔自己在北京被占领后扮演了一个不光彩的角色，有一次同一些俄国人组织外出抢劫时，几乎失手被擒。那本他称之为日记的，我认为只是他自己的文学写作而已"。①

另外一本由美国人阿灵顿（Arlington）于1926年写成的书（In Search of Old Peking），不时被人引用，但该书的主题是北京的老建筑，围困使馆区仅是顺便一提，不吝引用其他资料。他本人在1899之后的几年内于香港、苏州的邮政局任职，事发时是否真在北京都是个疑问，所以引用阿灵顿对翰林院的解说时，必须格外谨慎。后世人们常加引用的佛莱明（Fleming），即是极为著名的"邦德"间谍系列的作家佛莱明之兄，本人也是通俗作家。他于1959年出版的关于北京使馆区被围困的书，不过是他众多流行作品中较为严肃的一部，将之前所能见到的史料串在一起，辅以流畅叙述文字，宣扬大英帝国的荣耀。但正是在这一部通俗流行作品中，佛莱明继承了他在《泰晤士报》的前任同事莫理循的传统和说法，将翰林院焚毁一事认定为中国人自毁文化的行为。②

总之，关于当年翰林院的事后回忆中，即使写作者确实在使馆区内，真正在现场的人也不多，并非都是翰林院起火的现场目击者，事后互相引用抄袭，更多的是人云亦云，以讹传讹，更有遵循窦纳乐和英国官方说法的明显迹象。

四天之后，6月24日下午，使馆区的战况已经缓和，据报在前门方向，中美士兵隔着一百米左右的距离，互相观望，但并没有开枪。次日25日早上，一切都变得非常平静。③这天下午，清军开始打出白旗，并举出给使馆人员看的公示牌子，上书"奉上谕保护使馆，即刻停止攻击，将有照会，自玉带桥递来"。使馆人士松了口气，在木板上用黑字写下，"有幸收到皇命，派人接收照会"。但举牌的华人教民走到桥中间时，突然惊惶地扔掉木牌而逃，当中方官员出前察看发生何事时，被

---

① *The Correspondence of G.E.Morrison*, p399.

② Fleming, Peter, *The Siege at Peking,* Hart-Davis, London, 1959.

③ William Meyrick Hewlett, *Diary of the Siege of the Peking Legations*, June to August, 1900, Harrovian , November, 1900,pp17-19.

日本和意大利士兵开枪打死，估计他们没有接到停火的命令。之后就再没有照会前来了，而在翰林院驻守的英国士兵，此时却在同对面的清军士兵（甘军、荣军）友好交谈。^①虽然当天半夜时分，清军进行了猛烈枪击，被一些洋人（包括窦纳乐）称为迄今所受到的最猛烈炮火，但事实上当时只是大量子弹从使馆内洋人的头顶上飞过，伤害甚微。^②

之后每日的交战情况和模式都极为类似，用休略特的话来说，就是枪炮声动静很大，却没有推进冲入的企图，说不上是猛攻，更多的是漫无目标的猛射。即使是清军使用的火炮，也未进行集中轰击，甚至炮弹越空而过，有一次从崇文门外打出的炮弹，竟然击中了位于前门的清军部队。^③双方最接近于两军交锋的地段，是教民聚集的肃王府，由日本卫队负责，不断要求窦纳乐的总部给以支援，还有较弱的法国、意大利防线。

如此间断交火的状态，令使馆内的西方人疲劳不堪，神经紧张，经常将自己目前所处的境地，类比于1857年印度兵变时围攻坎普尔（Kanpur，旧称Cawnpore）而引发的大屠杀。但清军方面并没有连续发动猛烈和协调一致的攻势，一般都是一个方向枪击一阵就停息下来。在集中进攻日本、法国防线时，清军更多地依靠挖掘地道和逐步推进自己一方的防卫工事的方式，进展缓慢，经常被使馆守军派出突击小队加以摧毁。使馆人员遭遇伤亡较多的场合，不在他们守在工事后面之时，而是当他们主动出击时，为了摧毁有威胁的对方据点，或是去夺取对方的大炮。^④洋人士兵此时暴露在外，容易陷入包围，成为对方枪击的显著目标。

进入7月，双方交火时断时续，停止射击而平静的时间日益增多。持续到7月16日下午六点，总理衙门向窦纳乐和康格转递了信息，第二天清军方面就停止了射击轰击。荣禄给使馆的信和名片，于九点送达，

① William Meyrick Hewlett, *Diary of the Siege of the Peking Legations*, June to August, 1900, Harrovian , November, 1900,pp19-20.

② William Meyrick Hewlett, *Diary of the Siege of the Peking Legations*, June to August, 1900, Harrovian , November, 1900,p20.

③ William Meyrick Hewlett, *Diary of the Siege of the Peking Legations*, June to August, 1900, Harrovian , November, 1900,p31.

④ Smith, Shirley Ann, *Imperial Design: Italians in China, 1900-1947*, Fairleigh Dickinson University Press, Maryland, 2012,p25, p29.

其中说明下午六点将全面停火。双方到约定时间，都放下手中武器，走出工事，相互交谈，英军军官给清军士兵烟抽，清军以茶回赠。一名法军军官在清军士兵的护送下，一直走到北边的总理衙门，坦然登堂而入，在里面和衙门官员交谈多时，并饱餐一顿而归。①

形势的转变，出于内外因素。此时天津失守已广为人知，清军主力受损，围攻使馆区已不再重要，不少清军也被调出北京，以阻止八国联军下一步开往北京。清朝廷在围攻使馆一段时间之后，又转向求和的立场，不仅反复向外国政府加以解释，而且紧急召李鸿章进京，为此反复催促，授予他更为重要的官职，基本上是官复原职。"谕内阁：直隶总督著李鸿章调补，兼充北洋大臣。现在天津防务紧要。李鸿章未到任以前，仍责成裕禄，会同宋庆，妥筹办理，不得因简放有人，稍涉诿卸"。②所以此时停火和与西方使节恢复联系，是个明智的选择。

其实使馆区内的境况并不乐观，西方人原先期望暂时抵抗一阵，援军就会到达，但将近一个月过去了，援军仍然不见踪影，令他们对西摩尔将军失望之极。之后再间接获知联军主力已经夺得天津，更加烦躁不堪，不明白为什么如此强大的军队，仍然不向北京进军，此后只有苦苦相熬。荣禄此时传递来的停火消息，对他们来说是个意外惊喜。所以双方都在准备停火，连最一般的敌对状态——步枪射击，都不再出现。

从这一日起，双方停火，交往逐渐恢复正常，使馆区内的西方人实际上处于清军部队的间隔保护之下，连他们格外惧怕的义和团众也不能再威胁到他们的安全。清军开始向使馆区内运送各种物品，并开放了一个小集市，所有售卖食品蔬菜很快就卖光了。③7月27日，慈禧太后送去冰和水果作为礼物，以及由总理衙门给困在使馆区内的赫德的私信。

---

① William Meyrick Hewlett, *Diary of the Siege of the Peking Legations*, June to August, 1900, Harrovian, November, 1900,p49.

②《义和团》，第四辑，中国史学会主编，1951，第29页，光绪二十六年六月十二日（7月8日）。

③ William Meyrick Hewlett, *Diary of the Siege of the Peking Legations*, June to August, 1900, Harrovian, November, 1900,p52

至8月2日，又有谕旨，"各国使臣在京者，理应一律保护，叠经总理衙门王大臣，致函慰问，并以京城人心未靖，防范难周，与各使臣商议派兵护送前往天津暂避，以免惊恐。即著大学士荣禄豫行遴派妥实文武大员，带同得力兵队，俟该使臣定期何日出京，沿途妥为护送，倘有匪徒窥伺抢掠情事，即行剿击，不可稍有疏虞。各使臣未出京以前，如有通信本国之处，但系明电，即由总理各国事务衙门，速为办理，勿稍延搁"。①

总理衙门按照谕旨准备马车，以备把洋人送出北京，但此时没有公使愿意出行，而且在8月初，他们已经得到消息，八国联军随时可到。从7月17日拖到8月10日，西方援军仍然未到，但已在河西务、张家湾等地与清军交战，离北京很近。在败退清军陆续返京的情况下，清朝廷必须考虑离开北京的方案，同时向使馆区发起最后一轮的进攻。但13日中午，使馆区周边的清军已经准备撤离战场。8月14日下午三时左右，在马克辛机枪的扫射下，隶属于英军的印兵第七拉吉普团（Rajpoots）进入使馆区，围困结束。

整个被称为"北京五十五天"的围困使馆区行动，其中有二十五天停火日，剩下的一个月内，双方处于断续不定的交火状态，清军发射了大量子弹，排射频繁，却在地面进攻中进展有限，西方守军不仅固守自己的防线工事，而且不时派兵出击，摧毁清军据点。

这一整个事件中，大量清军无法突破使馆防线，其中的主要原因，应该是清军在其将领和荣禄的总体统辖约束之下，维持适度压力的策略，并没有坚决进攻，时攻时止。清朝廷中枢当然清楚荡平使馆区、杀死公使们的严重后果，所以围困使馆区只是向西方人施加压力的手段之一。这是一个错误和过火的手段，风险极大，正因为如此，不仅总理衙门多次要求公使们自行离开北京，前往天津，在那里避难或出海，又对外国政府发出正式国书，以示并无消灭使馆之意。朝廷之外的臣僚，也在尽力减弱所谓围攻使馆区带来的国际震撼和回响。"京友霁电，使馆被攻甚急，意在聚歼，兵团任意焚毁杀掠，东城尤甚等语。洋人皆疑各使已死，递去国书，恐必诘问，何以彼使无信。无论如何，总须责成聂军或宋军保护使馆，各使存亡，宗社系之，否则虽百啄难辩。……请济南慰帅（袁世凯）缮折六百

① 《义和团》，第四辑，中国史学会主编，1951，第34页，光绪二十六年七月初八日（8月2日）。

里加紧飞递，大清国脉在此一线，万勿迟延"。①

　　作为朝廷重臣的荣禄，暗中秉承慈禧太后的意旨，尽量约束手下清军，避免地面猛攻至使馆残破的地步，"现仍竭力保护各使臣无伤，尚可作将来转圜地步，否则长驱直入，势将灭国矣，岂不恸哉！幸各使尚未死。……总算以拳民攻击为词，好在各使亦怕到极处，求救不得，得着侄信，感激万分，即请不必开枪炮。现在已阻住不相攻"。②

　　荣禄并向外臣交代围困内情，以求缓解：

　　　　"保定来荣相三十复江楚各帅电云，来电敬悉，以一弱国而抵十数强国，危亡立见，两国相战，不罪使臣，自古皆然。……区区力陈利害，竟不能挽回一二，后因病不能动转，假内上奏片七次，无已勉强力疾出陈，势尤难挽。至诸王贝勒群臣内对，皆众口一词，谅亦有所闻，不敢赘述也。且两宫诸邸左右，半系奉会中人，满汉各营卒中，亦皆大半，都中数万，来去如蝗，万难收拾，虽两宫圣明在上，亦难扭众，天实为之，如之何哉！

　　　　"嗣再竭力设法转圜，以图万一之计，始定在总署会晤，冀可稍有转机，而是日又为兵匪将德国使臣击毙，从此则事局又变，种种情形，千回万转，笔难尽述。庆邸仁和，尚有同心，然亦无济于事。区区一死不足，惜是为万世罪人，此心惟天可表。

　　　　"参观三十电旨，剿之则恐祸起肘腋，只可用之，徐图挽救数语，痛心。窃料圣慈必不终受鼓惑，苦于无人能救，公细味电旨及荣电，自可无疑，老佛辣手，只要有辛酉十月手段，一举可定。然庆、荣无人帮助，势不敢举，而外臣不奉诏，理不能行，故非先请密旨，不可虎城。只庆、荣有此本，二公得此电，亦必细审圣意，合则代陈，不合置之而已，必不害我。至近日奸使，乃由于彼势成骑虎，以为不如是，恐祸不在国，而在彼也。"③

────────

　　① 盛宣怀：《寄粤江鄂东皖闽各督抚帅》，《愚斋存稿》卷37，电报十四，光绪二十六年六月十五日。由于京津电报线路中断，北京朝廷和地方督抚电讯往来的途径之一，就是致电山东的袁世凯，再采用传统的驿站方式，飞递北京。其他线路是将电报发至山海关或者保定，再经陆路送到北京。

　　② 《义和团运动史料丛编》，第一辑，《荣禄与奎俊书》，第138-139页，光绪二十六年六月二十二日(7月16日)。荣禄为时任四川总督奎俊之任。

　　③ 盛宣怀：《愚斋存稿》卷37，电报十四，光绪二十六年六月二十日。次日清朝廷在使馆区周围停火。

作为回复，盛宣怀致电袁世凯，讲明荡平使馆区的遗害，警醒朝廷：

"各国现调精兵不下十万，饷械数十船装足，皆以救使剿团为名。闻诸国会议，若公使不致死，尚肯停战，德王独愤激，尚可劝解，若聚而歼之，各国皆怒，必到京城报复，尽毁所有，届时国难身难，何堪设想！为今之计，拟请劝谕兵团，暂释使馆之围，勿致其死。要知一国死一使臣，何损于彼，徒增彼忿，而重吾祸。如朝廷欲其停战，须令各使臣电致彼国，再由上海各总领事设法劝解，不难了结"。①

这些朝廷内部双方争辩的结果，控制了攻打使馆区的烈度，在清军进攻有可能真正危及使馆区的生存，特别是最为重要的英国使馆时，朝廷即转而命令清军采取缓进策略，甚至长期停火。盛宣怀的这些建议，基本上是朝廷和清军在使馆区停火之后的历行举措，以缓和战局，劝退增援联军。虽然列强各国在救使名义下占领天津，进军北京，已不再受使馆区停火的影响，但清朝廷方面的意图十分明显，仅仅围困使馆区，而不图全歼。使馆区内的被毁建筑，大部分是使馆卫队和武装人员为了达到有效防务而焚烧和推倒的，并不是清军重炮集中轰击的后果。

在攻防战中，使馆卫队和防守者得到的一般印象，就是只要他们连续开枪射击，清军士兵就会退回到他们的工事之后，攻守相持时间均不长，清军士兵所谓的攻击，多数是在原地开枪，浪费子弹，"他们不愿暴露自己。如果他们愿意付出牺牲几百人的代价，在许多场合下，完全有可能在一个小时内就彻底摧毁我们的防线。尽管躲在工事后边，我们的狙击手还是准确射杀了比在冲锋中被击毙的多几倍的清军士兵。他们炮兵发射的炮弹质量很差，炮火时断时续，经常乱射。我们当时自然都不希望批评他们的射术"。②连威尔都禁不住嘲笑清军士兵的射击方式，"中国枪手处在一个较低位置，被迫向稍高位置的日本阵地开枪，以致他们的子弹基本上都越过工事沙袋，打在日本人身后的肃王府大殿的屋顶上。成千上万的子弹射向那里，给人以奇怪的错觉，似乎整个屋顶都变活了，不停地上下跳跃。中国人似乎是想用这种新颖的射击方式摧毁我们和我们的工事"。③

---

① 盛宣怀：《愚斋存藁》卷37，电报十四，"寄袁慰帅"，光绪二十六年六月二十一日。

② Smith, Shirley Ann, *Imperial Design: Italians in China, 1900-1947*, Fairleigh Dickinson University Press, Maryland, 2012, p317.

③ Weale, Putnam, *Indiscreet Letter from Peking*, Dodd, Mead and Company, New York, 1907, p145.

清军并未全力攻打使馆防线，还表现在他们拥有不少新式克虏伯火炮，却弃而不用，没有被拉到发射位置用于展开火炮轰击。[①]动用所有火炮密集炮轰，夷平整个使馆区都并不困难，而清军士兵却被一门意大利一磅炮和一门1860年的老炮压制住，他们未曾全力攻打使馆区，显而易见。八国联军日后在使馆区北方发现一个军火库，"清楚明确地证明，中国人并没有用尽手中的武力去夺取使馆区。我们在被围困时期曾经假设，敌人很少拥有西方武器，但是在这里可以见到完全没有使用过的大量新式火炮和弹药。……库里存放着无可计数的最新型号步枪。认真操作这些武器，他们有能力发起远比实际情况更为危险的攻击，但是他们克制住了自己。原因是什么，目前还无法找到"。[②]关键不是被前线士兵使用的武器是否有效，而是目标简单的军事行动之外的总体考虑和可预见的后果。

参加使馆区北线战斗的董福祥甘军士兵，原以骑兵见长，适合于西北地区，并不太熟悉陆战和城市巷战。[③]当然，常吃败仗的清军，几乎都没有经历过像样的艰苦城市巷战。董福祥部还有其他的弱点，"实则福祥虽号知兵，仅与西域回匪结过硬仗，而泰西节制之师，彼实未经尝试，因之相持数月，拥数万之众，乘势取攻，竟无如千余守使馆洋兵何"。[④]董福祥所部仅有八千余人，又曾派出队伍在京城以南同义和团一道阻截西摩尔部队。无论如何，董福祥部在使馆区外和京城之外的调动作战，都受到朝廷以及荣禄的指挥和辖制。这些清军部队半心半意地投入作战，加上有近一半的时间双方处于停火状态，其后果就是各国公使均无恙，几百人的使馆卫队一直坚持到最后被援军解围。

五、天津之战

虽然北京使馆区被围事件吸引住了西方人和媒体的绝对注意力，但八国联军对华战争的主要战场，并不在北京，而是在天津。在天津与联军作战的清军部队，与围困使馆区的那些清军，表现迥异，更加像一支

---

① Smith, Shirley Ann, *Imperial Design: Italians in China, 1900-1947*, Fairleigh Dickinson University Press, Maryland, 2012, p317.

② Allen, Roland, *The Siege of the Peking Legations*, Smith, Elder and Co., London, 1901, pp286-287.

③ Weale, Putnam, *Indiscreet Letter from Peking*, Dodd, Mead and Company, New York, 1907, pp147-148.

④ 陈夔龙：《梦蕉亭杂记》，《近代稗海》，第一辑，第334-335页。

尽力作战的近代军队，令西方人都倍感意外，在大沽口炮台一战遇到顽强抵抗之后，联军再次面对选择实地抵抗甚至发动攻势的中国军队。"在天津的中国人，让所有依照甲午战争中的表现去评价他们军事能力的人，都感到震惊，中国人奋力作战，让联军遭受严重损失之后，才占领了天津"。[①]

早在克林德被射杀之时，天津之战已经进行了一段时间。八国联军在夺取大沽口炮台后，加紧陆战部队登陆，各国援军陆续到达。驻守天津紫竹林租界的俄军先遣部队，配备了四门重型野战炮，发挥了很大作用。[②]在联军攻取大沽炮台的当天，6月17日，天津租界内的外军同时派遣一百七十五名士兵，越河偷袭租界南边的天津武备学堂，以解除来自那里的炮火威胁，遇到武备学堂学员的顽强抵抗：

"一进（军火库）大门，他们就遭到四面八方射来的毁灭性的射击，我们的伤亡几乎都是发生在这儿的，有两个人立刻死去了。由于中国学员放下窗帘进行射击，简直不容易发现他们是在什么地方射击的。然而，我们派一半人向各个窗口射击，以压制中国学员的炮火，另一半人从左边进入四合院，围着房屋攻打，一面射击，一面拼刺刀。一伙很顽强的学员在一条狭长的廊道附近固守着，火力一直很猛。路克(Luke)少校看到没有重大伤亡是无法占领这座房屋的，就下命令炸毁这个地方。于是从几个地方点火，不一会儿，就响起了噼噼啪啪的响声，说明大量的弹药正遭到毁坏。一些学员想从土围墙处逃跑，但是立即被布置在大门处的守卫开枪打死了。这一次战斗中，我们总共俘获了八门克虏伯野战炮，毁坏了大量军火和小型武器，打死五六十个中国人，武备学堂化成灰烬。……我们后来才知道，中国人曾派了相当数量的军队，要来坚守武备学堂，但是在战斗结束后三小时才来到，到达后发现学堂已四处起火。要是中国人能守住武备学堂，就会使租界地的河岸无法防守，因为租界河岸完全处于武备学堂的炮火控制之下。"[③]

---

① Smith, Shirley Ann, *Imperial Design: Italians in China, 1900-1947*, Fairleigh Dickinson University Press, Maryland, 2012, p317.

② Landor, A. Henry Savage, *China and the Allies*, volume 1, Charles Scribner's Sons, New York, 1901, p144.

③ 吉普斯 (Gipps)：《华北作战记》，《八国联军在天津》，天津社会科学院历史研究所编，许逸凡等译，齐鲁书社，1980，第26页；Landor, A. Henry Savage, *China and the Allies*, volume 1, Charles Scribner's Sons, New York, 1901, p144

完全没有战斗经验的武备学堂学员，遇到敌人袭击就自发开火抵抗，表现相对地要好于正规清军。问题是天津清军除了炮击之外，对租界威胁毫无准备，轻易丧失重要的战斗据点，在大沽炮台丢失之后，才匆忙布阵，为时已晚。

到6月19日，英军和法军先头部队赶到了租界，正式加入防守租界和进攻天津的双重任务。争夺点之一就是天津老龙头火车站，处在天津城和租界的中间，既是大沽援军到达之地，也是联军向北京出发之地，对于辎重给养运输也非常重要，清军威胁或夺取了车站，对联军相当不利。至22日，联军第二梯队主力连队，从塘沽赶往天津，路上遭遇到聂士成等部清军的拦截，一夜不得前进，其中俄德部队损失惨重，伤亡224人，一个连里伤亡了30人，包括一名中尉。[①]在以往外军对清军的战斗中，这是少有的高伤亡率，也是清军少见的局部战绩，主要是因为清军在租界东北部的军火库位置上，准确使用火炮进行轰击。

至24日，在大沽登陆的联军部队达八千余人，约一个师的规模，俄军最多。[②]其中三千人已抵达天津租界，加上原先已经进入租界守卫的先遣部队，联军已经拥有五千多名的正规军力量，天津租界受到重大威胁的时期已经过去。另外一支西方部队也在附近徘徊，即已失踪多日的西摩尔部队，滞留在天津北面，但整个联军的海陆军部队，仍然以他为总司令，所以自24日晚起，已在天津立住脚的联军，派出部队北上营救和迎接西摩尔中将。

直到天津北面的北仓镇，聂士成部才对西摩尔部队真正进行了有效抵抗，但他的部队还是丧失了极好的围歼机会，个别战斗中的一时合格表现，却没有达到预定的战略目的，甚至根本就没有战略意识，"如果中国军队由一个有能力、有经验的军官指挥的话，这支远征在回到天津以前，早就完蛋了"。[③]

西摩尔部队突破清军在北仓的堵截后，继续南下，在其被迫逃亡的

---

① Landor, A. Henry Savage, *China and the Allies*, volume 1, Charles Scribner's Sons, New York, 1901, p148.

② Landor, A. Henry Savage, *China and the Allies*, volume 1, Charles Scribner's Sons, New York, 1901, p149.

③ 达格特（Dagget）：《美军在华解围远征记》，《八国联军在天津》，第77页。达格特上校是远征美军第十四步兵团团长。

过程中，弹药补给持续减少，伤兵满营，处境艰难，却侥幸地在6月22日，偶然地闯到天津西北郊的西沽附近，靠近清军的军火库之一。他们用尽全力对西沽发起进攻，清军守兵逃散后，西摩尔部队占领了这一重要军火库。军火库里边存放着大量枪炮弹药，克虏伯炮、毛瑟枪、温彻斯特步枪和1895年才发明出来的德制曼利彻快发步枪（每分钟发射达30余发子弹），都为西摩尔部队所据有，从而喘了一口气，迅速补充。①在军火库里存放的四十八挺马克辛重机枪，甚至都没有开箱。②这些机枪在对付步兵时十分有效，无论在北京还是天津战场上的清军，都深受敌军马克辛重机枪扫射之害，但他们自己手中拥有的致命武器，却从未被充分加以利用。

由于这些枪支火炮弹药都购自国外，西摩尔手下士兵使用操作这些武器时，毫无困难，大有利于他们抵抗清军之后的进攻。西沽附近重新组织起来的清军发起一轮攻势，虽然人数占优势又勇于冲锋，在西摩尔部队的强大火力轰击之下，尤其是马克辛重机枪的扫射之下，仍然未能夺回他们刚刚失去的重要军火库。③这是中外战争中重复多次的战场情境，清军部队汇聚拥有的先进精良装备，并不劣于外军，却很少发挥预期作用，即为外军缴获，反过来对自己造成重大伤害。

但西摩尔部队至此已经精疲力尽，从上到下都不愿再采取任何行动，因此虽然离天津仅咫尺之遥，却不再前行，或去解围租界，除了侦查小队外，主力止步原地，自行休整，消极等待联军前来营救。天津联军一千余人于24日夜间出发，25日上午抵达西沽，仅几公里的距离，同西摩尔部队会合，救出这支在北京、天津之间进退两难的部队，仓皇逃回天津租界。

受尽陆战之苦的西摩尔海军中将，在京津之间的乡村野地浪费了两周多的时间，未能达到任何军事目的，四处被围，伤亡不断，令其心灰意冷。回到天津之后，明智地返回到他在大沽口外的军舰上，重拾海军职责和英国在中国舰队的指挥权。④他率领指挥的两千五百名士兵，返回

---

① Landor, A. Henry Savage, *China and the Allies*, volume 1, Charles Scribner's Sons, New York, 1901, pp104-105.

② 吉普斯 (Gipps)：《华北作战记》，《八国联军在天津》，天津社会科学院历史研究所编，许逸凡等译，齐鲁书社，1980，第44页。

③ Landor, A. Henry Savage, *China and the Allies*, volume 1, Charles Scribner's Sons, New York, 1901, p105.

④ *Death Throes of a Dynasty*, p48.

天津时的伤亡人数是三百人。[1]

西摩尔在天津之战后，返回上海，意图巡游长江，他的联军总司令一职，必须另寻他人。与此同时，地面战场上很多时候是临时协调，或按照军衔高低，或是军力多少，决定一场多国军队参加的战役由谁来指挥，基于军事将领背后各国政府的不同意图，协调统筹一直是个潜在的麻烦问题。

英国派遣赴华军队由盖斯里（Gaselee）准将率领，美国派遣军由霞飞（Chaffee）少将率领，法国军队由福里（Frey）将军率领，日本军队由山口素臣将军率领，俄国军队由李涅维奇（Linievitch）中将率领，德国军队由瓦德西（Waldersee）元帅率领，但后者姗姗来迟，德军暂时由其他军官指挥。

各国动员调派来京的部队，陆续抵达大沽，然后开往天津、北京。其中英军的组成非常奇特，除了威尔士营的三百人和陆战队的三百人之外，用于作战的步兵部队，基本上都是印度人，如第七孟加拉拉普特团、第二十六孟买步兵团、第一锡克团、第二十四旁遮普团、第二孟加拉团、第十四锡克团、第一至第四廓尔喀步枪队、第三十孟买步兵团、第一孟加拉骑兵队、马德拉斯步兵队工兵队等，再加上"华勇团"和"香港团"。[2]

英国本国军队在远征北京之前的几个月内，还深陷于远在南非的布尔战争中，令在中国的赫德十分担心，明显感到中国人对英国人遇到重大海外麻烦时的旁观心态。"有几个中国人收到了私人电报，他们以看热闹的心情关注着这场战争。他们是这样想的： 如果这些英国人连布尔人都打不过，我们干吗要怕他们呢？ ……其他公使馆和国家的国民，肯定是站在布尔人一边的。"[3]除非英军能够把握胜局并决定和约条件，英国在全球各地建立起来的权威声望，包括在中国的势力范围和对华绝对优势，都将面临重大危机。而英军在南非遭受的损失，令他们缺少在中国采取军事行动的实力，这对清朝政府本来是个有利的时刻。

---

① Landor, A. Henry Savage, *China and the Allies*, volume 1, Charles Scribner's Sons, New York, 1901, p109.

② 宝复礼（Brown）：《京津随军记》，《八国联军在天津》，第266页；Landor, A. Henry Savage, *China and the Allies*, volume 1, Charles Scribner's Sons, New York, 1901, p414.

③ 陈霞飞主编：《中国海关密档》，第6卷，中华书局，1995，第1043页。

但其他西方国家和日本，对英国在中国面对的挑战，感同身受，急需在各大洲的殖民地和主要市场内维持自己的绝对权威，无论是国家权力，还是宗教文明的优越性，都不容中国的清朝政府将其颠覆。[①]因此对于义和团战争，其他列强投入了相当的军力对华施压，弥补英国一国军队的兵员不足。

印度部队一直是亚洲英军的主力，自鸦片战争起就参与了英国历次侵略中国的战争，自认为等同于英国军队，高人一等。此次英军征华，兵员捉襟见肘，极少有可能像鸦片战争一样，调动大批英国本国部队前来中国，英国政府所能调动的，主要是一万余名印军，英属印度境内的各类各地印度人都有，旁遮普、尼泊尔廓尔喀、锡克、孟加拉等，在英籍将领军官率领之下，侵华英军给人的直观印象，完全就是一支印度军队。印军官兵早在第一次鸦片战争时期，就用印度人对最低下种姓的言词，来形容他们所面对的清军，在1900年又攻进北京，解围使馆区。如此辉煌的对华战绩，使印度军队（英印军和独立后的印军）一向保持着对中国军队（清军、民国军队和解放军）的天生藐视，依靠英军的传统和扩张而延续印军自己的光荣传统。印度军队这种骄傲甚至傲慢的心态，延续了一个多世纪的时间，直到在1962年的中印战争中遭遇惨败，才如梦初醒，开始转变对中国军队的态度看法。

除了印度人外，侵华英军中还有所谓的"华勇团"和"香港团"，前者是英国人在他们"租借"的威海卫，自1898年开始招募当地华人，即山东本地人，组建起来的一个由英国军官监督培训指挥的华人部队，即"伪军"。该团配备了英式服装和枪械，由英军上校鲍尔（Bower）出任团长，士兵中包括了一些清军逃兵。[②]英国人继续推行他们在印度的传统策略，尽量利用海外和殖民地的人力资源，以弥补本国兵力之不足，为此不得不把已在中国大陆组建的"华勇团"和"香港团"，运到大沽充数，动用山东和广东的人力资源，进行侵华战争。

这个华人团被从威海卫调到大沽，和印度团营一道，列入英军序列，号称"第一团"。登陆之后，他们作为最早的一支英军部队，于

---

① Bickers, R., ed., *The Boxers, China, and the World*, Rowman and Littlefield Publishers, Maryland, 2007, p2.

② Landor, A. Henry Savage, *China and the Allies*, volume 1, Charles Scribner's Sons, New York, 1901, pp390—394.

6月21日赶到天津，既保护租界，又进攻天津城。在西摩尔部队刚刚获救后的27日，这支华人部队就与租界内的俄军一道，去进攻天津东面的北洋军火库，为租界内的各国联军免遭清军从背后打来的炮火，做出了重要贡献，又确保来自塘沽运送登陆外军的火车线路，保持通畅。

这些由山东本地人组成的队伍，以外军身份去进攻邻省地区的天津，确实是个怪异的现象，连英国人都感到意外，"威海卫团负责英军所捉到的俘虏。奇怪的是看到这些由中国人所组成的英国军队，同他们自己本国人进行作战。如果他们是来自一个省，他们可能会拒绝同他们（清军）作战，但是他们是山东人，与这京师所在省份的我们（联军）的敌人，毫无共同之处"。[1]在英国军官的指挥下，"华勇团"被投入执行各项战斗任务，作战效率并不下于英军本国部队。虽然山东的"华勇团"并不是中国伪军的首例编制，却是第一次被洋人将领们真正当作作战部队使用、在西方侵华战争中做出实质性贡献的一支华人队伍。

至6月30日，联军在大沽登陆的部队人数已达一万四千人，其中俄军占六千人，第二位是日本人，近四千人。[2]除了甲午战争外，清军已经几十年没有遇到过如此大量的外军入侵。各国外交官和联军将领此时却做出了一个奇怪的决定，不去立即组织第二支赴京远征部队，完全忘记了他们最初攻打大沽炮台的核心理由，就是尽快保护北京使馆不受义和团骚扰破坏。这些将领以清军袭击为理由，声称要保护大沽到天津的线路，为此需要一个月的时间，所以无须着急。另外，西方国家和媒体已经获得北京使馆区被围的消息，大肆喧嚣，声称各国公使均已被害，死前表现大义凛然，英勇无比，伦敦的《泰晤士报》甚至发出了他们驻京记者莫理循的讣告。而赫德曾经就学的爱尔兰女王大学校长，也在7月16日悲痛地向大学师生们宣布了赫德的死讯。[3]既然各国公使都已遇难，八国联军似乎多了些理由，不必紧急赶往北京，他们的当前目标，

① 宝复礼（Brown）：《京津随军记》，《八国联军在天津》，第278页。

② Landor, A. Henry Savage, *China and the Allies*, volume 1, Charles Scribner's Sons, New York, 1901, p165.

③ 如1900年6月19日德国《前进报》（Vorwarts），"北京似乎已完全掌握在起义者手里了，各国使馆已被捣毁，各国公使有的已被杀，有的已被义和团俘虏"。《义和团史料》，上，中国社会科学院近代史研究所《近代史资料》编辑组，中国社会科学出版社，1982年，第24页；Martin, W.A.P., *The Siege in Peking: China against the World, by an Eye Witness*, Fleming H Revell Company, New York, p186.

变成占据领土城市和消灭可能存在的中国武装对抗力量。

实际上北京使馆区内各国使节均无被害的情形，联军将领于7月17日停火之后，就开始获得相关信息，"倾接京友二十二夜书，十七日中军擎获使馆送信护兵，今荣相奏请用此人遗书，慰问各使，英使复称，各使无恙，均愿太平。嗣派总署员文瑞往晤，各使均出见，未损一人，拟明日奏请先送食物，再商派孙万林队伍送赴津。御河桥南洋兵守，北甘军守，彼此均停枪炮云。荣相从中周旋，极为难"。[①]在这一停火期间，总理衙门和各国公使连番接触，使节们也趁机向本国政府发回密电，间接证实他们仍然生存于世。但从开始夺取大沽炮台到攻打天津，八国联军的真正目标，就不再是解救北京的使馆区，而是着眼于控制最为重要的京畿地区和彻底规管教训清朝政府。

天津附近聚集的大批外军，就此止步不前，即使他们控制了火车站，也不将火车和车站设施用于组织调动向北京进军。西摩尔部队的遭遇，似乎也给联军将领们留下了不小的阴影，即使有可能在一万多人的部队中，分派组成几千人的单独建制部队，也不敢自行冒险前往北京，宁愿集中大批部队去完成攻进天津的任务。天津联军部队原本在7月初就可到达北京，提前一个半月解除使馆区的围困。

提督聂士成手下原本拥有一万余人的部队，但已经基本分为部署在杨村和天津之间，以及用于阻击赴津外军的两部主力，剩余部队分散各地，在之前的几个月里被派往直隶各地保护教会和平定义和团众，和在北京、保定之间保护铁路干线的小队，此时调动兵力集中作战，十分不灵便，对付津沽之间万余名的八国联军，尤其困难。但之后朝廷将董福祥的部分队伍调出北京，前往抵御西摩尔部队，浙江提督马玉崑的部队也于6月29日赶到天津战区，有六千余人，此外山海关防区的宋庆部队，也被调往天津一带相助，这些调动相对减轻了聂士成身上的压力。但是裕禄仍然不得不允许天津义和团参加攻守战役，特别是以张德成为首的部分团众。裕禄此时成为天津附近清军的总指挥，但他们面对着与八国联军类似的问题，即各位将领部队之间的统筹协调，和明确战役进攻目标。

在天津攻防战的初期，清军采取了主动进攻租界的态势，八国联

---

① 盛宣怀：《愚斋存稿》卷37，电报十四，"袁慰帅来电"，光绪二十六年六月二十七日。

军处于守势，但他们借助铁路和白河水道，后续援军络绎不绝。清军于7月3日起开始炮轰租界，特别是设置在城墙上的两门重炮，火力很准，对老龙头火车站附近的俄国和法国租界造成重大损害。清军部队聚集之后，分三个方向进攻租界，包括夺回东机器局、在中间拿下火车站，和在西面进攻英国、日本租界。其中重点是火车站，是扼制联军进攻天津城和进军北京的要地。守卫火车站的，除了俄国、法国部队外，还有英国人调派来的"华勇团"和"香港团"。[①]联军部队装备了加特林和马克辛机枪，火炮中有12磅炮，三英寸口径，射程五千米，是英军当时标准使用的野战重炮，另外运到两门从港口军舰上拆下来的四英寸口径速射炮。

　　7月5日，清军发动各条战线的攻势。聂士成部在西面的海光寺军火库架设了克虏伯炮，轰击英国租界内的赛马场等处。英国人紧急调派"华勇营"，在英国军官的指挥下攻击清军炮兵阵地，被聂军击退，伤亡不小。尽管事前英国人对威海卫团攻打天津守军的坚决性有所怀疑，但这些山东籍士兵还是按照命令执行了英国人交给他们的任务。[②]来自西面海光寺的聂军炮火对租界内的联军威胁极大，几乎剥夺了他们的防守纵深，"中国人的这几门大炮投入战斗后，几乎可以从各个方面向我们开火了，事实上，我们的阵地几乎不能防守了"，"我们的炮兵阵地几乎无法防守"，"很多人被打死，其中包括（英军）布鲁斯少校（Bruce），还有艾斯戴尔准尉受了重伤"。[③]此外，作为清军精锐的聂士成部，完全有可能从该方向实行突破，将整个租界包围。因此虽然两个连的"华勇营"未能成功，联军继续组织了一个更大规模的分队，决心打掉来自西面敌军的威胁。

　　7月9日凌晨三点，联军派出一千名日军、四百名俄军和包括"华勇团"在内的一千名英军，调集现有重炮，对海光寺阵地发起总攻。[④]作

---

　　① Landor, A. Henry Savage, *China and the Allies,* volume 1, Charles Scribner's Sons, New York, 1901, p171.

　　② Landor, A. Henry Savage, *China and the Allies*, volume 1, Charles Scribner's Sons, New York, 1901, pp172-173.

　　③ 吉普斯（Gipps）：《华北作战记》，《八国联军在天津》，天津社会科学院历史研究所编，许逸凡等译，齐鲁书社，1980，第55-56页。

　　④ Landor, A. Henry Savage, *China and the Allies*, volume 1, Charles Scribner's Sons, New York, 1901, p176.

为先锋的日军先击溃了西南部纪家庄的义和团众，然后北上与英俄军会合，攻打海光寺军火库。聂军余部撤往八里台，但清军火炮仍然准确轰击着外军阵地及其重炮地点。

日俄英部队向西面突击合围的意外战果之一，是清军主将聂士成死于炮火之下。聂士成素有名将之誉，手下精兵万余，近代化程度仅次于袁世凯的新练陆军，负有拱卫京畿的重任，却在这场对外战争中战无一胜，不仅放跑了西摩尔残余队伍，而且围攻租界历久不下，从西线打进租界的计划遭到失败。朝廷养兵千日，一战溃败，聂士成确实无颜逃生，只有像左宝贵在平壤和林泰曾在威海卫一样，战死疆场。[①]在这场战争中，清军将领再也不能以"武器不如人"，作为他们挫败战败的借口，"此次战事，华军枪械皆属新式，至于杨村、北仓等处，布置周密，诚出于列国意料之外"。[②]清军将领的将兵之道和指挥能力，因此受到更为严格的考验，而聂士成虽然比其他将领的作战意志更为坚定，却仍然没有取得可观的战绩，更无从决定战场胜局。

同为精锐清军将领的袁世凯，对聂士成战死甚表悲哀，"津探报，聂军门十三日战竟日，在城南八里台中伤三处，肠流阵亡，痛甚"。[③]而清朝廷在有关这一重要战将死讯的谕旨中，各有褒贬，"统带武卫前军、直隶提督聂士成，此前著有战功，训练士卒，亦尚有方，乃此次办理防剿，种种失宜，屡被参劾，实属有负委任。昨降谕旨，将该提督革职留任，以观后效。朝廷曲予钤全，望其力图振作，籍赎前愆。讵意竟于本月十三日，督战阵亡。多年讲求洋操，原期杀敌致果，乃竟不堪一试，言之殊堪痛恨。姑念该提督亲临前敌，为国捐躯，尚非畏葸者比，

---

① 聂士成在天津之战中，并非死于义和团众背后暗算，而是联军当时已经大为增强的野战炮火。一些传说指他死于德国人之手，并由德国人以军旗覆盖尸体，送回给清军，但实际上八里台和海光寺之战中没有德国人参与，主力是日本人。至于说他的部队弹药匮乏、寡不敌众，也有夸大之嫌，联军中主攻的日军，只有一千人，辅以威尔士营，与其他部队会合后为两千余人，所以应该是多数清军先行逃散、而聂士成本人拒而不退。此时天津清军也远没有到弹尽粮绝的地步，聂士成死后次日，清军火炮仍然猛烈轰击租界敌军阵地。这是因为天津是李鸿章长期经营之地，自洋务运动以来就注重军火生产，拥有多座大型军火库。

② 左原笃介：《八国联军志》，《义和团资料丛刊》，中国史学会主编，上海人民出版社，1957，第三册，第213页。

③ 盛宣怀：《愚斋存稾》卷37，"电报"十四，"袁慰帅来电"，六月十九日（7月15日）。

著开复处分，照提督阵亡例赐恤，用示朝廷格外施恩，策励戎行之至意"。[1]

天津前线的战况，决定北京朝廷的生死，以及清廷整体对外策略的成败，前线诸军却一败再败，甲午战况再现，朝廷只有以革职留任等惩罚手段，显示其权威和不满。之前对京城教堂被毁一事，崇礼等朝廷大员曾接受过类似处置，革职留任，日后在天津督战的裕禄，也在战役失败之后被革职留任，然后被李鸿章取代其直隶总督一职，因此革职留任一事，并非置某人于死地的处罚，对聂士成这样的武将来说，战场上的胜负，才是其是否称职的证明。

进攻老龙头火车站方向的清军，属于马玉崑部下，作战异常勇敢，于7月11日凌晨发动进攻，甚至少见地发起刺刀冲锋，冲破了英法之间的防线，令敌人大为惊异。防守老龙头火车站的英军"香港团"，费尽全力，才将清军击退。[2]"清晨三点，中国人大举进攻车站，决心要攻下它。他们乘黑夜前进，终于到达车站，进入一些车厢内，于是在那里发生了肉搏战。印度兵从两侧向车厢扫射，要把中国人从车厢中清除掉。在攻击正在进行的时候，中国人向车站打炮，炮弹如雨，异常猛烈。"[3]清军正规部队的作战特点，就是以火炮在一定距离之外发炮骚扰，却很少依靠近战制敌，进攻不积极，不善散兵作战，夺取敌方阵地很少成功。一旦外军构成坚固工事防线，再拥有火炮优势，清军就一筹莫展，进攻无效。所以这次清军地面进攻出现近战情景，表明各位将领确实督战甚急，在聂士成已经阵亡的情况下，这甚至可能是他们最后的一次机会。

清军三路进攻受阻失败，失去聂士成，令整个战场形势逆转。之后联军获得增援，于13日发起反攻，攻打天津城。东路由俄军、德军和一队美军沿白河进攻城东北，西路以英美日军四千多人，沿海光寺路北上，聚集了所有火炮，以夺取带有鼓楼的南门。"华勇团"作为后备，

---

① 《义和团》，第四辑，中国史学会主编，1951，第30页，光绪二十六年六月十五日（7月11日）。

② Landor, A. Henry Savage, *China and the Allies,* volume 1, Charles Scribner's Sons, New York, 1901, pp178-179.

③ 吉普斯 (Gipps)：《华北作战记》，《八国联军在天津》，天津社会科学院历史研究所编，许逸凡等译，齐鲁书社，1980，第58页。

"香港团"被用于搬运弹药。[①]守城清军进行了顽强的抵抗，从各个方向使用各种武器回击。最右翼的美国队伍遭受伤亡一百二十人，第九步兵团团长里斯库姆（Liscum）上校和一名上尉被击毙，雷冈上校受重伤，四名上尉和中尉受伤，最后因损失人数过多而被迫撤出了战斗。[②]第九步兵团之后由柯立芝（Coolidge）中校指挥。美国人在这一次进攻中承受的损失，甚至比俄国、德国队伍由塘沽赶往天津被伏击时的损失更重。日本军队于14日早上轰开南门城门，外军涌入城内，天津城失守。清兵逃离内城后，在他们的军火库里，留下了一些最新型号的克虏伯火炮和瑞典造多管炮，尽落入联军之手。城外的宋庆、马玉崑余部，都撤退到杨村北仓地区，与裕禄在那里会合。

据清军方面所记，三路进攻和守卫城门，战况异常激烈，是为近代清军所经历的少见硬仗：

"直隶总督裕禄帮办北洋军务四川提督宋庆奏：……十七日寅刻炮位齐发，马玉崑督队由东路陈家沟一带进攻，洋兵亦由租界出而迎敌，自寅至午，鏖战数时之久，彼此各有伤亡，我军恐过伤精锐，先行撤回，彼亦收队。

"是日复有洋兵分三路窜扰……以扑南门一股为尤猛，先经我军击退，又复添兵，继至用炮轰击南门城楼，以致火发。洋人又分兵于城东南西南两隅攻打，我亦拨队抵御，相持一昼夜，毙洋兵多人，淮军统带下长胜受伤，练军营官余正清阵亡，其余将士伤亡甚伙。至天明时南门城楼火烧愈烈，墙壁皆赤，护城兵勇站立不住，更兼城内炸弹横飞，奸细四面开枪响应，伤人过多，军心惊乱。洋人遽乘隙由东南城墙爬入，以致郡城失陷。城陷后，洋兵复在东北隅城墙上施放排枪，并安设炸炮，专向（海）河北一带及各营垒攻打，弹如雨下……兵丁无处立身，并见城上已插洋旗，遂陆续退在围墙外西路一带分扎。……

"洋人自前月二十日开衅以来，以各军之力，支持将近一月，方期兵心渐固，剿办可以得手。乃洋兵续至，日益加多，兼有教民及所招铁路工人，夹杂在

---

① Landor, A. Henry Savage, *China and the Allies,* volume 1, Charles Scribner's Sons, New York, 1901, p181, p185.

② Landor, A. Henry Savage, *China and the Allies,* volume 1, Charles Scribner's Sons, New York, 1901, p181, p186；达格特：《美军在华解围远征记》，第89页。

内，人势愈众，以八国之兵，轮番迭战，我军只此数十营，昼夜抵敌，毫无休息。彼族专恃火器，我军虽胜，亦有伤亡，故精锐所损不少，以致力难支持。"[1]

清军前敌将领，长于粉饰战况，队伍轻易后退，也被报为取胜，习以为常。但天津一战，无论是主动进攻，或是死守，清军均有格外顽强的表现，证诸于八国联军方面的记载，交战激烈的情况大多不虚，是为清军几十年来少见的认真作战事例，不仅与之前各次战争中的表现大为不同，更非北京使馆区周围那些清军部队半心半意、虚打佯攻的形势相比。当时联军后路增援陆续不绝，在天津战区内占有质量和数量上的优势，所以裕禄以下各军在据守一段时间之后败退，势所必然，仍然给联军将领留下深刻印象，影响到他们之后的军事部署。

侵入天津城的联军士兵，开始大肆抢劫掠夺，那些长期在租界生活的西方人，知道哪里是财富所在，因此很快洗劫了盐政衙门、总督府和造币厂那些部门里存储的银两，以及私人珠宝店、丝绸店等有钱的地方。日本人从盐政衙门运走了价值几百万两的墨西哥鹰洋，美国人在动用人力、挖地四天之后，又找到几百万两白银，搬回到租界内的美军第九团防地。其他国家抢劫银两的数量都差不多。[2]据张之洞、李鸿章后来向朝廷汇报，"以近事证之，上年天津不守，司道局各库存银六百余万（两），招商局存米四十万石，尽资外人"。"天津司道局各库积存数百万两，全被洋兵土匪掳掠罄尽，各机器制造局及军械局枪炮子药，尽数被掳，百无一存，臣实无从措手，焦急莫名"。[3]

掠夺了如此巨量的金银财富，联军军官们同时又给了他们的士兵一天自由时间，随意抢劫，各国部队没有区别，都参与抢劫。[4]西方媒体最后得悉联军士兵在天津的抢劫行为，互相指责别国士兵抢劫最狠，但

---

[1]《清季外交史料》卷143，"裕禄宋庆奏连日鏖战力不能支天津郡城失陷折"，光绪二十六年六月二十一日。

[2] Landor, A. Henry Savage, *China and the Allies*, volume 1, Charles Scribner's Sons, New York, 1901, p205.

[3]《请专筹巨款举行要政片》，《张文襄公奏议》卷54，光绪二十七年六月初五日；《天津司道局各库掳掠罄尽片》，《李文忠公奏稿》卷80，光绪二十六年闰八月初九日。

[4] Landor, A. Henry Savage, *China and the Allies,* volume 1, Charles Scribner's Sons, New York, 1901, pp189-191.

在前线的联军军官和士兵却毫不在乎，他们抢得的财富太多了，以致失去了价值的概念，对手中持有的物件毫不吝惜，知道在哪里去抢得更多更值钱的东西。[①]

八国联军在守卫租界和夺取天津城的过程中，战场损失远超出他们的预期，两次战役伤亡九百人左右，之前在前往天津的路途上和租界附近的战斗，也动辄伤亡上百人，包括美军第九步兵团团长里斯库姆上校在内的一些中高级军官，都被击毙或重伤。这是西方军队之前与清军作战中非常少见的现象，证明此次天津地区的战斗，清军的正规部队尽其所能，进行攻守作战，尤其是在进攻火车站的战斗中，地面冲锋等突出表现，迥异于日常所见清军。炮兵队经常与外军炮兵阵地进行对射，射击的准确性也有效地压制住外军，甚至是致命的，令参战外军军官都对清军炮兵在此战中的表现印象深刻。清军在一时顽强作战之后的溃败，一如既往，积习复发，将领之间又配合不力，互相推诿，因此在与外军力量大致相当时，仍然未能如同一支近代军队般的进攻防守，尽力动用手中已有的武器装备，最后白白送给敌军。

7月14日以后，已经占领天津城的联军花了两周时间彻底洗劫了城内外的财富，并进行全面补充休整，因此按兵不动，连近在杨村北仓的清军，也不在他们的进攻目标之内。联军将领在天津一战中，真实感受到清军正规军的一定作战能力，不同于武器简陋的义和团，因此产生畏惧之心，不敢贸然外出，更不愿发动远征。他们在坐等增援，到天津联军的整体军力达到两万五千人，甚至四万人时，才愿意采取重大军事行动。刚刚逃离清军围困的海军中将西摩尔，心怀余悸，对四万至五万人的基本兵员人数的需求，最为坚持。[②]因此各军将领都在向本国政府要求增兵，美军就提出一万人部队的计划，为此，达格特上校指挥的第十四步兵团被紧急从马尼拉调出赴华，乘坐"印地安纳"号运输船到达大沽，替换遭受重创的第九步兵团，第六骑兵团和海军陆战队营也在路上，同时等待美军将领霞飞将军于6月30日下午抵达天津，所以美军部队时下没有采取任何军事行动。

天津被联军划分为四个地区，由英美法日军队分头管辖和维持现

① Landor, A. Henry Savage, *China and the Allies*, volume 1, Charles Scribner's Sons, New York, 1901, pp194-195.

② Landor, A. Henry Savage, *China and the Allies*, volume 1, Charles Scribner's Sons, New York, 1901, pp325-326.

状，并组成一个三人的天津管理委员会，如同英军当年在广州选定巴夏礼担任类似临时总督的职务。各国将领不停地开会和举行宴会，消磨时间，等待兵力充裕之时。[①]

六、朝廷"西狩"和北京洗劫

从7月14日破天津城，迟至8月4日下午，联军才继续以解救被困的西方外交官为名义，开始向北京挺进。此时天津已经囤积了三万多联军，所以被派北上的各国部队总数，在一万八千至两万之间，日军人数最多，为一个师一万人，俄军次之，为四千人，美国为两千人，英国为三千人，其他国家仅为各几百人。[②]同时，由天津退回到北仓的清军重新聚集，仍然有一万余人，但此时已经处于守势，由于失去天津官府衙门的储存财富和各大军火库，防守北仓的清军比在天津时的境况更差，战意大为减弱。马玉崑驻守北仓，年已八十的老将宋庆撤往杨村。

日军是联军进攻北仓的先导部队，而联军的华人教民间谍早已深入北仓，获得清军防守的详细信息，特别是清军引水淹灌会造成联军部队行进难。[③]联军行进到北仓附近时，处于先锋位置的日本军队发起攻击，不断被准确的清军炮火打倒，最后伤亡达三百人，英军二十五人，但强攻之下，尽管拥有层层工事，清军仍然被迫退出北仓，越河而逃。[④]

联军于6日再向十几公里外的杨村进发。清军的溃败一旦开始，便不可遏制，原先在天津城内外顽强作战的意志和情景，均已不在。清军将领极少组织和督察更深层次的防线，对联军的持续进攻甚少防备，不少火炮被突袭的联军小队缴获，一群清军士兵正在烧火做饭，即被英军的猛烈炮火击中，全部毙命。[⑤]攻击杨村的部队由其他国家军队进行，

---

① Landor, A. Henry Savage, *China and the Allies,* volume 1, Charles Scribner's Sons, New York, 1901, p326.

② Landor, A. Henry Savage, *China and the Allies,* volume 1, Charles Scribner's Sons, New York, 1901, p336；宝复礼，《津京随军记》，《八国联军在天津》，第264-265页。

③ 宝复礼，《津京随军记》，《八国联军在天津》，第267-268页。

④ 宝复礼，《津京随军记》，《八国联军在天津》，第270页。

⑤ Landor, A. Henry Savage, *China and the Allies,* volume 1, Charles Scribner's Sons, New York, 1901, p349.

夺下北仓的日军被换到边缘地带，未参加杨村战斗。美军第十四步兵团首先攻入杨村，位于杨村的宋庆毅军，在以炮火轰击稍加抵抗之后，就提前撤出阵地。主攻的英美部队遭到一百二十人左右的伤亡，其中包括被友军炮火误击而死伤的十七名美军。[①]

现为署理直隶总督的裕禄，自天津以来的一系列战场失败之后，再也没有理由托言抵抗坚持，继续蒙骗朝廷，战局的迅速恶化，回到北京的前景，最有可能的就是被处死，所以他于7月8日在杨村以北的南菜村自杀。裕禄原被西方人士和教会视作最为可恨的清朝官员之一，却在一段时间内又因派兵镇压义和团而获得天津西方人的好感，一度要拉他到大沽口外的西方军舰上去避难，结果却是两边不讨好，避战不得，被迫迎战，相持交战的时间居然不短，因此不是被朝廷因战败失地而处死，就是被联军俘虏而被处死，以致自杀成为他的最终结局。马玉崑和宋庆余部撤往通州方向，连要地廊坊都不再防守。杨村一战之后，联军部队都处在自己行军跋涉的过程中，与疲劳和天气作斗争，很少再有硬仗可打。联军绕过了之前西摩尔部队遭遇堵截的廊坊，日军于8月9日攻占河西务镇，马玉崑部已经从那里撤离，之后很快接近张家湾，轻易拿下，进而逼近到通州城下。

清朝廷在天津失陷之后，开始在使馆区停火，通过西方使节外传信息，试图阻止联军主力前来北京，8月初已是对使馆区停火的最后几日。来自天津的联军主力继续前进，一路攻占北仓、杨村、河西务，攻进北京的意图十分明显，迫使朝廷将围攻使馆区置于次位，联军主力进逼成为最大问题。尽管朝廷已经多次招集各地队伍赴京"勤王"，一个多月后却响应寥寥，如山东夏辛酉、湖北提督张春发、江西按察使陈泽霖、原在胶州湾事件中被罚的曹州镇总兵万本华等，赶到京城附近，所率零星部队，实力不够，只能充数。

近在邻省的清军精锐，袁世凯的新练陆军，则按兵不动。袁世凯已经宣布加入"东南互保"。他宣称派出了四千精兵北上，虚虚实实，朝廷并不清楚他的部队在哪里，连盛宣怀都在不停地探询，"贵军入援四千，现扎何处，统领何人，天津失后，有无战事，宋马全军扎何处？"[②]其实袁

---

① Landor, A. Henry Savage, *China and the Allies*, volume 1, Charles Scribner's Sons, New York, 1901, p.363.

② 盛宣怀：《愚斋存稿》卷37，电报十四，"寄济南袁慰帅"，光绪二十六年六月二十六日。

世凯手下的重要将官，如张勋、曹锟等，都留在山东镇守，重点放在对付地方上的义和团众。

西方人对袁世凯的印象甚好，所以当时在他们之间竟然有传言，袁世凯的部队加入了德军，正在向北京开来，自然不是来"勤王"的，而是救外使和讨伐清朝廷。[①]这一传言的背景之一，就是由袁世凯管辖的山东省内的"华勇团"，已经并入联军，加入攻打天津之战。更重要的原因，则是袁世凯本人的洋务名声久已远扬，以致外国人把他列入站在洋人一边的清朝官员，"（日本）外部人来，述青木（周藏，外相）言：德主闻杀使事甚怒，派舰四艘、兵二千余来华，以后和局愈难。现各馆被困甚急，可否由钧处电商袁慰帅，率兵入都，救出各使，他事当可商办，等语"。[②]此处日本人几乎把袁世凯的新练陆军当作赴华联军的一部分，既听洋人指挥，又执行拯救洋人的命令。

袁世凯部队的主要教官，都是洋人，两位他最为信赖的德国教官蒙瑟（Munthe）和沙勒（Shaller），此时都已转入八国联军中参与作战指挥，利用他们对清军官兵的深刻了解，打垮进行抵抗的清军。西方人曾经担心袁世凯的军队加入战斗会给他们带来很大麻烦，但袁军不仅在山东境内推延北上，而且尽力镇压当地的反洋教组织，使在天津、北京大爆发的敌对西方军队的运动，没有蔓延到山东。西方人为此将他视为中国最伟大的人物之一，能力极强，尤其是在公平相待洋人方面，尤其突出。[③]

愿意领兵"勤王"而又奔赴前线的官员，只有年逾七十的李秉衡，时任巡阅长江水师大臣，是被德国人逼迫免职山东巡抚之后，给他安置的一个职位，而李秉衡在之前也同南方督抚一道"东南互保"，却又愿意赴京"勤王"，声言主战，获得朝廷委任，"谕：李秉衡著帮办武卫军事务，所有张春发、陈泽霖、万本华、夏辛酉四军，均归该大臣节制"。[④]

---

① Landor, A. Henry Savage, *China and the Allies,* volume 1, Charles Scribner's Sons, New York, 1901, p151.

② "致李鸿章电"，光绪二十六年六月初九日（7月5日），"李盛铎电稿"，《近代史资料》，第50期，1983，第37页。

③ Landor, A. Henry Savage, *China and the Allies,* volume 1, Charles Scribner's Sons, New York, 1901, pp401—402.

④ 《义和团》，第四辑，中国史学会主编，1951，第33页，光绪二十六年七月初一日。

　　李秉衡本人为文吏，在中法战争中负责广西境内的后勤工作，贡献卓越，又任山东巡抚，自己并非统兵大员，手下亦无军伍，不过一向享有清廉之名，值得信任。朝廷在形势急剧逆转之下，调派李秉衡保卫京城，给以重任和种种优遇，包括"紫禁城内骑马"。但李秉衡并非合适统帅人选，自带队伍只有数百，其他为各地赶来的零散部队。

　　朝廷实际上更应该大力督促邻近不远的袁世凯督兵北上，或是护卫京师，或是逆袭天津。但袁世凯并不愿在此时蹚这一浑水，除了已发誓"互保"的原因外，他绝不愿意与扶植武装自己营伍的西方军队在战场上交锋，自小站新练陆军开始，就没有过将他的队伍用于对外作战的打算，更加顾忌自己掌握的军力在与外军交火中无端受损，影响日后的政治前途。作为中国近代最早的地方军阀，袁世凯采取坐待静观的态度，专保本地安定，不实力介入任何争端，与他日后坐观革命党和清朝廷相斗而从中得利，异曲同工。

　　李秉衡领军出京，于8日到达河西务一带布防，抵御即将来临的八国联军主力。李秉衡仅是临时统帅，部下所属的宋庆、马玉崑部，在几次落败之后，已是惊弓之鸟，战意接近于无，而名义上听从他指挥的几支地方武装，各自行事，并不在一位文官之下齐心御敌。8月9日一清早，日军前锋就扑向河西务，清军措手不及，稍加抵抗，即望风而逃，使日军于早上九点钟时顺利拿下该镇。[1]之后在马头村，李秉衡试图再次维持防线，但宋庆、马玉崑部在溃退的时候并不在此地停留固守，认为再守无用，不理睬李秉衡的命令，手下队伍直接奔往南苑方向。李秉衡愤而上折，"军队数万，闻敌辄溃，实未一战，所过村镇，焚掠一空"。[2]日军以轻装骑兵为主的先头部队，在清军之后紧追不舍，长驱直入，于10日赶到香河县的安平镇，稍事驱逐残余清军之后，即于11日直扑到张家湾镇，逼近通州。[3]

　　李秉衡这一空头文人统帅，指挥不灵，原计划在河西务和马头村之间固守，却被一击即溃，数万清军在两三日内，连续丢失赴京要道上的

---

　　① Landor, A. Henry Savage, *China and the Allies,* volume 1, Charles Scribner's Sons, New York, 1901, p367.

　　②《义和团档案史料》，中华书局，1954年，上册，第459页。

　　③ Landor, A. Henry Savage, *China and the Allies,* volume 1, Charles Scribner's Sons, New York, 1901, pp367-368.

村镇，毫无战意，统兵将领自行逃窜，令他号令无效，徒唤奈何。"军事孔棘，督部（李秉衡）惟拼一死以塞责，大局已不可收拾。"①被迫退到张家湾后，联军已经追到门前，李秉衡万般无奈，只得于11日上折之后，自尽于张家湾，结束了他短短的统兵之行，于形势完全无补。

朝廷中的主和派和西方军政人士，事后以李秉衡在山东所为和受命抵抗联军为由，将他列为排外罪魁，若非已死，必须严惩，并逼迫清朝廷撤销李秉衡的例行恤典。实际上李秉衡的地方官生涯中名声并不差，不过是遇到最为难缠的教案问题，受外力压迫而去职，本人并没有残杀教士教民的事实，最后受朝廷之命，出而御敌，只是责任所在，过于自信，宣称一力打败外军，却无力挽回自天津起始的连番败局，这在军事上并非是他本人的过错。他的过错在于对大局判断有误犹疑，"倘于请训之时，以对文忠（荣禄）之语，密陈于两宫之前，未始不可回圣意。此时舍战言和，各使适困馆中，转圜较易为力，条款亦何至如后此之虐，西狩之行更可中止，国计民生保全甚大。督部（李秉衡）不此之务，始以大言欺世，继以一死塞责，毕命疆场，诚得所矣，而君子不取焉"。②

李秉衡死后，京城之外的清军更无名义上的统帅，自行其是，抵抗意志全无。日军逼到通州城墙之下的，仅仅是前锋部队，而聚集在通州的大批清军并未对敌军采取任何行动，如出击包围等。待到日军炮兵赶到，开始轰击时，通州守军不再像天津守军，发炮回击，而是放弃牢固的城墙防区，继续向北京城区溃逃。通州不战而弃的原因，既有清军此时以逃避作战为上策，又是城内居民希望避免艰苦无情的攻城战，以投降换取减少财产毁坏和伤亡。日军只遇到轻微阻碍，即于8月12日凌晨进入通州城，获取清军遗留下来的大批武器辎重粮饷。虽然通州城向联军投降，仍然未能避免联军入城后的普遍抢劫，而因为通州居民中有钱人甚多，联军士兵也受益颇丰。③更为重要的是，联军占据了离京城最近的城镇，北京的外围防线已经彻底瓦解，只剩下城墙为防守据点。

联军主力赶上来在通州聚集，做攻打北京的最后准备。同时在北京附近，从天津逃回来的清军已不再是可以稍微依靠的武装力量，成为持

① 陈夔龙：《梦蕉亭杂记》，《近代稗海》，第一辑，第344页。

② 陈夔龙：《梦蕉亭杂记》，《近代稗海》，第一辑，第341页。

③ 宝复礼：《京津随军记》，《八国联军在天津》，第288-289页。

有武器的团伙，稍有外军逼近就再度溃逃。京城里面还有董福祥的残部和荣禄的中军，及庆亲王的神机营等，人数至少在五万以上，但他们进行坚决抵抗的可能性不高。慈禧太后已经做好离京的准备，朝廷在两万左右的庞大联军面前，再做抵抗的机会渺茫。随着时局的恶化，朝廷中的顽固派借机除去了许景澄、袁昶、徐用仪、联元和立山，先后处死斩首，以绝主和派再起。

当时的形势证明之前攻打使馆区和防御天津的总体计划完全破产，主和派的让步建议显然有一定的道理，但顽固派并不愿服输，特别是在摄政王和准皇帝仍在的情况下，既然该打的战役已经打过，无法挽回大局，清军再败于京津之间，多层防线均已被冲破，满清朝廷只有逃难一着。这一次的逃难，又不能再走当年的承德避难一途，因为来自东北方向的俄军，直接威胁北京北方地区，承德不再安全，与联军主力距离太近，所以朝廷决定的逃难路线是往西去，先到达山西太原，再看情况。

日军在通州停留一天多，于14日抵达朝阳门外的东岳庙，英美军队抵达南部的广渠门和崇文门，所以联军基本上是在东部和南部展开攻城战。俄军则于13日晚就抢先偷袭东便门，其中自然含有抢夺首先进城的军功之意，联军其他将领都不知道，不清楚北京城墙方向为何整晚枪炮声大作。瓦西里夫斯基（Vassielevsky）少将亲自率领俄军先头部队，趁夜攻进外墙，城墙上的清军士兵起而反抗，枪击瓦西里夫斯基少将至重伤，俄军26人被击毙，102人重伤，大量轻伤不计。但清军在黑暗中无法将俄军赶出东便门，进犯东便门的俄军坚守到次日，直到俄军主力和美军一部于10时左右到来增援。[①]

日军、俄军在火炮和炸药的辅助下，于晚间攻入外城城门，防守在城墙和城门上的清军还是尽其可能地以手中武器进行反击。尽管联军其他部队已于下午就攻入城内，东直门被日军火炮轰倒后，那里的清军继续顽强抵抗下去，使日军直到晚上九点左右才完全控制了城门，伤亡人数达两百名。[②]英军行经广渠门，由无人防守的水门入城，美军由崇文门

---

① Landor, A. Henry Savage, *China and the Allies*, volume 1, Charles Scribner's Sons, New York, 1901,pp173-179；达格特(Dagget)：《美军在华解围远征记》，《八国联军在天津》，第119页。

② Landor, A. Henry Savage, *China and the Allies*, volume 1, Charles Scribner's Sons, New York, 1901, pp183-184.

入城。因清军部队被东面各城门的战斗吸引，英军没有遇到任何抵抗，就前进到使馆区附近，印度第七拉普特步兵团于8月14日下午三时左右，最先进入使馆区，盖斯理将军随后抵达，解除了那里的围困状态，使馆区内卫队和武装人员至那时为止，54人死亡，112人负伤。①

衣衫褴褛和跋涉疲劳的联军士兵进入使馆区时，受到由衷的热烈欢迎，却被一些使馆人员干净整洁的外表所震惊，后者穿着浆洗过的衬衣，衣领笔挺，着全套西装和花色领带。这些印象让一些联军士兵心中不快。②这是约三周的停火时间之后，使馆内被围的人员已经从最初围馆的震惊中缓了过来，熟悉了被围生活的常规，大致恢复正常，如一位美国女士，每天下午都要按时坐在浴缸里泡澡，知道这一段时间内比较安全，清军不会开火。③只是在8月初以后，联军到达之前的最后几天里，清军恢复枪击炮轰。西方媒体之前对义和团和清军的描述太过夸张，充满当时流行的"黄祸"论色彩，比所谓的先进国家战胜落后国家的例常论调更进了一步，完全是依照野蛮人行凶和西方文明人受屈辱的中心展开的，如北京的使馆区已被扫平，馆内人士都被处死，窦纳乐被迫枪杀他的家庭成员，以免她们在清军士兵手中遭受酷刑凌辱。④而在使馆解围之时，援军士兵所看到的被围人员状况，明显比西方媒体之前所形容渲染的要好得多。

解围之后，使馆区内的教民同样获得解救，恢复自由。赫德观察到，大批教民兴高采烈地前往各国公使馆，送去成筐的水果，演奏音乐，并挂出多彩鲜艳的条幅，感谢他们所受到的保护。这些原先避难的教民们，现在占了上风，对他们的那些不信教的对手变得毫不留情。⑤教民在这次战争中遭受了沉重人员和财产损失，"教民家破人亡者，当以千万计"。⑥这个数字当然只是估计，并不可靠，因为1900年全国各

① 宝复礼：《京津随军记》，《八国联军在天津》，第298页。

② Landor, A. Henry Savage, *China and the Allies*, volume 1, Charles Scribner's Sons, New York, 1901,p190.

③ Hooker, Mary, *Behind the Scenes in Peking: Being Experiences during the Siege of the Legations,* John Murray, London, 1911, pp173–174.

④ Bickers, R., ed., *The Boxers, China, and the World*, Rowman and Littlefield Publishers, Maryland, 2007, p161.

⑤ *The I.G. in Peking,* volume 2, Letter 1183, p1246, 4 November, 1900.

⑥ 郭廷以：《近代中国史纲》，中文大学出版社，香港，1980，第339页。

地的教民数量，天主教和新教加在一起，不会超过百万。根据各国教会事后所作统计，在这场义和团运动中，教士及其家属共有两百多人被害，约两万本地教民死亡。事情过后，教民的境遇反转，行为也如赫德所见，重复庚子年之前的教案纠纷中的常见方式，"有奉教之人，以报仇为名，各处挟制良民，讹诈富户。稍有名望之人，或素与教民略有微嫌，则指为团匪，轻则使人诈索，重则擒送洋营，必得饱其私欲而后已。近来受此欺害者，不可胜计，奈何奈何！"①

在入城的联军部队直接威胁到紫禁城内城之前，慈禧太后和光绪皇帝于15日仓皇逃离北京，号称"西狩"。宫中已经准备了一些车辆，原由陈夔龙负责筹办，倍极艰难，最终未能办成，"特命府尹筹备大车二百辆……一时骤办二百辆大车，甚非易事……尚书（赵舒翘）执前说，谓上问究竟能预备若干？但有数十辆亦可济用，不必二百辆之多。两宫体恤如此，君敢不相助为理乎！……正彼此争执间，荣文忠（禄）忽由宫门趋出，谓车马之事，上知一时无从预办，太息曰：既无车辆，我们决计不走便了。……越四日黎明，两宫竟西行矣"。②

慈禧太后和光绪皇帝只有很少一些官员随扈，"各部院司员十二三人而已"，在宫中八旗兵队的护送下离开了紫禁城，"提督马玉崑率弁勇千余名保驾，外则神机营、虎神营、八旗练兵约千余名"。③沿途极为仓皇无奈，经过长途跋涉，才于10月底到达西安，远离联军的锐利兵锋。"各省勤王兵无一至者，制军（甘肃布政使岑春煊）一旅不啻从天而降，两宫褒奖逾恒，承恩遂由此始。……西狩道出南口，制军就近首先迎驾，旋扈跸由晋而秦"。④

联军攻破城墙之后，城内清军并未修筑重要地点的巷战工事，因此城破即败，城内几乎不防，残余部队也早已逃散。美军在攻打紫禁城时，才遇到留守清军最后的抵抗，8月15日早，美军炮兵上尉莱利（Reilly）被击毙。⑤他所带领的炮队在进京路途上一直是清军队伍的重

① 仲芳氏：《庚子记事》，中国科学院历史研究所第三所近代史资料编辑室编，1958，第57页。

② 陈夔龙：《梦蕉亭杂记》，《近代稗海》，第一辑，第341-343页。

③ 杨典诰：《庚子大事记》，《义和团运动史料丛编》，第一辑，第22-23页。

④ 陈夔龙：《梦蕉亭杂记》，《近代稗海》，第一辑，第344页。

⑤ Landor, A. Henry Savage, *China and the Allies,* volume 1, Charles Scribner's Sons, New York, 1901,p199.

大威胁，杀伤无数。进入内城的美军利用火炮抵近猛轰厚重的城门，打空了不少炮弹箱，仍然不能击破。美军的霞飞将军来到现场观看手下官兵攻入皇城，也在零散清军的枪击之下，被迫躲藏起来。但清军士兵在作出初步抵抗之后，后力不继，陆续逃窜，并未有效地利用独特的地形障碍，抵制美军前进，让他们一个一个城门地陆序攻进内城。

联军至8月17日才平息了城内各处的抵抗活动，成为真正的占领军。联军已经在北京聚集起四万人的兵力，将京城划为十一个区，各占一处，美军驻在先农坛，英军驻在天坛，而日军驻在北城，如同之前在天津一样，日本人先到户部所在地运走了三百万两的白银，收获巨丰。^①联军部队有一段时间未进紫禁城，后来出于维持联军在中国人之间的声誉和展示强大军力的目的，各国军队首领于8月28日一起进入紫禁城大门，总理衙门的联芳作为宫内人士，被迫出来在大殿上迎接联军将领，用他熟练的法语引导各国军官，一一巡视宫内各殿。然后八国联军的部队集体在宫内场地上，举行了阅兵式，象征着对清朝廷中枢的完全占领，外国人第一次走进中国皇廷，而且是作为战胜者入内逞威。^②

作为激烈报复方式，联军在北京进行了有系统的洗劫、普遍无限制的抢掠和残杀。"皇城之内，杀戮更惨，逢人即发枪毙之，常有十数人一户者，拉出以连环枪杀之，以致横尸满地，弃物塞途，人皆踏尸而行"。除了清朝高层官员大批自尽外，"连日阵亡将校六百四十员，其余文武大小官绅毫民等，阖家或引火自焚，仰药以殉，投井而殁者，一千七百九十八员名。家属之多者，如三品衔兼袭骑都尉候选员外郎陈鑾一户，男女三十一人，同殉"。^③

联军官兵比在天津的抢劫更为放肆公开，英国人威尔甚至在街上亲眼看到一群英军士兵洗劫了一名落单无助的法军士兵掠夺的战利品。威尔的记载中，包含了太多的对各国军队官兵掠夺的描述，数不胜数，所有的人都在忙于交易掠夺而来的财物，从渤海边到北京的所有东西都被

① 杨典诰：《庚子大事记》，《义和团运动史料丛编》，第一辑，第28页；Martin, W.A.P., *The Siege in Peking: China against the World, by an Eye Witness*, Fleming H Revell Company, New York, p133. "在公共财富方面，日本明确知道到哪里去捞财，成功拿到了最大的份额"。

② Landor, A. Henry Savage, *China and the Allies*, volume 1, Charles Scribner's Sons, New York, 1901, p365, pp370—377.

③ 杨典诰：《庚子大事记》，第22—23页。

洗劫一空了。[①]一位美国记者回忆道，"北京洗劫是与义和团动乱相关的最为非同寻常和令人气愤的事件。它并不限定于任何个人或国家，也不限于男人。有非常可靠的权威人士告诉我，抢劫起始自女人。英国使馆大门被联军部队打开后不到五分钟，两位法国妇女就出了大门，抢着跑向东交民巷街上她们常去的一个现已荒废的商店。十分钟后，她们回来了，手上拿满了丝绸、织绣、皮毛和玉器，脸上满含着胜利的笑容，是为了她们在过去几个星期的遭难，此时得到了充分的回报"。[②]

中方的记载中，同样惊心惨烈，"自洋兵入城，不独新到之兵，各处抢掠，即各使馆旧人，除公使外，所有洋官以次一切人等，无不乘机出掠，大满其欲。即西报及西人，均言此次乱事，我西人或因劫掠以致富矣。礼王府银库存现银二百余万两，系被法兵劫存西什库，堆积如山，至宝器各物，亦充栋盈屋，用大车拉至七日而毕。……城内大索五日，各王公大臣官绅府第，所有银库之银，以及各项珍宝，无不被劫一空。……此次联军入京，劫得公私现银约有一千余兆之多，其有留遗之处，又被后来之兵搜刮以去"。[③]"合京城当铺二百余家，钱铺三百余家，俱被匪徒勾结洋人，抢劫无遗"。[④]

后期才到达北京的瓦德西元帅观察到，"北京居民所受之物质损失甚大，但其详细数目，亦复不宜调查。……现在各国互以抢劫之事相推诿，但当时各国无不曾经彻底共同抢劫之事实，却始终存在"。[⑤]西方各国人士在北京城占领区内所得，远大于第二次鸦片战争，对提升其各自本国人的平均富裕程度，颇有帮助。

各国军队对手下士兵的四处抢劫，都给以默许纵容，又为了国家的荣誉而互指别国士兵抢劫凶狠无比。联军的抢劫行为无可遏制，即使在联军高级将领列队浏览紫禁城的正式场合下，一些军官仍然公开打碎乾清宫内的宝物漆盒，夺走内中物件，而且抢走陪同清官的朝珠串，在场

---

① Weale, Putnam, *Indiscreet Letter from Peking*, Dodd, Mead and Company, New York, 1907, pp328-329.

② Jasper Whiting, 见Julia Boyd, *A Dance with the Dragon,* 2012, p21.

③ 杨典诰：《庚子大事记》，第26-27页。

④ 仲芳氏：《庚子记事》，中国科学院历史研究所第三所近代史资料编辑组，1958年，第36页。

⑤《瓦德西拳乱笔记》，《义和团》，第三册，第32页。

联军将领均视若无睹。[1]法军司令福里将军自己就在北京抢劫中获益匪浅，"佛尔雷统领在华劫有财物四十箱之多，运往欧洲，行经法国马赛地方，为海关查出，旋奉法政府命令，一并扣留，盖以此项财物非用兵时所应得者也"。[2]

据一位英军下属的第七拉吉普特步兵团的印度兵所记载的亲身经历，在8月14日攻入北京后，英军士兵随意开枪打死周围所见到的中国人，甚至包括他们的翻译，就是因为有枪可用，随意而发。抢劫更是家常便饭，成为日常生活的一部分，所有人都在做，不仅是人们一般所说的俄国人和日本人，也因为这些外军士兵都认为中国人原本就不属于文明社会。[3]

美国高级军官虽然自诩清高有纪律，但面对无可抵赖的事实和各国互相指责的压力，也只有坦承不讳，"在北京有抢劫的事吗？有。美军也抢劫吗？抢。霞飞和威尔逊将军尽他们的最大努力来阻止这样的事发生，并且受到一些军官的热诚支持。这些努力使得这种可耻的行为减低到相当小的程度。这种罪恶是有传染性的，一些外国军队显然是没有限制地进行抢劫。……我相信，还是发生了一些美军抢劫事件，这些事件使他们的战友脸红"。[4]

联军军官掩盖抢劫事实、为自己开脱的常用手段，就是举行所谓的公开"拍卖"，"征集一切贵重物品进行拍卖，并且用这笔收入来支付军队的开支。这是一种合法的交易，也有助于防止乱抢。美军在英军拍卖处买到不少东西，这些东西的占有就成为合法的了"。[5]这是在联军军官们极不愿意严格军纪、禁止部下抢劫时的惯用借口，似乎通过这一自己认可的交易形式，就可以免除纵兵抢劫的罪名。但是那些被征集来的财物和文物，首先就是联军士兵外出大肆抢劫而来的，否则他们就得不到被拍卖品，而这些被用于拍卖的物品，绝对不是士兵们抢劫财物的

　①　Landor, A. Henry Savage, *China and the Allies*, volume 1, Charles Scribner's Sons, New York, 1901,p379.

　②　杨典诰：《庚子大事记》，第47页。

　③　Bickers, R., ed., *The Boxers, China, and the World*, Rowman and Littlefield Publishers, Maryland, 2007, p56, p58.

　④　达格特：《美军在华解围远征记》，《八国联军在天津》，第147页。

　⑤　达格特：《美军在华解围远征记》，《八国联军在天津》，第147页。

全部。更为重要的是，在所谓的"拍卖"过程中，叫价者只需支付极低的价格，就可以堂而皇之地取走非常值钱的物品，特别是一些宫廷物品，如威尔所说，"都是不用花钱的"。官兵们用手中的零钱，拿到完全没有体现其真正价值的物品，财物珍宝就廉价地流到一些人的手中，化为己有。所以"拍卖"所得到的钱财数目，只是被转手物品价值的极小部分，而联军军官的真正目的，是把在被占领地区的官兵抢劫合法化，维持他们"正义之师"的形象。

在使馆区内避难的一位美国女士，路遇一位在英军中服役的锡克族士兵，后者急于向她兜售自己手中的宝物，只要两个美元就可成交。结果这位美国女士以两美元的付出，拿到一座精致做工的金装景泰蓝钟和两只大母鸡。印度士兵在拿到美元后就逃之夭夭。[1]如果这位印度士兵按照这一方式抢得宝物，再快速廉价地卖给他人，不仅他自己可以积累起可观数额的硬通货，而且无数的中国珍宝器物，就会以这种战乱时期的掠夺方式，迅速流散到联军官兵和其他人士的手中。这一抢劫、转手和流散方式在天津租界同样公开普遍，那里对来自北京的掠夺物有着极大的需求，无数被联军士兵们抢劫来的物品，在租界内的大街小巷之间流转和交易，然后被带回各自的国家。这一庞大市场内出现了精细分工，通过当地报纸的广告栏，人们可以找到自己想要的特定宫廷物品和珍宝，如一个广告中就指定要一些天坛里面摆放的深蓝色瓷瓶。[2]

联军官兵之外其他人的抢劫，甚至不受这种所谓"拍卖"的限制，任其所为，肆意据为己有，在联军占领的背景下，无人敢于反抗。崇礼曾任尚书和步军统领，"邸第为东城之冠，已为洋兵占据，原存四恒银七十万两，无从索回，只身寓西北城穷巷养疴"。[3]丁韪良本人以替教士教民寻找补给的借口，出去掠夺，在自己的书中简短地提了一下，略过细节和自己的抢劫物件，只承认拿了一件羊毛地毯。[4]传教士都春圃

---

① Hooker, Mary, *Behind the Scenes in Peking: Being Experiences during the Siege of the Legations,* John Murray, London, 1911, pp188–189.

② Landor, A. Henry Savage, ***China and the Allies***, volume 1, Charles Scribner's Sons, New York, 1901, p412.

③ 陈夔龙：《梦蕉亭杂记》，《近代稗海》，第一辑，第348页。

④ Martin, W.A.P., *The Siege in Peking: China against the World, by an Eye Witness*, Fleming H Revell Company, New York, p135, p137.

(Tewkesbury) 占据了一座王府，在府内和周围房屋中找到大量皮毛、丝绸和其他值钱的东西，拉去拍卖兑现，自称是为了拯救教民。[1]另一名美国传教士梅威良（Ament）的活动更为猖獗，涵盖清缴、没收、滥征，直至杀人。他的抢劫活动日后在美国国内媒体上引发轩然大波。

一些原先就在北京居住的西方人，成为最大的获益者，借助联军的压倒气势和西方人的面孔，四出掠夺值钱宝物。《泰晤士报》驻京记者莫理循，也从他在使馆内的蜗居跑了出来，直接到外边占据了一个有钱人的大院，存放自己抢得的财物和文物。他自己之前抢到十四卷珍贵的《永乐大典》，日后为了利益交换，不得已分给了他的中文翻译白克豪斯（Backhouse）一卷。[2]莫理循同时通过四处搜寻财富而改变了之前有些寒碜的财务状况，然后又在清朝廷对西方人士作出赔偿的时候，报出了五千八百英镑的个人损失，尽量虚报，一度被驳回，因过于虚假而要他作出修改。对此莫理循的回应是，上帝不会保佑皇帝皇太后，除非他的索赔要求获得通过。[3]

莫理循在最初到达北京后的记者生活，并不如意，牢骚不断，"完全不吸引人，是最不为上帝眷顾的地方，没有女人圈子，没有任何娱乐可言"。[4]莫理循又不懂中文，只能在西方人的圈子内活动，无人为他提供有益的参考意见，自称很难得到有关信息，对他来说也极难判断所获信息的真假。受到语言能力的限制，莫理循只能依靠他人翻译，日后不得不依赖另一个懂中文的英国人为他提供信息和朝廷内幕，再以中国问题专家的身份向伦敦的《泰晤士报》发回报道稿件。[5]莫理循对《泰晤士报》给他的每月四百一十四英镑的报酬待遇非常不满，嫉妒赫德当时一年八千英镑的基本工资，慨叹自己日子越过越穷，甚至借机向窦纳乐直接发出抱怨，事情再无好转，想过辞职返回澳洲老家。[6]

[1] Martin, W.A.P., *The Siege in Peking: China against the World, by an Eye Witness*, Fleming H Revell Company, New York, p136.

[2] Seagrave, Sterling, *Dragon Lady: the Life and Legend of the Last Empress of China*, Vintage Books, New York, 1992, p427.

[3] Seagrave, Sterling, *Dragon Lady: the Life and Legend of the Last Empress of China*, Vintage Books, New York, 1992, p403；*The Correspondences of G.E. Morrison*, volume 1, 1895−1912, edited by Lo Hui−Ming, Cambridge University Press, 1976, p151.

[4] *The Correspondences of G.E. Morrison*, volume 1, p52.

[5] *The Correspondences of G.E. Morrison*, volume 1, p45.

[6] *The Correspondences of G.E. Morrison*, volume 1, pp81−82.

但莫理循对大英帝国的忠诚始终不衰，时时刻刻为英国利益着想，"英格兰在中国最多可以声称拥有的是长江流域，你认为这就足够了吗？ 我们英国在广东的利益要比长江流域的任何省份都要大。如果中国被瓜分，难道这些广东利益要被转到法国的势力范围之下吗？ 法国在广东和西江流域的崛起将是不可容忍的情形。我们在亚洲的真正世袭资产，是整个东南亚和中国的长江流域"。[①]借助于对北京使馆区被围困事件的报道和之后混在西方占领军中进行的掠夺，莫理循一举摆脱了他在名望和财富方面的深度困扰，将1899年的一千三百英镑的个人资产，在1901年变为至少六千英镑（只计算他提出的索赔价值），还有手中拥有的通过不明途径而来的无数文物珍宝。

在京生活钻营的另一个英国人白克豪斯，也离开使馆区，占据了已经自尽的原清朝礼部右侍郎景善的房子，据称从中发现了这位官员留下的日记，由此开启了他成为当时少有的西方人"中国通"的生涯。年轻的白克豪斯为了避债而从英国的剑桥大学逃到中国，曾经于1899年初去过中国海关求职，赫德对他印象尚佳，"一个非常合适的人选来到北京，白克豪斯手中握有索尔兹伯里侯爵、德文公爵和殖民地大臣张伯伦先生的推荐信，是巴克雷银行董事的儿子。他会俄语和中文，只有二十五岁，应该是一个合适的人选，但我没有钱雇用他"。[②]之后白克豪斯替莫理循和英国使馆做翻译，特别是利用莫理循不懂中文的要命弱点，把自己装扮成一个交通清朝内廷的神秘人物，但是直到伪造《景善日记》时为止，二十七岁的白克豪斯在北京的西方人圈中默默无闻，不入主流。

另外一位因在北京抢劫而出名的，是原为美国使馆秘书的斯奎尔斯（Squiers），通过自行活动和所谓的拍卖，廉价收购，卸任之后把他抢到的财富文物运回美国，占了好几个火车车厢。1912年在纽约的美国艺术博物馆进行拍卖时，专门出版了三百多页的详细目录，介绍斯奎尔斯的丰富瓷器收藏。斯奎尔斯的财富还包括了一艘四百吨的游艇。作为美国派驻海外的一般级别政府公务员，斯奎尔斯这些来路不明的巨额财富和文物收藏，令他名声远扬，甚至影响到他之后的政治生涯，受此之累而未能接替康格出任驻北京公使，以及竞选纽约州州长，只获得被派往古

---

① *The Correspondences of G.E. Morrison*, volume 1, p61.

② *The I.G. in Peking*, p1189.

巴作公使的机会。①

各国军队、外交官和传教士等类人在北京、天津的大肆洗劫，无可避免地在西方媒体上被报道出来，更是各国人士和媒体互相攻击抹黑的结果。美国文学名人马克·吐温为此发表了一篇文章，借指责美国传教士梅威良在华行径的机会，声讨西方人洗劫北京，更由此引申到当时刚刚启蒙的反帝国主义思潮。②马克·吐温是纽约反帝国主义联盟的负责人。马克·吐温认为德国凯撒皇帝借传教士被杀而占领中国领土，已经是十分过分的赔偿要求，而所谓的文明传教，与领土侵入相连，才引发中国人起来造反。马克·吐温对所谓文明国家所作所为的谴责和讥讽，都是被殖民和被入侵国家的人民所想说却不得而说的，也是西方文明、国家和媒体平时对此不屑一顾的声音。因此马克·吐温的文章登出之后，招来教会势力和帝国主义派人士的猛烈攻击，包括来自康格为梅威良作出的辩解，但康格本人就是当时批准梅威良任意行事的美国驻华使节。在20世纪初的美国，教会和媒体势力影响到公众舆论，维持着对梅威良和其他西方人在中国大肆抢劫行为的支持。

德军元帅暨联军统帅瓦德西（Waldersee）在京城被攻陷的两个月后，才来到北京，为了表示对清朝廷的不屑和报复克林德被杀，进入了之前联军未曾进入的紫禁城，将仪鸾殿作为自己的总部。此时瓦德西不仅是八国联军的统帅，而且通过不断增兵，德军部队由原先微不足道的数目，变为两万余人的庞大军队，行事更为残暴和肆无忌惮。在德国人的指挥下，联军外出征讨活动逐渐规模化和程序化，"这些所谓的'惩罚性的征讨队'，是在德国军队到京后而得名的，他们没有赶上参加解围远征，而多数军人都是急于参加实际战斗的，因而把这些征讨当作唯一能够满足他们意愿的战场。虽然征讨的地区有义和团，但是为数很少，并且是像羔羊一样，对人无害，并不可怕"。③

① Boyd, Julia, *A Dance with the Dragon: the Vanished World of Peking's Foreign Colony,* I.B. Tauris, New York, 2012, p22；*Illustrated Catalogue of the Noteworthy Collection of Beautiful Old Chinese Porcelains and Other Oriental Treasures formed by the Late Herbert G. Squiers, Madison Square South*, New York, 1912.

② Mark Twain, *To the Person Sitting in Darkness,* Anti-Imperialist League of New York, North American Review, February 1901.

③ 达格特：《美军在华解围远征记》，《八国联军在天津》，第167页。

联军不断地从北京和天津的部队基地，外出扫荡清剿，南边直至保定，北方到张家口，东边至山海关，基本上在京津保定之间的地域行动，却没有再向西去的意图，即攻入邻省山西，或继续直到陕西。由于当时正在和谈过程当中，西安的流亡朝廷在等待回銮，联军将领最终放弃了这些西进计划。

联军部队出京行动期间，杀人无数，无人可以遏制阻止。"他（库罗帕特金，俄国陆军大臣）的所有战报也使我愤懑，某些战役的全部描述，常常是我们在那里没有伤亡，或是几十个人受一点罪，而那时中国人被打死几百人。"①美军将领也承认，占领北京之后，"可以说，凡是一个真正的拳民被打死，就有五十个无辜的农民或苦力被杀害"。②"在秋季、冬季和春季期间，这一类的征讨大约有五十多次，多数是德国人干的。这是军事演习和争取荣誉的大好机会，因为敌人方面，如果这能叫作敌人的话，很少反抗的行动。就征讨队而论，结果可以概括成：毫无伤亡，战果辉煌"。③

英国公使窦纳乐在一次征讨中，曾经建议烧掉八大处，虽然那里并没有义和团以及一般居民。"在联军中派遣所谓的'惩罚性的征讨队'到乡间去，已逐渐成为经常的事了。那些派遣征讨队的人认为这样做是适当的，理由是对野蛮与半开化的人，只有杀一儆百，他们曾经杀害过各国公民，因此他们也必须流血。不管怎样为这种政策辩解，杀害无辜者总是不对的。如果传闻属实，这些征讨队杀了成千的无辜的中国人。"④

京城内各处建筑房屋毁坏严重，包括城墙城门和各所皇家庭园，"初次入东华门，蓬蒿满地，弥望无际。午门、天安门、太庙、社稷坛等处，为炮弹伤毁。中炮处所，密如蜂窝。想见上年攻取之烈，不寒而栗。披荆斩棘，煞费经营。此外如天坛、先农坛、地坛、日月坛暨乘舆因时经过庙宇，大半均被焚毁"。⑤不仅战争武器的破坏力，各军驻防时任意使用所造成的损毁，同样严重，"英国将永定门城墙拆去，以通铁

---

① 《维特致西皮亚金信件》，第六封，《近代史资料》，第43号，第25页。

② Esherick, Joseph, *The Origin of the Boxer Uprising*, p310.

③ 达格特：《美军在华解围远征记》，《八国联军在天津》，第168页。

④ 达格特：《美军在华解围远征记》，《八国联军在天津》，第148-149页。

⑤ 陈夔龙：《梦蕉亭杂记》，《近代稗海》，第一辑，第384页。

道，直达天坛，并更改天坛内偏殿，安设大磨磨面，以供兵食。所有数百年之大树，斫伐以为柴火，或为木料，日有工匠千余人，丁丁之声不绝于耳"。[①]

所有占领军所在，均由军事机构管辖，武力至上，再加上强烈的报复心态和"黄祸"意识，令抢劫烧杀和肆意滥权征用，走向极端状态，京城民众普遍遭难。"所有中国此次所受毁损及抢劫之损失，其详数将永远不能查出，但为数必极重大无疑。所最可惜者，即真正对于此次战争有罪之人反受损失极小。又因抢劫时所发生之强奸妇女、残忍行为、随意杀人、无故放火等事，为数极属不少，亦为增加居民痛苦之原因"。[②]瓦德西在抢劫高潮已过两个月之后，才进入北京，自然没有可能完全体验西方联军洗劫烧杀的残酷恐怖情景，包括他手下的那些德国军队的备受人诟病的表现。

七、"东南互保"和《辛丑条约》

进京各国联军部队，由各军将官率领，与各国公使合共组成管理机构，但其中矛盾丛生，各行其是，又互相掣肘。对清朝廷的处置办法，公使们需要征求本国政府的指令，将军们则自行处理辖下地方的具体事务，包括洗劫、驻军和治安问题，双方并未达成一致意见，而在各国政府首脑之间，同样意见分歧繁乱。各国各军之间的摩擦较劲，各行其是，导致城内各区局面混乱，缺少统一权威，"法国军队与德国军队之间，其情形极为友善，反之，法英两国军队之间，无论军官及兵丁，却皆不甚相洽，至若英俄两国军队之间，则其关系日趋恶劣"。[③]德军元帅瓦德西作为名义上的联军统帅，于10月17日抵达北京后，才稍微有助于整顿八国角力的乱局。

八国联军占领了北京、天津，仍然必须与清朝廷联系，否则即使全面占领华北，也解决不了庞大军队进驻和战事善后的诸多重大问题。慈禧太后"西狩"之后，指定庆亲王奕劻回京与联军周旋，"便宜行事"。最为重要的是等待李鸿章由南方北上，以全权大臣身份与联军谈

① 杨典诰：《庚子大事记》，《义和团运动史料丛编》，第一辑，第36页。
② 《瓦德西拳乱笔记》，《义和团》，第三册，第34页。
③ 《瓦德西拳乱笔记》，《义和团》，第三册，第41页。

和。1900年北方局势的急剧骤变，把年迈的李鸿章再次推到权力顶峰，同时酿成清朝晚期首次明显的地方分离趋向。

6月25日的所谓"宣战诏书"之后，南方督抚按照传统规矩，必须就此表态和向北方派出"勤王"部队。朝廷已经发动清军抵抗逼近京津的外军，但是中国南方长江流域浮现出来的"东南互保"现象，让他们依靠南方兵源援军坚持下去的计划，被完全打乱。来自朝廷对外军作战的诏谕，令南方督抚们面临着两难的境地，不能不表示支持，但又确实不愿积极参与，那些长于办洋务的督抚，更对手下清军与外军开战，心怀严重疑虑。当时还在朝廷内任职的袁昶，与张謇在南北两边互相呼应，让南方督抚认定五月二十五日"宣战"诏书，是朝廷内的顽固派和仇外派逼迫慈禧太后和光绪皇帝才发出的，是为"伪诏"。如此一来，南方督抚解除了他们的心理负担和官责，得以名正言顺地商议推行"互保"。

"东南互保"之意，最早由英国驻上海总领事霍必澜（Warren）提出，目的自然是减少远征中国的联军将会遇到的武力阻挡和地方抵抗，断绝清朝廷维持战争的各项资源，让西方军队能够顺利完成远征任务。当时西摩尔部队正在开往北京的路上，遇到义和团的猛烈阻击，令联军将领和外交官们更加担心正规清军会大批加入战围。因此在6月20日围攻使馆区后，京津之外的西方外交官开始积极联系南方督抚，以达成双方可以接受的协议。英国从其在长江流域的固有势力范围考虑，自然不希望义和团和清军向英国在华利益最为集中的地方引发动乱。

更令他们担忧的是，如果全国各地清军一律按照清朝廷的谕旨行动，必然扰乱八国联军增兵天津、北京的庞大计划，上海作为援军中转的重要中心和后方基地，处于敌军骚扰和攻击之下，身在天津直隶前线的联军部队，尤其是英军，将面临后援不继的危险。除此之外，联军还要调转兵力对付分散于南方各省的清军，不仅战果难测，而且出现第二个、第三个战场，必然会危及北方天津、北京的第一主战场。所以稳定南方和长江流域是联军的另一个关注重点，主要应付方式，就是促成南方督抚们保持"中立"，当地清军不要变为敌军。

而在南方督抚方面，他们同样不愿卷入战局，为了北方战事而危及自己辖区内的现状，仍然需要来自西方各国的支持合作，以避免全面爆发大战的局面。由洋务大员盛宣怀带头启动了"东南互保"的过程，回应英国人霍必澜的倡议，背后是重臣刘坤一、张之洞的认可。"北直已经糜烂，南方必须图全，所以长江一带地方，坤与香帅力任，严办匪徒，保护商教，并饬上海余道（联沅）与各领事妥筹保护租界之法，立约为凭，以明彼此相安。尊处情形相同，计已布置周密。"①

中外双方在上海进行接触，6月25日、26日举行的会谈，中方是余联沅、盛宣怀代表，外方是上海领事团，商讨"中外互保章程"，内中包含九款。这一双方商讨的"章程"，各有所需，领事团一方得到"两不相扰""中立"的局面，南方清军不会危及他们的在华权益和联军远征事业，但在"长江及苏杭内地均归各督抚保护，两不相扰"的前提下，各项条款都对西方人有限制之意。在这一重要节点上，西方外交官们颇有疑虑，怕落入张之洞、刘坤一设下的圈套。从他们的角度看，"章程"的约定，似乎把西方势力局限在上海一处，长江内地有被剥离的迹象，事后传言西摩尔海军中将要巡游长江时，张之洞等就试图引用这一章程条款加以拒绝。张之洞、刘坤一也接受了以前教案和当前战争起因的沉痛教训，特此提前声明，对西方士兵挑衅、洋人在内地引发纠纷，俱不负责任，反过来就是要求外方自行约束洋人的行动。

西方外交官们的本意，只是实现南方督抚的"中立"，并无意图由中方为西方人划出约定的界限权责，缩减了之前各个不平等条约给以他们的额外权益。所以最后反而是西方驻华领事们遵照本国政府的指示，未在协议上签字，事后只有中方自行履行"互保"的条款，但保持着不与西方国家发生直接冲突的主旨。

此时"互保"的参与者，为湖广总督张之洞和两江总督刘坤一，均为沿长江流域重要省份的行政首脑，在"互保"之下，他们并无意限制西方国家在华利益，对西方军队的大规模军事调动补充，也并无影响。之后又有闽浙总督许应骙之下的浙江福建省、袁世凯的山东省，和广东省，陆续加入，已经包括了南方的重要省份，又如四川总督奎俊，"来询，川省是否一律互相保护，如允，请即电余道照会等语"。②出现这些明确宣布"东南互保"的省份，等于是对清政府宣告他们独立行事的意图，加上附和他们而又对朝廷战略持不积极态度的省份，清王朝的半

---

① 《李文忠公全集》电稿23，《江督刘来电》，光绪二十六年五月三十日到。

② 盛宣怀：《愚斋存薰》卷37，电报十四，"寄江督刘岘帅鄂督张香帅川督奎乐帅"，光绪二十六年六月十八日。

壁江山，在事实上已经不再完全听命于朝廷中央。

"东南互保"，反过来证明，所谓慈禧太后对十一国的"宣战诏书"，是名不副实，仅为国内动员抵抗外军而发，而江南地方并无外军入侵，与京津地区不同，所以那些督抚即可以此为借口，不必卷入战争和为此派兵北上，以维持地方局面的安定，而如果中央政府确实正式对外宣战，地方反应则会大为不同。尽管如此，"东南互保"的临时"中立"现象，依然意义深远，对晚清国政的危害，等同于战争。

当西方参战各国，从远在重洋之外的各处地方调动重兵来华时，清朝廷却连近在邻省的袁世凯部都调派不动。同为山东人组成的"华勇团"，正在京津地区为洋人奋力苦战，而山东境内袁世凯近一个师的新练朝廷陆军，却对百里之外的鏖战，安然作壁上观，这同中法战争中，福州水师被法军舰队偷袭一样，实为战争史上少见的奇观。除了已在京津的董、聂、宋军，以及荣禄的武卫中军，后来赶到"勤王"的地方武装，基本无用，不足以与外军对敌，甚至不如从天津败退下来的那些清军部队。中央政府在此次自卫战争中的动员指挥能力，更差于甲午战争之时，再次出现无力动员全国军力统一对抗外国军队的现象，参与战斗的队伍大为减少，招之不来。而立身局外、各打主意的地方督抚占了大多数，自行决定不去参与发生在北方一两省内的局部战争，连邻省山东的精兵都加入远在南方的"互保"，对近在眼前的战局，视而不顾。这一重大分离趋势，对本已虚弱不堪的清朝廷是个双重打击，最大限度地动摇了清朝廷的统治地位，濒临分崩离析。

南方督抚维持"互保"的决心要强于他们"勤王"的决心。"岘帅冬电，无论北事如何，总当与香帅一力担承，仍照所议办理，断不更易。……并电慰帅，即由山东提兵，由保定进京，以清君侧、护两宫为要义。岘帅香帅主持东南，以镇民心、保疆土为要义"。[1]张之洞为了维持"互保"的局面，生怕地方上出事，节外生枝，为此对上海《申报》等报纸的有关报道格外敏感，"顷闻六月八日申报内力保安全一条，内有惟各国亦须遣兵北上剿匪一语，万分可骇，岂非各督抚请洋人攻入京城耶？ 照会内并无此语，显系报馆添捏，务祈速令更正，要紧要紧！又六月初九日中外日报传谕报馆一条，亦谓东南各督抚等亦同心抗阻，云云，万万不可，亦须一并令其更正，以免讹传"。[2]这些督抚的首要考

---

① 《李文忠公全集》电稿23，《盛京堂来电》，光绪二十六年六月初三日午刻到。

② 盛宣怀：《愚斋存稿》卷37，电报十四，"张香帅来电"，光绪二十六年六月十三日。

虑，是南方地区不要成为又一个中外战场，而不是北上"勤王"。

从另一个方面看，这些南方督抚并未完全考虑行政系统上的独立和攫取地方权力，与清朝廷维持着君臣关系，所以张之洞在积极"互保"的同时，仍然在8月底尽全力平息了唐才常的"自立军"起义。此外在表面功夫上，张之洞还是调派了一些本地清兵开拔，"改委藩司锡良统带劲字五营，……计步队二千五百名，……已于本月二十一日各营陆续开拔前进，取道河南信阳州等处北上，以达直隶"。①由湖北加上湖南派出的地方部队，不仅实力有限，而且完全没有赶上京津地区的战斗。事后锡良听闻慈禧太后和光绪皇帝都已"西狩"，便改道赴山西护驾，被列入保卫山西的部队之一，并取代毓贤出任山西巡抚。张之洞本人为慈禧太后眷顾提拔多年的老臣，刘坤一也是湘军老将，李鸿章借时局之助重返朝廷中枢，是其政治生涯的最后一搏，所以他们都没有在地方"互保"之外，再图实质性的分立和分裂。

在北方战争和南方"互保"的大局中，极为重要关键的人物，就是时任两广总督的李鸿章，处于一个极为微妙、难以把握的地位。李鸿章在6月15日就收到朝廷发下的进京命令，日后又被改任为直隶总督和北洋大臣。在天津失陷之后的8月初，朝廷又命李鸿章为全权大臣，处置与西方各国的谈判。李鸿章东山再起，重返北洋和朝廷中枢，更是重回权力中心，为拯救清朝廷的核心大臣和唯一希望。李鸿章在多方势力对他的争夺游说之下，最后决定继续为清朝廷服务，而不再仅仅坚持"东南互保"。而实际情况则是，张之洞、刘坤一等人并未准备自立，这样一来，李鸿章若推行所谓的独立或自称为帝，就成为一个十分冒险的选择。

更何况，英国政府在天津之战以后，就因在华整体利益的关系，确认维持清朝廷全国政权的基本思路，"英外部在议院宣示云，英国家会同各国，赶将各使救出，并报主使关禁各使之人之仇，向中国索赔。但力阻瓜分之意，中国事必仍归中国管，深愿此次事平后，中国国家力为整顿，英国国家断不会同他国将中国照印度办法。上海无论化费若干，总当力为保护，并竭力相助长江督抚弹压，俾得安然无事等语"。②英

①《张文襄公全集》，奏议卷五十一，"会派藩司统军北上折"，光绪二十六年六月二十五日（7月21日）。

②盛宣怀：《愚斋存稿》卷38，电报十五，"寄江鄂督帅皖东抚帅"，光绪二十六年七月初十日。

国、俄国这两大与中国关系最近的强国，都有维护清朝廷之意，"各国显然仍拟支持满清皇朝，不主张瓜分。英国舆论主张维持光绪皇帝，给慈禧太后以个人安全，但反对英国政府承认他。至于俄国等，则倾向于支持她"。[①]李鸿章由此明确了解到，即便北京城被联军攻占，各国政府依然有意维持落败而逃的清朝廷，为此他必须彻底打消分裂和自立为帝的念头。

李鸿章远在广东，只身北上调解和谈，前景难测，所以他的行程远比朝廷所希望的要迟慢得多。那些参与"互保"的督抚们，同时对李鸿章之行抱有希望，"危局惟公可撑持，祈早日启节，以慰两宫焦盼，天下仰望，勿待月朔"。[②]如果和谈迅速达成，他们即不必在"互保"上过多纠结，得以释其重负。对于北京的朝局，李鸿章有自己的顾虑，特别是剿灭义和团和向联军投降，与开始攻打使馆区之后的朝廷政策，颇不吻合，只有对外和谈一事，才是招李鸿章北上的原因。直到朝廷授予他直隶总督和北洋大臣官位，取代裕禄之后，李鸿章才拥有了对外谈判休战条件的基本权力。

如果当时李鸿章不奉诏北上，无疑会被视为"叛逆"之举，至少有"叛逆"之心，失去清朝廷的信任和委托。虽然李鸿章被许多人认为是挽救当时局势的唯一一人，他也以此自诩，但以他的地位在这一时期拒绝朝命，或讨价还价，极有可能判断失误，除非李鸿章彻底认定，逃往西安的慈禧太后宫廷毫无回銮希望，不再有能力号召天下，否则他只能在现有的政治秩序之下行事。为此，李鸿章在两广总督任内时，并未公开加入"互保"，怕招来嫌疑，"岘帅转示静帅（德寿）电询一节，查粤不在沪议之列，粤境匪盗甚伙，保护有无把握，傅相（李鸿章）与粤领事有无成议，请静帅酌示"。[③]只是在李鸿章离开广州、北上议和之后，才由署理总督德寿宣布加入"互保"，此时李鸿章已被任命为直隶总督，无须再为发生在广东的事务负上责任。

李鸿章被各国使节和政府视为清朝重臣和洋务主将，格外关注和信任，又享有各省督抚领袖的威望，因此在北方大乱、朝廷逃离政权所在

---

① 《中国海关与义和团运动》，第11页，1900年9月13日伦敦来电。

② 《江督刘来电》，《李文忠公全集》电稿22，光绪二十六年五月二十六日申刻到。

③ 盛宣怀：《愚斋存稿》卷37，电报十四，"寄江督刘岘帅粤督德静帅"，光绪二十六年六月二十三日。

地北京时，不免出现对李鸿章前景选择的各种揣测和企图，轻则离弃清朝廷，占据南方某地自立，重则推翻现有清朝廷，自立为帝。值此联军即将打进京城之际，下一个可能接替上位的人，只能在目前在位的权力重臣中寻找，也就是在张之洞和李鸿章之间，而在争取洋人支持方面，李鸿章的优势明显，而当时资历犹浅的山东巡抚袁世凯，尚且不够资格。

李鸿章于7月17日坐船离开广州，先到香港拜会港督卜力（Blake），就此探听英国政府的意向。卜力对李鸿章极为推崇，"以为李鸿章实系今日中国大臣中，唯一堪膺议和使命之人"。[①]面见李鸿章时，卜力谈到的主要问题之一，就是试探李鸿章是否愿意被推立为帝或推动"两广独立"。如果这一英国人乐于接受的人物同意被推为新帝，正在香港停留的革命派孙文，就愿意同李鸿章合作，至少要达到"两广独立"的目的。"北清事变之急，李鸿章起兵勤王，过香港，香港总督为介绍，令鸿章与孙文握手，据两广独立。鸿章先颔之，而终不决，事遂不行。夫若辈以垂暮之年，功名之心淡，且夙奋其奴隶之力，锄绝同种，虽或一萌其悔念，而非常之业，终有所顾忌而不敢为"。[②]

李鸿章对"两广独立"并无兴趣，他的志向绝对不在那一地区，因此李鸿章对来自卜力的这些颇带干预性的条件置之不理，继续北上的旅程。[③]李鸿章赶到上海的时间是7月21日，北京使馆区被围困的情况缓解，联军在攻下天津后正在休整，中西双方的外交活动紧张展开，在清朝廷和李鸿章一方，就是尽量争取联军就此止步天津，不进北京。

李鸿章在上海的安定条件下，与各国领事们周旋谈判，为最后的和谈摸底和准备条件。同时，北京的情况仍然不明，不利于李鸿章的和谈努力。"天津十八日午刻失守，裕逃不见，溃勇拳匪沿途抢劫，难民如蚁，津亡京何能支？ 大事去矣！ 扶望留身卫国，万勿冒险北上，如廷旨严催，亦宜由旱路徐徐前进，相机而动，为家国留一后著，此时难不能纾，毁身何益？"[④]发电报的李仲彭是李鸿章之子李经述，李鸿章对

① 《瓦德西拳乱笔记》，《义和团》，第三册，第15页。

② 黄中黄：《沈荩》，《辛亥革命》，第一册，第290页。

③ 苑书义：《李鸿章传》，人民出版社，2004，第480—481页。

④ 《李仲彭德州来电》，《李文忠公全集》电报23，光绪二十六年六月二十六日到（7月22日）。

此的回复是，"尔抵德（州）后，务取道济南，由运河南下为要，余昨到沪，北行尚未定期"。①

由于朝廷内顽固派似乎还在左右朝政，一时难以扭转，联军又在大举进军，无由终止，"吾梦未醒，彼忿未泄，势难停战，既无开议凭据，难入津门，恐只能遵旨陆行"。②李鸿章在内外两方面的因素作用下，并不急于赴京，借口身体不适，"傅相抵沪，腹泻未愈，酷暑难陆行"。③李鸿章在上海延滞，既会见各国领事，又遥向朝廷荐言设法，"顷李中堂主稿会奏四条，一请护送使臣赴津，彼此停兵，各派全权商议善后由山东抚转递；一请各省遵照二十一日上谕，照条约保护，不得纵容土匪籍端焚杀，贻累国家赔恤，等等"。④

再有，"俄允商各国撤兵，而必欲两宫回銮，德新使致臣之洞电，必欲先办主持拳党之人，而后开议。臣鸿章在沪晤德使荷兰使及副总税务司裴式楷各国总领事等，所言皆同，是知各国公愤所在，断难偏护，若迁延不办，恐各国变其宗旨，愈久愈不可收拾"。李鸿章又特意转达了惩罚朝臣的特殊要求，"仰恳圣明立断，先将统率拳匪之庄亲王载勋、协办大学士刚毅、右翼总兵载澜、左翼总兵英年，及庇纵拳匪之端郡王载漪、差别不实之刑部尚书赵舒翘等，先行分别革职撤差，听候查明"。⑤这些在上海的外交内政活动，一直延续到10月初。朝廷"西狩"，联军洗劫北京，局势大乱之下，七十八岁的李鸿章才作为临危受命的全权大臣，出现在天津、北京，展开正式的和谈活动。

在"西狩"之前，朝廷内部的方向已经出现了微妙的变化，端王派势力在处死几位洋务大员后，遭受压制，不再主政。端王载漪接着参奏李鸿章等十五员大臣，试图一举诛杀，"太后无语，皇上视文忠（荣禄），冀有转圜之策，文忠奏曰：中外决裂如此，全系载漪作成，今日又有封奏，不知载漪愿将祖宗天下，闹坏到如何地步，方始罢休。太后

①《复仲彭》，光绪二十六年六月二十六日戌刻。

②盛宣怀：《愚斋存稿》卷37，"寄江鄂两督帅"，光绪二十六年六月二十六日。

③盛宣怀：《愚斋存稿》卷38，电报十五，"寄北京刚中堂"，光绪二十六年七月初一日。

④盛宣怀：《愚斋存稿》卷38，电报十五，"寄苏杭闽粤皖川各督抚将军"，光绪二十六年七月初五日。

⑤《请查办拳匪首祸王大臣折》，《李文忠公奏稿》卷18，光绪二十六年八月二十一日。

瞿然曰：　我亦不以彼为然。今日封奏，著即阁起，勿庸议"。①局势急剧恶化，战败不断，令顽固派的影响力大挫。

处于逃难之际的朝廷，对李鸿章北上议和，自然更加尽力催促和迁就，除了全权和直隶总督之位以外，附以显示优遇的措施，"谕：　寄总税务司赫德……知该总税务司目击时艰，力维大局，数十年借材异地，至此具见悃忱，朕心实深嘉慰。现已派庆亲王即日回京，会同该总税务司，与各国妥商一切。又寄全权大臣李鸿章谕旨一道，即由该总税务司，向各国商借轮船，派员将谕旨赍送上海，俾李鸿章得以迅速来京，会同庆亲王商办事宜。该总税务司，并将此事详细缘由，加函告知李鸿章可也"。②

朝廷为了哄得李鸿章来京，频施乞求加优遇。此时的赫德，刚刚从使馆区被围和损失甚重的打击中恢复过来，对中国基本上感到失望，他为之服务四十余年的清朝政府，在他看来改进不够，又频受重击，前途希望渺茫。但面临清朝廷命在危旦的时刻，赫德勉力而行，出来与留守北京的清朝官员及联军将领打交道，以求挽救。

前期的活动已经由庆亲王奕劻和其他在京官员展开，所能做到的仅仅是联络联军首领和维护京城秩序。"（八月）初十日庆邸入京传谕，明日午后一时，同在北城广化寺会面，并约赫德同来，余与诸大臣均到。先商之赫德，转诺各兵官，先行开放各城门，俾四乡粮食菜蔬照常入城，以维生计。并戒各国军队强占民房，抢掠奸淫，以保人格。赫德一一允诺"。"京师每届冬令，贫民众多，顺天府向设粥厂兼放棉衣。兵费之后，库帑无存，不得已电寄山东袁慰亭中翠、上海盛杏荪京卿，请各助棉衣裤五千套，即日运京。一面商之日本军官，索回禄米仓小米两厥，分设粥厂十余处"。③

已经逃亡至山西太原的朝廷，逐步答应了李鸿章提出的议和前提条件，放弃了顽固派官员，下令剿灭义和团，向联军求和，以上谕的形式，彻底否定了之前的抵抗政策。"谕军机大臣等，电寄李鸿章等：……七月二十一日之变，罪在朕躬，悔何可及。该大学士（李鸿章）

① 陈夔龙：《梦蕉亭杂记》，第339页。
② 《义和团》，第四辑，中国史学会主编，1951，第45-46页，光绪二十六年八月初三日（8月27日）。
③ 陈夔龙：《梦蕉亭杂记》，第346、349页。

等与国同休戚，力图挽救，宗社有灵，实深鉴之。所陈各节，悉系目前最要机宜。……现在俄户部允可撤兵，是机有可乘，不可一误再误。该大学士应即乘俄舰，驰赴天津，先行接印，仍即日进京会商各使，迅速开议。至罪己之诏，业于七月二十六日，明降谕旨，播告天下，该大学士此时，当已接到。……此次变起仓猝，该大学士此行，不特安危系之，抑且存亡系之，旋乾转坤，匪异人任，勉为其难，所厚望焉。"①这些都将李鸿章的作用提高到前所未有的高度，满足了他愿意北上议和的基本条件，借时局变化扫清了朝廷内部的障碍。

李鸿章在各国势力争夺之间，得到俄国的拉拢，在他到达上海时，即由俄国军队护送他上岸和随行，让其他各国特别是德国嫉妒。1900年9月18日，李鸿章乘船到达天津，之后见到了他在原直隶总督任上结识的美国人丁家立（Tenney），做过李鸿章儿子的英语教师，后曾担任过北洋大学校长。据丁家立回忆，李鸿章颤巍巍地伸开双臂向他说道，如果他当时还在直隶总督任上，眼下这些事情就都不会发生了。②为了修补与西方的关系，李鸿章还试图与新任德国公使和联军统帅瓦德西会面，遭到两者的拒绝，他们都急于赶到北京，扭转德国人在占领区和战后事务话事权上落后于其他国家的不利境地。

10月11日，李鸿章到达北京，城内各处均为联军部队占据，他几无立足之地，只得寓居贤良寺。10月14日赫德与庆亲王奕劻和李鸿章首次见面磋商，因此时没有西方国家使节愿意参与，而无结果。③10月17日联军统帅瓦德西到达北京，庆亲王奕劻也于10月13日"著授为全权大臣"，中外双方的全权代表基本到位，启动战争善后条件的谈判。"各公使与各军官，先行商酌条款。有此国以为是，他国以为非者，有各公使以为然，而各军官否认者"。各国公使内部争论较劲之际，李鸿章、奕劻坐等了八个星期之久，毫无音讯，而一旦列强使节商议好的条款送抵李鸿章、奕劻，则更加难办，借联军将领之名扬言，"万不可驳复一字"，否则军人们不服从公使们的指挥，自行发动大军，进入山西、陕

---

① 《义和团》，第四辑，中国史学会主编，1951，第53页，光绪二十六年八月十五日（9月8日）。

② Tenney, Charles D., *Reminiscences of Li Hung Chang*, The Papers of Charles Daniel Tenney, Dartmouth College.

③ 《中国海关密档》，第7卷，中华书局，1995，第101页，1900年10月14日。

西，"意在直捣西安"。①

李鸿章和庆王奕劻在联军的严苛条件下，争取减少权益损失，同时荣禄由保定赶赴西安行在，"领袖枢垣"，在慈禧太后近旁斡旋。联军所属各国的使节，内部讨价还价，难以达成一致。"此次议约，为国家安危所系，实与寻常议约不同，加以国数既多，各使意见不一，或甫定而旋改，或此允而彼争，随办和议诸员，笔舌磋磨，备形况瘁。……各该员冒险从公，颇足嘉尚。今春德法诸军，时作西行之状，局外人常多畏惧，而在事诸员，辄能设法商阻，坚定不移，彼以盛气相陵，我以微词折辩，卒使联军渐退，教案速结，和议告成，非各该员赞助之力不及此。"②

联军各国使节，最终拟就"议和大纲十二条"，让清朝廷答复接受。其中先免除了慈禧太后和光绪皇帝的"祸首"罪名，然后处置涉事的王公大臣。赫德自己倾向于先不提惩罚"祸首"议题，放在最后再议，以免因触及皇帝、皇太后而激发无解争端，但当时北京由各国军人掌管，报复心态令"祸首"成为首要议题，赫德认为这是个错误方式，但身不由己。③

李鸿章等按照西安朝廷的意旨行事，先就惩办魁首一事提出交涉，"谕军机大臣等，电寄奕劻等：径电悉，懿亲不加刑，各国通例，早经声明，何独英使反齿，其中必有别故。朝廷唯恐夜长梦多，是以予该亲王等便宜行事之权，不为遥制"。降为一步，只限于死刑之外的处置，"前有旨，将载漪、载勋革去爵职，交宗人府圈禁，俟军事平定后，发往盛京圈禁。现在正将开议，不可任其自便，至贻口实。……即著锡良就近于蒲州将该革王等，派员管束，俟回銮日，再行解京圈禁"。④

首批从重处罚的高层政治人物中，既有肇事干政的顽固派首脑的各王和旗人官员，也有被列入名单的汉族官员，"统率拳匪之庄亲王载勋、协办大学士刚毅、右翼总兵载澜、左翼总兵英年，及庇纵拳匪之端

① 陈夔龙：《梦蕉亭杂记》，《近代稗海》，第一辑，第353页。
② 《酌保随办和议诸员片》，《李文忠公奏稿》卷80，光绪二十七年八月初十日。
③ *The I.G. in Peking*, Letter 1174, p1235, 8 September 1900.
④ 《义和团》，第四辑，中国史学会主编，1951，第75页，光绪二十六年十月二十七、二十八日。

郡王载漪、查办不实之刑部尚书赵舒翘等，先行分别革职撤差"。①事后由于各国使节的逼压，加重处罚至处死。赵舒翘被列为"祸首"朝臣，由各国使节提出来，有凑数之嫌，在众多满族亲贵中，加入一位汉族官员。"至赵尚书舒翘，仅随刚相往近畿调查情形一次，所居地位亦无仇洋之举，更无罪之可科。即谓其不应附和刚相，革其任亦足蔽辜，讵可重论。各公使亦唯唯。……庆邸出馆时，私谓余曰：看此情形，英年、赵舒翘或可减罪。讵越日，各使联衔照会送到，坚执如故，不能丝毫未减。而德使复恋恙其统帅瓦德西，以急下动员令相恫喝。厥后均如来照办理，罚如其罪者固多，而含冤任咎、舍身报国者，不得谓无其人，只有委之劫数而已。"②如同李秉衡在山东，赵舒翘因洋人压力而遭受"赐令自尽"的重惩，死在西安老家。

各国使节、联军将领和教会人士在惩罚条款中，睚眦必报，涉及各地州县官员，达九十六人，缘出他们各种虐待教士、保护不力的事由。③李鸿章、奕劻的议和过程，只有推磨之道。"十二条大纲固无必不能行之事，然按条细绎，则将来中国财力兵力，恐必为彼族占尽，中国成一不能行动之大劳病鬼而已。奈何！可怜庆、李，名为全权，与各国开议，其实彼族均自行商定，是日交给条款照会而已，无所谓互议也。然时势如此，时实逼处此，不能不为宗社计耳。……心力使尽，可告诸君，行在处实无挚肘处，惟看庆、李、刘、张磋磨何如耳。"④

至12月24日，各国使节正式提出十二条"议和大纲"时，这些对王公大臣和官员的惩罚条款均在其内。以李鸿章为主，两位全权大臣与各国使节历经几番反复商讨，最终接受，"上年奉命议和，始而各使竟将开议照会驳回，几莫测其用意之所在。嗣于十一月初一日，始据送到和议总纲十二条款，不容改易一字。臣等虽经办送说帖，于各款应商之处，详细开说，而各使置若罔闻，且时以派兵西行，多方恫喝。臣等相机因应，笔秃唇焦，卒以时局艰难，鲜能补救，抚衷循省，负疚良深，

----

① 《请查办拳匪首祸王大臣折》，《李文忠公奏稿》卷80，光绪二十六年八月二十一日。
② 陈夔龙：《梦蕉亭杂记》，《近代稗海》，第一辑，第355页。
③ 《各使拟请惩处查办官绅折》，《李文忠公奏稿》卷80，光绪二十七年二月十八日。
④ 《义和团运动史料丛编》，第一辑，"荣禄与奎俊书"，第142页，光绪二十六年十一月二十日。

所有一切办理情形，均随时电陈折奏。……臣等伏查，近数十年内，每有一次構衅，必多一次吃亏，上年事变之来，尤为仓猝，创深痛钜，薄海惊人。今议和已成，大局少定，仍望我朝廷坚持定见，外修和好，内图富强，或可渐有转机"。①

朝廷于1900年底原则上批准了修改甚微的议和大纲，包含具体细节的全面协议，"谕军机大臣等：电寄奕劻等：条款大纲，业经允准，自未便延不画押"。②李鸿章、庆亲王奕劻作为全权代表，于1901年9月7日同十一国驻华使节正式签字，是为《辛丑条约》。③"辛丑和约，肇于庚子之乱，条款之酷，赔偿之巨，为亘古所未有"。④条约内容包括派醇亲王载沣赴德国"谢罪"，为克林德在北京立碑，派户部侍郎那桐赴日本"谢罪"，惩办相关官员，拒外者革职不用。各国在使馆区驻兵，由大沽口至北京的各炮台"一律削平"，而外军反而可以在多处地方要道驻军，特别是京津铁路沿线各处，清朝政府两年内不得购买军火。凡有外国人遇害之地，停止文武各等考试五年，总理各国事务衙门改为外务部，位列六部之首，东交民巷整个区域均为使馆区所有，天津至1902年8月才交回。战争赔款定在四亿五千万两白银，全国每人一两，年息四厘，分三十九年还清，连本带息共九亿八千万两。除此之外，俄军借机大举入境，全面占据东三省归自己所有。

赫德事先预期赔款总额不应超过五千万英镑（三亿三千万两），但怀疑各国会有足够的宽容大量之心，而最后定下的赔偿额为六千七百五十万英镑（四亿五千万两海关银）。各国之间的争执贪欲拔高了赔款总额，尽力为本国公民谋取更多钱财收入。赫德在预测赔款巨额之数后，即着手筹备如何偿付这些前所未有的巨款。⑤其中对美国作出的赔款，连本带利为五千三百万美元，约七千一百万两，大为超过在华美国人的实际损失。在驻美公使梁诚的努力交涉之下，美国政府在继续收取赔款的同时，自1909年起，从中拨回一些款项，号称"退款"，分三十二年退完，用于资助中国向美国派出留学生，并专门设立了"留美训练学

---

① 《和议会同画押折》，《李文忠公奏稿》卷80，光绪二十七年八月初十日。

② 《义和团》，第四辑，中国史学会主编，1951，第78页，光绪二十六年十一月二十日。

③ 《和议会同画押折》，《李文忠公奏稿》卷80，光绪二十七年八月初十日（1901年9月22日）。

④ 陈夔龙：《梦蕉亭杂记》，《近代稗海》，第一辑，第351页。

⑤ *The I.G. in Peking*, Letter 1182, p1245, 1 November 1900.

校”（清华学校），作为赴美流程的源头机构。①

和议签订之后的两个主要问题，就是慈禧太后和光绪皇帝回銮，以及联军部队撤离事宜。自1901年起，李鸿章即开始筹划联军陆续撤离后的秩序空白一事，“各国军队将次撤退，奏调袁世凯所部，姜桂题及马玉崑两军前来京畿填扎，并请以候补侍郎胡燏棻联络布置，以期安辑地方”。②

联军在北京的占领状态前后长达十三个月，数万联军部队撤离后，军事权威不再，遗留下巨大的管理行政空白和地方治安疑虑，由调派而来的残余清军接管，事务繁巨，“再直隶提督马玉崑统率武卫后军二十营，甘肃提督姜桂题督带武卫右军三千人，先后来直。都中联军于八月初五日退尽，即令姜桂题带队入京分扎。顺天各属地面空虚，间有土匪窃发，令由马玉崑分饬所部，择要布置，该提督即驻扎通州涿州一带，居中调度。现在事局渐定，应令接受提篆，将裁减制兵，整顿营伍”。③在直隶的天津地带，联军交还时间甚晚，则“津属除洋兵未退之地外，已派章镇高元扼扎。……俾姜、马两军早日到顺到津，似尚易于奠定”。④

清朝廷中枢自西安回銮北京之际，所立大阿哥的麻烦，也随之解消，“皇太后懿旨：已革端郡王载漪之子溥儁，前经降旨立为大阿哥，承继穆宗毅皇帝为嗣，宣谕中外。慨自上年拳匪之变，肇衅列邦，以致庙社震惊，乘舆播越。推究变端，载漪实为祸首得罪列祖列宗。即经严遣，其子岂能膺储位之重。溥儁亦自知剔息揣恐。……溥儁著撤去大阿哥名号，并即出宫”。⑤

另外为顺应列强的要求，以示平等进步，历行数十年的总理各国事务衙门，也改为外务部，“班列在六部之前，简派和硕庆亲王奕劻总理外务部事务，体仁阁大学士王文韶著授为会办外务部大臣，工部尚书瞿

---

① 宓汝成：《庚子赔款的债务化及其清偿、“退还”和总清算》，《近代史研究》，1997年第5期(总第101期)。

② 《联军将退预筹布置折》，《李文忠公奏稿》卷80，光绪二十七年四月十一日。

③ 《联军退尽择要布置片》，《李文忠公奏稿》卷80，光绪二十七年八月二十二日（1901年10月4日）。

④ 《荣禄存札》，第6页，“李鸿章札”，光绪二十七年六月十一日。

⑤ 《义和团》，第四辑，中国史学会主编，1951，第117页，光绪二十七年十月二十日。

鸿禨著调补外务部尚书，授为会办大臣，太仆寺卿徐寿朋，候补三四品京堂联芳，著授为外务部左右侍郎"。[1]慈禧太后接受沉痛教训，对强大的八国联军在攻陷北京后并未推翻清皇朝，急于有所回报，除了一意屈服外，也开始更多地与西方外交官和夫人接触联络，以改善清朝廷的对外形象。

关于引发这一战争的教案问题，清朝廷仍然希望有所补救，除了赔偿各地受害教士教民外，也就纠纷根本做出一定努力，包括利用醇亲王载沣到德国作谢罪之旅的机会，同时向罗马教廷提出申诉建议，"此次拳匪肇乱，实由教士平日袒纵教民，欺压良民，积忿莫申，遂轻信拳匪，激成大变。必须与各国议明，以后民教交涉章程，订立专约，方能民教相安，永弭后患。……今值义国请醇亲王亲临罗马之便，机不可失，即希台端于随同到罗马时，亲见教皇，实告以天主教主教、司铎在华滥收匪人入教，纵容教民，遇事欺凌平民，酿激拳匪之祸，大失传教劝善之意"。后因德国反对这一赴德谢罪专使，变为欧洲各国巡游之旅，"有违专诚之旨，该皇深不谓然"，醇亲王等只有在完成必经礼仪之后，经美国、日本回国。[2]

1901年10月，联军大部自北京撤离，李鸿章派遣入驻的清军已在京城内外部署，慈禧太后才与光绪皇帝开始回銮北京之旅，至1902年1月方才抵达。李鸿章在主导中方议和活动期间，感受风寒，坚持到签约之时，仍不得休息，继续对俄国单独谈判，饱受威逼恫吓，身心俱疲，导致胃出血，病重不治，于1901年11月7日逝世。"李文忠公高掌远跖，才气横溢，中兴名将，三朝元老。然功满天下，谤亦随之。"[3]

在外交事务谈判方面，李鸿章比任何其他清朝官员都富有经验谋略，但同时也频繁受到各国使节和政府的压力拉拢诱惑，在条约协议中被逼丧失一些额外国家权益，在不少中外不平等条约上，作为实际签字的全权大臣，被后人普遍视为近代卖国的代表人物。除了慈禧太后外，李鸿章是清朝晚期影响最大的历史人物。曾国藩在平定太平天国之后不久即离世，左宗棠比李鸿章更有才干、正直和魄力，却多居于偏位，主

<hr>

[1]《义和团》，第四辑，中国史学会主编，1951，第110页，光绪二十七年六月初九日。

[2]《军机处致张翼电》，光绪二十七年六月二十七日；《载沣致全权大臣电》，光绪二十七年八月三日，《近代史资料》，第74号，1989，第43—44页，第54页。

[3] 陈夔龙：《梦蕉亭杂记》，《近代稗海》，第一辑，第327页。

政机会偏少，张之洞发家较晚，欠缺军功，施政疏漏，唯有李鸿章起于军伍和中兴，集才学、军功、政柄、洋务、外交于一身，贴近权力中枢，贯穿始终，是为朝廷授命挽救危局的可信赖重臣，无人可比。

19世纪的后三十年，是李鸿章充分发挥其个人才能的一个重要阶段，开放加近代化，洋务加军事，择机力推，行他人所不能所不愿，被外国人视为中国唯一有远见和开明态度的清朝官员，基本属实。虽然李鸿章拥有庞大的淮军系统和北洋基地，却并未走向实施拥兵自重的军阀之途，也拒绝了英国人的鼓动去自立为帝，而是效忠朝廷，依庇朝廷权力行政。李鸿章所受最大打击，是在甲午战争中惨败于新兴国家日本，令其全能权威的形象大受破坏，洋务运动遭受重挫，其他保守势力泛起。无论左翼右翼，保守革命两端，都无可取代李鸿章在晚清这一特殊历史阶段内的重大作用。清朝廷随后授予其谥号"文忠"，追赠太傅和一等侯爵等优遇，但再也没有李鸿章这样一位众望所归的朝臣领袖，可供他们依作国之柱石。

李鸿章去世之后，他留下的直隶总督一职就由袁世凯接任，李鸿章原先的权力基地，基本上传给袁世凯接手。由于荣禄、董福祥部和宋庆部都在之前的战争过程中多少遭受损失，又随扈西行，北京、河北地区的空虚地方，最适合于由袁世凯在山东的新练陆军北上填补。袁世凯本人在近几年中练军、教案、平团众的行动，大展手脚，颇能获得西方人的信任。所以在这些军事外交方面的优势之上，年仅四十一岁的袁世凯接任李鸿章，势为必然，于1901年底从护理该职的周馥手中接过直隶总督的重任。

清朝廷中枢重回北京，但其全国统治权威，此时已丧失殆尽，托庇于地方实力督抚，苟延残喘，更对西方、东方列强势力，再无任何抵触抵抗之意，一力维持现状。庚子事变和北京沦陷，令国内外各种势力都更加轻看残存的清朝廷，从保皇党、革命党到外国力量支持下的地方势力，都在以不同方式，觊觎中央权力中心。

八、义和团运动的余波

晚清中国在19世纪的最后十年中，国内实际上并无重大内患和叛乱，地方性骚乱都在可控范围之内。这一时期内最为威胁清朝廷和国家根本的，是连续重大外患，每次发生外患时都危及朝廷命门，八国联军战争更是令其濒临被彻底推翻的境地，完全无法依循国内各派力量调整政治格局的方式，延续以往开启的改进过程。两相比较，之后发生的内部革命，基本上是严重外患所带来的恶劣后续影响的结果。

义和团运动是对急剧升温的列强争夺中国权益和势力范围之战的正常反应，而八国联军战争，则是西方国家集体行动，以扫清他们权益扩张中遇到的阻碍，如不成功，瓜分中国和划分势力范围计划安排，必然遭受重挫。赫德在义和团运动初起的1899年，就提出警告，不是中国正在落入分裂的境地，而是列强在把中国搞得四分五裂。[1]日本发动甲午战争，还只是单一国家挑战和打击中国政经利益，而另一新兴强国德国夺取山东胶州湾，可以说是打开了地狱之门，引来西方各国采取共同的征服抢夺行动，一发不可收拾。"胶州之劫夺，乃我国开国五千年来未有之惨祸，为中国灭亡威胁之起点。……不有胶州之劫夺，中国不至有义和拳，不有义和拳，中国不至因一部分暴民之野蛮报复，而使全国负违背公法上神圣条规之名，自亦不至有百种辱国失权之《辛丑和约》，推源祸首，谁欤？……德人之夺我胶州也。"[2]这些连续的征服劫夺行动，在全球帝国主义的高潮中，被西方人，特别是信奉帝国主义者，认为是理所当然。

义和团运动首次显示了中国民间组织的力量和战斗力，震动西方人和使节。虽然八国联军主力部队比较容易地攻入京城，但战后管理压制民间长存的反洋教势力，仍然不敢掉以轻心，退而在主要战役之后，采用同逃亡的清朝廷联络议和的方式。在清朝廷之前的对日战争中，完全由政府和官军主导，西方人士都认为没有广大民众的参与动员，远不如日本，是一个重大缺陷和失败原因之一。[3]而在义和团运动中，冲击和抵抗西方军队的中方力量，包括了众多分散的义和团队伍，他们奋不顾身地向联军防线发起冲锋的情景，给西方人留下深刻的印象。

在北京南部的村野之中，外出扫荡的英军印兵遇到一队义和团众，他们手中只有刀剑作为武器，却发起了勇猛无比的冲锋，在马克辛机枪

---

① *The I.G. in Peking,* Letter 1134, p1190, 12 March 1899.

②《义和团史料》，上，若虚，"胶州事件"，第276—277页。

③ Paine, Sarah. C. M., *The Sino-Japanese War of 1894-1895: Perceptions, Power, and Primacy,* Cambridge University Press, 2003 ,pp135—136.

的扫射之下，仍然进攻而不退却，直杀到离印军阵地很近的地方。如果他们拥有近代枪炮，其战斗力将是相当惊人的。"如此顽强的战斗风格，不见于甲午战争中，也许自太平天国兴起之后就未再现。此事再次证明，中国人为了他们自己的事业，能够战斗，也愿意战斗。他们在不受信赖的军官指挥之下，却不会打仗，也不会为了自己所不明白的事业而战。与那些官军交战是一回事，那些士兵们对可能影响到他们的一些任务目标漠不关心，但是与这些人交战，则是另外一回事，在他们的领袖带领之下，每个人都把事业目标当作自己的事"。[①]

八国联军在北方实际控制的地方，只在京津、保定地区，除了邻国俄国趁机占据东北三省外，联军实际控制的地区十分有限，投入的十万大军仍不够用，其实并无充足力量深入山西、陕西境内。如若清朝廷因回京无望，迁都西安，仅在京津三角地带之内的联军，就必须面对长期占领和管治的问题，预想不到的各种麻烦，他们在中国中部南方的统治和利益，也会受到消极的影响。义和团运动中显示出来的深厚民间力量，连清朝廷都难以轻视，应对多地起事时屡受挫败。若由各国联军直接办理，只有采用屠杀滥杀的方法，这一粗暴形式能否长期延续，确实是个严重的问题。除了邻近国家俄国、日本之外，西方列强都难以承受维持十万名以上在华部队的重负，即使是英国，也在南非、中国这两场战争中，左右为难。

联军统帅瓦德西来到北京后，逐渐认清了这一现实，从原先德皇威廉二世大举报复的宗旨上后退，自认"中国一时不易即行瓜分，故极力保全之，其言曰：世人动辄相语，谓取此州、略此地，视外人统治其亿万众庶之事，若咄嗟可立办者。然实则无论欧美日本各国，皆无此脑力与兵力，可以统治此天下生灵四分之一也。……故瓜分一事，实为下策，如欲实行此下策，则后患又不可不防矣，然此似亦非易望者也"。[②]

在众多国家实行军事占领的情况下，列强的固有势力范围也必然会受到影响，如德国等国家就会试图重新盘整各国在华利益范围，涉及英国等老牌帝国，大国角力时剑拔弩张，将沦为混战，在中国这一广大地域上提前上演小型的世界大战。因此，各国政府和使节很早就接受了现实，回避直接统治四亿多中国人的艰巨责任，继续以清朝廷为外交谈判

---

① Allen, Roland, *The Siege of the Peking Legations*, Smith, Elder and Co., London, 1901, p288.

② 德军统帅瓦德西语，引自佐原笃介，《八国联军志》，《义和团》，第三册，第244页。

和打交道的对象，在议和谈判中提交严苛条款，以此间接地从残存的清朝政府处获取巨大利益。

可以说，爆发义和团运动和八国联军战争之后，帝国主义在华扩张狂潮受到一定程度的遏制。当时开始投入革命活动的汪精卫，也对义和团运动起到的历史作用有所客观的评价，"各国于此一役，知民气之不可侮，盖拳匪之愚妄，虽可笑诧，然所以激而至此者，仇外之感情使然也。……外人知暴烈的手段，予吾民以难堪，适以激动其排外之热，自是以后，由劫夺主义一变而为吸收主义矣……尔来瓜分之说，已如烟消云散，不复有称道之者矣"。[1]

即使清朝政府当时在西方使节强力施压之下，动用全部军力镇压北方义和团组织，由此避过1900年的外军入侵灾难，仍然无法解决义和团和普通民众同教士教民的长期实际利益冲突，不过是将其推迟和隐性化了而已。义和团运动中牵涉着长期不见头绪的教案问题，以及西方世界最近出现的"黄祸"思潮，将长久以来西方人秉持的文明人开化野蛮人的固定思维，推进到了必须战胜"黄祸"之国，以拯救白种人世界的地步。在宗教和种族因素的左右下，八国联军攻入北京，西方人特别是教士教民，充分利用了这样一个羞辱贬低中国文化文明的极好机会，教民们也自认高于其他国人一等，"甚至京官进士，亦拏去洗衣、刷车、搬砖、抬土、扫地、擦桌，稍不遂意，用皮鞭马棒百般毒打，真是有意凌辱中华之人也"。[2]

传教士问题本质上是近代中西文化冲突的一种表现，西方宗教与近代文化和强权相结合，成为19世纪转变时期内中国社会的一个严重难题。民教纠纷中所反映的，不仅是中国传统对外来文化作用的固有抵抗力，而且还有西方宗教和政治势力当时所持的居高临下的态度。19世纪中国劳工流入新大陆时，尤其是美国和澳大利亚，他们带去的中国宗教信仰和文化传统，被西方人视为异教异俗，受到多方歧视。清朝政府与美国政府签订的与种族歧视相关的协议，并不能阻止西方人对中国人的偏见和加利福尼亚等州发生的严重排华浪潮，造成伤亡损失。若论性质和形式，特别是美国政府、国会的公开鼓励鼓动，而不是加以保护，与

---

① 汪兆铭（精卫）：《驳革命可以召瓜分说》，见张丹、王忍之编，《辛亥革命前十年间时论选集第二卷（上、下）》，三联书店，1960，第459页。

② 仲芳氏：《庚子记事》，第44页。

所谓的京津"拳乱"相比，情况更为严重，性质更为恶劣。如果就保护宗教而言，中国人在美国的宗教信仰也应该受到相应的保护。但是19世纪的西方国家和媒体，在这一比较上，明显地毫无公正观点和反省之心，在处理中国民教纠纷的方法上，早已超出了他们所宣称的保护宗教自由的限度，变成强制传教，以致激发中国民众的集体武力反抗，再遭遇西方国家动用庞大军力进行镇压。

在上海主持《中外日报》的汪康年，着力于在义和团运动的大背景之下，回应西方人的指责和宗教狂热，以示教案问题的严重性。"先生独著论，力斥邪民之酿变、政府之祸国，然推本于人民信拳之心理，排外之缘由⋯⋯以见其咎不尽在吾国。西人之晓华事又通华文者，见先生此论甚以为然，转相传译，公论始稍出焉"。汪康年又多方搜集西方国内的不同见解，"持平之论"，翻译之后登在《中外日报》上，以期影响舆论和修正偏见，"英相沙侯，于某日在英国传教会大会中言曰：外务省深不惬意于传教之人，详观往事，传教者往往以身殉教，⋯⋯此次中国之事，确系传教者所致。⋯⋯故我劝诸君，以后传教，不必过于踊跃，总以谨慎为主云云。（译《字林西报》所录伦敦二月二十二日来书）"。又如"前驻印度总督古尔逊所著《教士论》云：华人之从教，于涉讼等事每得分外之益⋯⋯遇地方有所举行，教民皆不出公费，则平民出费益重，亦积仇启衅之一端。⋯⋯仇怨日深，即恐有全败之一日。⋯⋯教士之品行，为祸福之所倚，最为紧要，奋发有为，非传教士之所宜，慎选教士系英美教会之责也"。

另外又有，"西历八月十日《字林西报》载奥京某报云：近日中国之事，实因欧洲各国往往无理干预，且有意蚕食中国疆土，中国忍受折磨，为日已久，故一旦起而为难也。⋯⋯中国之痛恨教士，隐忍有四十余年矣，即以近六年而论，亦无日不觉洋人之渐食其肉也，又何怪其乘机滋事，思有以脱去洋人压制之痛哉！乱平之后，各国其慎思所以待华人之法，而勿蹈前四十年中之所为"。"法人包和尔君在比斯大会场中言曰：此次中国拳匪之乱，其故厥有三端，一因教士中不免有狂妄者，而各国使臣复助之向中国为难，二因欧人在中国者虐待华人，三因欧美两洲富商在中国专利为华人所忌云云"。[①]这些"持平"报刊言论

---

① 汪诒年纂：《汪穰卿先生传记》，《近代稗海》，第十二辑，第237-240页。

是否削弱了西方人对中国人和义和团的偏见蔑视，不得而知，但能够为中方自由发声，在当时的灾难性局势中是少见的。

赫德在这一巨大事变之中，也着力争取解决或纠正教案问题。"教民在信仰基督教后，仍然是中国属民，和其他中国属民一样，必须遵守国内法律和服从判决。传教士不过是个传教士，必须把自己界定在传教士的工作上，避免任何干预（民教）诉讼和与中国官方有关的行动。只有坚持遵守这一原则，才能打消本地人、省政府和中央政府官员的敌意，传教事业才能从它现在所面对的重重阻碍中解脱出来"。[1]这一基本原则之前被西方传教士和使节故意忽视不理，即便在义和团运动大爆发之后，也未变为西方人中的主流见识。

西方人的偏见在于，"一向有这样一种倾向，把基督教的敌人视为排外和仇视新思想的保守派，而把那些同情传教士甚至接受洗礼的人，看作对中国传统有独立思考和向世界开放的人"。[2]这种偏激单向的看法盛行于19世纪，在今日的西方世界仍然甚有影响。义和团运动的兴起，暴露了中西文化冲突的各种问题，使当时的一些传教士和西方人开始意识到，基督教的传入不能再以强力去推行。戴德生（Hudson Taylor）创建的英国的"中国内陆传教会"，就一概拒绝了清朝政府向该教会被害教士和财产损失支付的赔偿，"不申诉，不提要求"，也不接受这些"带血的钱"。[3]一个当代西方学者评论道："如果许多中国人认为，上帝的教义威胁到中国最受崇敬的传统、社会、道德和国家，就不能简单地把它们视为一种常说的排外反应。我们不但不必完全拒绝中国人的论点，反而应该花功夫向他们学习。"[4]这种容忍的态度和看

① Sir Robert Hart, *These from the Land of Sinim: Essays on the China Question*, Chapman and Hall, London, 1901, p107.

② Gernet, Jacques, *China and the Christian Impact: a Conflict of Cultures,* Cambridge University Press, Cambridge, 1985, p1.

③ Wehrle, Edmund, Britain, *China and the Anti-Missionary Riots, 1891-1900*, 1966, p71；Austin, A., *China's Millions: the China Inland Mission and Late Qing Society, 1832-1905*, Wm. B. Eerdmans Publishing Co., Michigan, 2007, p425.

④ Thomas, Stephen, "China's Economic Development from 1860 to the Present: the Roles Sovereignty and the Global Economy", *The Forum on Public Policy,* 2007,p247.

法在19世纪下半叶的殖民帝国时代，几乎是行不通的，西方对其文明的高度自信，使他们自然而然地蔑视中国的一切文化因素，并试图加以彻底摧毁。这一极端倾向和实践也奠定了西方人日后研究观察中国的基点。

到了21世纪，一些西方的中国史学者采用的，仍然是19世纪在中国生活和著述中国的一些西方人的研究规范和观点。那时的许多欧洲人都认为西方文化和宗教远比中国传统优越，中国的政治经济实践基本腐败，中国种族低劣，因此无法发展现代经济企业和体系所需的商业行为和工程技能。[1]按照这一基调，许多论史者也习惯于把义和团这样的重大历史事件的恶果，归咎于受害者，而不是加害者，成为流行倾向和心态，特别是那些推行殖民化和帝国扩张的人，着眼于所能攫取的任何当前和未来的利益，而不是对象受害国的利益和安全。[2]

在中国已经生活工作了近五十年的赫德，自然比那些妄尊自大的西方人更为了解中国和中国人。

"中国人举止得当，遵纪守法，有智慧，勤劳节俭，善于学习，能做任何事；他们谨慎礼貌，崇拜天才，坚信正确的事情不需要动用武力去支撑和加强；他们热爱文学，到处都是文学会社团体，聆听和讨论诗词文章；他们具有和采用令人羡慕的道德系统，大方宽厚，而且喜好精美匠作；他们从不忘记所受他人好处，对任何善行都给以慷慨回报，尽管他们知道钱财能够买来服务，但一个人必须拥有财富之外的其他长处，才能赢得公众声誉和尊重；他们很实际，善于学习，富有常识理性；他们是优秀的工匠，可靠的工人，持有深刻信念，每个人都了解和钦佩他们进行的商业活动；任何国家的人都不如他们那样如信奉宗教一般地服从'尊敬父母'的信条，这实际上是他们的家庭、社会、官方和国家生活的主调。"[3]

---

[1] Thomas, Stephen, "China's Economic Development from 1860 to the Present: the Roles Sovereignty and the Global Economy", *The Forum on Public Policy*, 2007, p9.

[2] Thomas, Stephen, "China's Economic Development from 1860 to the Present: the Roles Sovereignty and the Global Economy", *The Forum on Public Policy*, 2007, p8.

[3] Sir Robert Hart, *These from the Land of Sinim: Essays on the China Question*, Chapman and Hall, London, 1901, pp141-142.

在这些积极的潜在特性之下，赫德仍然对中国抱有希望。在义和团运动之前，他似乎看到了一线曙光，"只要中国的路子走得对，一个世纪之后，它就会成为世界上最强大的帝国，最少侵略性，最能容忍，最爱向别人学习！"①在围困使馆区中遭受损失、又痛恨朝中顽固派的赫德，之后继续对义和团运动作出他自己的客观评价：

"这是怎样的一种'黄祸'？……中国民族长期沉睡，现在终于醒过来了，每个人都充满着中国人自己的感受，'中国是中国人的，外国人走开！'义和团运动无疑是受到官方激励的产物，但它所蕴含着的那些大众化幻想，将会像野火一样地在这个国家内四处燃烧。

"简而言之，义和团运动是爱国的自发运动，它的目的就是中国强盛，走中国的路。它的第一次尝试不算完全成功，经过努力，未能达到清除外来宗教派别和赶走外国人的目的，但就它对外试探自发活动成效来说，或是尝试未来年代中所用方式方法的实践而言，这并不是失败。这一运动已经证明，人们会对召唤作出他们的反应，更证实了官方认为民众有权持有的刀剑，是不足以成事的，必须补充和替换为毛瑟枪和克虏伯炮。未来的义和团爱国者，将拥有金钱所能买到的最好的武器，之后的'黄祸'将不会再受到轻视。

"六十年代任总理衙门大臣的文祥经常说：你们都急于唤醒我们，让我们走上一条新路，也能够做到这一点，但你们都将为此而后悔，一旦我们醒而行之，我们将快行行远，远至你们不可想象、也不想让我们到达的地方。他讲得真是太对了。

"眼下的事态并不是毫无意义的，它是下一个世纪内发生变化的序曲，和未来远东历史的主调。2000年的中国，将会大大不同于1900年的中国！国民情绪是一个长存因素，必须给以承认，而不是在应对国家现实时将它清除掉。中国现在普遍存在的情绪，就是对中国体制的自豪感和对外来事物的蔑视，通商交往也改变不了这一现实。"②

---

① 《中国海关密档》，第7卷，第47页，1900年4月29日。

② Sir Robert Hart, *These from the Land of Sinim: Essays on the China Question*, Chapman and Hall, London, 1901, p49, pp51-53.

赫德为了这一自己坚守的最后信念，继续为清朝廷服务，直到1908年退休，离开中国海关，回到了爱尔兰的老家，海关总税务司职位为他一直保留到1911年9月20日他去世时为止，临近辛亥革命爆发。赫德去世之后，面临倾覆灭亡的清朝廷仍然特为赫德加封太子太保衔，他生前已是太子少保、正一品衔。在李鸿章、赫德相继去世之后，朝廷中主持外交的责任落在袁世凯身上。而赫德对百年之后中国的预期，半个世纪之内就已基本实现，从在对抗八国联军中一败涂地，到在抗美援朝战争中与十七国外军打成平手，消灭了十余万名世界上装备最强的美军官兵，而至20世纪末的中国发展现实和势头，则可以说是完全符合赫德在中国近代史上最为困难的衰落期中作出的明智预期。

义和团运动和八国联军战争的后遗症之一，就是中国统治阶层和知识精英们，都震慑于大规模农村群众运动的威力和不可控性，"暴民"政治也许会带来难以预料的结果，进而触及他们的既得利益和选定事业目标，从此不敢有任何引火的举动。因此，后日的统治阶层和革命派都在农民群众运动问题上小心从事，避免做发动农村农民的工作，即便如孙中山先生那样提出"平均地权"口号的革命领袖，所从事的主要工作，仍然是联系秘密会社和军人团体、筹划暗杀、制造舆论，等等。革命党人对义和团运动的看法基本正面，"排外为义和团事件之总动机，为帝国主义压迫之反响，其在农民分子，此种民族思想之表现，于革命运动进行中有莫大价值，决不因后来帝国主义者之诬蔑诟骂，而有所贬损"。[①]但即使是改组后的国民党政权，也以军阀为楷模，以从事军事活动为主，这一时代的知识分子难以逃避义和团自发群众运动所造成的破坏性阴影，畏惧群众运动的威力、广泛性和不可控性。

清朝廷在如此巨大的外力打击之下，仍然能够支撑到20世纪，也是一个奇迹。这是因为在前期的外力冲击之下，清朝廷采取了各种适应应对措施，又在平定内乱的过程中出现了一批极有能力的将领和官僚，有助于渐进的改善和阶段性的进步，近代的工业、交通、商业和教育，等等，从局部向全国扩展。在这一过程中，清末中国具有一定

---

① 《胡汉民自传》，《辛亥革命史料选辑》，上册，第162页。

的实力、潜力和近代竞争力，得以承受持续外力打击的恶果。但这一并非革命性却带有充分改良性质的过程，却被另一暴力打断，清朝廷面临急剧恶化的局面，无缘力挽狂澜。这一急剧的恶化基本上来自于新兴列强的强烈瓜分要求，特别是日本、德国，外加俄国，急于在东亚争夺最后的市场和势力范围。最具破坏力的冲击来自于日本帝国，在短时间内击溃了清朝军队，带动了西方列强，加快了他们瓜分中国的步伐。清朝廷之前的努力功亏一篑，病入膏肓，即使临时加入的宪政改革也无济于事。

八国联军战争再次证明，各地督抚将领自行训练指挥的清军，都不是用于对外作战和抵抗的目的，基本上延续了清军的对内镇压平乱工具的传统作用，因此一旦遇到在海外作战、拥有近代组织指挥后勤系统的外军，就轻易败下阵来。即使他们在天津一度与外军激战，也一如既往地后继不力，遭遇败绩。曾经督军猛烈攻打老龙头车站的马玉崑，之后一路溃逃，再无战意。清军的战场表现十分不稳定，不注重战术战略，接触战多于持久战，虽然在外军到来之前就着力防守，掘壕固守，部署火炮，却拙于阵地战，敌军开炮轰击和展开包抄之后，即忙于撤离。在天津附近建有多个军火库的情况下，聂士成部却在交战后失去八里台和海光寺，那些越海而来的外军反而能够利用大批苦力补足给养，连续发动进攻，战后又从清军的军火库中缴获大量从未被使用过的新式武器和弹药储存，越战越有。即使是新练清军部队，仍然未脱旧习，普通士兵的给养医疗条件极差，主要依靠领军将帅许可的抢劫掠夺为生，因此军纪极差，在北京城内对普通居民的伤害，不下于外军（见现场记载如《庚子记事》）。在表面上的武器装备改进之外，清军同近代军队之间仍然存在着十分明显的差距。

清军遭受的败仗越多，望风而逃愈益普遍，令将领们形成牢不可破的不抵抗主义心结，惧怕挑起事端，而寄希望于列强调停，以免与外军直接战场相对。这一普遍心态，一直遗传到抗日战争时期，当时张学良手下的东北军的实力，明明强于日本驻东三省的关东军，武器装备和物资储备都足以一战，甚至拥有两百多架军机，却对近在身边的敌军不做准备，开门静候少数日军前往接收和占领，众多军队仓皇撤退，遗弃大批军火，令多年来张作霖、张学良在东北动用和耗费在军备上的资金资源，全部浪费无效，反而极大地增强了关东军的实力，用来占领和统治整个东北，及进攻华北。八国联军对华战争中的清军将领，再也不能把武器装备不如外军，作为他们战败溃逃的借口，真正不如人的，是他们缺乏明确的作战目的，训练指挥老套落后，暗怀保全实力的私心，这些都是日后中国各地军阀集团共同拥有的明显特征，军事近代化名不副实，军队国防功能严重缺失。

第四编　宪政与辛亥革命

一、最后的宪政

八国联军攻入北京，原本是清朝廷被彻底推翻、发生历史巨变的一个重大时机。仓皇逃亡西安的宫廷残余，仅有慈禧太后、光绪皇帝和一小批扈从，在普遍的混乱局势中，随时都有可能被流窜的义和团众或散兵游勇冲击而遭遇不测。在荒山野谷中，一个狼狈逃亡中的皇室群体，确实难以展示其至高无上的权威和统辖力，反而更有可能寄人篱下。稍有野心的董卓式地方实权人物，都可将慈禧太后的"孤儿寡母"群体控制住，甚至私下全部清除。在如此命脉不绝如缕的险情之下，清朝廷残存的统治权威居然能够延续和发挥作用，令沿途地方官和清军将领继续宣布效忠，为其服务供给，而不是遵奉北京城中军力无敌的联军将领的命令，将这个小宫廷赶回北京，献俘求赏。

在八国联军的大力打击之下，此时的清朝廷应该是一推就倒，毫无归复皇位的希望。但事实却是相反，这一宫廷小群体仍然在号令天下，指挥督抚和清军，接受"勤王"兵马和供给，并以全国政权的身份与外军和外交使节互通，签订涉及全国每个人的协议。清朝廷坚持到渡过这一最艰难时刻的原因，就是无论西方军队或是国内各阶层，都没有找到可作替代的另一权力中心，满族朝廷几百年的统治术和完整管理机构机制，令官员阶层的人习惯于遵从朝廷的旨谕，仍然视其为效忠的对象。

即使太平天国时萌发的地方分离倾向不断增强，以李鸿章、张之洞、刘坤一等为首的实力地方督抚，尚且没有决裂分立的意愿和决心，维持现状就是维持他们自己的身家、地位、名誉。此外，在最近的两次战争中，清朝廷都在进行对外作战，对日本和对八国联军，虽然失误失策和失败，却因起而对外抵抗而保持着对国内阶层和普通民众的相当感召力。外军毕竟是侵略者，抵抗外军行动不同于国家内部的大规模战争，所以国内同仇敌忾的因素不可小视，力求恢复原状和国内秩序的趋向和力量一向占据主流。

在西安避难的慈禧太后，虽然尚未签订和约并回銮，但在外国政府和军队的强大压力之下，回顾之前的失误，不免回到光绪皇帝在1898年的举动，再次提到"变法"的轨道，其中部分是为了让仍然占据北京不退的联军满意，否则在如此大规模的海外远征之后，清朝廷依然不变，难以令他们认为达到目的而退兵。此时拥护朝廷和维持全国政权完整有功的地方督抚如张之洞，有了更多的发言权，而朝廷中枢里，顽固派人物被排除惩戒，剩下中立的荣禄和主和的李鸿章、奕劻，出现重启"变法"的机遇，称为"新政"，即使为了朝廷在西方列强逼压下的生存着想，也是必须要走出的一步。

清朝廷于1900年底，自西安行在发出了类似于"变法"肇始的谕旨：

> "十二月初十，谕内阁：着军机大臣、大学生、六部九卿、出使各国大臣、各省督抚，各就现在情形，参酌中西政要，举凡朝章国故，吏治民生，学校科举，军政财政，当因当革，当省当并，或取诸人，或求诸己，如何而国势始兴，如何而人才始出，如何而度支始欲，如何而武备始修，各举所知，各抒己见，通限两个月，详悉条议以闻，再由朕上禀慈谟，斟酌尽善，切实施行。……倘再蹈因循敷衍之故辙，空言塞责，省事偷安，宪典具存，朕不能宥。"[1]

当时的清朝廷还偏于西北一隅，忧心忡忡地远望着李鸿章与外交使团之间进行的艰苦谈判，因此所谓的"变法"还在初步阶段，但开启了重要的一步，特别是设立了"督办政务处"，后者总揽"新政""变法"，朝中重要大臣如奕劻、荣禄、李鸿章等都在其中，朝廷之外辅以刘坤一、张之洞，以致这一新机构一时颇有取代军机处之势：

> "谕内阁：钦奉慈禧皇太后懿旨，……近者特设政务处，集思广益，博采

---

① 《义和团》，第四辑，中国史学会主编，1951，第81—82页。

群言，逐渐施行，择西法之善者，不难舍己从人，救中法之弊者，统归实事求是。数月以来，兴革各事，业也降旨饬行。……兹据政务处大臣荣禄等面奏，变法一事，关系甚重，请申诚谕，示天下以朝廷立意坚定，志在必行。并饬政务处随时督催，务使中外同心合力，期于必成。用是特颁懿旨，严加责成。尔中外臣工，须知国势至此，断非苟且补苴。所能挽回厄运，惟有变法自强，为国家安危之命脉，亦即中国民生之转机。……昨据刘坤一、张之洞会奏，整顿中法、仿行西法各条，事多可行，即当按照所陈，随时设法，择要举办。"①

此外作为联军要求之一的结果，总理各国事务衙门改为"外务部"，是为整体官制改革的一部分。其他各种部门，在朝廷回銮北京之后，逐步设置，商务部、农工商部、兵部改陆军部，步军统领一类的职责，由巡警部及民政部接管。一些中央地方的冗员职位，也被裁撤，如河道总督、詹事府等。这些局部"新政"，都与戊戌变法中的紧急采取的措施，大同小异，因此是在慈禧太后的同意之下，积累以往经验教训，重启了之前一度兴起的变革趋势。

清朝廷继续编练新军，新设中央机构"练兵处"，1906年改称为"陆军部"，已是直隶总督的袁世凯，被指派为"练兵处"会办大臣，是不懂军事的庆亲王奕劻之外最为重要的人物。袁世凯手下的军队，改称为"北洋军"，就是袁世凯日后的正式权力基础，而张之洞承担湖北练兵的职责，仍然是袁世凯军队之次的重要新军基地。清军改编后的最大编制为"镇"，相当于师，接近于西方军队的编制。这些派驻各个地方的军队，被称为"新军"，或"常备军"，虽然名义上比传统清军绿营有所进步，也暗含有国防军之意，却仍然不以抵御外军的目的而设，反而日后成为地方军阀集团兴起的基本条件。同时，作为建立近代军队的一项重要举措，是设立比之前的洋务学堂更为正规全面的保定军官学校等军校，培养近代军队骨干的士官尉官和专业人才。日后军阀队伍和革命起义队伍两边，都有大批的军官学校毕业生参与其中。

"新政"中见效最为明显的，是兴办近代学堂和海外留学方面的各项举措。八国联军战争明确无误地证明，清朝一向推行的武举考试是无用的表面文章，原本当年戊戌变法时就要取消，清朝廷逃到西安之后，最终决定终止全国各地的武举，之后人们成为军官之途，主要出于新办的武备学堂。

---

① 《义和团》，第四辑，中国史学会主编，1951，光绪二十七年八月二十日。

更为重要而激烈的施政举措，是把在戊戌变法中引发轩然大波的科举制度改革，正式推出，全面施行。1905年9月2日上谕宣布，自次年始，所有科举制度的全部过程，乡试、会试、殿试，一律停止，整个制度不复存在，一千几百年的政治文化传统，涉及无数士人，终于在清朝廷之下，完全终止消逝，跨过了一个长期历史的转折点。清朝政府随之开始在全国推广学堂制度，向日本学习教育的普及，包括普通学堂的小学、中学和大学堂，从七岁开始入学，而各省设大学堂一所，所以到1909年，全国学堂达到五万多所，在校学生人数超过一百五十万，多为小学生。①此外还有专门的师范学堂、实业学堂、法政学堂、女学堂等，另立分系统。清朝政府设立的中央学部，按例设尚书侍郎，"奏派一等咨议官八人，二等咨议官二十五人"，其中包括了张謇、郑孝胥、梁鼎芬、严复、汪康年、罗振玉等众多社会文化名人。②

与之前的洋务运动和戊戌变法明显不同的地方，是自1901年起的"新政"推行了一段时间之后，就自然而然地过渡到前所未有的预备宪政改革。这一做法一般被认为是清朝廷缓慢推进改革的最后一步，以图缓解国内矛盾和挽救人数极少的满族中央政权所面临的空前统治危机。

为了筹备宪政，清朝廷于回銮之后，开始派出外出考察团，1905年10月，经过酝酿组织，以五名大员载泽（镇国公）、端方（湖南巡抚）、戴鸿慈（户部侍郎）、徐世昌（兵部侍郎）和绍英（商部右丞），组团出洋考察政治。对于此次海外考察宪政一行，朝廷内外都寄以厚望，却受到突然事件的干扰。在杨笃生（杨守仁）等人的策划下，革命党人吴樾以自杀式炸弹爆炸方式，袭击五大臣出使团，令各人受伤轻重不等，"臣载泽额角已受微伤，臣绍英耳后发际及臂上受伤略重，随员仆从亦间有被伤者。……计车内轰毙一人，车旁中伤毙踣三人。……似有人乘上车拥挤之际，暗中施放，其举动甚为可异。……臣载泽现回家调理，臣绍英暂赴医院医治，一俟将息全愈，酌订行期，再行奏明"。③各位大臣的出使行程被迫推迟。

　①陈翔林：《最近三十年中国教育史》，上海太平洋书店，1931，第97、114、125页。

　②汪怡年纂：《汪穰卿先生传记》，《近代稗海》，第十二辑，第267页。

　③《出使各国考察政治大臣载泽等奏出京乘坐火车遇炸情形折》，光绪三十一年八月二十七日，《清末筹备立宪档案史料》，上册，故宫博物院明清档案部编，中华书局，1979，第2—3页。

　　吴樾发动此次暗杀行动背后的政治目的，应该是考虑到立宪进程缓慢，最早张之洞等人提议立宪时，估计要用十到二十年的时间，无形中给清朝廷以恢复稳固的时间，如再无重大外患和意外事件，有望延长其存在命运，甚至可能因为国内政治改良、施政困难减少而再获生机。这一前景自然不符合海内外革命派人士的愿望，远不如激烈暴力运动和暗杀活动易于见效，所以倾向于尽快粉碎宪政进程，制造更多国内困难和民怨，由此尽早结束此时被视为主要障碍的满族少数贵族统治，实现排满革命和建立民国的宏大目标。"满洲政府要实行排汉主义，谋中央集权，拿宪法做愚民的器具，他的心事，真是一天毒一天。""清廷伪为预备立宪，遣五大臣出洋考察政治，以愚我民，恐中国永无再见天日之会矣。樾乃慨然曰：彼五大臣可击而杀之也。"[1]

　　此次暗杀行动，由杨笃生策划准备，提供炸弹和吴樾搭上出洋大臣专车的机会。杨笃生是革命党人中发动炸弹暗杀的元老，深谙自道，熟悉各种枪支炸弹，并亲自将炸弹绑在吴樾身上。但他作为五大臣出使团的随员，并未受到爆炸案的牵连，仍在赴日考察团的名单之上，事先也曾准备在使团出行的旅途中下手，后将引爆自杀炸弹的机会让给了吴樾，自己日后仍随载泽前往东京。[2]

　　参与此次暗杀的革命党人，主要来自"光复会"，由赴日留学生创立，自始就视清朝廷为最终敌人，其会名一度是"支那亡国二百四十二年纪念会"，后由蔡元培出任会长。[3]杨笃生与蔡元培、章士钊也曾在上海紧密合作过，组织曾经留日的学生参加起义或暗杀行动，"万福华之谋刺王之春，本蔡元培、章士钊所主持，谋刺未成，万福华被（上海）租界捕房拘去"。[4]

　　遭受这一意外暗杀事件，清朝廷最早的宪制筹备工作，果然被迫延误，直到1905年底，才得以正式展开外访行程，以山东布政使尚其亨取代绍英，李盛铎（原驻日本公使）取代离不开新设巡警部的徐世昌。这

---

　　[1] 孙文：《〈民报〉周年纪念大会上的演说》，《辛亥革命前十年间时论选集》，第二卷（上、下），第536页；曹亚伯：《杨笃生蹈海》，《辛亥革命》，中国史学会主编，上海人民出版社，第四册，1956，第320页。

　　[2]《杨笃生蹈海》，第318，321页。

　　[3] 冯自由：《光复会之起源》，《辛亥革命》，第一册，第515页。

　　[4] 曹亚伯：《黄克强长沙革命之失败》，《辛亥革命》，第一册，第510页。

一使团与之前的各种谢罪和协约谈判使团的目的不同，完全以考察其他国家宪政设置和形式内容，专注于政治方面，考察行程包括了西方大小近代国家，"统计此行在外八月有余，除去舟车往来，亦在半年以外，中间德国所居最久，美国次之，其余俄、奥等国，皆先派员前往考察"。[1]出使和回国都经过日本，方便向日本政府咨询立宪事项，向西方、日本学习甚至抄袭的意图格外明显。

1906年下半年巡访考察基本结束后，各位大臣们多次向慈禧太后和光绪皇帝汇报结果印象，自载泽以下的这些刚刚亲眼见过外部世界的清朝官员，对立宪基本形成一致意见，奏折的内容语气都多少相似。问题是如何引导满族朝廷中枢的意见和决策，尤其是立宪在稳定局势、维持皇室地位上的影响：

> "奴才顾谓立宪可以固国体者，何也？……立宪政体者，所以厚国民之竞争力，使国家能进而行帝国主义者也。……立宪政体之所以必能厚国民之竞争力者，则又何也？夫立宪之国家，其人民皆有纳税、当兵之义务，以此二义务，易一参政之权利，君主得彼之二义务，则权利可以发展，国民得此一权利，则国家思想可以养成。斯时也，君主又为之定宪法为臣民权利之保障，而臣民又得于国会协赞君主之立法，及监督国家之财政，上下共谋，朝野一气，一休一戚，匪不相关，如家人父子者焉。夫如是也，以云战斗，则举国团结一致。……所谓'百姓足，君孰与不足'是也。……
>
> "奴才更谓立宪可以安皇室者，又何也？夫专制之国，其皇室每与国家相牵连，故往往国家有变，其影响必及于皇室。……若非行间接政治，则施发号令一拂民情，便危皇位。故一夫不获，时予之辜，万方有罪，罪在一人。……内阁旦夕有更迭之事，君主万年无异位之忧，责任所关，可以睹矣。"[2]

考察大臣前往巡视的新老列强中，国体形式多样，其中英国是老牌的君主立宪模式，起源于几个世纪之前的王廷弱势，导致实质性的议院政治，王室被置于象征性和仪式性的地位上，作为民选议会和贵族院之

---

① 《出使各国考察政治大臣戴鸿慈等奏在意考察大概情形并启程回国日期折》，光绪三十二年闰四月二十八日，《清末筹备立宪档案史料》，上册，第22—23页。

② 《出使各国考察政治大臣戴鸿慈等(端方)奏进呈所编欧美政治要义以备立宪采用折》，光绪三十二年九月初六日，《清末筹备立宪档案史料》，上册，第31—32页。

上的名义国家象征，议会党团和全国大选实际上决定了行政实务和方向。这在清末年间的深刻危局之下，是朝廷所不敢尝试的。

当时的法国、美国均非君主立宪制，前者源于志刚和崇厚所亲身见阅的大革命，赶走根除法国皇室，后者源于欧洲移民在新大陆上的自由开发扩张。考察大臣们自认这两个强国是民主共和体制，连王室都没有，何谈君主立宪，无法纳入他们即将模仿的立宪制改革当中。尤其是自行其是的美国，"美以工商立国，纯任民权，与中国政体本属不能强同。……盖美为新造之国，魄力正雄，故其一切措施难以骤相仿效"。①

与中国19世纪末衰落趋势关系最近的三个强国，都是皇权至上的集权制国家，俄国的沙皇、德国的威廉二世，特别是日本的天皇，都是绝对统治全国的皇室代表，世袭君主，那些形式上的议会和国家行政机构，不过是他们手下管理属民的施政工具，一切以君主的意愿为政策基础。

俄国"其政体久以专制著称，从前兵力强盛，民间虽怀有追求立宪之心，尚不敢存暴动非常之想。（对日）战败之后，始有种种要求。……据称该国预备立宪已逾百年，究之民间知识犹未尽开，一时甚难合度，大抵此次宣布，在政府不能不曲从舆论，而断不能满其所欲，深虑乱事难以消泯。此俄国现筹立宪之实在情形也"。俄国沙皇专制之下，政府从属皇室，宪政初起而有限，本来是满清朝廷较为中意的形式之一，但俄国当时面临的战败和内乱之局，又似不宜作为那些希望立宪改变清朝廷颓势的榜样，不过可以作为平行的参考国而加以注意，"现值俄国政府组织宪政之时，中国尤应格外注意"，仅此而已。②俄国十几年之后发生的大乱局和全国革命，超出了当时考察该国的清朝大臣的想象力。

日本不断被考察大臣和朝内大臣引用为适合于清朝廷施行立宪的典型，日本曾经"乾断独裁，缩短发布宪法之期，亟定开设国会之限，诏书一下，万姓欢呼，乃于明治二十二年布宪法"。③似乎清朝廷也应该

---

① 《出使各国考察政治大臣戴鸿慈等奏在美国考察大概情形折》，光绪三十二年正月二十三日，《清末筹备立宪档案史料》，上册，第7-8页。

② 《出使各国考察政治大臣戴鸿慈等奏到俄考察大概情形折》，光绪三十二年闰四月初四日，《清末筹备立宪档案史料》，上册，第17-18页。

③ 《考察宪政大臣达寿奏考察日本宪政情形折》，光绪三十四年七月十一日，《清末筹备立宪档案史料》，上册，第29页。

采取这一决断方式，复加以皇室与内阁的分割和间接政治等便利条件。

但日本天皇的绝对权力，出自那些把他推上台的强势政治人物和团体，集权体制下发布诏书能够施行奏效，也在于他们借用皇权行政的方式达到自己的目的，因此愿意奉行皇命，两者是在互相利用。"近日五大臣持节历聘诸国，其涉心注意成于立宪者，固以日本以立宪而致富强也。而考日本国纪固与诸臣所见见闻闻有大异者。……置议政行政国计诸官，所有一切设施皆以独断行之。是故论日本之政，其所以致富强者，以其能振主权而神国威也。今之议者不察其本，而切切以立宪为务，是殆欲夺我自有之权，而假之以自便其私也。……日本以收权而存其国，今我国以限君权而速其祸，不可谓善谋国者也"。[1]而清末朝廷的权威和行政实效，大受限制，已经很难得到国内其他势力的配合与遵从，发出分权让步的谕旨，不成问题，而加强中央集权或阻止改变的谕旨，则后果难料，绝对不能同日本的天皇相比。

德国在这轮考察中受到格外注意，"德皇论及中国变法，必以练兵为先，至于政治措施，正宜自审国势，求其各当事机，贵有独具之规模，不在徒摹夫形式，其言至为恳切。……查德国以为定霸，不及百年，而陆军强名，几震欧海，揆其立国之意，专注重于练兵，故国民皆有尚武之精神，即无不以服从为主义。至于用人行政，则多以兵法部勒其间，气象森严，规矩正肃。……正当以德为借镜。至于德皇所论，适自明其强盛之由，在中国虽不必处处规随，而其良法美意行之有效者，则固当急于师仿不容刻缓者也"。[2]

德皇的绝对权威，以及德国已经证实的强兵富裕经历，被视为清末以立宪求稳定的可用模式。"近世欧土诸国兵之强者，称德意智，此亦我之所欲取以为法者。……其所以转至弱为至强者，固以能不为宪政所牵制也。夫德人以不缚于宪政而成其功，而我之学德者，乃欲自拘于宪政，以孤其主之势，是欲行而求及前人也，大谬。"[3]如果采用德国模式

---

[1]《江苏巡抚陈夔龙奏报纸电讯集会演说宜节》，光绪三十二年八月二十八日，《清末筹备立宪档案史料》，上册，第152—153页。

[2]《出使各国考察政治大臣戴鸿慈等奏到德后考察大概情形暨赴丹日期折》，光绪三十二年三月十六日，《清末筹备立宪档案史料》，上册，第9—10页。

[3]《内阁中书王宝田等条陈立宪更改官制之弊呈》，光绪三十二年八月二十八日，《清末筹备立宪档案史料》，上册，第153页。

于清末时刻,将是皇权之下的有限宪政,容易为朝廷所接受。

德国威廉二世皇帝强调练兵为变法核心的忠告,正合清朝廷心意,特别是鼓励了一些满族年轻新秀,试图模仿德国和日本的方式,在长期由汉族官员执政和掌军之后,重建有实力的近代满族军队,在此基础上重建皇室的权威,特别是对国家常备军的直接无二的控制。但是1901年之后萌发的宪政改革运动,从本意上讲是意图建立近代议制政体,最终目的是虚化皇廷。这一转变由只有几百万人口基础的满族朝廷来推行,最后难以避开被彻底悬空和推翻的可能性,被从政治权力中心赶下去。只是因为连续战败后的外国压力实在太大,加上海外反清势力的增强,国内局势难控,清朝廷被迫作出了许诺立宪的让步。无论立宪政体是否成功设立,都是清朝廷下一步施政的难题,所起的主要作用实际上是增强地方分离势力,以地方为重心,而令中央政府失去对局势的控制和平衡能力。

出洋考察大臣们各自汇报得出的重要结果,就是推崇立宪,另有督抚赞同,驻海外各国使节们的推介,以及地方势力推动的请愿活动,纷纷促请立宪。考察大臣们的反复解释推荐,令清朝廷就此得出推行宪政有益无害的结论。在内部各方势力不断施压之下,清朝廷于1907年宣布开启宪政:

"光绪三十三年五月二十八日内阁奉上谕:朕亲奉慈禧皇太后懿旨,直省官制,已据王大臣议拟饬行试办矣。惟立宪之道,全在上下同心,内外一气,去私秉公,共图治理,自今以后,应如何切实预备,乃不徒托空言,宜如何逐渐施行,乃能确有成效,亟宜博访周谘,集思广益。凡有实知所以豫备之方施行之序者,准各条举以闻。除原许专折奏事各员外,其余在京呈由都察院衙门,在外呈由各地方大吏,详加甄覆,取其切实正大者选录代奏。但不得摭拾陈言,亦无取烦文词费,只要切合时势,实在可行者,逐一具陈,以便省览而资采择。总之,此事既官民各有责任,即官民均应讲求,务使事事悉合宪法,以驯致富强,实有厚望,钦此。"[①]

这一众人期望的谕旨,如同戊戌变法时光绪皇帝发出的肇始谕旨一样,引发了上呈奏折的浪潮,各方人士多有发声和倡言,长篇大论,涵盖各个领域,事无巨细,特别是官制改革中的部门重新设置。主流意见

① 《立宪应如何豫备施行准各条举以闻谕》,光绪三十三年五月二十八日(1907年7月8日),《清末筹备立宪档案史料》,上册,第44页。

基本统一，反对质疑意见不多，因此没有出现真正的政策大辩论。

清朝廷于1908年最后定下宪政过程以九年为期，预备立宪，即预计到1917年时完成整体设置：

> "八月初一日内阁奉上谕：朕钦奉慈禧皇太后懿旨，宪政编查馆、资政院王大臣奕劻、溥伦等会奏进呈宪法、议院、选举各纲要暨议院未开以前逐年应行筹备事宜一折。……该王大臣所拟宪法暨议院选举各纲要，条理详密，权限分明，兼采列邦之良规，无违中国之礼教，要不外乎前次迭降明谕，大权统于朝廷，庶政公诸舆论之宗旨。将来编纂宪法暨议院、选举各法，即以此作为准则，所有权限悉应固守，勿得稍有侵越。其宪法之未颁、议院未开之前，悉遵现行制度，静候朝廷依次筹办，如期施行。至开始议院，应以逐年筹备各事办理完竣为期，自本年起，务在第九年内，将各项筹备事宜一律办齐，届时即行颁布钦定宪法，并颁布召集议员之诏。"①

此后陆续推行一些相关措施，包括各省设谘议局，中央设资政局，作为未来议院的基础，又总管岁出预算，类似于国务院。至1911年，中央政府内开始设立责任总理内阁，年迈的庆亲王奕劻被指派为总理，可见当时满清统治层内几无有实力的名臣可以出来施行新政。

海外保皇、革命各派和国内帝党人士，从敌对贬低慈禧太后的出发点，对立宪怀有负面看法，"欲籍此限制君权之说，使光绪帝不能行权于其身后耳。西太后之采用立宪，全出于私心，其假逐年筹备以为敷衍之计者，盖不欲于及身亲见之，司马昭之心，固路人之所知也"。②

当时的总体计划进程是逐年演进，大致目标定在九年之后，清朝廷中枢并没有可能预料到数年后就会爆发历史巨变，整个朝廷不复存在，因此循序渐进应该是光绪末年宣布推行立宪时的初衷，十年或十几年，都曾经被考虑过作为完成立宪的期限。"宪法期以九年成立。于第九年特开国会，新政逐年举行。立法未尝不善。奈一般急进派嫌其过迟，訾议政府有意延宿阻挠宪政。"③

---

① 《九年预备立宪逐年推行筹备事宜谕》，光绪三十四年八月初一日(1908年8月27日)，《清末筹备立宪档案史料》，上册，第67—68页。

② 伧父：《立宪运动之推行》，《辛亥革命》，第四册，第4页。

③ 陈夔龙：《梦蕉亭杂记》，《近代稗海》，第一辑，第408页。

缓进和急进的两派冲突激烈，逼压中央政府，而清朝廷并无足够坚定的国内力量出来站在自己一边，包括以袁世凯为首的督抚和驻外使节在内，都在不断推动尽早实现宪政，将其视为唯一的出路，那些原先支持按照五大臣考察结果确定的计划步骤推行立宪的派别，从原有立场上逐步后退，趋于消失。

20世纪初展开的清朝宪政举措，时在中央集权制最为虚弱的时期之内，因此只能加重施政负担和加快政权分解的过程。朝臣中也缺乏合适的领袖人物。李鸿章于1901年因庚子议和及高龄操劳而去世，刘坤一于1902年去世，荣禄在义和团运动爆发之年已六十四岁，延至1903年去世，"综光绪一朝，荣文忠公实为此中枢纽。文忠没而国运亦沦夷。诗云：'人之云亡，邦国珍瘁。'斯言岂不谅哉。"[1]任督抚较晚的张之洞，至1909年去世。张之洞成为仅剩老臣，一度有入朝主持大政之势，但受到袁世凯和其他人的阻碍，只进京向一贯提拔他的慈禧太后陛呈请训，多年来少有面奏机会，又感觉不如地方施政容易，在短期停留后，又出京回到湖北。"癸卯（1903年），张文襄（之洞）内召，两宫拟令入辅，卒为项城（袁世凯）所挤，竟以私交某协揆代之。文襄郁郁，仍回鄂督任。"[2]

这些过去数十年中的内外重臣最终离开政治舞台之后，地方权力的空白被另一批意图各异的人填补，各不相属。督抚中缺乏领袖人物一事，在直隶总督一职上表现得最为明显，工于心计和仕途顺利的袁世凯虽然是上升中的新星，但还没有达到深孚众望的地步，督抚中和朝堂上与他作对的人仍属不少。之后继任的杨士骧、陈夔龙等，都属于由一般性的晋升转任而来，又多是短期在职，频繁更换，因此并无可能建立起属于自己经营掌控的权力基地，完全不同于李鸿章长期任职的情况，而杨士骧更是依附袁世凯之人，所以这些年间有幸出任直隶总督者，并非杰出政界人物和实力集团的首领。

在朝廷当中，奕劻被留下主政，失去李鸿章之助，又深负贪庸之名，以致甚少作为。光绪皇帝1908年驾崩之后，继任皇帝为三岁的宣统皇帝溥仪，之后慈禧太后也辞世，朝中政局又变，中枢全面换人，之前刚刚开始的实施立宪过程，也随之发生了明显改变。"监国时代，亲贵

---

① 陈夔龙：《梦蕉亭杂记》，《近代稗海》，第一辑，第358页。

② 陈夔龙：《梦蕉亭杂记》，《近代稗海》，第一辑，第389页。

用事。军咨大权掌于纨绔之手。部中主要人员，新旧溷列，习染既深，一朝发难，其祸至不可收拾。"[1]

二、革命党派

八国联军对华战争之后，国内政治局势越来越多地受到海外势力和革命思潮活动的各方面影响，清朝廷中枢在处理内政时，不仅对列强使节失去了讨价还价的意愿和勇气，也在舆论导向和思想上对抗海外力量派别时，均落在下风。

甲午战争之后，中国学生开始大批前往日本留学，人数快速增长，至1906年已超过万人，"东洋留学生合官费自费，共有一万数千人"，就学后返回中国的也不少。[2]为应对这一增长趋势和留学生中鱼龙混杂的特点，以及一些学生鼓吹革命引来清朝政府的顾虑和压力，日本政府的文部省准备推行《关于准许清国人入学之公私立学校之规程》，有所约束和规范，特别是取缔一些不合要求的私立学校，引起赴日留学生的不满。本是革命派人士的湖南留学生陈天华，为在日留学生的处境及其行为感到担忧失望，愤而蹈海自尽。他在其留下的《绝命书》中坦承心怀诸多遗憾：

"近来留学生日多，风气渐开也，使由是而日进不已，人皆以爱国为念，刻苦向学，以救国家，即十年二十年之后，未始不可转危为安。乃进观吾国同学者，有为之士固多，可疵可指之处亦不少。以东瀛为终南捷径者，目的在于求利禄，而不在于居责任。其尤不肖者，则学问未事，私德先坏，其被举于彼国报章者，不可缕数。近该国文部省有'清国留学生取缔规则'之颁，其剥我自由，侵我主权，固不待言。敝人内顾团体之实情，不敢轻于发难，继同学诸君倡为听课，敝人闻之，恐事体愈致重大，颇不赞成。……幸而各校同心，八千余人，不谋而合，此诚出于鄙人之豫料想之外。……然而日本各报，则诋为乌合之众，或嘲或讽，不可言喻。如'朝日新闻'等，则直诋为'放纵卑劣'。……

"恐同胞之不见听而忘之，故以身投东海，为诸君之纪念。诸君而念

---

[1] 陈夔龙：《梦蕉亭杂记》，《近代稗海》，第一辑，第416页。

[2] 《湖南试用道李颐请召留日学生回籍学习以除隐患呈》，光绪三十三年 (1906) 七月二十八日，《清末筹备立宪档案史料》，上册，第986页。

及敝人也，则毋忘敝人今日所言。但慎毋误会其意，谓敝人为取缔规则而死，而更有意外之举动。须知敝人原重自修，不重尤人。敝人死后，取缔规则问题，可了则了，切勿固执，惟须亟讲善后之策，力求振作之方，雪日本报章所言，举行救国之实，则敝人虽死之日，犹生之年矣……

"革命有出于功名心者，有出于责任心者。出于责任心，必事至万不得已而后为之，无所利焉；出于功名心者，己力不足，或至借他力，非内用会党，则外特外资。……近人有主张亲日者，有主张排日者，敝人以为二者皆非也。彼以日本为可亲，则请观朝鲜，然遂谓日人将不利于我，必排之而后可者，则愚亦不知其说之所在也。夫日人之隐谋，所谓司马昭之心，路人皆知，即彼之书报，亦倡言无忌，固不虑我之知也。……近来青年误解自由，以不服从规则、违抗尊长为能，以爱国自饰，而先牺牲一切私德，此之结果，不言可想。"①

因日本施行新规则而起的罢课返国等喧嚣活动，规模浩大而意见组织各异，并导致两千左右的人离开日本，可以想见赴日学生之众，及派别林立。早在戊戌变法失败后出走的保皇派，至此已经在日本居留经营多年，包括大名鼎鼎的梁启超。他们适应了流亡生活，又不断接收来自国内的生力军，兴办报纸和学校，联络日本政府和重要人士，参与舆论宣传和政治辩论等等，构成初步的海外组织力量。八国联军战争之后，形势为之一变，清朝廷再次惨败，濒临绝境，与之相应的，就是海外华人聚集之地内的革命气氛和势力大涨，与国内派别的联系和相互影响，也更为频繁紧密，后起的更为激进的派别和革命派别开始大展身手，起而超越原有的保皇派和立宪派。

与期望与国内朝廷妥协合作的保皇立宪派不同，那些革命派别自始就以推翻抛弃清朝廷为最终目标。在仍然拜清朝廷为正朔的海外华人中，他们一时属于少数甚至极少数，而他们通过组织地方起事和暗杀的极端方式争取国内的立足之地，也难以被广泛接受，成员人数增加缓慢，人员财源都不如保皇派。他们能够大力影响海外华人团体，是在清朝政府的衰败和战败之时，所以八国联军战争之后，出现了革命派扩大范围势力的良好时机。

各个革命派别中的领袖之一，是来自广东的孙文，又称"逸仙"，

---

① 陈天华：《绝命书》，《辛亥革命前十年间时论选集》，第二卷，第154—157页。

早年名字为"帝象"，也在日本拥有逐渐扩大的势力基地。虽然孙文的客家家族落足于广东香山，但孙文的生活教育背景，却是以海外为主。他在上中学的年龄就离开了家乡农村，前往檀香山（夏威夷）投靠经过打拼后颇有财力资产的兄长孙眉。当时檀香山还是个独立的土著王国，不少华人迁入定居，同时当地也开办了西方式教会学校，所以孙眉为了孙文的前途，出钱让他出国到檀香山定居学习，进入当地基督教学校，分别是英国国教和美国教会的学校。孙文实际上自中学时起就进入到中国之外的另外一个世界，为时五年，正在一个人成长的关键时刻，对海外社会的印象自然十分深刻。

孙文在香港经历了拔萃书院和中央书院的过程，于1885年中学毕业。由于自檀香山积累起来的英语和教会教育背景，孙文开始在香港华人西医书院学医，属于香港英籍名人何启（香港议政局议员、大律师）赞助而刚刚开门的教育机构，孙文是第一批学生，最后拿到该学院的文凭。这一西医书院以后被香港大学医学院收纳并入，在当时还只是一家私人书院，并无名气。按照惯例，医学院毕业生要在医院实习一段时间之后，拿到官方的行医执照，才被认可为有资格的正式医生。孙文虽然获得毕业证书，却无行医执照，无法在香港做医生，只有转到澳门行医，却遇到同样的问题，不受官方承认，本地医生同行也出来排挤，因此再转到内地广州，利用香港一所医学院毕业生的资格，在当地行医和开设药局。孙文获得了医生的名声，又由于中文的"医生"和"博士"两词在英文中为同一词，西方人在谈及孙文时将两者混同，称他为"孙逸仙博士"，英国《泰晤士报》驻北京记者莫理循，本执医生职业，也在不同场合被另称为"博士"。

至拿到香港医学文凭和在澳门行医之时，孙文在海外生活漂流的累计时间，达到十二年，占了他二十六七岁年纪的一半，并且是最为重要的后一半，即少年和青年期间，而他本人又不必经历中国科举教育和仕途的狭长通道，所以青年以至中年的孙文对世界社会的认识，是以西方世界和体系为本和为中心的。

孙文在行医的同时，仍在寻找实现自己变革理想的途径。孙文此时的选项还在改良与革命之间，虽然以其海外檀香山和香港的经历，不再视清朝廷在中国的统治为不易之理，习惯于做离经叛道之举，但还是要走官途，以求达到内部变革的目的。孙文的主要举动，就是上书李鸿章，希望依托这一权威人士推行改革。经过多方努力和盛宣怀、郑观应的推荐，孙文亲身北上天津，将上书送到李鸿章处。时值1894年甲午战争之际，直隶总督兼北洋大臣的李鸿章面临历史性大战，身负重任，无法分身，自然没有时间和兴趣去会晤一位非官职在野之人，以及详谈非常一般性的改革大纲。经此一拒，孙文循官途达到推行改革的努力遇挫，陡然转变，对清朝廷和政府重臣，不再抱有希望，一意在革命造反上专注全力。

　　几乎与康有为建立"保国会"的时间同时，孙文在上书李鸿章无效后，返回到自己熟悉喜好的檀香山，寻找联络有意回国参与革命的同行。孙文在此地做成一件大事，即在何宽的住宅召开了首次会议，成立了一个政治组织"兴中会"，将他在香港的一些设想和议论付诸实施，隐含之前构想的大计。为了吸引当地民众加入，檀香山"兴中会"包含了"专为振兴中华，维持国体起见"，"以申民志，而扶国宗"，并未明言反满或排满。具体表现方式，是"凡入会之人，每名捐会底银五元，另有义捐，以助经费"，"帮助国家"，为日后的政治行动筹集资金。①

　　虽然檀香山拥有自由活动立会的环境，"兴中会"员仍然以誓词宣誓和介绍人引荐的方式扩会，形同会党，以保证组织的严密性。孙文等最早会员，在檀香山数万华人之间积极活动游说，争取会员和资金，但其带革命性的宗旨和返国行动的前景，与当地华人本地谋生的愿望相距太远，招人不多，筹集资金困难，最后还是要靠孙眉变卖自己的财产而集资。"欲纠合海外华侨，以收臂助，不图风气未开，人心锢塞，在檀鼓吹数月，应者寥寥，仅得邓荫南与胞兄彰德（孙眉）二人，愿倾家相助，及其他亲友数十人之赞同而已。"②

　　在檀香山的"兴中会"，孙文本人不在会中任要职，刘祥、何宽为正副主席，因为那些人是本地名人富人，而孙文只是外来之人。这不合孙文之意，无法成事。在获得主要来自孙眉的资金后，孙文率会中跟随他的主要人士返回香港，再谋机会。孙文离开之后，康有为、梁启超的派别也前往檀香山发展组织，迅速填补了孙文留下的空白，

　　"己亥冬（1899），梁启超奉康有为命赴檀岛开办保皇会，……特求总理（孙文）作函介绍其兄德彰及兴中会同志。……梁至檀数月，即提议组织

---

　　① 孙文：《檀香山兴中会宣言》，《辛亥革命》，第一册，第85—86页。

　　② 孙文：《革命原起》，《辛亥革命》，第一册，第4页。

保皇会，因对兴中会员不易措辞，乃诿称名为保皇，实则革命。李昌等以彼为总理介绍，不知其诈，竟为所愚，于是兴中会员多变为保皇会员，大势为之一变。……梁知人心可用，乃昌言惟保救光绪复辟，始能拒御外侮，侨商信之，捐助勤王军饷者大不乏人。梁居檀半载有余，募得款项华银十余万元，另招上海广智书局股银五万元，至七月十八日始启程返日本。……孙眉使其子昌随梁至日留学，总理惟有深悔无知人之明耳。甲辰春（1904），总理自日本渡檀，时兴中会员多已变节，存者寥寥可数。"[1]

与孙文在檀香山辛苦发展、筹款有限相比，梁启超一行所获颇丰，既夺取了孙文的"兴中会"地盘，又吸取大笔华侨捐款，得以壮大保皇派的阵势。"檀山保皇会实为各埠之冠，几于无人不入云"。[2]为此，孙文派同"保皇会"发生了直接冲突，"斯时（李）安邦正在檀警厅服务，先生（孙文）着安邦禀准美警厅长布浪，禁止保皇党在檀开会，限令梁启超一个月离境。因此保皇党恨安邦彻骨，乃贿买黑鬼波潜伏安邦住宅，以谋行刺。……连轰三枪，幸不命中。安邦还枪击之，折其右臂，遂将该凶黑鬼波拿获解案"。[3]

孙文最早建立的海外政治组织至此基本瓦解，但此时他在其他地方已有发展斩获，不再绝对依赖夏威夷的华人社区。孙文返回他的兴发之地香港，召集原先相识的三合会要员、基督教徒郑士良和一度自封的"四大寇"中的陈少白、杨鹤龄，作为组织核心。当时由杨衢云和谢瓒泰组织建立的"辅仁文社"，也在积极活动于保国目的。经过双方谈判，两会决定合并，于1895年初建立了香港"兴中会"，特意在会章中指明，"本会名曰兴中会，总会设在中国，分会散设各地"，就此把发展不力，甚至趋于瓦解的檀香山"兴中会"抛在一边，只作为分会之一，不再是唯一的海外革命组织。[4]

在组织领导层方面，孙文同杨衢云两派之间发生矛盾，就是会长（自称"总统"）席位归属。杨衢云在香港本地已经获得一定的社会地

① 冯自由：《革命逸史》，1948年，新星出版社再版，2009，"檀香山兴中会"。

② 《陈国镛致谭张孝》，《近代史资料》，第80号，1992，第6页。

③ 黄大汉（桐）：《兴中会各同志革命工作史略》，丘权政、杜春和选编，《辛亥革命史料选辑》，湖南人民出版社，1981，上册，第57页。

④ 孙文：《香港兴中会宣言》，《辛亥革命》，第一册，第86页。

位，做过招商局秘书和外资行的副经理等职，但"辅仁文社"的人员过少，而孙文来自外地，无明确社会地位，只对本会成员拥有号召力。两派各有所长，如果加上郑士良可以操纵的会党力量，孙文派大有可能压倒对方，而郑士良本人当时确有依仗武力除掉杨衢云的打算，被孙文阻止，"声言此席众咸属意总理（孙文），如有他人作非分想，彼当亲手刃之。总理深恐因此发生内哄，力劝郑勿暴动，以顾全大局"。双方都力挺本派领袖，"衢云素有大志，坚欲得总统，谢瓒泰等复拥戴之，总理不欲因此惹起党内纠纷，表示谦退，衢云由是当选"。①

香港"兴中会"不同于檀香山"兴中会"，立会之始，就专注于依靠武力发动起义，夺取地方城镇，从香港的位置和孙文故乡的角度考虑，就是在广东地区占有一席之地，两广总督管辖之地，首当其冲。"兴中会"得以着手内地起义活动的主要原因，是甲午战争带来的巨大冲击和乱局。1895年是《马关条约》签订之年，清朝廷和全国都遭受异常巨大的打击和损失，气脉虚弱，士气低落，而清军惨败后恢复乏力，难于维持地方秩序。6月间，日军大将桦山资纪按照《马关条约》条款，率兵前往接收台湾全境，令福建、广东一带都直接面临日军威胁，沿海各地皆惊。这正是在中国南方进行地方起事的好时机。

"兴中会"还可在会党之外，吸收被解散的民团武装，"当中日战起，清两广总督李翰章广招军队，战停，乃遣散四分之三。此等遣散军队，多流为盗贼。……吾党于是起而运动，冀收为己用，各军士兵皆欣然听命，愿效死力，由是吾党之武力略具矣"。②

孙文的"兴中会"召集的一些人士，连基本的组织宣传都来不及做，就直接跳入武装起义的造反阶段和方式，这对孙文来说不一定是合适的，因为他作为革命领袖和专业医生，平生第一次从事武装暴力行动，毫无经验，却把目标定在袭击南方重镇广州并建立根据地。孙文所带领的人中，郑士良为会党首领，早已在广东地区内广泛活动，有能力召集会党人员加入起义，而随孙文由檀香山来到香港的邓荫南，同样是三合会要员，枪法精深，识作炸弹，适合于加入地方起义。

香港"兴中会"决定，由孙文负责广州起事，而杨衢云"驻香港，任募集死士及筹划饷糈"，至当年10月份逐渐准备完毕。各路会党都已

---

① 冯自由：《革命逸史》，"郑士良事略"，"杨衢云事略"。
② 邹鲁：《乙未广州之役》，《辛亥革命》，第一册，第225—226页。

召集汇聚，分派既定，准备混入广州城后，一起举事，"其旗帜则由陆皓东拟定为青天白日旗"，而"省河兵舰中之最巨者为'镇涛''安澜'二舰，'镇涛'管带程奎光，即程璧光之胞弟，系本党党员，响应自不成问题"。①孙文前往广州坐镇，居中调度，准备于10月26日重阳节人头涌涌之时起事。"惨淡经营，已过半载，筹备甚周，声势颇众，本可一击而生绝大之影响。"②

之后发生的事情却不如孙文的计划所料般的顺理成章，其中内部协调问题导致未曾预想的麻烦。杨衢云在香港遇到调动和军械问题，"既怀私意，又不公平，以致内部发生问题，军械人员不能依期到省"，"惟香港一路始终未到"。③起事已到决定时刻，各支部队对是否继续按原定计划发动起义，发生激烈争论，进退不定，最后由孙文决定放弃起义，令各个部队退出广州，革命派费时长久的第一次国内起义行动，就此止息，未产生任何实质性的影响。

1895年广州起义计划当日失败，孙文和陈少白等打算把事情先压下去，等待机会再起。但此次举事已经败露，后续波澜不止。"杨衢云虽接总理阻止来省电，然以军械七箱，已装'泰安轮'运省，若起回又恐败露，仍使朱贵全、丘四等于初十晚带数百人附'泰安'轮入粤。"犹豫不定之间，已经步入清军布下的陷阱。

两广总督谭钟麟不仅得到来自香港英国总督罗便臣（Robinson）关于船运军械的消息，而且"兴中会"成员朱淇，因其在官府任职的兄长朱湘担心受到弟弟参与起义的牵连，"乃迫使自首于省河缉捕统带李家焯前，将总理率党人举义情形，尽为陈报"。所以，当"泰安"轮到达广州时，"李家焯早派人预伏，抵岸，先登者四十余人被捕去，后登诸人尽将符号毁弃，始得免"，缴获"小洋枪二百零五枝，子药八十余匣"（据孙文讲为"手枪六百余杆"）。在广州城里也"先后捕去陆皓东等五人"，是为这场并未真正启动的起义所带来的重大损失。陆皓东与"四大寇"相近的早期革命经历和作为"兴中会"重要成员，"被捕提讯时，直认革命不讳，虽叠受非刑，亦不供出同党"。④他之后被处以死

---

① 邹鲁：《乙未广州之役》，《辛亥革命》，第一册，第227页。

② 孙文：《革命原起》，《辛亥革命》，第一册，第4—5页。

③ 邹鲁：《乙未广州之役》，《辛亥革命》，第一册，第228页。

④ 邹鲁：《乙未广州之役》，《辛亥革命》，第一册，第228—229页，233页。

刑，成为近代中国为革命而死的第一人，为了一个从事革命的政治组织而死，不同于之前农民起义和之后义和团运动中死去的众多人士。

计划中的广州起义突然失败，已经身在广州的孙文等人匆忙撤退，孙文经顺德退至香山老家，再到邻近的澳门，转道返回香港。他们在香港也难以立足，受到清朝政府的正式通缉，因此香港总督罗便臣也无法接纳保护孙文，之后更颁发了孙文五年内不得进入香港地域的禁令。孙文和他的随员郑士良、陈少白乘船离开香港，到日本避难，而身在香港的杨衢云则被迫到海外各处流浪，"越南、新加坡、印度、南非洲各埠"，"所至皆设兴中分会"。①

一枪未发就紧急熄火的地方起事，令所谓的"广州起义"名不副实，却带来会众被捕就死和大部海外逃亡的结果，孙文的革命雄心遭受重挫，也从中吸取了很多相关的教训。此后多年时间内，孙文都未组织筹划另一次武力起义行动，包括在1898年的戊戌变法之时，清朝廷出现内部分裂，清朝官员意见分歧，更多文人和各类人士流向海外，却仍然没有给孙文的革命派以足够的机会发动另一次地方起义。

孙文先逃难到日本暂避，顺便发展了以冯自由之父冯镜如为首的"兴中会"横滨分会，然后返回到他最早接受系统西方教育的檀香山，以休整和恢复生气，之后在清朝政府势力不及的海外各处游动，日本、檀香山和北美洲，争取华人的支持和筹资。孙眉一如既往地为胞弟孙文提供了最基本的财政支持，无可能再做更多。在这些海外华人聚居地，稍后时间才组建构成的康梁派，拥有相当大的影响力和实力，使能够分流到孙文派的各种资源变得十分有限。例如，由保皇派掌握和资助的美国境内的武装力量培训，就由美国人荷马·李负责，投入庞大资金，涉及美国地方政府和军队，聚集数千持枪华人部队，公开活动阅兵，这些都是孙文所不可想象和难以干预分享的。

孙文在这几年中的一个重大收获，就是在世界上提高了自己的声誉，由一位被政府通缉的逃犯，变为得到普遍承认的革命人物之一，从与其他海外华人活动家等同甚至逊色的政治人物，变身为被西方人认可的中国革命领袖。这一重要转变，出现在1896年孙文的英国伦敦之行。

孙文从檀香山出发去美国，在美国从事了四个月的巡回演说之旅，

---

① 冯自由：《革命逸史》，1948年，新星出版社再版，2009年，"杨衢云事略"。

由东岸到西岸，便前往英国伦敦访问，探望他在香港的医学教师康德黎（Cantlie）医生，在后者的安排下租住公寓，不时经过附近不远的中国公使馆所在地里士满楼（Richmond House），在波特兰大街（Portland）和威茂斯（Weymouth）街的转角处，两面临街，离摄政公园很近（现在仍为中国驻英国大使馆所在地）。1896年时，中国驻英国公使是龚照瑗，卧病在床，使馆参赞和实际管理者是英国人马格里（MaCartney），一个从太平天国时期起就为清朝政府服务的老派中国通。

接到国内政府传来的通缉令，驻英国公使馆开始监视跟踪孙文的活动，为此特意雇用了英国本地的侦探事务所。没有想到的是，孙文却于10日10日直接来到公使馆，询问有无来自广东的同乡可以一叙，等于是送上门来被捕。孙文之前知道中国公使馆的地址，并同康德黎夫妇开玩笑，要去看看那里的人能不能认出他这个穿西装的被通缉犯，不听朋友的劝告，一定要一试才知。使馆内的广东人邓廷铿任中文秘书，与孙文交谈之后，认定这是清朝政府的通缉犯，同马格里商讨之后，在次日再次遇到孙文时，拉他进入大楼，然后将其拘禁在使馆的房间内。孙文对外求救的主要对象是康德黎，通过使馆的英国雇员，将被拘禁的讯息传递到康德黎处。[①]

经过康德黎的不懈努力，英国政府的外交部和内政部卷入这一事件，派出警察监视中国使馆，而新闻媒体和公众舆论被发动起来，令使馆内人员原定将孙文偷运回中国受审受刑的计划，完全无法实施。使馆所在地被伦敦记者群和市民包围，使馆大厨外出时也被无辜打死。马格里转而同英国外交部达成协议，同意放人。至10月23日，孙文终于在警察和康德黎的护送下，由使馆在威茂斯街的后门走出去，恢复了自由。

孙文被中国驻英使馆拘禁一事，令英国政府开始意识到他的存在，他们之前对这一重要逃犯和中国的民间政治人物一无所知。英国媒体的群起包围和滚动报道，令孙文成为当时英国公众所知的最有名的中国人。孙文获释之后，康德黎迅速写成《伦敦蒙难记》一书，为他的学生孙文做更为广泛的宣传立名。康德黎在孙文事件中的积极活动，令英国外交部对向他颁发爵士勋位有所顾忌，担心清

[①]关于孙文在伦敦被拘禁一事，黄宇和的《孙逸仙伦敦蒙难真相》一书，归纳了以往研究，并详细分析事发过程和各人说法，认为还是路过的孙文被骗入使馆，而不是他自己贸然进去探望而被拘。

朝方面的反应，只有推迟，使康德黎到1909年才因医学方面的贡献获得爵士勋位。[1]

拘禁事件之后，英国人对孙文的印象和评价都大为改善，媒体塑造出来的形象，是一个受过西方式高等教育，从事西方人都认为是上等的医学职业，能讲英语，穿着西式服装，是个上教堂的基督徒，孙文并特意表示，他是在香港出生的，所以是英国子民。这些因素综合起来，令孙文成为一个绝对能被英国普通人和媒体所接受的东方政治人物。[2]孙文本人并不在意西方媒体如何描画他的复杂身份，到底是美国人还是英国人，只要这些舆论有利于他的革命形象和认可度，以及对清朝政府怀有敌意。

孙文在英国伦敦停留了相当长的一段时间，游历研习欧美近代制度实情，与之前在檀香山和香港忙于筹备革命不同，有足够的时间借鉴西方经验和思考革命问题，萌发了三民主义构想，以将自己提高至一位真正革命领袖的境界。孙文于1897年7月1日乘船离开英国，经加拿大一路返回到日本。

英国政府并无明确意向要清朝政府迅速垮台，由革命派取代，而英国媒体在对孙文被拘禁一事大发议论如潮之后，也并无后继实际行动支持孙文个人掀起的中国革命运动。与此同时，位于东亚的日本既聚集了更多的与革命有关的人士，阻力甚小，又突然冒出日本方面对孙文革命活动的强大和全方面的支持，同英国人保持一定距离、事不关己的态度大相迥异。对这些各方面因素做出比较之后，孙文选择回到亚洲的日本。

日本政府和各类人士对中国的事态发展，对策之一就是利用他们能够掌握的中国政治人物，取得中国日后发展过程中的主导地位，无论清朝廷是否垮台，都不能影响日本在中国大举谋利。日方这一努力范围和程度在之前的年代中比较有限，如日本著名间谍宗方小太郎，联系接触过中国国内会党力量，平山周等"受日政府指派，负有秘密调查任务，……（1896年）当时尚属默默无名之三青年平山周、可儿长一、宫崎寅藏，接受外务省秘密意旨，前往中国，调查民间党实况、秘密结社

[1] Boulger, *The Life of Sir Halliday MaCartney*, 1908, p466；黄宇和：《孙逸仙伦敦蒙难真相：未曾披露的史实》，中文版，上海书店出版社，2004，第169—170页。

[2] 黄宇和：《孙逸仙伦敦蒙难真相：未曾披露的史实》，中文版，上海书店出版社，2004，第149页。

之内情等"。[1] 这其中最为突出的是日本自由主义派政治家犬养毅，接近大偎重信掌管的外务省。

孙文自己承认，至1900年的"五年之间，实为革命进行最艰难困苦之时代也。盖予既遭失败，则国内之根据，个人之事业，活动之地位，与夫十余年来所建立之革命基础，皆完全销灭，而海外为之鼓吹，又毫无效果。……革命前途，黑暗无似，希望几绝"。[2] 在残存的分会中，只有杨衢云仍在东南亚和其他地方展开"兴中会"活动，日本的"兴中会"当时除了陈少白和冯镜如，就没有几个正式的会员，也没有什么实质性的活动。孙文怀抱希望回到日本时，对这一点感触颇深，"日本有华侨万余人，然其风气之锢塞，闻革命而生畏者，则与他处华侨无异也。吾党同人有往返于横滨、神户之间，鼓吹革命主义者，数年之中而慕义来归者，不过百数十人而已"。[3]

陈少白通过自己的努力活动，达成与宫崎寅藏的会面，感到振奋，但他当时大概并不知道，宫崎寅藏正在寻找可以信赖的中国政治人物，以完成犬养毅交给他的秘密任务。他阅读了康德黎的《伦敦蒙难记》，印象深刻，认为孙文应该被确立为新的革命领袖身份，所以急于同陈少白及他所代表的孙文接触。"宫崎听得（曾根俊虎的话），回想起他哥哥信上的话，不胜之喜，就说：'好极了！我正在要找这个人。'""宫崎见了我，如获至宝，畅谈了一两点钟。"[4] 孙文回到日本之后，最初仍在陈少白在横滨租下的地方中蜗居，宫崎寅藏的来访改变了所有这一切。"及问孙先生的姓名，孙先生对他说了，他眼见面前的人，就是革命党的大首领孙逸仙，又高兴得了不得"。[5]

宫崎寅藏将会面经过汇报给犬养毅，获得赞许和进一步联系的指示，并通过富有的商人平冈浩太郎对孙文提供必要的资金援助，"从此以后，宫崎就不绝地到横滨来见孙先生，又请孙先生同到东京去，介绍见他生平最佩服的一个前辈犬养毅。后来犬养毅又介绍孙先生认识一个

---

① 张家凤：《中山先生与国际人士》（下），《中山学术文化基金会丛书》，台北，2010，第182页；《追怀孙中山座谈会》，《辛亥革命史料选辑》，上册，第20页。

② 孙文：《革命原起》，《辛亥革命》，第一册，第7页。

③ 孙文：《革命原起》，《辛亥革命》，第7页。

④ 陈少白：《兴中会革命史要》，《辛亥革命》，第一册，第42页。

⑤ 陈少白：《兴中会革命史要》，第43页。

进步党员平冈浩太郎，平冈是九州福冈煤矿的主人，家里很有几个钱，甚爱慕孙先生之为人，遂请孙先生到东京居住，好多认识几个政客伟人，所谋更加活动，并且知道孙先生境况不佳，所有房饭各费，悉由他一人负担。又因为孙先生一个人在东京起居不便，就请宫崎的朋友平山周作伴，照料一切"。①

犬养毅又为孙文竭力争取到了东京府发给的"居留地外侨许可证"，于1897年下半年发出，使孙文可以合法地在日本居住。平山周在为孙文作旅馆登记时，将名字写作"中山樵"，此"中山"并非中国古代的中山国，而是来自"对鹤馆"旅馆附近的中山侯爵府，也是日本人的姓氏之一。孙中山的名字日后成为孙文的正式用名，但孙文本人签署文件时继续使用"孙文"，从不署名"孙中山"。

孙文与日本方面的联系，也遇到过一些波折，源于次年1898年的戊戌变法，康梁等人的维新派人士大举逃亡到日本，受到重视和款待，一度挤压了孙文革命派的势力地盘。尤其是康有为自称"奉旨勤王"，手持光绪皇帝"衣带血诏"，对海外华人和日本社会都极具吸引力，因此孙文一派的活动难免遭受到一定牵制，被迫陷入同维新保皇派争夺各类资源的持续斗争。例如梁启超主办的《清议报》，掌握了华人社会的舆论界，而在横滨大同学校校务上，康梁派和孙文派的竞争进入到白热化，康梁派的校长徐勤在那里后来居上，把原先孙文筹办的"东西学校"，改为"大同学校"，然后出现一些教员反对孙文前往访问的事件，虽然招来那里"兴中会"员的愤怒反应，但包括冯镜如等校董都在转向康梁派，结果孙文被迫放弃了这所学校，两派"就成了水火，成为不解之仇"。②

延至1900年，国内形势和战争局面，令远在日本的革命派获得了另一次重要机会，筹划又一次地方起义。这一空前大乱、朝廷逃难的少见局势，令保皇、革命两派都倍感振奋，从中看到了骤然意外成功的良机，"五六月间，义和团起，联军北上，（史）坚如乃攘臂起，以为机不可失"，"北京必倾，中国大分，然或者复辟之事及中国自立之举，

① 陈少白：《兴中会革命史要》，《辛亥革命》，第一册，第43页。

② 陈少白：《兴中会革命史要》，《辛亥革命》，第一册，第54页；冯自由：《革命逸史》，《戊戌变法》，第四册，第243页。

即在此乎？"①

　　清朝廷勉强能够遥控南方各省督抚，只能依靠地方大员各自行事，以求自安。在这种极为有利的情况下，远在日本的保皇、革命两派都行动起来，各自制定地方起义方案，康梁派方面是唐才常起义，革命派是广东惠州起义，各自举办。孙文的革命派借助于郑士良的会党力量，充当前锋和主力，"庚子奉总理命经营惠州军事，所有惠、潮、嘉各属会党及绿林首领黄福、黄江喜、梁慕光、黄耀廷诸人俱受节制"。②孙文在幕后主持和筹措资金军械。此次目标选在广州以东的内陆城市惠州，以避开清军和政府的中心广州。杨衢云于1898年返抵日本，与孙文会合，然后交出了他持有三年多的"兴中会""总统"一职，孙文正式享有该会的领袖职位，名正言顺，杨衢云和追随他的谢瓒泰都亲自前往香港就近协助。

　　日本人士在日军主力进攻北京、天津的同时，也在多方面积极参加了国内的地方起义。在孙文方面，日本人士云集，"于五月中旬偕杨衢云及日本人宫崎寅藏、平山周、福本诚、原口闻一、远藤隆夫、山下稻、伊东正基、大崎、伊藤严崎等十余人赴香港"。③宫崎寅藏在英控新加坡活动时被捕下狱，罪名是意图谋杀在那里避居的康有为，证明两派嫌隙甚深，未得调解，迫使孙文从越南赶赴新加坡，将他的得力助手宫崎寅藏保释出来。

　　在这些参与起事的日本人之外，还有日据台湾总督儿玉源太郎以及民政长官内藤新平。内藤新平与陈少白早有接触，而儿玉源太郎支持孙文，则另有目的。"以中国纷乱已极，几陷于无政府状态，颇赞成中国革命，曾令民政长官内藤新平与中山先生接洽，答允革命军发难后，予以相当之协助。"日本占据殖民台湾，拥有割裂福建省归于自己的天然地理优势，日本政府高层对此早有考虑，包括1901年起多次出任首相的桂太郎，其撰写的重要文件有"割据华南福建一带归我所有"。④儿玉源太郎从他台湾总督的地位出发，也十分期望借中国重

---

①邓慕韩：《史坚如事略》，《辛亥革命》，第一册，第245页；《康有为致谭张孝》，1900年6月27日，《近代史资料》，第80号，1992，第7页。

②冯自由：《革命逸史》，1948，新星出版社再版，2009，"郑士良事略"。

③陈春生：《庚子惠州起义记》，《辛亥革命》，第一册，第235页。

④井上清：《日本军国主义》，商务印书馆，北京，1985，第58页。

大内乱外患之机，派兵占据台湾海峡对面的福建地区，并进而在东南沿海地区扩张，北及英国控制的江浙，南及同样是英国势力范围的香港、广东地区。

孙文、郑士良筹划的广东起事，中间有一段时间因外部事态变化而放缓，即能否与时任两广总督的李鸿章达成一定协议。香港的英国总督卜力同样企图利用北方大乱的机会，让英国在中国更有利益所得。英国人这一次的胃口不小，鼓动宣布独立，出现一个位于南方的独立政权，退一步也要实现"两广独立"，割据这一广大地区。英国总督卜力通过其华人属下、议政局议员何启，力诱仍为全国督抚领袖的李鸿章加入进来，出任这一设想中的新政权的首脑。①

何启本人曾经为孙文的"兴中会"出力甚多，"因为地位故，不欲公然列明党籍，只允暗助，然所有重大建设计划，如开议院、立学校、筑铁路、广航务、举百业、设警察、整军备、理财政、兴报馆等，多出其手"。②何启并将香港"兴中会"成立后的"讨满檄文"翻译成英文，以便对外宣传和争取香港英国总督的资助。③为了说服李鸿章，卜力不惜把孙文拉进来，利用李鸿章一度有意"招纳罗致"孙文的想法，以孙文愿意为李鸿章效劳的代价，促使两方联手建立新的"两广政权"，从而让英国的势力从狭窄的香港九龙扩展到整个大珠江三角洲。

卜力的谋划，在李鸿章手下的刘学洵处收到反响，刘学洵私下安排同孙文和陈少白见面，但孙文对伦敦使馆被诱捕一事记忆犹新，担心一直在追捕他的对方，或许在设圈套加以逮捕，因此退而不出，派出宫崎寅藏作为他的全权代表，坐船赴广州同刘学洵长谈，达成初步协议，赦免孙文，并立即从刘学洵那里拿到一笔五万两银的付款，被宫崎寅藏戏称为"靠敌吃粮"。④

但时局变化突然，北京的清朝廷发下谕旨召李鸿章北上，处理与各国公使的关系，包括收拾残局，抱有厚望。李鸿章自当年初离京之后，

① 陈少白：《兴中会革命史要》，《辛亥革命》，第一册，第66页。

② 邓慕韩：《乙未广州革命始末记》，《辛亥革命史料选辑》，上册，第11-12页。

③ 冯自由：《革命逸史》，1948，新星出版社再版，2009，"兴中会之讨满檄文"。

④ 陈少白：《革命逸史》，《刘学洵与革命党之关系》；内田良平：《中国革命》，《近代史资料》，第66号，1987，第46页。

时刻期盼返回北京朝廷的中心和权力所在，即便1900年的大局之惨，超过任何人的想象，李鸿章至此时也仍然没有离弃朝廷的想法，同其他人为他设计的那些"独立""自立"理念，距离甚为遥远，接到朝廷谕旨，即准备收拾行装北上，离开广东一地，将两广事务交给巡抚德寿署理。

卜力在李鸿章赴香港停留拜访之际，再次劝告李鸿章不要北上，留在广州等候时局变化，考虑"独立"及同孙文合作的事。孙文此时已经来到香港，只能在香港水面的船上等待，因为担心英国人对他的五年禁令还在，不愿登陆。英国人正在劝阻李鸿章，答应孙文，一旦李鸿章同意卜力的方案，对孙文的禁令就会解除，可以同李鸿章会面，"李行若止，余（孙文）亦解保安条例，登岸共与密议一切"。[①]参与此事的日本人自认颇有达到他们目的的可能，"总督（卜力）想要李鸿章在南方建立政府，经过几次劝告，李鸿章大体上已表示首肯"。[②]

但他们都没有料到，多年主持军国外交大政的李鸿章，对这些地方事务的设想毫无兴趣，急于赴京就任，因此拒绝了卜力最后的劝告，无法挽回，"李鸿章无论如何不肯答应，还说担保广东治安，不生问题。英国香港总督见劝阻不住，只好让他回船北上。我当时还到'安平'船上见曾（广铨）刘（学洵）二人，他们说'傅相意志坚决，无法劝阻'。[③]孙文被迫离开香港，又转回到越南等待消息。

孙文此时其实同日本人的打算略有不同。内田良平从日本帝国的根本利益和他的"黑龙会"的最高宗旨出发，非常关注八国联军战争期间俄国在中国东北的大力推进，认为日本应该集中注意俄国方面的动态，地方起义可以推迟一步，但孙文坚持要利用清朝廷中枢逃难西安的绝好机会，发动已经大致就绪的惠州起义，达到沉重打击满清和实现地区独立的目的。[④]"孙逸仙及其徒从，计划目的江苏、广东、广西等南清六省作根据独立共和体，渐次（向）北清伸扬，爱新觉罗土崩瓦解，支那

---

① 宫崎寅藏：《孙逸仙》，黄中黄（章炳麟）译录，《辛亥革命》，第一册，第125页。

② 内田良平：《中国革命》，《近代史资料》，第66号，1987年，第48页。

③ 陈少白：《兴中会革命史要》，《辛亥革命》，第一册，第66页。

④ 内田良平：《中国革命》，《近代史资料》，第66号，1987，第50页。

⑤ 日本外务省档案：《各国内政关系（支那）革命党》，福冈县知事报告，明治33年8月26日，高秘848号，外务省机受第5932号，引自汤志钧，《孙中山和自立军》，《历史研究》，1991年第1期。

十八省从之，东洋大共和创立"。⑤孙文对惠州起义的乐观设想，甚至包括了菲律宾人受到鼓励而从美国统治下获得独立，"大义无先后，吾党决当立兴义军，遂行夙昔之志望。若吾事成，则菲岛之独立，直翻掌间耳"。①

原先已经启动的起义准备工作，不受李鸿章拒绝"两广独立"的影响，依序进行，至10月份基本就绪。革命组织内的首领已经预定了成功之后的职位，"我（平山周）做外交部长，飞鸿（杨衢云）做财政部长，原桢（日本陆军大尉）做参谋部长，（毕）永年做陆军部长，弼臣（郑士良）做总务部长"。②

广东深圳嘉应等地的会党成员，被置于郑士良和黄福的指挥之下，聚集了六百余人，配备了几百支枪。起义发生于10月6日，是八国联军部队攻入北京城的一个半月之后，地点在惠州下属的三洲田，实际上是在今日深圳东边不远，深圳原属的新安县（宝安县）的大鹏湾附近，本来就是广东省内防范较弱的地方，"左近地方，向来无多兵驻扎"，义军起事后，又全力向东方向进攻，"希望能冲进福建省内，孙先生在台湾就可以过来接应，枪炮弹药，及将领人才，亦可以一齐带过来了"。③因为起义队伍不是冲向广州方向，所以在地方防务薄弱的沿海地区内，进展显著，几乎势如破竹，数量有限的清军队伍措手不及。

杨衢云在此时接受了清朝地方官员的说降，与南海知县裴景福的代表在香港会谈，条件包括给以他们官职军职，准许自带军队五千，以及财物奖赏。④杨衢云的议和举动，遭到在前线指挥部队的陈少白的反对，身在台湾的孙文鉴于起义初期进展颇为顺利，也发回电报拒绝官方的条件，议和未能成功。之后广东省内的清军往起义地区调集，包括水师提督何长清和陆路提督邓万林手下的清军数千余人，形成数量上的优势。

在郑士良的指挥下，采用突袭和分头进攻等方式，取得过几次局部胜利，但总体形势并不乐观，外无援军或其他地方力量起而配合，内部弹药粮饷日渐紧缺，难以支持部队继续战斗。身处前线的郑士良不停地

---

① 宫崎寅藏：《孙逸仙》，黄中黄（章炳麟）译录，《辛亥革命》，第一册，第115页。
② 《平山周谈商借菲律宾所购械弹事》，《辛亥革命史料选辑》，上册，第31页。
③ 陈少白：《兴中会革命史要》，《辛亥革命》，第一册，第68页。
④ 陈少白：《兴中会革命史要》，《辛亥革命》，第一册，第69页。

向台湾的孙文发出紧急补给接济的电报，孙文无法满足他的要求，"中山先生覆电，筹备未完，令暂解散"。郑士良部下勉力作战获胜，以缴获的清军枪械补充，聚众数万，在数个县的地域内左冲右突，博罗县城一战遭遇失败，后又逼近深圳，最终在各处清军的包围下逐渐溃散。①

据革命党人的理解，主要原因是军械供应不上，"运械之阻误，实为一大原因。当中山先生在台湾时，以革军屡战屡捷，乃电宫崎，令将前向菲律宾独立军代表彭西预商借用之械，迅速输送惠州沿岸接济"。②义军渴望得到的这批军火，原来是并不存在的，"我与在京的原桢协商，请他向大仓商社交涉，得到的回答是：'最初那样的武器，已经没有了，我们所买进的武器也已全部交完'。原桢惊闻这种答复后便回来了。通过调查得悉内幕，所谓在大仓商社保管有武器的说法，实际并不是买进的东西，（日本议员）中村弥六伪造了大仓商社的领取证，使人看上去好像是还存放有可以领取的武器"。③这一说法似乎是解释了惠州义军得不到军火接应而失败的原因，但这只能是一个次要原因。

存在大仓商社的那批军械只是日援中的一小部分，即便孙文的队伍拿不到大仓商社里的军火，台湾日军在得到儿玉源太郎总督的批准或默许之下，足以向惠州义军提供他们所需要的任何枪炮弹药。问题的关键是，此时儿玉源太郎已经改变了他过去对孙文的承诺。他所考虑的台湾利益和进入福建问题，在1900年的10月，对日本政府来说，都不是最为需要考虑的事项了。

虽然日军参战部队在八国联军总数中占着不小的比例，但与欧美列强共同议事行事时，日本缺少发言权，基本上是一个随英国、俄国的角力而动的小角色，更要顺从联军总司令德国人瓦德西元帅的意思。八国联军总部及其主要西方列强，已经决定维持慈禧太后的逃难朝廷，正在准备同李鸿章的正式谈判和汇集联军各国的和谈条件，以便在战后从中国获取最大利益回报。与此相比，儿玉源太郎在南方谋求占领福建的计划，就变得不合时宜了，只能给日本政府凭空增添麻烦，既会招来北方俄国的激烈反应，也无形中令近在广东地域的英国总督和背后的英国政府，增加他们对日本政府的疑虑，破坏了联军各

---

① 陈春生：《庚子惠州起义记》，《辛亥革命》，第一册，第236—240页。

② 陈春生：《庚子惠州起义记》，《辛亥革命》，第一册，第240页。

③ 内田良平：《中国革命》，《近代史资料》，第66号，1987，第50页。

国不将战火延烧到华北之外的默契，难免导致西方各国出面干预。儿玉源太郎在台湾所做的局部计划，必须让位于日本政府在八国联军战争中的总体立场，而以军火支持在广东发动的武装起义，只能暂停，更不要说日军随后开进福建省内，无疑会演变成为令列强震惊、破坏均势的挑衅行动。

日本国内政局的变化，也令儿玉源太郎缩手，间接地决定了孙文在惠州起义中的败局。"日本适又于斯时更换内阁，新任首相伊藤博文，对中国之政策，与前大异，既不许儿玉协助中国革党，又不许日本武官投效于中国革命军，并禁止军械出口。"①伊藤博文倾向于同北京的清朝廷打交道，而不是流亡革命派别，因此日据台湾总督儿玉源太郎奉命取消了孙文在台湾的指挥部，令其离开台湾，并停止为义军输送已经准备好的军事物资。日本政府更替后，犬养毅所仰仗的大隈重信失去权位，他所推行的招纳中国革命党人为日本所用的长期策略，也必然受到直接的影响。"（日本政府）对中国方针大变，命令台湾总督不许接济中国革命党，孙先生计划乃归失败。"②

惠州起义军在行动中能够多次打败地方清军，依赖枪械极重，义军"所用无烟新枪，锐不可当"。③所以在失去军火接济之后，全靠人数和勇气厮杀，义军逐渐不支。起义队伍基本解散之后，郑士良、黄福等首领率众逃往香港避难，"革军将领之损失阵亡者，仅四人也"。④英国当局对这些溃退的革命党人心怀疑虑，在中国境内起义开战，不构成问题，却生怕这些手持武器的人闯入香港殖民地，引起骚乱，因此派出部队把住新界边防线，命令所有义军人士交出武器之后，才可以进入香港。身为革命党人的史坚如、邓荫南不愿撤退，前往广州独自策划以炸弹袭击署理两广总督德寿的衙门，"思解惠州之扼……不得不行暗杀"。经过几次反复，史坚如设置的炸弹于10月29日爆炸，炸倒衙门后墙，却没有伤及衙门内的任何人，周围民居内死亡六人，伤五人。⑤

① 内田良平：《中国革命》，《近代史资料》，第66号，1987，第50页。
② 平山周：《惠州起义》，"追悼孙中山先生座谈会"，《辛亥革命史料选辑》，上册，第26页。
③ 陈春生：《庚子惠州起义记》，《辛亥革命》，第一册，第239页。
④ 陈春生：《庚子惠州起义记》，《辛亥革命》，第一册，第241页。
⑤ 邓慕韩：《史坚如事略》，《辛亥革命》，第一册，第246-247页。

　　正在准备爆炸得手后前往香港的史坚如，被熟人告密暗杀图谋，又遭此次爆炸受害邻居的指证，被捕后斩首。[1]史坚如的炸弹暗杀活动震动了广东官府，开启了日后一些革命党人前赴后继的暗杀浪潮，早于在北京车站刺杀五大臣的吴樾。惠州起义也波及避在香港的杨衢云，被德寿派人到香港将其刺杀。

　　孙文借八国联军战争大乱、朝廷根本动摇之机，发动了长期筹划的惠州起义，在一个多月的时间内遭遇失败，但与早年哑火的"广州起义"相比，毕竟打出了第一枪，革命党人所动员的民间武装力量也具有相当规模，在广东省东南部邻近香港的地区内，频繁往返冲击，不时打败清军。这一次惠州起义，不幸发生在先后两位两广总督任内，前者李鸿章拒绝了与孙文的合作机会，着眼于全国大局，继任总督德寿，本人为满人，在满清朝廷逃难之际，即使为了自己个人的生存，也要尽力镇压发生在本省内的动乱，因此同样未给孙文以通过起事或合作方式达到地方独立的机会。孙文对他组织的第二次地方起义的失败，表示非常失望，事后曾向一度支持他采取行动的日据台湾当局，表达歉意，"回忆曩年下走起事粤东，阁下曾赐非常之助力，后乃辜负期望，洵足惭歉"。[2]

三、革命领袖

　　1900年的孙文，在革命事业方面依然没有取得实质性的进展，先后组织的两次地方起义，结果相同，烟消云散，被迫退往海外流亡。这些事变都考验了孙文的真正组织运筹能力，一时失败也没有摧毁他的意志，继续筹组更为有效的反清团体。

　　孙文历来在海外各地活动，檀香山、香港、日本或者美国，而不在清朝廷仍然控制施政的中国内地，因此海外才是孙文的革命基地，除了自始至终一向反清的秘密会党组织外，他在内地并无强大而值得依赖的机构。"海外党务，与本党关系至巨，兴中会固创于海外，其时之党

---

①　陈少白：《兴中会革命史要》，《辛亥革命》，第一册，第71–73页。

②　《孙中山致后藤新平函》，《近代史资料》，第57号，1985，第1页。

③　邹鲁：《中国同盟会》，《辛亥革命》，第二册，第52页。

务，几亦全在海外"。③发生转变的关键，在于清朝廷末年的留学日本政策，推动大批年轻中国学生赴日留学，聚集了万人以上，足以成为孙文在海外组建革命组织和策动国内起义的不尽人力资源。

孙文所面对的，既有势力地盘依然不衰的保皇派，也有其他倾向于反清反政府的革命派别。即使在日本留学生社会内，也是派别林立，各位才华才干出众的留学生设立了不同组织，表达各自的志向。在诸多革命团体中，浮现出另一位重要的革命领袖和起义发动者，即黄兴和他的"华兴会"。黄兴本人是湖南人，在张之洞主管的湖北境内的武昌两湖书院学习，深受院长梁鼎芬赏识，并接受湖北官费出国留学日本，入读东京的一所师范学校，文字枪法均强。黄兴回国后，在家乡湖南成立了"华兴会"，成员多为留日学生和湘籍人士，包括宋教仁、吴禄贞等。

黄兴自20世纪初起，主要在国内活动，"华兴会"组织在湖南成立，也在境内组织地方起义，主要是他的老家湖南地区和武汉、江西等地。为了充分利用当地的会党力量，黄兴等人特意联络湖南哥老会的大头目黄福益，"仿日本将佐尉军制，编列各项组织。黄自任大将，兼会长职权，刘揆一任中将，掌握陆军事务，马福益任少将，掌理会党事务"。①

借慈禧太后七十寿诞之机，黄兴、宋教仁等人于1904年底筹划了"长沙起义"，包括在长沙省城的暗杀活动和其他地方的"五路"起义，汇聚了十万之众。如此庞大的起事准备工作，却不幸事机败露，湖南巡抚俞廉三"派兵查缉各党人寓所，全城骚扰"，黄兴、刘揆一仓促之下，并未决定立即起事，而是选择逃避，到基督教堂里寻求庇护，在义和团运动和八国联军战争之后，连清朝中央政府都不敢对教士教堂轻举妄动，由此逃生。声势浩大、聚集数万人的"华兴会"和会党起义组织，群龙无首，顷刻之间趋于瓦解，黄兴一派人士被迫逃亡到日本避难。②

另外一个大名鼎鼎的反清组织"光复会"，是章炳麟等人创办的"支那亡国纪念会"的后续组织，以民族主义为宗旨，自始就是自外于满清朝廷的革命组织。借俄军不退出东北和1904年日俄在朝鲜和中国东

①冯自由：《长沙华兴会》，《辛亥革命》，第一册，第503页。
②冯自由：《长沙华兴会》，《辛亥革命》，第一册，第503—504页。

北的战争之机，此会中人士同黄兴一派共同组成"义勇队"和"军国民教育会"，声称要去东北抵御俄军，但更愤怒于清朝廷"缔结满洲条约"，"旋闻清廷欲逮捕学生，请愿代表各会员以满虏甘心卖国，非从事根本改革，决难自保，于是纷纷归国，企图军事进行"。对俄国的敌意和对日本的赞同，转化为对清朝廷的更深革命意愿，"虽曰拒俄，实含排满革命性质"。[①]这是"光复会"发展壮大的背后原因。随着与这些活动有关的留日学生返回中国，"光复会"在上海正式成立，在国内扎根，留在上海的蔡元培被推为"光复会"的会长，会员多为浙江籍自日本返国的学生，组成一个分支"暗杀团"，包括陶成章、徐锡麟、陈独秀、秋瑾等，继续其以暗杀起义为主的活动方式。[②]

孙文着重于对从不拒绝反清革命的海内外会党，进行招募收纳工作，成效格外显著，更甚于留学生群体。他曾经在美国从事过革命鼓动宣传工作，"听者藐藐，其欢迎革命者，每埠不过数人或数十人而已。总理（孙文）乃着手于运动洪门，提醒其洪门反清复明之原意。后由在美之同志，数年努力，而洪门之众，乃始知彼等原为民族老革命党也"。虽然孙文已经是一个革命组织的常设领袖，最近又因在伦敦遭受拘禁而获得符合其领袖身份的国际声誉，但要获得会党团体的完全承认和衷心服从，只有加入一途。"总理以美洲洪门之众，欲用之，非加入其团体不可，故即加入致公堂"。[③]

孙文于1904年在檀香山加入当地的致公党，"知美洲洪门致公堂势盛，遂在檀加入洪门，藉为进行革命之助。檀埠致公堂职员，时列名保皇会籍者颇众，竟有提议阻止总理之加入者。洪门老叔父钟水养斥之曰：'洪门宗旨在于反清复明。总理未入洪门，已实行洪门宗旨多年。此等人应招纳之不暇，何可拒之门外，致贻违反宗旨之诮乎？'反对者不能对，总理遂获准入闱（洪门称加盟曰入闱），由主盟员封为洪棍（洪门称首领曰洪棍）"。[④]"洪门规约，凡曾起兵抗满者，尊为大哥，以孙先生资格，当然受此殊礼。"[⑤]

① 刘揆一：《黄兴传记》，《辛亥革命》，第四册，第276页。

② 冯自由：《光复会——光复会之起源》，《辛亥革命》，第一册，第515—516页。

③ 邹鲁：《中国同盟会》，《辛亥革命》，第二册，第4、69页。

④ 邓慕韩：《本党与洪门》，《辛亥革命史料选辑》，上册，第83页。

⑤ 冯自由：《革命逸史》，"檀香山兴中会"。

孙文的亲信陈少白，早在惠州起义之前，就在香港加入当地三合会，"谓之'开台'，……我那时入会，是特别的，不能尽照普通仪式"，只由嘉应州和平县三和会资格最老的首领举行私下仪式，就入会成为首领之一，并且"龙头就当堂封我为白扇"，相当于军师，"本来得到这种职位，都要靠资格老及入会年数多，像我一入会，就封白扇，他们谓之'白日升天'，非常荣幸的"。陈少白借此方式获得指挥会党人众从事革命活动的权力，"可以发命令、调动人马了"。①孙文及其他革命党人，在海外通过会党之内的系统联系沟通，大为扩展投入革命的力量。

会党与革命党的政治目的大致相同，相互关系纠结甚少，孙文"往年提倡民族主义，应而和之者，特会党耳"。如美国"致公党"一类的会党组织，甚至成为孙文革命党各项行动的主要资金来源中心。"美洲华侨十之八九为洪门，其总机关为金山致公总堂，若筹饷经其反对，则虽热心革命者，亦不敢前。广州三月二十九日失败后，洪门之人，见吾党志士舍身赴义，英勇绝伦，因而感奋。致公总堂亦发起筹饷，设立筹饷局以专责成。凡捐款五元以上者，双倍给发中华民国金币。所有捐款，除拨出一成为筹饷局经费外，一概存入银行，以备总理有事随时调用，他事不得提支。"这也是因为革命派中的留学生和国内党员们，大多免交会费，更多活动资金必须来自海外华侨侨商。②

这些海外筹款中，用于日后辛亥革命战役之上的，大约为一百四十余万，当孙文的军政府占据广东时，动用广东财政收入，设法偿还了约五十万，剩余九十余万未还，而由海外华侨处筹集而来的巨款，本来打算由未来建立的民国政府，从全国财政资源中转用款项以进行偿还，但孙文的临时政府并未持久，后任的北洋政府对这些党派性质的海外债务，一概不予承认，所以从海外华侨筹集而来的革命事业专用借款，一直未能归还偿付。③

孙文加入会党洪门的一个附带益处，就是可以得到遍布各国的华人组织在必要时的资助。檀香山于1898年被美国吞并，划为一州，"檀香山即夏威仁，国地居太平洋之冲，前本君主，后改民主，近因弱小，求

---

① 陈少白：《兴中会革命史要》，《辛亥革命》，第一册，第60—61页。

② 邹鲁：《中国同盟会》，《辛亥革命》，第二册，第80、82页。

③ 邹鲁：《中国同盟会》，《辛亥革命》，第二册，第82页。

庇美邦，设为行省。美议院业经议定，列入版图。该岛华民聚处，不下三万人，向由商董建立中华会馆，排难息纷。……美邦自设苛例，禁华工抵埠，华民出洋谋食，惟檀岛是趋"。[1]夏威夷地区的原住居民变成美国居民，对孙文赴美本来是有利的，至少作为孙眉的胞弟，有可能间接获得美国国籍，不同于被当时美国法令禁止的华人。

孙文离开檀香山到美国本土活动，试图入境时，手持美国夏威夷总督开出的证明文件，声称孙逸仙提供了合格的法律文件和证人签名，他出生于1870年11月20日。但他仍然受到美国移民官的质疑和拘留，在美国司法机构留下案底和嫌疑犯照片。在这种情况下，美国的洪门组织在争取孙文被释放中，发挥了关键作用，"总理自檀渡美，保皇会竟勾结关员阻其登陆，羁留木屋者数日，赖旧金山致公党设防营救，始获入境，则洪门会员患难相扶之力也"。[2]"卒赖致公党主持人黄三德，《大同日报》主持人黄琼昌之助，得以自由。"[3]"(李)安邦闻讯，即请律师纽文辩护，随汇美金二千五百元与先生为讼费，并电致公党诸同志帮助一切。"[4]美洲致公党的多方帮助，令孙文免于首次牢狱之灾和被美国立案驱逐之祸，登陆美国，革命事业不至中断。

孙文于1905年7月19日从欧洲巡游之行返回在日本的革命大本营，抵达横滨，随后在大批留日学生的欢迎大会上，发表演说，对革命形势充满信心，"鄙人往年提倡民族主义，应而和之者，特会党耳。至于中流社会以上之人，实为寥寥。乃曾几何时，思想进步，民族主义大有一日千里之势，充布于各种社会之中，殆无不认革命为必要者……敝人无他，惟愿诸君将振兴中国之责任，置之于自身之肩上"。[5]

孙文回到日本后，首次遇到另一位著名革命领袖和国内起义的前线组织者黄兴，以及他带来日本的其他流亡者。这两位领袖具有不同的行事风格，反清革命意志同样坚定，都在留日学生中拥有甚高威望，所以构成两个

---

① 《使美伍廷芳奏檀香山归并美国请设领事馆折》，光绪二十四年 (1898) 七月三十日，《清季外交史料》，卷134。

② 冯自由：《革命逸史》，"檀香山兴中会"。

③ 邹鲁：《中国同盟会》，《辛亥革命》，第二册，第69页，"美洲党务"。

④ 黄大汉：《兴中会各会同志革命工作史略》，《辛亥革命史料选辑》，上册，第58页。

⑤ 孙文：《在东京留学生欢迎会上的演说》，《辛亥革命前十年间时论选集第二卷(上、下)》，第125—126页。

革命领袖并行的局面。孙文被普遍视为超出黄兴的革命领袖，在于他较长的革命起义经历和更为鲜明的舆论形象。日本人宫崎寅藏自读到英国人康德黎所著的《伦敦蒙难记》，就衷心折服于孙文，把他视为中国革命的当然领袖，"其人物之伟大，魄力之雄厚，岂支那余子所能蹴其一孔"。①

宫崎寅藏自己撰写了《三十三年之梦》一书，1902年在东京出版，在其中鼓吹革命和提升孙文的名誉地位，对开始大批涌向日本的那些中国留学生影响甚大，从"四年前吾人意中之孙文，不过广州湾之一海贼也"，到"孙逸仙者，近今谈革命者之初祖，实行革命者之北辰"，前后天壤之别，与宫崎寅藏所著书以及着力宣传，关系甚大。②宫崎寅藏此后即以著书时的号"宫崎滔天"闻名于世，他对孙文和黄兴的合作也极力促成。

另外一位与此事密切相关的日本人是内田良平，对于孙中山和黄兴等各地革命人士在日本聚集，内田良平此时积极介入，为孙、黄两位中国革命领袖创立一个新的统一的革命组织，出力出面，作用甚为重要。按照内田良平的说法，日本人为这一次各个革命派别的整合联盟，提供了各种条件：

"日俄战争终于爆发了，孙中山想乘此时机达到革命的目的，便从美国回到日本，开始了大规模的活动。这时，宫崎滔天（寅藏）曾就促成孙、黄两派合作，加强革命党的团结，以图增大实力等问题，向我征求过意见，我竭力赞成，希望两派越早聚会越好。秘密聚会的场所就决定在我的住宅，当天参加聚会者连同干部，总共有百余人之多，由于室内太狭窄，连庭院里也站满了人。孙、黄二人先后起来讲话，论述了两派必须结合成为一个整体来进行活动的宗旨与方针。到会群众无比狂热的情绪，甚至把壁龛板都挤塌了。一致认为，'清朝一定要灭亡'。两派的联合就这样顺利地建立起来了。随后，大家认为必须召开大会。鉴于我的住宅太狭小，不适合需要，于是改在赤坂灵南阪本金弥家中，借用了那座宽敞的大洋房，两派人士在一起召开了联合大会，为革命运动奠定了坚实的基础"。③

---

① 黄中黄（章炳麟）：《孙逸仙》，《辛亥革命》，第一册，第一章，第97页。

②《孙逸仙》，"秦（力山）序"，"自序"，第90—91页。

③ 内田良平：《中国革命》，《近代史资料》，第66号，1987，第51页。

筹备新组织及其机构的工作，由孙、黄两主要派别及其他人士积极进行。"迫宫崎介绍总理与黄兴相识，黄兴固华兴会之首领也。……遂于（1905年）七月三十日假东京赤坂区桧町'黑龙会'为会场，召开筹备会，讨论进行"。会议合共79人出席，参加者当中的日本人有宫崎滔天、内田良平和末永节三人，宫崎更是新建立的一统革命组织的日本委员。"总理以革命宗旨，不专在排满，其最终目的，尤在废除专制，创造共和，众始无异议。次提议以'驱逐鞑虏，恢复中华，创立民国，平均地权'十六字为会纲，时颇有质疑于'平均地权'一语者，经总理详加解释，遂无异议通过。"①

这些革命派别的筹备人员多番商议之后，才进入正式成立阶段，再次汇聚于"黑龙会"的总部开会。"八月二十日下午，中国同盟会乃假东京赤坂区灵南坂坂本金弥邸，开成立大会，加盟者数百人，籍贯包括全国十有七省，惟甘肃一省阙焉，盖其时甘肃尚未有留日学生也。二时开会，并举总理为总理，评议部长等亦同时举出。"②这是孙中山首次被冠以"总理"名义，之后一直保持下去，作为他的专有称呼。原先各自活动的"兴中会""华兴会""光复会"等，都归并到"同盟会"的统一机构之下，即在孙中山这一革命领袖的权威管制之下，黄兴等革命领袖都放弃了各自的组织和小圈子，服从于统一的革命事业。

孙中山接受了之前各地活动的经验教训，设置了严格的党纪规章，"黄兴提议书立誓约……矢信矢忠，有始有卒，有渝此盟，任众处罚。……宣誓后，由总理授众秘密口号，如问何处人，答为汉人，问何物，答为中国物，问何事，答为天下事等"。③"任众处罚""为党员最严重之纪律，……党员须绝对服从，否则即为渝盟，处罚之法，虽无规定，然'任众处罚'，则众定何罪，均应服从，自无疑义。他虽未定专条，即此已足包括一切矣。"④"同盟会"的这些组织细节，既有秘密结社的传统，又有初期革命政党的严格组织纪律形态。

"总理"权限极大，"对于会外，有代表本会之权，对于会内，

---

① 邹鲁：《中国同盟会》，《辛亥革命》，第二册，第6页。
② 邹鲁：《中国同盟会》，《辛亥革命》，第二册，第6页。
③ 邹鲁：《中国同盟会》，《辛亥革命》，第二册，第7页。
④ 邹鲁：《中国同盟会》，《辛亥革命》，第二册，第79页。

有执行事务之权，节制执行部各员，得提议于议会，并批驳议案"，"执行部……各科职员，均由总理指任，并分配其权限"。为了照顾黄兴的威望，由他出任权重的执行部庶务一职，"向例，总理他适时，由庶务代理一切，故庶务实居协理之地位"，"黄兴实辅助总理计画一切，总理复信任之，故处理党务之事，多出其手"。这一安排有利于使孙中山自己立于革命领袖和精神领袖之位，而不必如之前年月中频繁奔波于具体事务和奔赴各处指挥。后日民国时期的一些要人，此时被指派分担各科职务，廖仲恺任外务科，胡汉民掌书记科，汪精卫任评议长，宋教仁任检事长。①

"同盟会"总章第一条明确规定，把总部设在东京，改变了"兴中会"总部设在香港的状况，显示各革命党派中人对日本这一邻近中国北方的地理位置和宽松的政治环境感到满意。参加"同盟会"之人基本上是留日学生，甘肃省未有分支，即因为尚未有返国的留日学生奔赴那里进行革命活动，当地也无特别有意义的革命目标。"同盟会"成立的后果之一，就是孙中山的革命派由以海外分会为主，转化为渗入到国内各地各省展开活动。"同盟会"设立了国内五个分部，下辖十数个省，由曾经赴日的留学生进入国内各地，普及革命活动以及设立分支机构。

"中国同盟会"成立于日本，意味着各个分散革命派别基本归于孙中山构建的革命机构之下，统一了革命力量，再由日本辐射到中国内地。随着革命势力的上升，原先一度在日本、美洲占上风的改良保皇派，逐渐失去对华侨和留学生的影响力。保皇派主力梁启超，依然不愿意放弃他的老师康有为，继续同气势高涨的革命派作笔战，他主办的《新民丛报》和"同盟会"的党报《民报》这两个都在日本发行的中文报纸，对立交火，长篇大论。

康有为、梁启超手下的"保皇会"等组织，在1908年光绪皇帝和慈禧太后相继去世之后，自然失去支撑组织的主要力量和理据，尤其是康有为奉"良君"之名的"勤王"号召，效力不复存在，只有争取实现立宪政体，似乎可以作为继续奋斗的理由，而在幼童皇帝宣统之下，顺利返国执政的希望极微。保皇派内不免出现分化，或者偏向革命派，或是接近国内的清朝廷权贵。出于这一现实原因，康有为书写了"上摄政王

---

① 邹鲁：《中国同盟会》，《辛亥革命》，第二册，第8-12页。

书",为自己在戊戌变法中的作用辩护,将所有罪名都安在袁世凯身上,以达到疏通宣统皇帝和清朝廷中枢的目的。①**在**这些综合因素影响之下,留居海外的保皇派自然难免在同更为坚决和目的明确的革命派的对峙中败下阵来。

1907年,梁启超一力主办的《新民丛报》被迫停刊,一年之后的10月份,"同盟会"的党报《民报》,所刊登的文章被指"意主暗杀,指为过激主义,足以扰害社会之安宁秩序",被日本政府的内务省查封,"同盟会本部遂无形解散",两个党派的舆论大战暂时消停。②

《新民丛报》上接近末期刊登的论述中,饱含了对前景的失望和担忧:

"数年以来,革命论盛行于国中,今则得法理论、政治论以为之羽翼,其旗帜益鲜明,其壁垒益森严,其势力益磅礴而郁积,下至贩夫走卒,莫不口谈革命,而身行破坏。……此革命党之势力,所以如决江河,沛然而莫之能御也。至于立宪政体者,在今日文明诸国中,必流无量之血,掷无数之头颅,乃始得此君民冲突之结果。而在于吾国,似为一极秽恶之名词。数年以前,民间无敢倡言之者,近则政府宣布预备立宪,民间公然鼓吹立宪。"③

这些关于革命或立宪的深度论战,最终落在了国内形势的变化之后,而革命气势持续高涨而不衰。在党派财政方面,革命派也是后来居上,由华侨出资筹集到了几百万元的资金,而保皇派却面临捐款减少和经营商业公司失败的双重困难。1903年梁启超到美洲募捐招股,加上来自港澳等地的筹款,总数在70万到150万元,支撑了"保皇会"的各项活动,其中部分资金被用来在美国组建荷马·李操持的私人华裔部队。④由于革命派的多方活动和国内形势的恶化,立宪过程不如预期般迅捷,保守的康梁派开始失去海外华侨的信任,后者更多地转向革命派。

---

① 康有为:《上摄政王书》,《戊戌变法》,第二册,第517页。

② 张大义:《庚戌复兴同盟会本部纪略》,《辛亥革命史料选辑》,上册,第257页。

③ 与之:《论中国现在之党派及将来之政党》,《辛亥革命前十年间时论选集第二卷(上、下)》,第607—608页。

④ 蔡惠尧:《试论保皇会失败的内部原因》,《近代史研究》,1998年第2期,第103页。

康有为在之前的海外活动中，也曾利用过同会党洪门的紧密关系，但与革命派相比，保皇派离洪门"反清复明"的宗旨，相差实在太远，显示出他们的先天劣势。北美的致公党大佬黄三德为此而选择了孙中山，通过"重整洪门"，重新登记，将同情保皇派的人士清除出去，扭转了保皇派一度享有的优势地位，使北美分部成为连续不断的国内革命和起义的重要财源之地。"在纽约、芝加古并金山大埠三处，设立同盟会，人心甚为踊跃，向之倾向保皇党者已多来归。此后党中财政，美洲担负不少。如辛亥广州三月二十九日之役，初预计十万元，结果有数可据者，荷属南洋共三万二千余元，英属南洋四万七千余元，美洲七万七千余元，安南暹罗之数不在内，足见当时美洲南洋对于党之财政负担矣。"①

四、外患危局

1900年之后的中国形势，再次回到张之洞当年用来形容对日本巨额赔款所带来的全面恶果和循环恶化过程，即赔款加大国内征收的力度，财政不支，而需大量借外债，经济上和政权存亡方面更加依赖外国势力，国政近乎全面失控。"自辛丑和约定后，岁增赔款一千八百余万两，此外各省举行新政，一切用款，尚不在内，锱铢悉索，何一非小民之脂膏，民力几何，亦云瘁矣。以今日伏莽之钩连充斥，乱党之簧鼓诪张，无不思籍端摇惑人心，冀遂其乘机窃发之计，氓之蚩蚩，方拊循之不暇顾，反从而骇之扰之，可乎？"②事态急剧恶化，地方不稳，民乱增生，堕入难解境地，朝廷命运危在旦夕，正为革命起义提供丰沃的土壤。

《辛丑条约》之后，清朝政府每年必须交付近三千万两白银的庚子赔款，几乎是原有财政收入的一半。由于海关等大宗税源都被外国人控制，指定用于赔款付息，财政收入所剩无几。受各项不平等条约的限制，加上议定《辛丑条约》时，列强各方特意规定不得以国际通行的提高关税率的方式，去增加清政府的税收和偿付能力，目的是维持征收外

① 邹鲁：《中国同盟会》，第81页。
② 《核议赫德条陈筹饷节略窒碍难行折》，《张文襄公奏议》卷63，光绪三十年八月十六日 (1904年9月25日)。

国进口商的税率和进口自由度，不致增加外商的税务负担，便于外货进入国内市场。清朝政府所剩下的由国家机构通常使用的增加收入的途径，只剩下在传统的仍属朝廷权限之内的土地税和国内商税上着想，必然增加国内民众的负担，引发农民和低阶层人士的愤怒不满，反抗和革命情绪高涨。

八国联军所取的赔款数额，在日本甲午战争赔款额之上加倍，索取利息额又在本金额上加倍，即使按照签约各方当时的估算，也要到1939年才能偿还本息完毕。财政用于赔款数额不足，必须再次大借外债，20世纪初叶，清政府每年需要支付赔款和外债本息四千六百多万两，以致国内生产收入的主要部分，都已经被西方列强和日本提走，用于国内基本生存和发展的资金自然大为减少。自1895年至1911年，清朝中国已付本息共为四亿七千六百九十八万余两，"为1895年至1913年间所有在华外资、中资、中外合资制造企业总投资的两倍以上"。[①]换句话说，在这些年间，中国本地各行业，基本上无法进行正常运作和投资，经济运行呈现畸形状态，除了维持最为基础的行政运作和人民生存需求，中国经济的产出基本上是为了外国资本和强权的增长而存在的，完全处于附属的地位，国内权益大泄，难以得到积极经济回报，用于再生产和累积增长。各国列强对清朝政府施加的巨大财政压力，转化为整体经济的停滞，增长无望，地方贫瘠，经济因素变为政治躁动的导因。

这种外来压力的巨大消极、恶劣作用，是不容低估的，"中华帝国日益加剧的瓦解也归功于外国索求的压力，对这些索求，中华帝国既无力抵抗，又无力拒绝，所有这些都导致内部权威的崩溃"。[②]外来重压和防务瓦解，反过来加重了内部矛盾和争权危机，加速清皇朝的衰落，不单是一个皇朝的结束，而且是近代化之前长期传统社会形态的结束，两者相加，导致整体社会结构和秩序的崩溃。1911年的辛亥革命只不过是一个导火线式的突发事件，清帝国的构架已散，内囊枯竭，最终难免垮台。这一格外艰难时期的财政困难和外力的重复打击，应该是国内改进成果不显、相对缓慢的主要原因。

---

① Feuerwerker, A. (费维凯, 美), *The Chinese Economy: c.a. 1870-1911*, Cambridge University Press, Michigan, 1969, p70.

② Lord Beresford, *The Break-up of China*, Harper & Brothers, 1899, p437.

与此形成对比的，就是第一次世界大战期间，中国的经济和工业呈现快速发展的势头，1912年至1920年间的平均工业增值率为13.4%。[①]在革命运动后的混乱政局之下，出现这一前所未有的近代化势头和增长现象，其中的关键原因，就是欧洲列强陷入互相残杀之中，其财力、物力、人力均被困于欧洲大陆，损伤惨重，无力顾及中国，只得暂时减轻对中国经济的剥夺和控制，不再如以往那般地强力维护在华既有势力范围，难以随时派出远洋舰队和海军陆战队去应付中方的抵抗。这一态势非常类似于曾国藩处理"天津教案"时，恰逢普鲁士打败法国，法国人国难当头，无暇东顾。在整个西方社会和军队都无暇强力施压中国之时，中国国内的企业和经济成分获得了半个多世纪以来少有的积累增长和扩张的机会。这是外来客观因素能够影响中国的一个反证，也表明清末朝廷在连续外力重击之下，无力处理国内危机，经济复苏的机会甚微。

20世纪第一个十年中，清朝廷面对数不胜数的外来贪婪索取，防不胜防，几个列强轮番紧逼，局势紧张，虽然由于各国均势具有一定约束力，不至于再度发生外军进攻国土京师的严重事态，但边界纠纷和领土被占等负面事件，在所常有，令失去李鸿章和遭遇连败失势的朝廷忙于应付。

俄国一向觊觎侵夺东北地区，拥有便利的地理条件，又借中国甲午战争惨败之机而大有斩获，"光绪二十二年我与俄订允造铁路合同银行二约，光绪二十四年又与俄订割租旅大接造枝路二约，除银行为害尚轻外，其余三约最为各国所訾议，而我失主权亦惟此三约为尤甚，皆由于不密商各国，误认俄交为可信，轻与订约之故"。[②]

俄军在八国联军侵华战争中贡献甚多，早期天津租界防守和攻进北京东便门都是俄军的战绩，但占据北京部分城区的俄军，却比联军的他国部队较早地撤出，既讨好清朝廷和全权代表，又便于他们集中精力于在中国东北的实际利益。俄国政府在加入联军共同声索赔款利益的行动时，特别照顾自己在中国东北的格外利益。俄军在义和团运动和八国联军战争期间，趁机派兵占领了整个东北数省地区。俄国政府动用的军

---

① Riskin, Carl, *China's Political Economy, The Quest for Development Since 1949*, Oxford University Press, New York, 1987, p16.

②《使俄胡惟德奏日俄战局迟速必出于和中国宜亟筹应付折》，《清季外交史料》卷178，光绪二十九年十月二十三日。

队，只有一部分被派到天津、北京，进入东北的俄军则达到十几万人，而用于攻打京津两地的俄军约两万人。联军总司令最后由德国元帅瓦德西出任，因此俄国政府更多地考虑自己边界南方的中国东北地区，在那里逐步推进，聚集兵力，无情镇压，制造江东六十四屯和海兰泡的大屠杀，夺取了中国东北的出海口，最后占据了由哈尔滨到沈阳的整个东三省。为此俄国企图延长驻军，以长期军事经济存在达到其永久霸占东北的目的。

俄军在甲午战争干涉还辽之后，就将所占旅顺等地据为己有，如同本国领土一般，发出护照给要去那里的外国人。清朝政府新设的外务部，与俄国政府反复商谈俄军退出东北的问题，以求在《辛丑条约》之外达成两国协议，即1902年4月8日签订的《中俄交收东三省条约》，并据此不断要求俄军确实按照条约所定退出。俄军一度部分撤军，交回一些俄军据点，

"奉省南段至辽河所驻俄兵，现均一律撤退……路过锦州府，据副都统秀昌面称，该城于八月二十五日交出，俄兵业已撤退，曾经奏明在案。此次俄约所载奉省西南段至辽河，其间为新民、锦州两府属地……八月一日据俄武员照称，俄军须行撤退，其所占房屋，须由华员接收，当经派员按段点验。……新民府俄兵于九月初五日退尽，宁远州火车站之兵于九月初六日退尽，以上俄军所交官民房屋，均经各地方官随时给予接收。……辽河西岸俄兵五处，于九月初六日退尽，营榆铁路历海城广宁锦县宁远绥中五州县境，共有护站俄兵十七处，自铁路交收，亦于九月初退尽。"[①]

根据两国1902年的协议，1903年4月的第二期俄国撤兵期限已过，涉及奉天其他地方和吉林、黑龙江省，但是此时在东北境内驻扎的俄军，因俄国政府不甘于自动退出所占据的东三省，不再按约定方案进行，而是由俄国政府向清朝政府又提出七项新要求，以拖延时间和巩固在东北的地盘，强迫清朝政府重开谈判。

为了施加压力，俄军反而派兵重新开进沈阳，驱逐当地清朝政府官员。清朝政府只有再次交涉，向俄国提出外交照会，并直接向沙皇上书，

---

① 《盛京将军增祺奏奉省所驻俄兵现一律撤退折》，《清季外交史料》卷167，光绪二十八年十月初四日 (1902年11月3日)。

"俄万不可以兵力胁中国，凡八条，政府使臣同此看法，一，钦奉谕旨，首商撤退奉天兵兼按约撤各处，余事均可和商，请俄主深鉴此意，二，借极小事故，遽以兵胁，大伤睦谊，三，陪都重地（沈阳），通国倾注，此举实激公愤，四，两邻国交涉日繁，今未表友好，先施挟制，实非长策，五，我国亲俄疑俄分两派，此举恐为后一派增凭据，六，此举于中国体面有损，于俄声名有损，七，阿列（俄水师提督阿列克谢耶夫）以多事未能商定为词，不知凡事均可和商，恫喝更难商了，八，吉林将军历函诉俄兵命盗案三十余起，此不撤兵，所致民间遭难，想俄主仁厚，必恻然。"①

俄国政府并未因中国抗议而照约撤兵，将责任归于中方，继续其占领和巩固地盘的行动。英美日等国在《交收东三省条约》之前，就对俄国独自霸占东北全境表示不满和反对，俄国又从1900年的大乱局中，获得了其他国家未能得手的《辛丑条约》之外的巨大利益，破坏了列强在华均势和市场开放，阻碍他们在东北这一广大地区内与俄国共享利益。因此西方列强通过国际舆论和外交渠道对俄国施加压力，间接地成为清朝政府外交谈判的辅助因素。

俄国对东北的领土企图，与日本对东北的强烈野心相对。日本在甲午战争后的《马关条约》中，本已获得辽东半岛的控制权，日军实地占领旅顺港和重要城镇，在亚洲大陆的中国东北大地上立足，初步实现了日本多个世纪来摆脱岛国地位的扩张计划。但在对华战争中一路顺利的日军，遭到俄法德三国"干涉还辽"的压力，只有屈从，退出已经到手的辽东，结果俄国势力扩张，在朝鲜也占了上风，而日本除了在中国方面攫取巨大利益和占领台湾一岛作为殖民地外，在夺得东亚大陆上的立足之地方面，并无多大进展，仍然是个岛国。

这对"明治维新"之后的日本人来说，是个极大的耻辱，一直在寻求复仇。俄国人对日本人的野心和对抗早有预防，不仅是逼日本退出了辽东，而且在八国联军战争中另有所图，"在这种情况下（俄国占东北），日本人可能提出要求，要求朝鲜为己有。总之，在这件事上日本将最难对付。日本起着突出的作用，随欧洲人进军，可是它公正地要报偿，如果其欲望在中国北部，那我们可能同它发生冲突"。②

日本将中国的甲午战争赔款用于急速扩张军备方面，1897年由英国制造的一万两千吨级巨舰"富士"和"八岛"号，之前未能赶上日军对北洋水师海战，之后都准备用在参加即将到来的打击俄国舰队的行动上。日本政府对俄国发动军事行动，国内普遍地拥有政党媒体和民意支持。日本政府对俄国一力向南推进，颇为忌惮和防备，一直在寻找合适机会反扑，虽然两国军队在八国联军中一度并肩作战，但在日军一方，仍然没有放弃同俄军交战的准备，它的首要敌人，已经不是清军，而是俄军。"查日本以协约龃龉，早修战备，俄人初意不愿用武，近因相持日急，乃在东三省日夜运兵，探闻已增至八万，合旧驻兵数，共计十八万七千余人，其已备待发者，尚有七万余人。俄之宗旨已变，自不肯轻易撤退，而日本举国沸腾，又不能听俄所为，两不相下，战端难免。"①

"干涉还辽"近十年之后，日本政府和军方找到了再次出兵中国东北的极好借口，就是俄国于1903年在东北撤兵问题上的强霸不退，拒绝将东北全面归还中国。这似乎是日本在为中国着想和出力，但主要目的却是打败之前逼迫日本后退的俄国军队，使用武力去推行他们早已拟订的侵占中国东北的原定计划，再次夺得被日本视为本国在东亚大陆基地的满洲。"月之二十七日，日君于大本营（此营设在宫中）召集元老伊藤博文等及各部院大臣会议满洲事。……诸臣奉日君面谕，前者俄抗日议，不允将满洲主权归还中国，实于东亚大局大有关碍，是以协约不成，日与俄战，将来事定后，日军所得满洲地方，仍应归还中国，以钱前言，而成义举，不必效俄所为，致各国生心，出而干预。惟东清铁道之利益，日须全占，等语。"②

日本官方对俄国在东北行为作出的积极反应和慷慨表态，令留日中国学生深受鼓舞，不仅自发组成抗俄团体，声称要赴东北抵抗俄军，而且对日本表示好感，普遍持与日本友好结盟的态度。这是甲午战争之后

---

①《直督袁世凯奏遵谕统筹布置东北边防情形折》，《清季外交史料》卷181，光绪二十九年十二月初六日。

②《使日杨枢致外部日君召集元老会议满洲事请饬沿边稽查防备严守中立电》，《清季外交史料》卷184，光绪二十九年八月二十日。

愈益增强的潮流，不仅羡慕日本国内的近代化成果，而且寄望于同日本的深度联合同化，革除满清统治，实现大东亚构想，对抗欧洲的俄国。

对于日本、俄国两军争夺东北的战争，清朝廷处于一个十分难堪的境地，最终决定采取"严守中立"的政策。"上谕：现在日俄两国失和用兵，非与中国开衅，京外各处地方，均应照常安堵。本日业经明降谕旨，按照局外中立之例办理，所有各直省及沿边各地方，着该将军督抚等加意严防，慎固封守，凡通商口岸及各国人民财产教堂，一体认真保护，随时防范。……京师地面重要，着步军统领衙门工巡总局顺天府五城御史，严密巡查，切实弹压。"清朝政府并专门为此颁布了"日俄战争中国严守局外中立条规"。①

这一对策事前得到袁世凯和驻外使节的倡议赞同，外务部将公文发至海外使节，试图消除"中立"和国权之间的矛盾之处，"辽河以西俄兵已退地方，已由北洋大臣派兵驻扎，各行省暨内外蒙古，亦各饬令妥防，俾得严守中立，若两国军队稍有侵越中立境界，中国即当拦阻，以保和平。至于满洲地方虽有外国驻兵未撤之处，非中国兵力所及，难于实施中立之例。然三省疆土，无论两国胜败如何，应归中国主权，两国均不得侵占。除照会驻京各国钦使，一律照办外，即着行文大日本外务部大臣，切实声明"。②

清朝廷对日俄东北战事宣布局外"中立"，受到国内海外华人的一致谴责，更被革命党人视为腐败无能，卖国之举。清朝廷其实对东北动态事件格外关心，其中就有辽宁东陵的清朝历代历朝皇家陵寝所在的关系，加上东北原为清朝廷的"龙兴"之地，属于必须着力保护的地区。但实力决定一切，清朝廷和清军对这一邻近地区却鞭长莫及，控制无力。清朝廷刚刚从八国联军占领京城的震惊中恢复过来，十分清楚遭受重创的清军（失去聂士成部等主力队伍），无力对抗任何一国外军，更何况是强国俄国加上日本的军队，预期的战场离京城又近，一旦残余清军再次兵败如山倒，清朝廷中枢难免要再次逃离京城。所以清朝廷和清军是没有资本和实力参战的，让他们以谈判调解俄国和日本两方，更是天

①《谕各省将军督抚日俄失和着按局外中立例办理并保护各国人民财产》，《清季外交史料》卷181，光绪二十九年十二月二十七日。

②《使日杨枢致日外部日俄开战中国当严守中立照会》，《清季外交史料》卷181，光绪二十九年十二月二十八日。

方夜谭，两国的长期战略目标绝对不会因弱国中国的呼吁而改变，无论俄国、日本，都以东北为争夺目标，特别是扼制渤海的旅顺港。要求清朝政府以武力制止两国交兵或驱赶俄军、日军到国境之外去交火，更是不切实际。与中国境遇相似的朝鲜，也同样只能宣布"守局外"。

作为直隶总督的袁世凯，直当两国交战的前锋，形势棘手，但守土责无旁贷，只得勉强布置，

"就我现在情势而论，不得不谨守局外……畿辅为根本重地，防范尤须稳固。直境北连蒙古，俄与蒙疆接壤，处处空虚，由张家口达恰克图仅两千数百里，为俄人往来孔道，直之热河，东毗奉境，俄方占据东省，将来资为战场，计东北边防暨海疆各口，不下三千数百里，如欲慎固封守，计非数十万人，不克周密。……臣所部大枝战兵，只武卫右军七千人，常备军九千余人，此外有提督马玉崑所部武卫左军一万人，姜桂题所部毅军五千人，遇有征调，除去看守营房、护运粮械外，应战之兵不过三万，仍需分兵留驻京城、巡防近畿，计不过两万余人，可以出防。且自公约禁军火，各库子弹大半缺少，军械又多参差。……甲午之役，集天下之兵力，以故大学士臣李鸿章、故督臣刘琨一之久历戎行、老谋深算，而关内外各军不下二十万，仍每以兵薄为忧。况现在俄日交阅，人之兵力倍蓰畴昔，驽下如臣，处此财力极窘之秋，提此二万余众之卒，布置防守，实有不能不为鳏鳏过虑者也。"[1]

清朝政府采取"中立"的极大难处，还在于如果表态偏向交战中的某一方，即当下之灾，反而成为被攻击的目标。清朝政府之前还在尽力以外交方式劝说俄军退出东三省，日本表态维护中国在东北的主权，似乎中国应该站在日本一方，但这样做的结果，很有可能是俄军直接毁掉退兵前约，并发兵直隶。

各国之中有实力劝退俄国或日本的，是英国和美国，但他们正是日本背后的主要支持力量，英国、日本两国之间于1902年缔结了《英日同盟协约》，是英国唯一的对外盟约，中心目的就是让日本放手在远东为英国抗衡俄国势力，而这一盟约奠定了日本对俄国发动战争的外交军事基础。英美都希望以日本对抗正在南下的传统对手俄国，保护英美在中

---

[1] 《直督袁世凯奏遵谕统筹布置东北边防情形折》，《清季外交史料》卷181，光绪二十九年十二月初六日。

国中部、南部的势力范围，没有英国、美国的幕后一力支持，日本很有可能在对俄国开战一事上表现犹豫。[1]英美日的隐形联盟，意味着它排除了中国公开站在俄国一边的可能。

日军在俄国与中国作外交角力之时，做好充分准备，向朝鲜和东北地区调兵，并且不愿等待日俄谈判过程的拖延，让俄军获得增强军备的时间，因此在谈判中提出格外要求，如"停止危及朝鲜海峡自由航行的军事工程"，让俄国政府不能接受而致谈判破裂，得以宣布断交和撤离外交使节，方便展开自己部署已定的军事行动。[2]

日本海军于1904年2月，在天皇宣战诏书之前，抢先向俄军在旅顺的基地发起攻击，拉开日俄战争的序幕。利用清朝廷无力顾看东北的重大弱点，俄日两国自行走向直接的军事对抗。日军因为没有在东亚大陆上的军事基地，从本岛通过海路调兵到朝鲜和东北，而俄军经由已经修建的从哈尔滨到辽东半岛的中东铁路，由北向南调兵到旅顺，并布防鸭绿江边，其防守阵式与1894-1895年清军抵抗日军时大致相同。日本陆军、海军的作战路线方向，基本上类同于甲午战争中打击清军时的方式，即跨海运兵进攻旅顺港，并在朝鲜登陆，经由陆路北上，先后攻占汉城和平壤，进逼鸭绿江和中国东北地区。唯一不同的是，敌方中心地区在北方，而不是西边的北京，因此日军在占领朝鲜之后，派出一部军队进攻东北方向，到达宁古塔（宁安），威胁俄军的左翼和海参崴。

日本海军对在东亚的俄国太平洋舰队占有优势，因此主动出击，包围封锁了旅顺港。从开启战端到攻陷旅顺，日军用了近一年的时间，虽然其间不断击沉俄国舰艇，并逼迫一些零散舰只逃往烟台和上海躲避，但在夺取旅顺、大连的过程中遭遇俄军的顽强抵抗。日军重演当年击败清军的故技，登陆后占领金州，从背后袭击旅顺港，而俄军如清军一般，放弃了北方防线，在港口几十公里的范围内固守。俄国守军在旅顺港利用坚固堡垒坚持下去，比之前稍加抵抗就逃跑的清军相比，其作战表现和抵抗意志高了不少。远东俄军增援部队源源不绝地调动入东北境内，陆军大臣库罗帕特金预计可以通过现有铁路系统，每月运送四万俄军至战区，从而在10月份左右汇聚二十多万作战部队，在这一广大地域

---

① The I.G. in Peking: Letters of Robert Hart, p1361.

② 安冈昭南：《日本近代史》，林和生、李心纯译，中国社会科学出版社，1996，第230页。

③ The I.G. in Peking: Letters of Robert Hart, p1414.

内步步防守，然后发起反攻。③

　　日军则在辽东半岛北边聚集，用来隔绝旅顺港和东北中部、北部俄军的联系。日军企图重新占领甲午战争时一度落入他们手中的旅顺港，但这次遇到在要塞里面负隅顽抗的俄军，依托工事，火力充足，因无处可逃而作最后一战。日军第三军司令乃木希典的指挥方式别无所长，只是下令部下反复发起冒死冲锋，采用人海"肉弹"战术。日军在俄军的猛烈炮火之下，损失惨重，但仍步步推进，以众多日军士兵的生命，换取部分阵地，终于因重大伤亡而无力再战，双方陷入僵持阶段。日军在北部的战斗中取得了更为显著的进展，击破俄军的防线，比他们在甲午战争中面对清军时走得更远，于当年五月二十一日（7月4日）攻下了摩天岭，在聂士成领兵把守该地时未能做到这一点。清军当时也没有丢掉辽阳，而日军在辽阳会战中打败俄军，于七月二十五日（9月4日）占领辽阳。但他们已经打光了手中炮弹，无力追击俄军，日军在辽阳和之后的沙河战役中，伤亡达四万五千人，损失惨重。①

　　辽阳会战之后，固守旅顺的俄军被完全隔离包围，无外援可言，终于坚持不下去了，按照西方军队交战的方式，由主将面见日军攻城主将儿玉源太郎，于1905年1月2日向后者投降。旅顺要塞前后守了五个月，如从1904年2月两军开战时算起，历时一年，最后投降也算是在长期围困之下的不得已之举。更何况日军不计代价死攻的后果，是伤亡人数远远大于俄军，俄国守军总数是四万余人，连投降人数在内的战损也就是四万人，战死者七千余人，而日军伤亡总数近六万人，付出代价太大，所以日军在旅顺只是惨胜而已。赫德认为俄军输掉战役，但未被击败，日军战胜，但所获不多。②

　　控制辽东半岛南部之后，日军转而集中兵力进攻坚守北部防线的俄军。此时日军已经汇集了二十余万的部队，部分围困旅顺要塞的日军被释放出来，加入北上进攻沈阳的日军主力。即便如此，俄军可从后方得到援军支持，开战以来调派多支部队到达东北应付，"计以五十万兵应战，现计新调旧防共三十二万，其饷须四月秒始齐。彼疑我不能始终中

　　① 安冈昭南：《日本近代史》，林和生、李心纯译，中国社会科学出版社，1996，第233页。

　　② The I.G. in Peking：Letters of Robert Hart, p1438.

　　③ 《使俄胡惟德致外部俄水师屡败其统帅已改派电》，《清季外交史料》卷182，光绪三十年四月初九日。

立，故另调十万，暂屯伊尔库次"③

旅顺失陷后，俄军在沈阳战区依然聚集了三十多万军队，采取守势。而日军则等不得了，不仅战场伤亡太大，国内动员后备军也接近极限，而且担忧俄国舰队会从欧洲赶来加入太平洋舰队，海上实力大增，从而导致整个辽东战局的大逆转。俄军发动的唯一一次攻势，日军死命抵抗才度过防线崩溃的危机。之后日军全力进攻沈阳一带的俄军，于1905年3月开始的大规模奉天战役（沈阳），两军又几乎战成平手，日军主动进攻，两翼包抄，迫使俄军败退，逼近沈阳而暂时未入城，但俄军主力按照命令顺利退出包围圈，又在铁岭开原建立起新的防线。两军都损失惨重，日军伤亡七万余人，攻守两方都陷入停滞状态。

日本、俄国两方的陆战受困于战场僵局，哪一方都无法取得突破，而俄军在地面战争中不断失利后退的情况下，正在等待本国的欧洲舰队赶来救援。自欧洲远道调派而来的俄国舰队，由波罗的海和黑海舰队组成，被迫经历超远距离长途跋涉，所遇困难重重，舰上官兵均疲惫不堪，赶到东亚时，战力已经大为降低，作战意志极为低落。而日本海军则在战区附近海域以逸待劳，统帅东乡平八郎下令部下充分休息和切实训练，处于天然优势地位。当俄国舰队于1905年5月27日途经对马海峡驶往海参崴时，被日本舰队迎头拦住，落在下风，激战之后，舰队舰只不是被击沉被俘，就是逃窜，属于全军覆没型的大败仗，远远惨于北洋水师在大东沟海战中的遭遇。俄国舰队在这一"对马海战"中的意外惨败，不仅没有为在东北苦守的俄国陆军带来任何帮助，平白丧失众多主力战舰，而且舰队的失败反过来大为打击陆军官兵的士气。俄国沙皇对这一舰队远征抱有巨大希望，至此完全破灭，在东北地区的俄军只能乞求自保。

此后的局势走向，对两军统帅都是严峻的考验。日军海战大胜，再无海上威胁，辽东旅顺已经到手，收获极大，但陆上战役并未彻底解决问题，未能消灭或击溃俄军，继续在东北境内苦战，战局悬而未决。日本海军损失可观，连1901年才编入舰队服役的一万五千吨英制战舰"初濑"号，及一万二千吨的战舰"八岛"号，都相继沉没于旅顺海域，甲午战争大东沟海战中表现突出的"吉野"号，也沉没海底。地面战场上伤亡惨重，尸横遍野，弹药几乎耗尽，"陆军军官严重缺乏，大炮和弹药也精光了，要迅速补充根本不可能，不要说进一步追击敌人，就连长期保住现有占领地区都困难了，而且并没有给敌人以致命的打击"。[1]

俄军如同当年的清军，数次重大战役无一获胜，海陆军连遭败绩，士气低落，挽回军事败局无望。但俄军总体兵力仍在，东北北部两省还在手中，依然有望接收附近地区的增援部队，维持在当地的守势，即使日军一路分支攻到海参崴南部，也未能让俄军阵线崩溃。俄军实际上采取了清军在甲午战争陆战中未能采用的最为有效的持久战策略，在各个防线上固守，导致俄日两军在地面战场上形成均势。赫德认为只要俄军继续固守，即便不再发动攻势，此时的日军陆战部队也拿他们没有办法。[2]

在两国整体实力方面，日军已经竭尽全力一搏，先后动用兵力一百多万人，超过常备兵力数倍，呈强弩之末的状态。俄国原本享有军力和资源优势，但这些东亚军事行动远离本国的欧洲中心，长途补给相当困难。俄军若持久抵抗下去，极有可能把日军拖垮。但沙皇政府为1905年俄国境内各地风起云涌的革命、起义、兵变和政治危机所累，狼狈不堪，宁愿寻找机会结束这一场没有胜算又耗费巨大的边缘地区性战争。日军如同在甲午战争中一般，战争狂热难遏，海陆作战基本不败，但经过一年半的苦战，国内再次陷入了甲午战争第二年中兵疲财乏的境地，却远离把俄军赶出中国东北的最初既定目的。在以辉煌战绩证明日军有能力和实力击败俄军之后，日本政府也在寻找打破战场僵局的出路。

两个打得精疲力尽的国家和军队，此时接受了其他列强的促和请求，开始正式谈判，于1905年9月5日在美国军港签订《朴茨茅斯条约》，其中条款相对简单，俄国承认日本在朝鲜的各方面优先权利，日本、俄国军队于一年半后均撤离东北，"然辽东半岛地域不在此限"，俄国将旅顺地区和铁路等资产都转交给日本，"南满枝路自长春以南，因本约之协定，即变为日本经营之南满铁道矣"。俄国又将库页岛南部及其岛屿永久让予日本，等等。俄军战败，却并未支付赔款，于己无损，条约规定中俄国遭受损失的部分，只是俄国之前在中国东北非法夺取的部分权益，转到了日军手中。

日本政府在这一停战协议中，无法像对待衰弱的清朝廷一样，从俄

---

① 井上清：《日本军国主义》，商务印书馆，北京，1985，第60页。

② *The I.G. in Peking: Letters of Robert Hart*, p1471.

国政府那里榨取巨额战争赔款。"日本君民上下之意，皆须俟攻克哈尔滨、海参崴以后，方能制俄之要害，勒索极巨兵费，尽夺俄人远东权力。"①日本人这些最初的奢望狂想，最终都没有实现，离哈尔滨和海参崴山高水远，特别是未能如同勒索甲午战争赔款般地从俄国拿回赔款，至少是日军所耗费的庞大兵费。

日本总体战费达十四余亿元，"为了筹集日俄战争的军费，日本外债高达8亿元"，主要是从英国、美国那里拿到的援助融资。因此日本政府把赔偿军费作为议和主要条款之一，但军力仍然充足的俄国政府不受勒索，坚定拒绝，沙皇尼古拉二世向谈判代表维特大臣发布训令，"一寸土地，一个卢布都不能给日本人"。最后签订的条约中，日本分文未得，"媾和中又未获得赔偿金"，以致"战后经济处于停滞状态"。②除了让出之前占领的中国辽东地区外，俄国唯一的损失，是已被日军部分占领的人烟稀少的南库页岛及其海域，造成后日难解的俄日领土争端。虽然日本国内的一些狂热舆论鼓吹继续作战以求真正赔款，但日本政府实际上非常庆幸本国在被战争拖垮而破产之前，体面地结束了一年多的困苦战争。

日本、俄国两军在朝鲜东北用兵，"东省受祸日深"，当地平民无端遭受生命财产的巨大损失，毁坏极重，尤其是日本、俄国双方都肆意征用当地资源和抓普通居民服劳役，处决所谓的敌方"间谍"，死于战火的中国人多于日俄两军的伤亡人员总数，成为最大的受害者。而且"俄去日来"，东北三省由原先的一国军队占据，变为两国军队共同占据。清朝政府所能做的，就是照常提出外交照会，表示立场，"此次失和，系在本国疆土用武，现在议和条款内，倘有牵涉中国事件，凡此次未经与中国商定者，一概不能承认，除分电驻扎各国使臣知照各国政府"。③这场战争无疑是清朝廷国防外交的耻辱，在数年之内连续遭遇八国联军夺取京城和外国在东北境内兴起战争的耻辱，必然对国家威望

①《鄂督张之洞致枢垣议覆日俄直接议和因应办法电》，《清季外交史料》卷190，光绪三十一年六月二十二日。

②安冈昭南：《日本近代史》，林和生、李心纯译，中国社会科学出版社，1996，第236、238、243页。

③《外部致胡惟德日俄议和凡未与中国商定者不能承认电》，《清季外交史料》卷190，光绪三十一年六月初四日。

和政府执政合法性造成巨大打击。

俄国在1895年领头"三国干涉还辽"，1905年则是由日本派兵干涉还辽，逼退俄军至奉天以北，日俄条约中又有双方军队均退出东三省的条款，表现得"大公无私"，令清朝廷改变了对日本的看法，由长期的亲俄倾向变为亲日，与民间和海外留学生中的潮流相对应，连张之洞都表达了转变的看法，"此次日本若于东三省不占最优权利，慨然送还中国，断无此事，然所得过奢，则既食前言，又招欧忌，彼亦不为日本为中国，所以自为。……俄专欲愚中国吞中国，纯乎损我益彼。日本既擅北海之权，则不惟阻俄人之横行，并可抑胶澳之恣肆，故无论如何定议，日本在东方得何权利，皆胜于俄人远甚。日俄待中国之情势，孰暴孰和，两国之强弱，于中国孰利孰害，互较自明，权衡既审，因应自易"。[①]赫德亲身感受到一部分中国人中滋生出一种不祥的情绪，为日本庆贺，希望日本为中国赶走所有外国人（西方人）。[②]

日本对中国的各项权利要求，在日俄条约之后同清朝政府的谈判中，才充分体现出来。庆亲王奕劻和袁世凯等官员同日本使节进行谈判，签订了相关协议，包括"中国政府无论如何措词，非经日本国应允，不得将东三省地土让给别国或允其占领"，在东三省"开各地方作为各外国人贸易、工作以及侨寓之地"，"中国政府允将奉天省沿海渔业权让日本臣民"，及诸多细节。庆亲王奕劻和袁世凯等官员，丁光绪三十一年十一月二十六日（1905年12月22日）与日本使节签订了《中日会议东三省事宜正约》。[③]

日本方面借这一条约的掩护，迅速展开占据殖民辽东的过程。在日俄条约中，日本得到朝鲜全部，急于把它变为"保护国"和殖民地，但朝鲜本身是个半岛，其重要性不能与中国东北的广大腹地相比。时任首相的西园寺公望，已经把辽东视为本国领地，在那里实地考察视察了将近一个月的时间。[④]日本自行设立了"关东都督府"，"都督为亲任官，有总理地方行政、并监督铁路公司之权，其下设民政、陆军两部，民政部内分庶务、警务、财务、土木四课，及监狱，并将关东州分为三区，

① 《鄂督张之洞致枢垣议覆日俄直接议和因应办法电》，《清季外交史料》卷190，光绪三十一年六月二十二日。

② The I.G. in Peking: Letters of Robert Hart, p1415.

③ 《中日全权大臣会议东三省事宜节录》，《清季外交史料》卷193、194、195。

④ 安冈昭南：《日本近代史》，林和生、李心纯译，中国社会科学出版社，1996，第241页。

各设民政、监狱署，定于东九月一日施行。陆军一部另订条例似此，与前次照覆所谓战时暂设等语不符，殊深疑虑。……都督官制，直与台湾官制无异"。①中国的辽东地方在日本统治下已变成"关东州"，日本驻军变为"关东军"，而日本人已在奉天（沈阳）设立警署和派出所系统，圈地造屋，更改街道住所门牌，准备实地管治当地民政。②

日本人在当地的开发掠夺也随之而来，直接威胁到当地中国人的生意生活：

"日人昨于辽阳大榆沟、张家沟、茨儿山、缸窑村、樊神堡等处煤矿，勒令一律腾出，并将煤堆限二十日搬尽，又凤凰厅城北山煤矿，前有日人私挖，业已禁止，现又强行开采，迭与该领事等磋商。……辽阳各矿在烟台铁路三十里以外，今日人强行占据，显失情理公平，亦于约章未合，应请大部向日使诘阻，并请速议详章办法，仍声明章程未定以前，日人不得阻华人采煤，亦不得径自行开做。"③

日方对于当地资源的贪婪攫夺，在其他地方也层出不穷，清朝政府只有将事端交至日本使节处理论：

"奉天千山台煤矿被日军占据开采一案，据矿政调查局秉称，日人至今仍接续开采，应请照会驻奉日总领事，转饬停工等情。……现在日本军队虽未全撤，军政早已撤废，即不能援照军政时代，得使用占领地公私产业之惯例，仍事采运。且该商承办之矿，既属奏明奉旨允准之案，即属华商私有之产业，按之约章，实应在交还之列。……若认为南满洲铁道附属之业，该矿实在铁道附近三十里之外，即日本一时误认该矿在三十里界线

---

① 《使日杨枢致外部日设关东都督府再四辩论坚持一词电》，《清季外交史料》卷192，光绪三十二年六月二十二日。

② 《盛京将军赵尔巽致外部日在奉天设警署请商日使撤废电》，《清季外交史料》卷202，光绪三十三年四月初十日。

③ 《盛京将军赵尔巽致外部日人强占辽阳等处煤矿请商日使阻止电》，《清季外交史料》卷198，光绪三十二年六月二十三日。

④ 《外部致日使日军据奉天千山台煤矿请速交还照会》，《清季外交史料》卷199，光绪三十二年十一月十一日。

之内，亦不能侵夺原办华商开采之利权。……相应再行照会。"④

作为日本侵占中国东北的整体规划之一，日本政府于1907年设立国有的"南满铁路株式会社"，由曾经任职日据台湾的后藤新平出任总裁，开始经营。"满铁"业务涵盖多数行业，包括以上提到的被日军占据的各处矿产，成为日本控制殖民东北的主力机构。日本人以武力和两国官方协议为依靠，进入辽东和东三省大肆疯狂掠夺，控制当地经济命脉。

日本人另外肇端了所谓的"间岛"问题，从日据朝鲜的方向，越界侵蚀中国领土：

"日人所称间岛，及延吉厅属和龙峪、光霁峪等地，在图们江北境，确系中国领土。此前韩民越界耕种，历经北洋大臣、吉林将军办理有案，即日人从前绘图，亦以图们江为中韩分界。自日俄战后，日人始蓄狡谋，以土门、图们译音相近，公然划入韩界。实则土门河发源长白山，为图们江之支流，岂得据与相混。夹皮沟属吉林府，据省城仅二百余里，与和龙峪、光霁峪相距约八百里，更属无从牵涉。日人强立间岛名目，又将夹皮沟混入间岛区域内，种种阴谋，欺我已甚"。①

在清朝廷的最后几年间基本无力外顾的情况下，日本人在朝鲜这一方向的对华侵蚀活动，愈演愈烈，"日本近增宪兵千名，设间岛宪兵司令官，凡属韩民村落，均派宪兵驻扎，扩张间岛范围，如敦化之二道沟、珲春之东沟、黑顶子、百草沟等处，均派宪兵前往设立分派出所，并移韩民前往开垦，在六道沟开办农事试验场，并派有宪兵、炮队已到韩北，闻均系监派村田明石二少将，前来议决"。②

清朝政府在国内普遍亲日的态势下，仍然对所谓的"间岛问题"和日本人从朝鲜侵蚀中国领土的咄咄逼人之势，力图遏制和进行反制，而实际执行这一抵制策略的，却是意向明确积极的革命党人和老牌反清人士吴禄贞，被清朝政府指派为对外交涉的前线官员：

---

① 《徐世昌唐绍仪致外部日人强立间岛名目已派员筹办电》，《清季外交史料》卷204，光绪三十三年七月十八日。

② 《外部致胡维德日在延吉势力愈张请向日外部严词诘问电》，《清季外交史料》卷216，光绪三十四年八月初八日。

"唐才常起兵于汉口，禄贞自日本潜归，拟据大通以为声援，事泄，唐被杀，禄贞遁回日本。学成归国，授陆军骑兵科监督，清光绪三十三年日俄战争，东三省边防日亟，时东海徐世昌任总督，旁求陆军人材，军部遣禄贞往。世昌初任禄贞为教练处总办，未几间岛之争起，则选僚佐之熟悉边情者，亟往调查，以禄贞行。

"间岛者，日韩合邦欲攫我延吉，诡以间岛称之也。禄贞奉檄与周维桢等穷极边塞，询考列国舆图，移译西人记载，证以日韩邦志，痛斥日人之妄。……加禄贞陆军协都统衔任帮办职。方抵延吉，而韩国统监伊藤博文假保护韩民为词，遣斋藤中将率兵逾图们江而北，击伤我员弁，捣毁我官署，占据我民居，横行无所忌惮。禄贞以正义折之，势稍敛。……禄贞与斋藤划鸭绿江而守，……论及边事，禄贞则据理力争，侃侃不挠。斋藤欲开六道沟商埠，禄贞拒之，斋藤莫如何，语人曰：中国尚有人在，如吴禄贞者不可轻也。其为外人严惮如此。间岛既解决，世昌上禄贞功绩于朝，得授蒙古厢红旗副都统。"①

以一汉人身份获授满族八旗序列中的副都统一职，清朝廷对吴禄贞在国家边防事务方面的重大贡献，给予了足够的重视。日本人假借所谓的"间岛问题"做出的初步试探，在清末年间开发东北的大势之下和吴禄贞等清朝官员的具体努力下，一时受挫，但是类似的侵占活动并未停止。正如同英国在印度殖民统治的后果包括遗留下来中印边境纠纷，日本人在东北朝鲜方向大力推行的领土侵蚀殖民活动，也给中朝两方遗留下侵犯中国主权的所谓"间岛问题"。

"间岛问题"的由来，完全由日本侵占朝鲜而觊觎中国东三省而来，

"延吉者，于清光绪年间，开厅治，放官吏，惟睃削平民为能，所谓天高皇帝远，人少畜牲多之处。日本人垂涎已久。谓之为'间岛'，因其地在豆满江之北，海澜河之南，中间成一极大区域而得名。至是每日皆有日人三五成群，络绎不绝，西北至宁古塔，东北至珲春，西南至长白山，其来路皆由高丽之会宁，渡图们江，经我六道沟而至延吉厅，皆有测量地图。清政府文武官吏，昧然不知利害，良可叹也！（1906年）夏五月，日本人来延吉者益众，其重要者如谋并韩国主要分子、陆

---

① 罗正纬：《滦州革命先烈事略》，"吴禄贞"，《辛亥革命》，第六册，第361页。

② 柏文蔚：《五十年经历》，《近代史资料》，第40号，1979，第10页

军大将松川敏胤，亲自到延吉视察多次，其侵略野心不言可知。"[2]

在大陆无固定据点的岛国日本，同在两大洲内领地广阔无垠的俄国，对辽东和东北土地，同样满腹贪欲难填。对于日本人在东北大规模侵蚀中国权益的活动，清朝政府处于无力拒绝的境地，一度急于由亲俄转为亲日，此时悔之已晚。

其他列强对日本盘踞中国东北、急速扩张也开始感到忧虑，就连曾经极为亲日的莫理循，也产生了怀疑。《泰晤士报》的一贯立场是亲日疏华，配合本国政府缔结英国日本联盟的远东战略，按莫理循所说，《泰晤士报》顽固亲日，认为"日本总是没错，中国从来没有对过"。[1]

莫理循在辽东亲身感受到日本人在当地的骄横滥行之后，对此表达强烈不满，

"我发现这里的人普遍持有一个印象，《泰晤士报》是由日本政府资助的，该报拒绝刊登一切对日本不利的文字或评论，我在远东遇到的人都是这么认为的。我很难形容满洲的人，无论是外国人或是中国人，是多么的憎恨和不信任日本人。其中原因太多了。日本人向满洲输入外国货的模仿品，自己贴上错误百出的标签和商标，以及赌博小贩兵勇和妓女。沈阳大概有两千名日本妓女站街招揽中国人，日本妓女甚至越过蒙古区界。这里无正义可言，涉案的日本人总是对的，袭击杀人的结果，只得到四分之一美元的罚款或两天监禁的处罚。满洲那里的人对日本人的高度仇恨心态，是无法以语言来形容的。罗斯博士对我说，中国人一度张开双臂欢迎日本人，现在你找不到一个不为俄国人重返此地而欢呼的中国人。"[2]

这是1906年中的情景，仅仅在日军通过与俄国和清朝政府的协议而割占辽东的半年之后，日本人贪婪攫夺中国领土权益的狂热彻底程度，连曾经大力支持他们的英国人、美国人都感到吃惊。

日俄战争中日军战胜俄军，被论史者普遍认为是近代史上的一个重要转折点，即黄种人首次战胜白种人，立宪制战胜了专制政体，日本正式成为近代列强的一员。这些历史性变化，都给留日学生和革命派以极大的鼓舞，催生中国和海外华人中的立宪革命潮流，一时信心大涨。鉴

① *The Correspondence of G.E. Morrison*, p565.

② *The Correspondence of G.E. Morrison*, pp370-371.

于日本政府宣布出兵还辽，导致日本留学生和华人的亲日倾向急剧增强，期望日本支持革命和仿造日本模式改造中国，这也是孙文1905年成功构建革命派统一组织"同盟会"的背后因素之一。而一些清朝官员对日本未来对中国的影响，保持了更为清醒的认识，"此次战局，日人初欲示德于我，尚无间言，今因俄舰之交涉，不满彼意，遂上下兴谤，明系藉此等事，先发难于我，以便将来要索地步。我处左右为难之势"。①

其实日本在此次战争中所战胜的，并不是一个白人强权，如当时最为强势的白人国家首领英国。日本人若有意真正起而挑战白种人，完全可以直接攻击近在上海和长江流域的英国势力范围。俄国在西方国家当中，是不被接纳容忍的异类，不仅盎格鲁-撒克逊族的英国、美国公开和暗中反对俄国，俄国名义上的盟友，条顿人的德国和天主教的法国，也对俄国并无实际支持，近在渤海对岸的山东德国驻军，严守中立，未对俄军提供任何援助。而在英国一方，其下所属盟国则实质性地支持日本抗俄。在俄国欧洲舰队各分支开往东亚的总计几万公里的航程中，英属基地遍布各个水域，英国胁迫其他国家执行中立国规定，不为俄国舰队提供燃煤，令其几乎不能坚持航行到亚洲。亚洲的重要供给基地，新加坡、香港和上海，都在英国控制之下，俄国战舰被迫四处搜罗任何能够到手的燃煤，堆在船上，让大批战舰几乎变成运输船队。日俄战争在本质上，是日本在众多白人国家的支持下，打败了不被认可为西方国家的斯拉夫族的俄国。

就君主立宪而言，日本设置的立宪制度与英国完全不同，日本天皇大异于近代立宪典型的英国女王或欧洲其他君王，实际上是个军国主义国家的绝对权力首脑。日本与俄国的对阵，是亚洲集权君主及军国（军部）政权同欧洲专制君主的对阵，两国的社会性质并无显著差别，经济产业水平相近，对外扩张的贪婪性和饥渴感相同，两国精英阶层的近代化程度相似，俄国的欧洲学风更浓厚纯正，而日本的武士道精神和军阀浪人传统牢不可破，所谓的最高立宪机构议会，在战时停止政治纷争，与政府共同一致于对外战争。②

日本战胜俄国这一近代亚洲的重大事件，其最具历史意义的后果，是日本就此得以正式无阻碍地展开占据东北的野心勃勃的庞大计划，是

---

① 《使日杨枢致外部日君召集元老会议满洲事请饬沿边稽查防备严守中立电》，《清季外交史料》卷184，光绪二十九年八月二十日。

② 安冈昭南：《日本近代史》，林和生、李心纯译，中国社会科学出版社，1996，第236页。

最终实现日本天皇和军国政府"八泓一宇"的重要步骤，夺得大陆一地对日本这一岛国来说，意义格外重大。由辽东到东三省，日本"名正言顺"地建设本国在中国境内的独立辖区，着手实施改变日本岛国形态的长期战略，直至日后借用"满洲国"的名义实际统治东北三省，并利用邻近北京的地理优势，左右操控中国政局，取代了俄国之前在这一方面的独一优势。

位居列强之首的英国，也是最擅长于殖民侵夺手法的国家，绝不会错过攫取中国权益和领土的任何机会。在日本和俄国交火苦战之时，英国再次发现一个勒索中国政府和侵夺权益的敞开窗口。英国驻印度当局指派荣赫鹏上校（Younghusband），率领部队，于1903年跨过英属印度边界线境，击败地方藏族武装，深度侵入西藏地区。日军在辽阳战役中击败俄军之时，英印侵略军也攻进西藏首府拉萨，逼得十三世达赖喇嘛土登加措匆忙逃离，英军随后占领拉萨，实际控制了西藏地区。逃难中的达赖喇嘛无处可去，一路北上，在库伦受到清朝地方官员的接待，随后在清朝钦差大臣的护送下，进京谒见慈禧太后和光绪皇帝，所受礼遇隆重，之后留住北京，至1909年形势缓和之后才返回拉萨。

与此同时，英国人在拉萨胁迫留守藏族当局和上层人士签订了非法的《英藏（拉萨）条约》，共十条，强迫开放西藏重要口岸江孜等地，对印方开放贸易，解除沿路炮台和防守据点，向英印政府赔款，任何西藏地区的近代化设施和事业权益，都需得到英印政府的同意批准，其他国家均不得介入等。这一条约达到了英印政府将其殖民地范围扩展到北方西藏地区的目的，令其成为西藏的实际统治者，一时取代了清朝廷的地位。

直接受到英军入侵影响的，是清朝驻藏大臣有泰，职责所在，电奏北京清朝廷，并建议革去达赖的名号，以示惩戒他丧失国土的过错。与此事件直接相关的，是清朝政府的外务部，继被迫把东北部分地区管治权让给交战中的日军、俄军后，对发生在西南边疆西藏的英军入侵和出卖权益条约，不能坐视不理。"西藏之地，南通云南，北连甘肃，东接四川，万一西藏不守，则甘肃云南四川俱属可危，而内外蒙古、长江一带，亦俱可虑。"[1]

庆亲王奕劻领衔的外务部出面与英印当局展开谈判，派唐绍仪全权大臣前往印度，就事关国权之条款反复争辩。英印方面自然希望清朝政

---

[1]《驻藏大臣联豫奏详陈藏中情形及拟办事宜折》，《清季外交史料》卷201，光绪三十三年正月初五日。

府贸然承认他们私下筹划的《拉萨条约》，双方谈判极为困难，英方实地占领西藏，清朝廷面临多重困境，危在旦夕，英方隐然占据上风。但清朝政府和使节并没有因此而轻易退缩，放弃西藏这一块中国领土，"当经臣等以西藏为我属地，应由中国督同番众与英立约，不应由英与番众径行立约。……颁给臣（唐）绍仪敕谕，派为议约全权大臣，于三十一年正月驰抵印度，与该外部专使费利夏（Fraser）迭次会议。该使须我认印藏新约，方允改订约款，旋商议约稿六条，当经电达臣部，酌核电覆，逐层辩论，其第一款谓英国国家允认中国为西藏之上国，尤关紧要，迭经力争'上国'二字，彼仍不肯稍让，诚恐空与磋磨，于事无济，臣绍仪于九月间，奉命回京，仍留参赞张荫棠在印接议，臣部复与英国驻京使臣萨道义切商"。①

英印当局和英国政府对在西藏方面已经取得的重大进展，无意轻易放弃，特别抵制承认清朝政府对西藏的主权，试图诱惑威逼清朝使节在《拉萨条约》上签字，以获得侵占西藏的合法性。中方使节拒绝这一利害关系重大的核心要求后，谈判基本上陷于停顿，英方也不愿继续同副使张荫棠商谈，希望已签地方条约和实地占领，将自然而然地迫使清朝政府接受既成事实：

"带同随员等前赴印外部会议，费使面称，今日只问画押与否，如仍不允，即以此时定局作为罢议，英政府已电萨使，转达大部查照。弟答，英政府认接议，即明知此约稿未妥，所以续行商订，贵大臣自应遵照英政府训条，妥商办理。今贵大臣并未与我开议，仍以未经妥洽之约稿，遽请画押，实属无此办法。……费使言，即不画押，即以此时作罢。……又闻英人拟俟英储由印都他往后，请班禅仍往大吉岭小住，届时是否在该处密商事件，尚无确明。闻昨奉鱼电，以班禅倘有擅行商定事件，中政府概不承认，已致萨使转达印政府，具见大部尽筹，预为杜渐防微地步，曷胜钦佩。至此事英人办理极为秘密，甚难窥测，自当随时密探。"②

---

① 《外部奏中英两国商议藏约请旨办理折》，《清季外交史料》卷196，光绪三十二年三月初一日。

② 《议约大臣张荫棠致外部在印度与费使会议情形电》，《清季外交史料》卷196，光绪三十二年正月十三日。

英国人在达赖喇嘛离开赴京后，转而试图拉拢班禅喇嘛，变其为支持英国势力的一个当地宗教领袖。

双方接触谈判耗时长久，接近于破裂，清朝政府持续努力，不敢特意得罪西方世界最大列强，直至事有转机之时。"惟有设法维持，仍由中国与英国申明，改订为力争主权地步，而英人一意坚执，日久相持，几形决裂。近因英国新易政府，其宗旨在保守和平，不欲侵占邻境，是以仍饬该使臣萨道义在京续商，彼此既有意转圜，我当早图结束，以保主权。若听其径行与藏直接立约，深恐枝节横生，易滋事变"。[1]最后唐绍仪重返谈判，于1906年4月同英国驻京公使萨道义签订了《续订藏印条约》，其中"英国国家允不占并藏境，及不干涉西藏一切政治，中国国家亦应允不准他外国干涉藏境及其一切内治"，英国与西藏地方私下签订的条约中"所声明各项权利，除中国独能享受外，不许他国国家及他国人民享受"，"指明之各商埠，英国应得设电线通报印度境内之利益"。[2]

在被迫接受英属印度势力入侵西藏的事实之际，这一条约仍然重申指明中国在西藏地区的主权地位，起到维护中国领土统一和政府威信的作用。英国和英印当局掌握大军入侵的优势，却在这一至关重要的方面未有显著进展，不得不继续承认中国中央政府在当地的主权。英国人当然对此不感满意，趁1913年辛亥革命后国内乱局之机，直接出兵占领达旺，然后签订《西姆拉条约》，开启了所谓"西藏独立"的进程。

中国政府与西方国家的纠纷，还表现在与美国政府交涉长期以来的"排华"政策方面。自志刚出访时起，清朝政府就同美国政府交涉过在美华人地位和安全的问题，最早达成了《中美天津条约续增条约》，确定双方互惠平等待遇。但美国国内政治局势日渐转坏，种族主义浪潮高涨，歧视排斥虐待华人，成为社会上可以接受的现象，在舆论主流中属于不受谴责的行为。美国政府和普通民众对待当地华人的态度，比当时中国境内对待西方教士和本地教民，更为恶劣无忌，高呼"中国人滚出去"，出现多次大规模的地方排华风潮、暴乱和屠杀。如

---

① 《议约大臣张荫棠致外部在印度与费使会议情形电》，《清季外交史料》卷196，光绪三十二年正月十三日。

② 《中英续订藏印条约》，《清季外交史料》卷196，光绪三十二年三月初一日。

1885年9月在怀俄明州的白人大肆烧杀当地华人的暴行，联邦政府对此不予积极干预，毫无惩办之举，大量死伤华人也不获任何赔偿。美国司法机构和地方政府对辱华排华行动，无能为力，甚至不愿干预。连清朝政府驻美国旧金山领事馆的武官谭锦镛，都受到当地巡捕拘捕虐待，总领事钟宝僖赶往具保释放，不被受理，令谭锦镛在美国监狱中气愤自杀。

面对这些不断发生的危害虐待华人和侮辱华官现象，弱国的清朝政府无力如同西方国家一样，派出本国军队赴美护侨，镇压地方上的暴民。所以中美两国在境内种族歧视方面，有相似之处，但两方面的形势结局却极为不平衡，美国政府不断借用"教案"干涉中国国内事务，甚至官府裁判运作，派兵去中国平定"拳乱"，而对本国内的严重种族歧视、欺辱和屠杀，却避而不问，并以民主的名义，以法律的方式，授予针对华人的种族歧视行为和煽动舆论以合法性，又反对中国政府就此对美国提出的合理调整要求。

美国国内的强烈排华趋势，导致国会连续通过《排华法案》，连美籍华人容闳和世界闻名的革命领袖孙文，都难免受到这类法案的影响。中国驻美国公使伍廷芳试图劝告美国政府废除或修改排华法案的努力，未能成功，在1904年，自1894年生效的《排华法案》再获通过，延长至1914年，这意味着中国人和美国华人被美国人特意挑出来，在法律上要再承受十年合法地受歧视的境地。

先后就任驻美公使的伍廷芳和梁诚，都致力于修改美国排华法案，特别是伍廷芳，早前就曾倡议，通过限制对美贸易，令美国修改歧视华人法案，回应美国华侨的修约呼吁。这一般是西方国家对中国采取的惩罚措施和施压手段，被伍廷芳借用。后任梁诚接受这一建议想法，于1905年5月13日给中国外务部的报告中推荐采用，开始了中国商人和海外华人共同抵制美国货的运动。运动中包括美国本土华人与美国政府的对抗，要求废除《排华法案》，中国国内各地商会散发了大量传单，鼓动普通商人和市民，抵制美国货进口，抗议中国人在美国的遭遇。这是一种华人普遍觉醒的表现，意识到可以采用西方人惯用的方式，去对抗西方国家的政府和产业。

更为重要的是，经历了义和团运动和八国联军战争的中国人，对西方人歧视虐待中国人的行为，以及相关的极度虚伪性，已经不能容忍。

西方国家为了基督教士和教民在中国内地与当地人的冲突，就贸然采取大规模军事行动，而美国华人所遭遇的长期不人道、不平等和绝对歧视，却得到美国政府的公开维护。对这些西方人公开的双重标准行为，中国人和美国华人必须以某种方式抗议。在美国，移民局和其他政府机构专门对华人设置的法律障碍和侮辱性行为，特别是把歧视华人的方法推广到新近并入美国的夏威夷和菲律宾两地，对当地和赴美华人影响极大。

此时日本与俄国的战争接近结束，东北战局对中国内地发起的抵制美货运动，影响有限，中国商人和美国华人于1905年中继续推动抵制行动。美国方面有保皇派势力参与其中，旧金山的华人领袖伍盘照积极介入和领导，通过《中西日报》进行宣传，并亲身进行巡回演说，反对续订排华条约，作为主要领袖之一，获邀进入白宫和在众议院就《排华法案》发表演讲。因为此事涉及华人切身利益，正在美国巡行筹资的康有为，也加入到这一新近兴起的运动，在对当地华人演说中，加入了号召抵制美货的内容，并且在两次面见时任总统西奥多·罗斯福时，提出这一议题，要求美国总统和国务卿海约翰（Hay）修改法案。罗斯福总统因为调停了日俄战争，获得1906年诺贝尔和平奖，此时面对本国《排华法案》这一类明显的种族歧视象征，不得不作出口头承诺，更多地监督移民局的操作方式和给予入境华人的待遇。

随后孙文也加入这一运动，利用手中的旧金山《大同日报》，宣传抵制运动，并把中国外务部和驻美国使节列为反对抵制的一方。1905年8月1日，抵制运动正式开始，遍及全国各大城市和通商口岸，措施包括减少或取消向美国公司的订货，在国内也不用美国货，以影响美国的对华出口，进口后也在国内市场遭遇滞销，"美国的对华贸易因此减少了百分之四十"。①

美国移民局的负责人接触当地华人社团和"保皇会"，就入境条件和华人待遇谈判。在中国方面，新任驻华公使柔克义和各地领事群起出面，要求国内商会终止抵制运动，均无成效。美国商人在中国遭遇的负面效果，反过来影响国内的政府，只要美国政府传出正面信息，有意修改条约，就有可能影响到抵制美货运动，转向消失。被莫理循称为"北京公使中最亲华"的柔克义及他人，提出禁止华人劳工，但接纳其他类

①郭廷以：《近代中国史纲》，中文大学出版社，香港，1980，第377页。

别华人，即如商人、学生、教师、官员、游客等，以缓解纠纷。到了1905年12月底，美国政府在罗斯福总统之下，开始考虑修改法案的可能性。

清朝廷自运动萌发时就遇到来自美国政府和驻华使节的强大压力，其实并无真正实力同美国政府长期对抗，日俄战争等迫在眉睫的危机，最后也要靠美国总统罗斯福调解终结，因此难免于次年就屈服于美国使节的压力，颁发上谕：

"据外务部王大臣面奏，美国工约一事，迭经出使大臣梁诚及外务部先后与美国政府商议，美国已允优待华商及教习学生游历人等，并允于议院开时，尽力公平妥办，各在案。昨据该御史（王步瀛）奏称公愤既兴，人众言庞，难保无宵小生心，乘机窃发，恐误大局等语，亟应明白宣示，以免误会，而释群疑。中美两国睦谊素敦，从无彼此抵牾之事，所有从前工约，业经美政府允为和平商议，自应静候外务部切实商改，持平办理，不应以禁用美货，辄思抵制，既属有碍邦交，且于华民商务亦大有损失。迭经外务部电行各该省督抚，晓谕商民，恺切开导，务令照常贸易，共保安全。再责成该督抚等认真劝谕，随时稽查，总期安居乐业，勿负朝廷淳淳诰诫之意。倘有无知之徒，从中煽惑，滋生事端，即行从严查究。"[①]

清朝政府从最初推动美国修约的立场，后退到消极静待，避免关系破裂，转而压制国内各地的抗美活动，其中由袁世凯在直隶境内采用禁止和镇压行动，并允许美国进口货经天津港口进入国内。虽然厦门商人曾少卿领头上海抵抗委员会，但在英美势力强大、外资垄断的上海，本地商人自发组织的抵制运动也进入暂停阶段，与美商和美国领事妥协。广州的商人团体又将抵制活动延续了几个月的时间，坚持时间最长，其间有27名美国议员到广州窥察反美运动，获得第一手信息。拖到1906年4月，这一运动遭到自然灾害的影响，旧金山大地震和大火令这一华人大本营变为灾区，陷入混乱，华人自顾不暇，抵制活动大为缩减，"暂时或永远中止定期往中国的汇款产生了有益（于美国）的效果"，整个

① 《谕各督抚中美工约已允公平办理着劝谕民人勿滋生事端》，《清季外交史料》卷190，光绪三十一年七月二十一日（1905年8月21日）。

运动被迫停滞。在美国政府方面，原先针对华人的法案继续执行，未被新的修改法案取代，或被完全废除，直到20世纪30年代。

这一修改美国法案的群众运动，从伍廷芳开始，经过民间的广泛抵制运动，获得一定成效。全国性的群众运动，"此实为我国通商以来之第一次，此可为民智渐高之证，非徒在挽回区区之美约而已"。[①]抗议运动的具体结果之一，就是美国移民局在对待入境华人方面，有所校正，侮辱性行为减少，随意驱逐出境的事例也受到控制，总的来说，旅美华侨受到骚扰和歧视的情况有所改善。通过抵制美货运动，美国华人居住状况得到改善，这一小型族裔群体在同美国当局打交道方面，正在由受虐待向平等待遇的方向行进。此次运动结束之后，虽然美国国家《排华法案》未被修改或取消，但在移民局入境等具体实施方面，华人地位得到提高，除劳工之外，其他赴美华人类别，不再因种族原因而被特意单独挑出来承受各种歧视屈辱。[②]

在孙中山的"同盟会"革命组织在海外和内地发展之时，清朝政府遇到了更多外部侵夺和难于处理的事件，在庚子赔款后遭遇进一步的打击，特别是日本、俄国在中国东北开战，明确无疑地向国内外民众和政治势力，展示其控制乏力的虚弱本质，并不能从在西藏维护主权和对美修约努力得到挽回补救。

五、朝政内争

1900年之后的十年，包括了各种趋势和事态，立宪、日俄战争、"同盟会"、起义等，到1908年进入一个重要转折点。除了各国列强的持续侵蚀和海外革命组织外，国内的主要矛盾是清朝政府在最后数年里因内部的多派斗争对立，走向崩溃瓦解。

袁世凯在1900年之后全力扩充自己的北洋系军事集团，延续之前以督抚为中心的地方集团的传统，又远超李鸿章北洋集团的军事实力和权力。利用劫后余生的清朝廷急于充实军备和近代化的机会，袁世凯以训练新军为名，名正言顺地获得扩军经费，将自己早先的小站练兵新军的

---

① 《论抵制美约》，《外交报》，《辛亥革命前十年间时论选集第二卷(上、下)》，第3页。

② (美)德尔伯·麦基：《旅美华侨在1905至1906年中国抵制美货运动中的作用》，《华侨华人历史研究》，杜继东译，1991年第4期，第61-69页。

万人左右，扩充到北洋军时的六镇（师）之多，近八万人，而原先计划全国设三十六镇，最后只建成十四镇和一些混成协（旅），所以袁世凯手下的北洋军占了全国新军的三分之一以上。加上其他受北洋军影响的部队，特别是由他的最为亲信的徐世昌等人控制的东三省，袁世凯的军事势力基本上控制了中国北方半壁江山。

袁世凯通过北洋武备学堂和保定军官学堂，培养训练军官，又将选中的人员派赴日本留学深造，从中发展出日后多名军阀首领，也保证了这些人成为北洋系的骨干和忠诚将官。连极少出京的慈禧太后，也于1903年到保定视察袁世凯设立的北洋各个军事学堂。这两个主要军事学堂雇用了大批日本教官，由原先的德制，转为采用日式军制，装备相对较新的枪炮弹药，表现出与传统清军的明显区别。与南方各省各自筹饷练兵相比，即便如张之洞的湖北新军，袁世凯的北洋军也占有经费、训练和装备方面的优势，作为直隶总督和邻近东北日俄战场最近的军队统帅，袁世凯更容易直接从中央政府那里为自己的北洋军和学堂争取筹饷拨款。英国贝瑞斯福勋爵视察中国各地清军时，袁世凯手下的小站新练军就已表现超卓，八国联军战争后的大练军活动之后，北洋军与其他地方新军的差距变得更为明显。

袁世凯在练军和联系朝廷方面大肆花费，为了组建属于自己的军事政治集团，拉拢亲信，联通宫廷，贿买亲贵，甚少节制，不忌搜刮财源和耗尽库藏，"李文忠（鸿章）历任廿余年……文忠殁后，存款不下千余万金，继任某制军借以为练兵之用，不三年支销殆尽。复奏准由各省合筹练兵经费，岁约数百万。竭天下之脂膏，供一己之挥霍，而宝藏竭矣"。① 这位"制军"即指袁世凯，全面接管了李鸿章的各方面遗产和势力范围，包括天津督府的库藏。在军权财权之外，袁世凯在中央政府中也享有必要的政治地位职责，出任军机大臣兼外务部尚书，与庆亲王奕劻共同处置对外事务，实际主持外交事务，因为奕劻之前历来依赖李鸿章，现在转为以袁世凯为主要依靠。袁世凯与奕劻的关系，主要是利用他和朝廷内宫的联系，充当自己在满族亲贵中的保护人。

除此之外，袁世凯还依靠来自西方人的支持和声誉。他非常理解舆论造势的重要性，为此对仍为伦敦《泰晤士报》驻京记者的莫理循，竭

---

① 陈夔龙：《梦蕉亭杂记》，《近代稗海》，第一辑，第407页。

力拉拢，接受访谈，给后者留下良好印象，将他视为中国少有的治国领袖，又是汉人，前途无量。莫理循本人在对待日本的态度上前后变动，难免同《泰晤士报》支持日本的基本态度（与英国日本结盟相配合）发生一些矛盾，不断收到国际事务编辑齐罗尔（Chirol）的质疑和修正，因此萌生去意，以致日后愿意出任袁世凯的外交顾问，模仿赫德所一贯享有的同清朝廷的紧密关系。赫德也对袁世凯的才干能力印象良好，"中国人的军事尚武精神正在觉醒，袁世凯和他的人正在全力推进。如果袁世凯能再活三十年，1932年的中国将与1902年大不相同"。①

各国公使对袁世凯的印象都属于正面，自袁世凯在山东巡抚任内征讨义和团众时起，在各种事件中明显表现出他乐于按照外国使节的意愿行事，1905年中国国内兴起抵制美货运动时，袁世凯按照美国公使柔克义的指示，在天津和直隶境内压制相关的抗议抵制活动。由袁世凯主持朝政，无疑令各国驻京使节，尤其是与北洋军紧密合作的日本政府，感到沟通方便，办事顺利。

袁世凯的权力基础逐步扩大，成为清朝廷最后岁月中的中坚，取代了之前李鸿章、荣禄的地位。他的对手，一是更具资历威望的张之洞，二是清朝廷内新起的满族少壮派。张之洞仍然是督抚中的元老，在湖广总督任上多年，政治根基牢固，政绩斐然，虽然不是"中兴名臣"，但在历次重大事件中，赢得了慈禧太后和光绪皇帝的信任，特别是1900年维护南方政局稳定的功绩年与李鸿章议和挽救的贡献相同。张之洞在戊戌变法期间一度有望进京入朝为军机大臣，主持政局，取代康有为，协助光绪皇帝变法。至1907年，年迈的张之洞被召入京，授大学士，出任军机大臣，并掌管新设的学部，又由于他在京汉铁路建设的重要作用，任铁路督办大臣。离开湖北之后，张之洞的作为已经不多，在北京做官一年后，于1909年10月4日去世，获赐谥号文襄，追赠太子太保。张之洞在朝中不是袁世凯的盟友，也非敌对，但颇受袁世凯之忌，"袁世凯忌张之洞誉望出己上，尝语人曰：'张中堂是读书有学问人，仆是为国家办事人。'"②

以摄政王载沣为首的满族朝贵，在驱逐袁世凯出朝，并准备处死

---

① The I.G. in Peking: Letters of Robert Hart, p1303.

② 胡思敬：《国闻备乘》，《近代稗海》，第一辑，第298页。

时，张之洞并不同意，担忧引起朝中大乱，而满族贵族统治在慈禧太后和光绪皇帝去世后，十分薄弱，政局极为不稳，为了减少冲击，因此阻止了这一铲除袁世凯的行动。张之洞辞世之后，朝中再无足以同袁世凯对立争权的汉人官僚领袖。

满清朝廷原先"兵权不轻假汉人"，但自镇压太平天国时起，就变得极度依赖汉人官员军队支撑着全国政权和负责防卫，却连遭抵御外敌的失败，令迷信传统的满族少壮派十分不甘心，力图寻找新途径，依靠满族自己的力量，达到复兴夺权的目的。这些人非常希望模仿日本、德国的方式，恢复军权之上的皇权。在以载泽为首的五大臣出访各国、考察宪政的过程中，德国威廉二世对他们的切实劝告，就是军力兵权，"德皇论及中国变法，必以练兵为先"。因此满族少壮派人士也从军备及政务着手，从而重新执掌军权政柄。

在大批赴日留学生中，同样有满族人士参与其中，学习近代军事，如铁良，为1900年日本陆军士官学校里中国留日学生第一期学员，与吴禄贞等同班，良弼、舒清阿为第二期学员，均早于第三期的蒋方震、许崇厚和蔡锷。[①]旗人荫昌学习德语，曾随醇亲王载沣赴德国一行，"记名副都统荫昌，前住德年久，熟悉情形"。[②]他随后被派驻德国任公使，回国后担任"新政""预备立宪"中的陆军部大臣。铁良也出任过陆军部大臣，参加过新军组建的全部过程，积累了相应的资历，在政府内的军务方面，地位与掌握北洋军的袁世凯对衡，北洋军例常举行的秋季野战操练，就由袁世凯和铁良共任阅操大臣，而铁良一直企图从袁世凯手中夺取新军或其一部分的控制权。另外旗人锡良被派出任东三省总督，而亲贵载涛则谋求自领海军，也曾赴美国考察过海军。

借助满族亲贵关系和全国军政事务重整的机会，铁良于1906年底任陆军部尚书，排挤袁世凯出局。在全国军权集中的借口下，袁世凯被迫交出北洋六镇中的军队控制指挥权，铁良亲自接管了第一镇，其他各镇派往京畿附近地区，袁世凯在名义上失去了对北洋军的直接掌握指挥。袁世凯深明此意，极为不满，在谕令下达之日，故意托病隐蔽在府中不出，推掉了本应以直隶总督身份出席的海河大桥落成典礼，但接见了前

----

① 《日本陆军士官学校中国留学生名录》，《近代史资料》，第80号，第52—53页。

② 《醇亲王使德往来文电选》，丁山整理，《近代史资料》，第74号，1989，第33页。

来采访他的莫理循，并竭力给对方留下一个病人的印象，因为他尚且不能信任这个英国记者是否会在对外报道中泄露他的内情，让清朝廷起疑心。结果与他面对面交谈的莫理循，也认为他真的患上了流感。①

慈禧太后继续施展她出名的协调手段和高超的统治术，把袁世凯调离直隶总督之位，到京城出任军机大臣和外务部尚书，比实掌军权的督抚退了一步，又调威望卓著的老臣张之洞入京同任军机大臣，以达成牵制关系。从人事安排的角度来看，这些调动是极为巧妙的策略步骤，保证了朝廷中枢各派之间的平衡，又预先排除强势军人领袖对朝廷的潜在威胁。但这些表面有效的政治人事调整，却掩盖了背后的深刻政治危机。年迈的张之洞此时已变成主要着力于保成的大臣，无力再推动政局显著改进，与正值中年的袁世凯相比，精力实力逐渐不及。

更为重要和危险的是，这些细致而照顾各方的安排，实际上都以引进满族新贵进入政府高层为目的，逐步排斥汉人官员的权力和位置。在这一过程中，慈禧太后和满族亲贵破坏了"中兴"以来的固有传统和朝廷统治基础，放弃与汉人官僚士人分享权力权益的旧有方式，重新回到巩固和提高满族统治阶层地位的轨道。这些重要人事安排，不仅激化了朝内高官们的内斗，而且促发了满汉之间的深层矛盾。与海内外革命党的强大"排满"舆论相对，满洲亲贵急于在政府高层中集权"排汉"，完全不顾当时中国立宪或者朝廷生存的要害。当张之洞和慈禧太后都去世之后，之前所做的平衡努力反而引发严重失衡，多方面的矛盾一齐爆发出来，满汉关系急剧恶化，政府行政瘫痪无力。

慈禧太后在世之时，深切了解了袁世凯的实力基础，只图缩减其实权，不求关系破裂，并利用袁世凯与其他朝臣如张之洞或瞿鸿禨的矛盾内斗，继续相互牵制而已，以维持朝廷中枢的超然裁断地位。袁世凯通过重金利贿热衷于朝政而又不甚得志的侍读学士恽毓鼎，上疏弹劾瞿鸿禨，迫其去职。再加上瞿鸿禨不守机密，曾与慈禧太后密议庆亲王奕劻贪黩行状，似乎有意作出相关处置。瞿鸿禨不慎将此君臣二人的言谈，传之于外，登上海外英文报纸《泰晤士报》，英国公使得知，向外务部交涉，几乎酿成国际事件，令慈禧太后震怒，失去对他的信任。瞿鸿禨被"开缺回籍"，袁世凯一方在被称为"丁未政潮"（1907）的这场对抗中，取得局部胜利。②

---

① *The Correspondence of G.E. Morrison*, p398.

② 胡思敬：《国闻备乘》，《近代稗海》，第一辑，第273页。

但之后不久，光绪皇帝和慈禧太后于1908年11月14日、15日先后去世，时间相隔甚近，难免引来质疑，认为慈禧太后在临危时，先令光绪皇帝中毒而死，是为"宫闱疑案"，符合保皇派和革命派对她的一向恶意描述定论。法国公使馆医生多德福博士于1898年10月18日入宫为光绪诊病，他的诊断是，"体质衰弱，明显消瘦，精神不振，面色苍白。……经认真分析这些不同症状，我确信此病系肾脏损伤引起，欧洲称'肾炎'或'慢性肾炎'"。[①]

按照清政府一方医士的记载，他们曾经于1908年被召入宫为光绪皇帝请脉开方诊治，达数月之久，从8月至11月，公认病症有肾亏、肝郁、胃闷、便秘多种，群医轮班入诊，也不见疗效和转机，至十月十七日（11月10日）转坏，有肝风惊厥状，"此病不出四日，必出危险"，已确认熬不过去了。因担当不起责任，群医将医案交军机六大臣审议，作为最终诊断结果，载沣、奕劻、张之洞、袁世凯皆在。光绪皇帝驾崩后，医士们随后诊治慈禧太后，不久也即离世。[②]

但在21世纪初，光绪皇帝的一些残留头发被拿去做化验，有大量砷的成分聚集，被定为长期服毒而致，有可能是砒霜一类。这就构成光绪皇帝被毒死的阴谋论的最新解释，自然与清末留下的医史病例相矛盾，对两人先后病故存在着不同解说。

慈禧太后在临危之时，做出皇位交替的最后安排，"孝钦（慈禧）病危，张之洞请定大计，孝钦领之。翌日，出奕劻勘易州陵工，密召世续及之洞入内，谕以立今上为穆宗嗣。今上，醇亲王载沣子"。[③]溥仪被立继位，是为宣统皇帝，时年三岁，载沣自然成为摄政王。宣统年间的政局大变，在慈禧太后和光绪皇帝都离去的情况下，益发失去控制而不可收拾。

整个朝廷政局重新盘整，不仅是新皇上位的结果，也是长达三十四年的光绪朝之后的首次重大改变，皇帝换人之后，各位重臣之间的争夺更为激烈致命，权力极大的袁世凯首当其冲。"（太后）密召之洞、世续夜半定策，不及世凯。世凯既不与定策功，意颇怏怏。载沣监国之

①《日本政府关于戊戌变法的外交档案选译（二）》，《矢野文雄公使致大偎重信外相报告》，《近代史资料》，第113号，第42页。

②杜钟骏：《德宗请脉记》，《近代史资料》，第56号，1984，第45—52页。

③胡思敬：《国闻备乘》，《近代稗海》，第一辑，第281—282页。

初，推心以任之洞。之洞与监国密商处置世凯事，累日不决。"①

年幼的宣统皇帝和年轻的醇亲王载沣，在失去慈禧太后这一最高裁断、决策人之后，都希望能够得到如张之洞一般的老臣支持，以支撑完全一新而脆弱的政局。但载沣本人行政经验欠缺，执政能力有限，无力做出重大决定。"监国（载沣）性极谦让，与四军机同席议事，一切不敢自专，……载涛呶呶不休，监国避居三所，兼旬不敢还家，其狼狈如此。……东三省总督锡良、湖广总督瑞澂以疆事同时入见，召对时只寻常劳慰，无他语。……出使日本大臣汪大燮，屡疏密陈日本阴谋，皆不报。"②载沣如此低下的执政应对能力，实在令人不敢对他托以重任，这在相当程度上决定了清朝廷最后几年当中急剧恶化糜烂的状况。

即便在关系军权国政的袁世凯去留一事上，虽然各方都有排除袁世凯的意愿，包括在海外力图报复戊戌变法失败的康有为，也以"上摄政王书"的方式，督促严惩袁世凯，但载沣缺乏勇气采取最为决断的处决行动。在张之洞和奕劻的竭力劝说之下，载沣于宣统皇帝继位后不久的1909年1月，以袁世凯有"足疾"这样一个简单理由，下令他"回籍养疴"，表明他不敢采用正式全面清算袁世凯的方式，避免发生分裂和招来袁世凯集团死党的激烈反抗。袁世凯被解除一切职务，黯然离开北京以及他经营多年的权力基地直隶，却逃过死刑，以退为进，回到河南老家避灾。在革命运动走向高潮之外，自登基起始就严厉处罚袁世凯，是宣统朝摄政王势力集团所犯下的一个重大政治过错，与汉人实力人物彻底决裂，导致清皇朝的命运再也无法挽回。野心勃勃的政治军事强人袁世凯，自此存下不与清朝廷合作之意，在后者面临生死存亡之际，自然不再甘心出力，再作曾国藩。

张之洞在慈禧太后晚年和宣统初年成为朝中余下的唯一重臣，但同袁世凯一样，他也无法避开满族新贵和载沣集团的猜忌和限制，"及袁世凯既罢，无人掣肘，自料可伸己志。已而亲贵尽出揽权，心甚忧之。军谘府之设，争之累日，不能入"。③在其他汉人高官如袁世凯离开之后，张之洞更为孤立，无形中成为朝堂上的多余之人。更何况，张之洞

---

① 胡思敬：《国闻备乘》，《近代稗海》，第一辑，第298页。

② 胡思敬：《国闻备乘》，《近代稗海》，第一辑，第294页。

③ 胡思敬：《国闻备乘》，《近代稗海》，第一辑，第301页。

于袁世凯被逐后不久的1909年10月4日，即以七十三岁的高龄去世。

满族新贵集团此时面临汉人强势人物缺位的局面，不免急功近利，竭力将军权政权都拿到自己的手中。载沣自任海陆军大元帅，其下满人被安排在众多紧要职位之上，"洵贝勒总持海军，兼办陵工，与毓朗合为一党。涛贝勒统军谘府，侵夺陆军部权，收用良弼等为一党。肃亲王（善耆）好结纳勾通报馆，据民政部，领天下警政为一党"，原与袁世凯合谋的庆亲王奕劻，虽然失去袁派的军力财力支持，仍然以亲贵缘故和资历超人而自立一党。满族人物分布政府要津，对改进朝政毫无益处，反而更加恶化，"当时朝士议论，皆言庆党贪鄙，肃党龌龊，两贝勒党浮薄"，明显不能成事。[1]清朝廷内部的恶斗和满族新贵集团的无限制妄为，无可避免地在客观上配合了海内外革命党的行动，导致清朝廷最后的坠落崩溃。

原定于光绪年间完成的立宪过程，定在光绪四十二年，此后被迫在宣统年间继续进行，即位之初就颁布上谕，表达完成进程的希望：

> "当御极之初，即布告内外，仍以宣统八年为限，业经明定国是，上体求治未竟之圣怀，下慰薄海维新之企望。……已叠次申谕，责成京外各该衙门，切实依限次第办理，深冀议院早为成立，以固邦基。……总之，宪政必立，议院必开，所慎筹者，缓急先后之序耳。夫行远者必求稳步，图大者不争近功，现在各省谘议局均已举行，明年资政院亦即开办，所以为议院基础者，具在于此。……兹特明白宣示，俟将来九年预备业已完全，国民教育普及，届时朕必毅然降旨，定期召集议院。"[2]

朝局大变的后果之一，是预备立宪过程遭受一些干扰和拖延，"宪政编查馆原系项城（袁世凯）主持一切，项城去后，各军机意见纷歧，莫衷一是。所有重要规则未能切实酌订，延至年终，只得勉应奏定期限，敷衍成轶，率行入奏。南皮（张之洞）建议谓：该馆为立法机关，关系中国治乱，若如此办理，实酿无穷之患，今后须派专员经理，方能切实整顿，无误事机。泽公（载泽）极然其说，拟请摄政王交派南皮主

---

① 胡思敬：《国闻备乘》，《近代稗海》，第一辑，第299—300页。

② 《俟九年预备完全定期召集议院谕》，宣统元年十二月二十日（1910年1月30日），《清末筹备立宪档案史料》，下册，第641—642页。

持该馆一切事务"。① 张之洞不久就去世了，难找他人顶替，事宜更为紊乱。

宣统朝颁发的开议院上谕，显然已落后于时局，不仅满族亲贵疯狂揽权之势，世人皆知，普遍不满，而且地方上士绅民众设立谘议局、推动国会开办的热潮，已然不可阻挡，超出清朝廷满族权力集团的预期，两方政治意愿冲突日趋激烈。

> "东三省总督锡良跪奏……窃本月初三、初五等日，有各界绅民一万余人，手持请开国会旗帜，伏泣于公署之前，求为代奏。……当据代表谘议局议长吴景濂等面递公呈，大意则以东省大势，较三次上书时日俄条约、日韩合并情形，更有迫不容待者。日则安奉宽轨日夜并工，闻于明年即拟告成，沿路线内移民日多，且以协剿胡匪挟我外部。……诚俟至宣统五年，而此土尚为我有与否，已不可知。现今朝鲜上下，无不公认国会为救亡之良药。……仍恳奏请明年八九月召集议院，以系人心而维大局，其情词迫切，出于至诚"。②

那些示威团体希望打断既定的预备立宪计划，要求当下立即实现议院制度，并以此达到迅速救国的目的。连身为满人高官的锡良，都认可民间士绅们尽早立宪的急迫情绪，间接表达了自己屈服群众运动之意，而北京的满族朝廷，对此浑然不觉，认为锡良妥协软弱，予以申斥。

全国各地日渐蜂起的争取尽早立宪、早开议院的请愿活动，令中央政府和各地督抚都深感头痛，生怕引发大规模地方事端。关外锡良辖地内的请愿活动，自然而然地冲击到京城和直隶境内，声势壮大而惊人："东三省新学家，首先入京，乘机煽动革党，一倡百和，伏阙上书，请立时开国会，并至摄政王府拦舆陈请。……终日纷扰，举国若狂，监国至避居大内阿哥所，未敢公然回邸，以避其锋。"

直隶总督陈夔龙首当其冲，天津地区也发生了与京城相呼应的请愿活动，"群向督署陈恳入奏，早开国会"，"罢学请愿"。陈夔龙采取两方面的措施手法对应，以退为进，同时私下同意了将九年缩为五年的想法，"余不动声色，传令为首代表来见。谕以朝廷预备立宪，决无更破。第有一定秩序，势必分年办理，岂可一蹴而成。今众情既形亟亟，

---

① 《端方密函》，《近代史资料》，第43号，1981年，第214页。

② 《东三省总督锡良奏奉省绅民呈请明年即开国会折》，宣统二年十一月初六日，《清末筹备立宪档案史料》，下册，第648页。

亦系爱护国家，力图早日富强之意。使者亟为嘉许。惟恃众罢课，甚至通电全国，震骇观听，实属大于法纪，亦不得为尔等宽恕。当严饬各学堂校长，传谕学生一律上课。由使者据情具奏，以九年立宪为期较远，难孚众望，吁恳朝廷提前赶办，期于五年成立。……穷三日之力，大海风潮为之顿息。……此宣统二年庚戌十月事"。[①]

在全国各地急不可耐的群众运动压力之下，十分不成熟而又施政乏力的清朝廷，束手无策，被迫退让，发出又一通上谕，"前据各省督抚等先后电奏，以钦颁宪法，组织内阁，开设议院为请。又据资政院奏称，据顺、直各省谘议局及各省人民代表等，陈情速开国会等语。……溯自分年筹备立宪期限，定自先朝。……乃揆度时势，瞬息不同，危迫情形，日甚一日，朝廷霄旰焦思，亟图挽救，惟有促行宪政，俾日进而有功，不待臣属请求，亦已计及于此。……著缩改于宣统五年，实行开设议院。……此次缩定期限，系采取各督抚等奏章，又由王大臣等悉心谋议，请旨定夺，洵属斟酌妥协，折衷至当，缓之固无可缓，急亦无可再急，应即作为确定年限，一经宣布，万不能再议更张"。[②]

召开国会的日期就此由1917年，提前到1913年。以摄政王载沣为首的统治集团，企图以妥协方式暂时消除各地方势力和民众的不满，向后拖延几年再说。但在外部民间压力下做出让步，对政府权威是个极其沉重的打击，特别是这一立足未稳而又执政完全生疏的朝廷，通过此举被官民普遍看穿其虚弱无力的内涵，觊觎取代之心勃起，有意再度施压的派别人士不在少数，既然九年可以缩短到五年，同样也有可能继续施压而让朝廷再缩短至一年，基本上任由朝外势力定夺，上谕中所谓的"万不能再议更张"之语，最后形同痴人自语，被抛至脑后。

光绪末年和宣统年间的立宪过程风潮，产生具体结果之一，是各地谘议局的设立，不受中央政府政潮内斗和宪政请愿运动的影响。按照最初设计，于1909年在各省举行议员选举，顺利完成预定进程，各省谘议局设立议长一人，副议长两人，一般为地方知名士绅入选，如张謇就出任江苏谘议局议长，谭延闿出任湖南议长，汤化龙为湖北议长。[③]汤化

① 陈夔龙：《梦蕉亭杂记》，《近代稗海》，第一辑，第407—408页。

②《缩改于宣统五年开设议院谕》，宣统二年十月初三日，《清末筹备立宪档案史料》，上册，第78—79页。

③张朋园：《各省谘议局议员名录》，《立宪派与辛亥革命》，台北，1969年。

龙是被时任湖广总督的陈夔龙推举上任的，宣统元年才从日本政法大学毕业而返回中国，因在湖北创设教育会，再被委派筹备湖北自治事宜，从而在立宪过程中获得了突出的政治地位。[①]

　　这一初级地方选举，是有史以来第一次，在性质上同日本第一次议会选举有不少共同之处，即日本规定的选民和被选者，是拥有土地和至少纳税十五日元的有资产之人，而清朝各省谘议员的选举和被选举，也有相当多的资格限制，特别是财产背景，所以这次谘议局选举，所涉及人数极为有限，不到一省人口的百分之一，并非公民选举，当选的自然都是地方士绅和资产丰厚之人，或是曾经出国留学的新式政治人物。各省谘议局属于当地政府的咨询机构和初步议会的性质，它们的出现成型，为革命起义后和民国初期的各地分离运动，提供了必需的基本合法性，迅速取代了清朝地方督抚的作用和权力。至1911年中，各省地方筹办自治已经进入正常过程，各种组织机构都已设立，自乡镇到厅县府一级，由下而上，成为省级政府和谘议局的权力基础。

　　各省地方谘议局均已成立运作，又于1910年中在北京设立了省谘议局的联合会，汤化龙出任会长。这一联合会充作影响中央政府的一种工具，同时为国内外的立宪派人士提供了一个必要的场合，发挥他们的特别作用，并有可能同清朝政府形成合作共存的关系。但是在谘议局中占主要地位的，是地方势力的代表，与中央政府的执政目标并不一致，

　　又与最高层的满族亲贵集团相对立，并有与立宪派对立的革命派人士渗入其中，因此谘议局的设立，是立宪过程的必要部分，但却不是清朝政府可以确定利用的政治力量。地方谘议局和地方新军力量的紧密结合，正是地方势力在相当短的时间内，成功分裂清朝廷统辖地域的主要力量，也是武装起义、革命和推翻帝制之后，军阀集团群起林立并长期存在的主要成因。

六、频繁国内起义

　　1911年之前，国内的立宪活动如日中天，风起云涌，光绪末年和宣统初年的清朝政府遭遇管制危机，而孙文领导下的"同盟会"，却在海外活动中处于一个实际上遇挫后退的趋势当中。在1905年立会之后，孙

---

　　① 《汤化龙行状》，《近代史资料》，第70号，1988，第3页。

文被确认为统一的革命组织领袖，专注于在全球各地巡行，视察分支组织和筹资支持国内起义，各地"同盟会"的运作实际上并没有在孙文的领导之下进行，日本总部的作用因此变得模糊不清，"同盟会"内也浮现出不同的势力和意见。

孙文组织的国内起义连续遭遇失败，虽然地点多在南方，国内受到起义牵连影响的地域相当有限，但相继失败的后果之一，就是一些同盟会员对孙文领袖能力的怀疑，以及其他相关质疑。"总计黄岗、惠州、防城、镇南关、上思、河口等役，乃同盟会干部主持，由总理直接发动，先后六次失败，而安庆、广州二役，则由党员所自动者。是时章炳麟、陶成章同布一印刷品，攻评总理及胡汉民，大意谓总理到东京，则云南洋资本家皆吾同志，至南洋则云日本留学生尽入吾党，岂南洋资本家如此众多，（党报）《民报》支绌，分文不助云云。且攻击总理，排斥外省人。南洋同志以章等所言有误会，除将其印刷品焚之不发表外，并致书章等为总理代辩。"①

在会内两大领袖孙文和黄兴之间，也在某些问题上爆发冲突，因黄兴自愿退让、维护领袖权威而被消弭。"总理主张沿用兴中会之青天白日旗，谓乃陆皓东所发明，兴中会诸先烈为此旗而流血者甚多，故不可不留作纪念。各党员提出方案甚多，有提议用井字式，表示井田之义者，有提议用金瓜钺斧式，以发扬汉族精神者，有提议用十八星式，以代表十八行省者，有提议用五色式，以顺中国历史之习惯者"，"因议论分歧，暂为搁议"。②

黄兴正是倡议"井字"旗帜之人，"谓以井田为社会主义之象征"，而青天白日旗中的白日，太过于接近日本国的旭日旗，含义不祥，但"党众系从先生（孙文），克强（黄兴）争之不能得，则意颇怏怏"，实际上孙文对自己提议的青天白日旗十分坚持，又公开讽刺黄兴不懂艺术，最后黄兴勉强妥协，"先生何定须执着第一次起义之旗？然余今为党与大局，已勉强从先生意耳"。③

孙文地方武装起义方面，为之筹集资金一向持之不懈，不断从海外华人和会党组织获取财政支持。但是这些持续投入的结果，却是孙文手

---

① 《胡汉民自传》，《近代史资料》，第45号，1981年，第27页；邹鲁：《中国同盟会》，《辛亥革命》，第二册，第43-44页。

② 邹鲁：《中国同盟会》，《辛亥革命》，第二册，第41-42页。

③ 《胡汉民自传》，《近代史资料》，第45号，1981年，第21页。

下组织的南方几处起义的失败，令海外华人未能获得相应回报。而来自这一特定革命组织的起事，却引来清朝政府的反应，"时清廷大起恐慌，屡向日本政府交涉，请将总理逐出日本境外，总理乃与胡汉民同行，至安南之河内"，"及十一月镇南关之役再败，清廷与法政府交涉，逐总理出境，总理乃离河内，与黄兴、胡汉民等，分头先后至南洋英、荷各属及暹罗缅甸等处，扩充党务，……然因避当地政府之耳目，多用书报社、阅报社等名义"。"历年因黄岗之役，惠州之役，防城之役，镇南关之役，清廷鉴于革命潮流，风起云涌，悉出自总理策动，乃到处交涉，请当地政府，驱逐总理出境"，"安南、日本、香港等地，与中国密迩者，皆不能自由居住"。[①]南洋地区的新加坡和庇能（槟榔屿），因此而成为孙文及其随从经常从事活动的海外地点。

另外，那些来自内地其他省份的会员，如湖北的孙武和居正，及湖南的焦达峰等人，对孙文只注重华南边省某些地方的起义事项，并不满意，进而于1907年底另立了"共进会"，独树一帜，自行联系各地会党，秘密进行，"一如同盟会，并以同盟会之总理为总理，直同盟会之外府也"，"克强（黄兴）以为不可，曾与驳论数次"，担心此举会分裂成立不久的正牌"同盟会"，以及分薄归孙文掌握的权力和财力。[②]

其中来自湖南的"同盟会"会员，更是竭力发动中国中部省份的起义，"（焦达峰）入中国同盟会，首领黄兴等未之奇也，……同盟会成立已三年，集才多，达峰则与四川张百祥、江西邓文恢、湖北孙武等集共进会，和者数十人，多山泽豪帅与手臂技击之士，期就腹地以勇气振之。而达峰游学未返，占名同盟会尚如故。时（黄）兴自交趾来，问达峰何故立异，答言同盟会举趾舒缓，故以是赴急，非敢异也。兴曰：如是，革命有二统？二统将谁为正？达峰笑曰：兵未起，何急也！异日公功盛，我则附公，我功盛，公亦当附我。兴爽然无以难也"。[③]

孙文筹划和指挥的起义，主要通过"同盟会"的分支组织进行，特别是香港机构，基于那里特殊的地理优势，成为孙文多次加以利用的武装起义基地，也由于他格外注重他的家乡附近的两广地区，一直准备在

---

① 邹鲁：《中国同盟会》，《辛亥革命》，第二册，第43—63页。

② 张难先：《共进会始末》，《辛亥革命》，第二册，第94页。

③ 章太炎：《焦达峰传》，《辛亥革命》，第六册，第164页。

那里的地方进行起义，"知长江各省，一时不足有为，注重两广首义，愈益坚定"，立志要在那里实现突破。① "同盟会"会员在各地活动，再结合当地会党，发动了1906年底在湖南的萍乡浏阳醴陵的反满起义。孙文在起事之后才知道这一中国中部爆发的反清行动，他所派出的"同盟会"支援人士到达湖北之前，事件已经结束。

孙文之后集中全力在两广地区活动，到越南河内组织了多地同时起义，有1907年广东潮州的黄岗起义、惠州起义、钦州防城起义、广西镇南关起义，1908年广东钦州、廉州的起义、广西河口起义、频繁出击。由于各地起事，目标分散，参与人数由数百到数千，虽然黄兴在前线指挥调动，积累了临敌经验，但人员装备损失依然惨重。各地起义失败之后，起义人士只能退往香港和越南，但在孙文被英法殖民当局禁止入境后，只能到南洋暂避，后至美国，国内地方起义缺乏后劲，被迫暂停。由孙文和黄兴共同领导指挥的连续地方起义，几乎耗尽了孙文由海外筹集而来的资金，遭遇失败又对革命党士气打击甚大。

在"同盟会""总理"直接指挥的起义之外，还有各地自发的起事，在清朝政府执政乏力衰败的情况下，此起彼伏。安徽新军军官熊成基于1908年底，在安庆发动了兵变式起义，利用地方防营的力量，在柏文蔚和倪映典的辅助下，计划宣布安徽独立，然后北上进军北京，推翻满清朝廷。但这一自发起义行动，同样因为地方清军的包围而未能成功，第二日即遭遇失败，熊成基逃亡日本，回到"同盟会"总部。

孙文对攻占广州以完成革命首义的想法，牢不可破，继续谋划又一次广州起义。"既会议，克强等亦因新败，且困乏，相顾有忧色。先生更举其生平历遇挫败未尝稍馁之状，以激励之"。② "同盟会"高层的会议最终决定发动广州起义，由黄兴负责前线运筹指挥，甚至是身先士卒，孙文继续负起起义活动器械的筹款，从海外各地华人筹得十五万多元，主要是从美洲华人社团筹得的近八万元。③ 以"同盟会"领袖孙文、黄兴为首的革命组织，此时开始把注意力放在新军上面，"镇南关之役，吾党举义失败，遂决计运动民军，谋占广州"。④

① 刘揆一：《黄兴传记》，《辛亥革命》，第四册，第288页。
② 《胡汉民自传》，《近代史资料》，第45号，1981，第35页。
③ 邹鲁：《中国同盟会》，《辛亥革命》，第二册，第81页。
④ 曹亚伯：《广州三月二十九日之役》，《辛亥革命》，第四册，第197页。

起事方式，也由之前依靠会党和会员，转到了重点发动新军官兵参加到革命运动中。清朝廷组建新军和派出学生赴日留学，都是20世纪初新政下的重点项目， 两者最后均极大地加剧了清朝廷的覆灭危机。即如广州的情况，"至一九零九年冬，士兵加盟入同盟会者三千余人，时广东全省军队万余，惟新军有训练，器械精良，得新军则他军无难制驭"。①在境内新军主要受广为布置的革命党人控制的情况下，地方起义成功的概率确实应该是相当高的。

在具体策略上，革命党人除了运动新军响应起义之外，决定集中兵力全力一击，特意挑选了数百名死士，计划突然进攻和摧毁广州的官府衙门所在，令清官清军群龙无首，从而夺取地方政权。下一步的计划是进军长江流域，实现当年太平天国的政权设想。"党人此次举义，倾全党之人力财力而来，举义虽定广州，计划则及于长江各省"，"庚戌十一月庇能会议之后……众举黄兴为统筹部部长……设于香港炮马地三十五号"。②

黄兴策划了十路敢死队出击的计划，为此召集到八百人，多留下遗书以示献身革命的决心，"黄兴所部多闽蜀桂南洋同志，赵声所部多苏皖同志，徐维扬所部多江北同志，陈炯明所部多东江同志，黄侠毅所部多东莞同志"。③黄兴等人已经先后在广州地方聚集，不少由香港路线到达省会，原定于4月27日动手，枪械弹药也接近到位，"由日本及西贡共购七百八十余支，在港购三十余支……新军补充子弹费一千，买炸弹药费至二千五百元"。④由于驻防清军实行枪支防范措施，所以有限数量的枪支主要由八百人的冲锋队员所用。

在广州督抚省府方面，李鸿章离开之后，此时由张鸣岐出任总督，重要官员包括广州将军孚琦和水师提督李准。用于地方巡防事务的清军力量，并不充足，黄兴等人策划的革命起义行动颇有可能成功。但在起义前夕发生的各种意外事情，令原先详细规划准备的起义计划出现众多变数。

---

① 《胡汉民自传》，《近代史资料》，第45号，1981年，第31页。
② 曹亚伯：《广州三月二十九日之役》，《辛亥革命》，第四册，第186页。
③ 曹亚伯：《广州三月二十九日之役》，《辛亥革命》，第四册，第198页。
④ 曹亚伯：《广州三月二十九日之役》，《辛亥革命》，第四册，第202页。

在广州新军防军方面，1910年旧历年新年时间发生的局部起义，增加了广州当局对新军的防范，直接影响到次年黄兴的起义计划。一年之前的突然起义，由新军士兵兵变而起，源于第二标（团）个别士兵与当地商铺和巡警发生激烈冲突，各部新军群起响应，军官将领喝令压制不住，而身为革命党人的新军排长倪映典（易培之）趁机介入，发动更大规模的起义，由于暗中为"同盟会"员的广东新军士兵达到数千之众，发动较为容易。倪映典在击毙炮兵营长漆汝汉后，接管了新军第一标的部队，开始进攻省城，但李准和统领吴宗禹率领防军和旗军布置抵抗，在牛王庙一战中击毙百余名新军士兵，而新军起义者因普遍缺少弹药，被迫退却，整个兵变加起义在两日内溃散而败，倪映典被子弹击中死亡。①"三千同志竟为李准部下水师分统吴宗禹数百人击散于俄倾之间，吾人认为最伤心之事也。"②

新军兵变之后，广州督府以及清军将领深感地方不稳，危机四伏，因此继续对省内新军士兵实行枪弹分离的预防措施，甚至拆除步枪上的扳机，试图以此降低清军部队中再次爆发兵变的危险。新军中的第一标遭受兵变失败的沉重打击，"重新招集"，而第二标"实乃新军之中坚"，也是此次起义队伍的主力，其士兵面临退伍，已被发动起来的士兵即将失去充当起义力量一部分的机会。占据广州制高点的观音山上，原驻防的清军防营，已被革命党人预先设定为响应起义的队伍之一，也被清军将领紧急调离到其他地方。黄兴之前精心筹备的起义计划，颇受这些敌情变化和意外事项的干扰和影响。

引起广州督府和清军将领格外紧张的主要原因，是革命人士温生才于1911年4月8日刺杀了广州将军孚琦。温生才的目标，原是广东清军将领中最为狡诈老练的李准，日夜持枪伺机而动，最后找到了官府清军大员一齐外出、观看外国人在中国举行的第一次飞机飞行表演的少有机会，温生才潜伏在官员往来的大道旁，从容上前向官轿中开枪射击，随后被捕处决。③温生才击毙的是广州将军满人孚琦，而不是李准，事后张鸣岐和李准大为紧张，全城戒备，搜捕革命党人，加紧对新军各部的控

---

① 陈春生：《庚戌广州新军举义记》，《辛亥革命》，第三册
② 陈春生：《广州三月二十九发难决定之过程》，《辛亥革命史料选辑》，上册，第339页。
③《温生才击孚琦》，《辛亥革命》，第四册，第172页。

制，给黄兴的起义带来预期之外的危险和不确定性。

在清军开始加紧巡查和戒备之时，革命队伍之中对是否延期举行起义发生分歧，而黄兴等竭力坚持，"谓改期无异解散，将来前功尽弃，殊为可惜"。[1]黄兴的更深层考虑，是起义推迟将会带来更为严重的后果，"'我既入五羊城，不能再出去'。克强之意，此次筹款，全党信用系于兹举。历年革命举事，所用去华侨之款如付流水，吾人信用已日见不良。今次用款至数十万之巨，些事作不出来，无以对各埠华侨"。[2]

这是在对海外筹款的孙文承担责任，做一交代。黄兴在部分人退出的情况下，修改既定计划，"决定十路进攻之计划，临时为之改变，一，黄兴攻两广总督署，二，姚雨平攻小北门占飞来庙，并延防营及新军进城，三，陈炯明攻巡警教练所，四，胡毅以二十余人守大南门"。[3]用来攻击清朝官府衙署的兵力，减为四路，比预期的大为减少，但黄兴在仓促之中别无选择，决心冒险发动起义，因此依然率队出发，誓杀总督张鸣岐。

最后预定投入进攻的四路，实际上只剩下黄兴亲自率领的一路百余人。陈炯明一路未到，"陈炯明君派人来问，今日究竟发动与否，然来者见我等携弹荷枪，遂不言而去，事后始知陈因畏事之棘手，欲不发动，故派人来陈说一切。然来者并未明言，故我等并不知其不来应援，仍孤军冒险前进"。[4]此事被一些革命党人视为陈炯明的怯懦和退却，以此印证他反对孙文的革命事业，早有前科。但此事已在革命党内部得到澄清，"（黄兴）言雨平、毅生、陈炯明三人虚妄误事，罪皆当死，余（胡汉民）时亦悲愤已极，克强固主持军事，且血战而出，固当悉以其言为依据，乃同署名。后（朱）执信、（何）克夫出，更从各方面调查，则克强对于三人之批评，实有误会"。[5]

黄兴一部即使在不见其他几路援手的情况下，仍然绝不放弃，"至五时三十分钟，由黄兴率队向两广总督署进攻"，"党人皆臂缠白巾，足着黑面树胶鞋，手持枪械炸弹"。黄兴、朱执信手下的敢死队直杀进

---

① 黄兴：《广州三月二十九革命之前因后果》，《辛亥革命》，第四册，第168页。
② 陈春生：《广州三月二十九发难决定之过程》，《辛亥革命》，第四册，第341-342页。
③ 曹亚伯：《广州三月二十九日之役》，《辛亥革命》，第四册，第207-208页。
④ 黄兴：《广州三月二十九革命之前因后果》，《辛亥革命》，第四册，第169页。
⑤ 《胡汉民自传》，《近代史资料》，第45号，1981年，第38页。

总督府，遭遇少数卫兵狙击，但成功占领该处。黄兴分队中只持有三支驳壳枪，其他为步枪，能够顺利攻入督府，十分不易。但黄兴等人却找不到总督张鸣岐，"时张鸣岐等会司道于署中，正议防范事，闻警穿后壁入某押，转入水师行台"，革命派的敢死队失去发动此次进攻的主要目标。①

黄兴未能抓住官府高官，府外清军正在前来督府救援，只得在该处纵火之后，率队退出总督府。府外街道中，清军提督李准已经率援军赶来，双方激战，黄兴中弹，被击断右手两指。黄兴急于同预定出来响应的新军防军部队接上联系，但与所遇到的防军队伍发生误会，双方交火，黄兴只身逃入街边房屋，几经磨难，才返回香港，在九龙治疗手伤。其实他的交火对手，正是由同情革命的军官率领的队伍，原定协助攻打清朝官府衙门，但因为起义改期，操办不及，连用作联络的白毛巾，都未能及时分发，所以在仓促遭遇和交火中，黄兴手下不慎将决心起事的潜藏革命党人、哨官（连长）温带雄无辜击毙。"彼此误会，遂至党人自相杀伤，否则转败为胜，亦左券可操者，盖由此役为严密计，各部之事不相问，亦不相告所至，惜哉！痛哉！"温带雄带来的士兵在混乱交火中，不少中弹伤亡，仓皇散去，未对攻打督府行动有任何贡献。②

作为主力中坚的黄兴分队，遭遇败绩而散，其他各部参加起义的革命党人，只有分头作战，在清军援兵不断增加的情况下，被逐步歼灭，之后各自逃生，幸运者逃往香港避难。

1911年初的广州起义声势浩大，新军与清军战场上正面交火，是名副其实的武装起义，又顺利攻下总督府，是历次革命党发动起义以来，前所未有的成就。此次起义震动广东官府，如果能够坚持数日，当地的大批清朝官员和防军部队都有可能因畏惧和恐慌而向起义部队投降，或者集体逃窜。但除了黄兴分队外，其他队伍或者已经退出，或者交战之后匆忙退却，战斗意志和战斗力都不足以压制仍在顽抗的部分清军。尤其是清军将领李准和吴宗禹，在总督张鸣岐逃命和广州将军孚琦被击毙的情况下，领军做最后一搏，勉强抢占上风，击溃战斗力并不弱、但领

① 曹亚伯：《广州三月二十九日之役》，《辛亥革命》，第四册，第209~210页。
② 曹亚伯：《广州三月二十九日之役》，《辛亥革命》，第四册，第209~210页。

导涣散混乱的新军。广州起义的唯一可见战果，是独行侠温生才击毙广州将军孚琦，其后的起义初步战果和有限收获，都被清军渐次收回。

广州起义对"同盟会"打击甚大，"盖自有革命战争以来，吾党之损失，未有如斯役之巨者"。[1]主要革命领袖之一的黄兴几乎丧命，老资格的革命党人赵声（曾任广州新军第二标统带），在此次起义的指挥系统中，为正司令，还在黄兴之上，因失败愤慨而试图自杀，后在香港病逝。[2]革命党人的精锐和真正志士，在此次起义中损失殆尽。这一坏消息的附带后果之一，是远避在英国苏格兰阿伯丁的前革命党人杨笃生，为此而蹈海自尽。而逐年起义革命的结果，令"同盟会"和孙文从海外筹集的资金快速耗光，失败之后对财政和士气打击沉重，如起义前黄兴所顾虑的，难以对海外华侨做出起码的合理交代。"同盟会"的元气短期内难以复原，因此一时并无新的起义计划。

孙文本人对这一倾尽全体会员之力筹备发动的起义，短暂爆发即遭遇失败，同样不免失望，甚至一度心灰意冷。"一九一一年初，国父最后一次访问檀岛，在这最后一次访问期间，他因为革命运动进行迟缓，极感失望，他告诉我，他不知道谁可信任，因为许多人背叛了他，不是将情报偷偷地送给满清政府，就是携取了革命款项而开小差。他精神颓丧，并认真地计划着放弃他对唤起民众之努力，而再去习医。他相信用四个月的工夫努力研究，必能对医学有所造诣，而能再度合格去行医"。[3]孙文就此离开国内起义前线事务，去美国从事筹款活动和重整革命组织（"同盟会"与"三合会"合并）。

但广州起义为"同盟会"和之后的国民党创造了一个重要的革命遗产，即"黄花岗七十二烈士"，受到国民政府的官方认可和尊崇，对1911年后期的武昌起义以及全国的反满革命运动，发挥着无法估量的精神激励作用。起义志士们一往无前地攻打总督府，其坚定意志和视死如归精神，是十分罕见的，与清朝官兵历次战场表现相比，证明中国人能够做到死战攻坚，如果在对外军的战斗中同样能够发挥这种面貌一新的果敢战斗精神，无疑是有机会击败入侵敌军和保卫国土的，不至一击即溃，一哄而散。

① 《胡汉民自传》，《近代史资料》，第45号，1981，第38页。

② 章士钊：《赵伯先事略》，《辛亥革命》，第四册，第313-315页。

③ 钟工宇：《我的老友孙逸仙先生》，《辛亥革命史料选集》，上册，第6页。

广州起义失败后，失望悲愤已极的革命党人，不惜采用暗杀手段，以图报复，以令满清官员因惊惧而投降。"克强于是谓余（胡汉民）曰，此时党人惟有行个人暗杀之事，否则无以对诸烈士！……三月二十九日失败以后，余则极端从克强之议。"尤其是在刚刚起义失败的广东地区，革命党人急图展开报复行动，"于是六月十九日陈敬岳、林冠慈以炸弹击李准于双门底，不中，林冠慈当场轰毙，陈敬岳被捕见杀"。李准仍然是革命党人发动暗杀的主要目标，新任满洲将军凤山随之中招，"九月四日李沛基炸满将军于仓前街"。实际上凤山前来广东赴任的目的，是弹参总督张鸣岐和水师提督李准，迫其去职，凤山为此而不理会两人的劝告，贸然外出，防备松懈，让李沛基得手。凤山"经拥仪街入城，中炸弹，半身已烬，惟一足飞数十丈外，尚可辨识"。革命党人死敌、两次扑灭广州起义的李准，也受重伤不起。①

这些暗杀行动中不仅有一般党人的参与，也包括"同盟会"高层的汪精卫。汪精卫曾经是会内上层精英，紧随孙文进行海外各次革命行动，又在与海外保皇党的政策大辩论中大显身手，为维护扩展革命派的地位地盘立下汗马功劳，从而受到其他党人的信任，"余（胡汉民）前此未尝闻精卫演说，在星洲始知其有演说天才，出词气动容貌，听者任其擒纵，余二十年未见有工演说过于精卫者"。②

作为革命精英和高层人物，汪精卫同样在心理上难于承受各次起义接连失败的打击后果，走向极端，"精卫自河口失败后，遂有行个人暗杀之决心"。汪精卫同一些革命人士，曾"入长江，欲杀端方，而行程与相左，乃变计俱入京，谋刺摄政王载沣"。③

汪精卫停留于北京寻找机会，却并未来得及实施，事谋泄露，于1910年4月被清政府逮捕，即有名的"银锭桥之案"。汪精卫的袭击目标因实地情况变化而更改数次，"先生初拟炸庆亲王，因北京街道宽阔，庆王侍从如云，戒备綦严，著手不易。时值载洵、载涛考查欧洲海军将归"，"乃携铁壶盛炸药至车站，候之竟日"。最后定在载沣身上，设计了多种方案，决定在后海银锭桥埋下炸弹，以击杀由附近摄政王府出来上朝的载沣。这些外地来人的夜间机密活动，被当地居民和巡

① 《胡汉民自传》，《近代史资料》，第45号，1981，第39—40页。

② 《胡汉民自传》，《近代史资料》，第45号，1981，第29页。

③ 《胡汉民自传》，《近代史资料》，第45号，1981，第30页。

警发现，"即报知（翼尉）振林，转禀郎贝勒。警区亦飞禀民政部"，
"银锭桥事既败露，军警展转侦察之结果，汪遂被逮，同党被逮者并有
黄复生、罗世勋二人。人皆谓其必死，而卒从宽办理。汪、黄均交法部
永远监禁，罗则监禁十年"。

因这一暗杀活动并未实际展开，又为避免刺激遍及各地的革命党
人，清朝廷最后免除了汪精卫的死刑，"仅由民政部会审后，即经庆王
奕劻、肃王善耆、贝勒毓郎（步军统领）等，商由摄政王载沣决定，未
交法庭裁判也。……肃王善耆于银锭桥案，力主从宽，为人称道"，
"善耆秘延汪等至邸会晤，待以宾礼，从容谈话，以政见相讨论，仅有
顾鳌一人陪坐"。① "（肃王）说冤仇易解不宜结，革命党岂止汪、黄
两人乎？ 即使来一个，捕一个，但是冤冤相报，何时始已。如今已争
到徒刑，但是在有期无期之间，我还要为汝等争也"，"相见恨晚，不
舍"。②汪精卫因此一直坐牢到武昌起义后而被释，图谋刺杀摄政王载沣
的经历，无疑提高了他在"同盟会"内的声望，并令他的名字为国内民
众所知。

1907年，徐锡麟在安庆刺杀了安徽巡抚恩铭，"满大臣如惊弓之
鸟，谈虎色变，胥有戒心"。③此后革命党人策划的暗杀活动不断，至汪
精卫又达到一个高潮， 并非因为他的行动成功，或者一举扭转当时的
政局，而是由于他在"同盟会"领导层中的地位，代表了革命势力及其
动向，令清朝廷不得轻视，以致不敢以重判死刑处置。连续不断的暗杀
活动，制造了革命恐怖气氛，令清朝官员胆寒生畏，以致退缩，在一定
程度上有利于减轻官府强力镇压对地方民众和革命党人的震慑力，反过
来极大地削弱了清朝廷的执政权威，"后此清大臣与各省疆吏，人人自
危，不止张鸣岐、李准胆落而已"。④

即使是在武昌起义和北洋军南下讨伐镇压之时，革命党人为了配合
南方战事和政局，也在北京相继发动暗杀活动，袁世凯遭遇炸弹袭击，
未受伤害，而满族高官，更是被袭击的目标，"时军谘府军谘使良弼，

① 徐一士：《庚午炸弹案》，《一士谭荟》，《近代稗海》，第二辑，第437—441页。

② 黄斗寅：《庚戌年谋炸载沣记》，《辛亥革命史料选辑续编》，第84、96页。

③ 陈澈一：《睇向斋秘录》，《近代稗海》，第13辑，第542页。

④ 《胡汉民自传》，《近代史资料》，第45号，1981，第40页。

为奉天讲武堂教员彭家珍炸伤而死，陆军部宪兵查得炸药，与炸袁者相同"。[1] "盛宣怀在北京遇炸弹之厄，幸免于死"。[2]而清朝廷内满族新贵的代表人物铁良，早在1905年就遭到革命党人谋划刺杀，目的就是为了震慑那些急于着手接管中央政府实权衙门的满族新贵。与孙中山、黄兴等人艰苦筹备的地方起义相比，个人或小团体策动的暗杀行动，在财力人力上所费甚少，但同时也存在着成功概率不高、难以影响政局的致命弱点，只是在充满人治传统的清代中国，暗杀和除去某些政府首脑和决策人物，仍然是一个不得已的选择。这一暗杀传统，一直延续到民国年间，后日成为政府中人和突出政治目标的革命党人，也难免身受其害。

七、武昌革命起义

宣统年间的国内政局，仍然在满汉纠纷和立宪运动的漩涡中挣扎。被赋予重大意义和使命的中央级别的资政院，于1910年9月成立，满人溥伦出任议长，院内两百名议员，被钦选指定者之外，汉人议员无可避免地要代表地方利益和要求。这一进展接近于完成了设定的国会建立过程，也同满族亲贵集团盘踞的中央政府，正式成为制衡关系，包括对朝廷推出的内阁具有监督权力，常有议案质询甚至弹劾，形成初步制约，在多方面加剧了满汉官僚集团之间的对立。如同一些在华英国人所说，"这些省议会对中央政府构成一定威胁，……各省会更独立于中央"，"这些省议会迟早都会终结满族朝廷"。[3]

与此相对的，是清朝廷在摄政王载沣之下，推出了久已筹划设计的新内阁，宣统三年四月初十日（1911年5月8日），"内阁奉朱谕：庆亲王奕劻著授为内阁总理大臣，大学士那桐、徐世昌均著授为内阁协理大臣，钦此"。[4]此三人之下，梁敦彦任外务大臣，盛宣怀任邮传大臣，

---

① 丁士源：《梅愣章京笔记》，《近代稗海》，第一辑，第483页。

② 宗方小太郎：《辛壬日记》，《近代稗海》，第十二辑，1911年10月31日，第27页。

③ "Hillier to Morrison", "Bland to Morrison", *The Correspondence of G.E. Morrison*, p539.

④ 《授奕劻为内阁总理大臣那桐徐世昌为协理大臣谕》，《清末筹备立宪档案史料》，上册，第566页。

唐景崇任学务大臣，其他大臣由满人出任，特别是陆军大臣荫昌和海军大臣载洵。这一清代历史上第一次具有近代元素的内阁，因满族亲贵人数太多，而被称为"皇族内阁"。

清末局势惨淡无比，万事难筹，以原本脆弱、根基已被动摇的小朝廷，推出一个满族少数人主持的内阁，其认受度和正当性，甚至是可行性，都难免受到强烈质疑和严重挑战。清朝廷采取了一些集权措施，面对持续高涨的立宪浪潮和宪政之下新政治格局，无法掌握，又心怀疑惧，最简单的应对方法，就是继续秉持加强满族亲贵实际权力的策略，以避免被即将来临的强势国会和民间势力所压倒。

国内的立宪派拥有强大势力，占据了各地咨议局和中央资政院中的多数，但他们强烈的参政主政要求，并没有在最近的朝廷权力分配过程中得到满足，因此他们对满清朝廷和亲贵小集团的态度，也由拥戴支持，转为观望、拒绝和抵制。对于执政能力格外薄弱的摄政王集团来说，在局势压力下仍然拒绝让步、让权和妥协，是严重的事态和重大策略错误，等于是由他们放弃了清代历朝笼络汉人官僚士绅阶层的基本政策。

另外一个危险因素，是对汉人统军这一棘手问题的处理，矛盾焦点在强人袁世凯，是满清朝廷躲避不得的难题。"袁世凯深与结纳，为其（奕劻）谋主，于是北洋遥制朝政，其权力之伟，更远过于李鸿章"。[1]

这一位足以左右朝政的汉人政治军事人物，自1909年1月被新贵摄政王载沣勒令回家退隐，下野时间已有两年之久，朝廷中的军事事务，在名义上已被满族新贵掌握，包括北洋六镇。袁世凯长时间不在朝中，不与朝政，一般情况下很有可能招致一个政治人物彻底退出政坛，但袁世凯的隐性权力网络仍在，与众多北洋军将领往来密切，保持实际控制力和忠诚度，这并非是满清朝廷的一纸谕令就可消除的。此外，清朝廷内满族亲贵把袁世凯赶出北京、回老家钓鱼的无情手法，令其他汉人高官督抚深感同病相怜，满汉之间的间隙扩大，这些原本正在竭力支撑着现有政权的官员，无形中增强了他们对清朝廷的离弃之心。

袁世凯在其河南老家闲居，对最近两年的立宪高潮和应对地方起义，均不负责任，颇为安静，与己无关，局外旁观，坐等满族朝廷犯下

---

[1] 汪诒年纂：《汪穰卿先生传记》，《近代稗海》，第十二辑，第264页。

大错，无可挽回，再以"猛虎下山"之势出面，展示实力和返回朝廷中心。因此在这局势十分不稳的几年中，袁世凯并未参与有关防范和镇压行动，那些发生在南方省份的起事，主要是由非北洋集团的新军官兵和革命党人所策动的，同样与袁世凯的军事集团无关。在武昌起义之前，袁世凯的近代北洋军事政治集团，同孙文的"同盟会"集团，没有发生冲突和交集，各自发展自己的组织系统和安排人事，也没有同对方打交道的经验。

袁世凯同朝廷外势力的接触，包括变法老将、立宪派主要人物张謇和后来卷入立宪运动的杨度。袁世凯手下多是军人，为此特别注意选择文人作为自己的辅助。杨度留学日本，曾经与康梁保皇派共事，后自行返国，成为袁世凯实行拉拢的一个合适人选。经由袁世凯的推荐，杨度于1908年进入宪政编查馆，又成为宪政公会首脑。在袁世凯隐居河南的两年多时间内，杨度从事立宪活动，进入政界，也是袁世凯与外部保持联系的主要人物之一。

早在1911年的广州起义之前，湖北的革命党人就向聚集于南方的革命组织中心（统筹部），提出策动湖北起义的建议，名义上是为了配合在广州起义成功后的大举北伐，"谭（人凤）曰：今居正、孙武二人，旦夕为武昌谋，惟缺于资，不能设立机关，以张大其势。湖南同志甚多，以缺于资，不能为进行之部署。诚能予金以分给于两湖同志，则机关一立，势力集中，广东一动，彼即响应，中原即日而定也"。赵声、黄兴当时掌握了用于广州起义的大笔资金，因此愿意在原计划之外拨出特别用途的款项，无需孙文同意，"黄赵等诺之，七日即以二千金予谭，……以六百金予居正，二百金予孙武"。这些用在"同盟会"之外的"共进会"员身上的零星款项，收到了预想不到的结果，"竟为九月武汉起义之导线"。[①]

张之洞督湖广时，先后镇压了多次地方起义，但到了1911年，湖北地方情况发生了十分显著的变化。张之洞已离世，湖北总督由满人瑞澂出任，而从事组织起义的，也不再是散落各地的秘密会党人士，而是手持先进武器的新军官兵，是近代武装力量和清朝廷赖以生存的强力组织。当年张之洞大力推行新政，开办军事学堂、派人去日本留学和在新

---

① 曹亚伯：《广州三月二十九日之役》，《辛亥革命》，第四册，第187页。

军中任用留日学习军事之人。这些救急措施所得效果正同预期相反，发展和优待新军的各项措施，最后反过来促成清朝地方形势的不稳。如黄兴本人就是张之洞名义上主持的两湖书院优异学生，被派赴日本，后来此类保送去日本学习的湖北籍人士越来越多。在急于发展新军之际，地方官府用人为上，许多已是革命党人的留学生或人士都进入新军，广州新军第一标、第二标即是如此情况，而湖北也不例外，革命党人遍布新军部队之中。

在湖北，来自"同盟会"的蒋翔武等人，在黄鹤楼召开会议，成立"振武学校"作为秘密活动中心，蒋翔武为社长，王宪章为副社长，完全是自行推动，并无来自海外"同盟会"高层的指示或协助。他们的工作重点是在新军队伍中开展活动，湖北新军部署的第二十九、三十标、四十一标（团）及炮兵工程队等，都有官兵加入成为社员。[①]与此同时，"共进会"的焦达峰、孙武、居正、刘湘等，另开会议，谋划武昌起义，"议决另设机关于各军队相近处……居正送来洋一百元，作为开办费，其后一切军队往来，及同志入会手续，均在该处接洽"。[②]

富家留日生的"共进会"和贫寒当兵的"文学社"，分头筹划湖北革命起义，通过反复协商，他们最后放下了之前的不同政见，共同携手，谋划起义。"辛亥五月，共进会会员，在各军队，时与文学社员冲突。后翔武、刘尧澂来孙武家会议，两派联合进行，俟商妥后，一切经费由共进会供给，行动完全一致联合"。[③]

湖北地方革命力量的发展，之后逢到一个适当兴起的时机，"川路事起，鄂省风声鹤唳，人心动摇，本社社员增至三千余人，同人等知时会已至，因谋与共进会联络一致进行，蒋翔武为正司令，刘复基副之，定于九月初旬大举"。[④]临近起事时，湖北新军中的会员人数达五千余人，其中仅工程第八营，就有234人记在名册上。

1911年蜂起的全国性保路运动，与清朝廷发布的铁路收归"国有"政策，直接发生矛盾，所谓的"国有"，被普遍认为是清朝政府将铁路建造权转交给外国公司，由其经营牟利，以此作为清朝政府获得外国贷

---

① 张难先：《文学社始末》，《辛亥革命》，第五册，第6页。
② 邓玉麟：《辛亥武昌起义经过》，《辛亥革命》，第五册，第99页。
③ 邓玉麟：《辛亥武昌起义经过》，《辛亥革命》，第五册，第100页。
④ 前文学社同人公启：《武汉革命团体文学社之历史》，《辛亥革命》，第五册，第3页。

款的条件。铁路权益的重要性，至20世纪初的中国社会已被广泛接受，民间资本也愿意参入，与各国在华经营铁路的条约和投资，形成对立。清朝政府推行"国有"化的结果，就是剥夺了民间资本参与分享铁路权益，保证外国资本对铁路干线的垄断性经营及相关庞大利益，因此被形容为卖国行为。"四月，清廷宣布干路国有政策，一方面议将商办干路收回，一方面即与四国银行订立粤汉、川汉两路借款造路合同，于是粤、鄂、湘、川四省舆论大哗，先后开会，集议起而力争。"①争取铁路权益的民间运动兴起后，各地民间组织和商人团体发起声势浩大的群众示威活动，令极其依赖地方力量支持的立宪派，也被迫加入其中，结果直接负责此事的邮传部大臣盛宣怀被当作主要责任人，遭到解职，保路运动在与铁路干线有关的省份，愈加不可遏止。

这一全国性的保权运动，无意之中辅助了革命起义。与湖北新军起义谋划相关的，是在邻省四川发生的保路运动，走向激烈状态，成都群众起而包围四川总督府请愿，结果总督赵尔丰下令开枪镇压，造成死伤血案，局势一发不可收拾。"同盟会"的吴玉章等趁机在四川荣县起事，宣布独立，引发各地的响应。

接到四川警讯，北京满清朝廷紧急调集各处兵力入川，并下令邻近四川的湖北总督瑞澂，准备调动该处新军的第二十九标和第四十一标，并由曾广大率领部分官兵护送端方，入川平定乱局。这些变故就给了湖北革命党人一个最好的起事机会，地方清军防御力量减弱。但同时也给他们造成一定的困扰，因为新军内的革命党人也将被迫随队离开湖北，调往四川。至9月底，湖北革命党人已经作好基本准备，"武汉各营，不旋踵而布满革命种子，所谓新军，皆入公掌握矣"。②

湖北革命党人联系海外"同盟会"高层，希望黄兴等人中能有一位前来武汉，主持大局，出任革命起义及其后临时政府的领袖。但黄兴因故滞留香港，谭人凤卧病不起，他在广州起义时就已因年逾五十，被黄兴劝退不要参加敢死队，"先生年老，后事尚须人办，此是敢死队，愿勿往。……时谭已须发苍白矣"，更无从前往指挥湖北起义。③而孙文

---

① 汪诒年纂：《汪穰卿先生传记》，《近代稗海》，第十二辑，第293页。

② 咏簪 (龚霞初)：《开国元勋蒋上将翔武事略》，《辛亥革命》，第五册，第73页。

③ 曹亚伯：《广州三月二十九日之役》，《辛亥革命》，第四册，第209页。

更是远在美国，执行自己的筹款宣传和组新党的计划，其中筹款一事，计划长达九个月，故对这一长江中游的预定起义谋划，一无所知。因此湖北新军即将进行的起事，还是由之前的领袖孙武和蒋翔武负责，并不存在与其他地方革命组织的联系，距离最近的辅助行动，来自邻省湖南的焦达峰，同为"共进会"同僚。

湖北地方局势加剧紧张，统领湖北清军的第八镇统制（师长）的张彪，自1911年起就加紧了对营防的控制，特别是防范形势不稳的新军出事，措施包括按段巡防、增派宪兵、加紧查夜、搜查空房、缴获非法枪械、多设告密箱、营房宵禁，等等。湖广总督瑞澂也接到关于标营兵变的密报，因此湖北当局的防范级别已经大为提高。

高压之下，地方官员和清军军官分别拿获了一些各自行动的革命党人，而杨洪胜在试制炸弹时发生意外爆炸，被捕入狱，革命党人的名册，以及一些印刷告示和传单等，也被官府缴获。至此地步，湖北督府已经获悉革命党人的起义计划和准备活动，抓获和处死一些参与者。所有这些都与当年张之洞破获和压制唐才常"自立军"起义的过程有相当类同之处，而湖广总督瑞澂对此颇为得意，认为已击破革命党人的起义图谋，平乱有功，兵变危险消弭。但瑞澂不是张之洞，湖北革命党人和新军也不是唐才常和会党，组织更为严密，起义串联网络更为广泛深入，革命意志也更加坚决，在清末全国都危机四伏的大局势下，再次起事并不困难。

蒋翔武在这一紧急关头，被革命党人的两个组织"文学社"和"共进会"共同推举为临时总司令，孙武为参谋长，于八月十八日（10月9日）夜里发动起义，设定了详细计划。新军内部人人自危的情况下，普遍存在着被逼之后放手一搏的强烈情绪。孙武于当夜在俄国租界内的宝善里住房内试验炸弹时发生爆炸，身负重伤，之后蒋翔武、龚霞初等也受牵连被捕，官府大肆追查，武汉戒严，再次兴起清除新军的浪潮。

与此同时，新军队伍内的革命党人，接不到直接指令，"死中求生"，继续执行已经制定和发布的起义计划。工程第八营中有近二分之一的人是"共进会"会员，因此该营的熊秉坤首先开枪，击毙新任营长阮荣发，全营响应，改系白巾。随后另外二十九标和三十标的起义队伍按照计划，整队冲出营房，一并起事。武汉三镇陷入枪战之中，满族旗兵阵地楚望台被攻占，起义队伍占据了弹药库，避免了之前广州起义中弹药不继的厄运。

起义一度陷入混乱之中，士兵大批聚集，但领头者军衔较低，不时遭受所部军官的勒令压制，特别是武汉驻军中的旗人营队，仍然保持了一定实力，"胜负尚难逆料"，"军队均散漫，失联络"，"倘被彼看出我等破绽，将其（郜翔宸、谢元凯）两部联合步队，与我炮兵接近，我炮兵即失去其效力，不能抵抗步兵。此时张彪尚在汉阳四十二标，设或声气贯通，渡江重来，双方夹攻，岂不大事去矣"。[①]事值紧急关头，起义骨干之一的吴醒汉紧急挺身而出，呼吁所在营队的汉兵赶走营内旗兵，解决了最为有组织和有威胁的郜翔宸营，才扭转了危局，继续起义军伍的进攻之势。

在武汉万余名新军力量的攻击之下，当地清朝官府无力应对，仓皇之中，湖北的军政长官都急于逃亡，其衙门大员多被赶走。总督府遭到多方火炮的轰击，瑞澂、藩司连甲及统制张彪在各处分头抵抗之后，均登上江中停泊的"楚材"号军舰避难，被迫为此而对北京的满清朝廷承担起弃城而逃的罪名。武汉全城在二十日（10月11日）落入革命党人手中，成为他们的革命基地，起义"光复"成功，武昌首义达到了孙文组织的多次地方起义都未能达到的目标。

湖北军事大员第八镇统制张彪逃亡，各标统领不在，蒋翔武和孙武作为起义士兵的临时首领，一在外逃，一在养伤，掀起兵变的两个革命组织成员，最高军衔为排长，不足以服人心而出任武汉及其湖北政治首脑。原本定为新政权政治领导人物的居正、宋教仁和黄兴都远在外地，因此起义士兵急需找到合适的人物出任新地方政权领头人物。唯一能够被接受的仍在武昌城内的现任军官，是第二十一混成协统黎元洪（旅长），起事前与湖北军队首领等保持了一定距离，"督练公所总参议、镶黄旗铁忠，召集营长以上，开军事会议，取缔革命党，……欲选三十标旗兵换守军械所。二十一混成统领黎元洪力言不可"。[②]

黎元洪作为北洋水师学堂出身的军官，在日本学习过军事，据说英语流利，之前得到过张之洞的信任，又长期在湖北辖兵，声望尚好，平

---

① 吴醒汉：《武昌起义三日记》，《辛亥革命》，第五册，第81-82页。

② 熊秉坤：《武昌起义谈》，《辛亥革命》，第五册，第86页。

日"待兵优厚，爱惜当兵文人"。虽然其部下在混乱之中也曾阻截过参加起义的炮队，但他最终免受攻击和处死，成为起义士兵们的唯一选择，"出来维持大计"。"大家同志因为人材太少，其目的只在推倒满清，对于汉人，完全视为同胞，无丝毫歧视（失败原因在此），凡属稍有能力者，即一律引用"。[①]

但黎元洪实际上还在犹豫，时局尚不明朗，前途叵测，是否抛弃现有官职，出任新地方政权首脑，从而完全叛清，承受"全家诛戮"的后果。在黎元洪和汤化龙、蔡济民于谘议局商谈之时，起义士兵对黎元洪拒绝诚心参与起义感到不满，"布告安民，稿即脱，请黎氏签字盖章，黎尚犹豫未决，而黎之执事官王安澜亦为黎辩护要求从缓。……陈磊先举枪指黎訾曰：生成满清奴隶，不受抬举。（李）翔东继之，余则两手拦住二人之枪，嘱其不可鲁莽，后黎乃徇众议钤印"。[②]

黎元洪不得已答应出来充当新政权的代表，主持大局，再无退路。此时担任湖北谘议局议长的汤化龙，扮演了重要的角色，自己推却出任都督一职，"是非书生事，战且方始，必宿将有德望为诸军所诚服者乃可"。[③]他以此支持黎元洪担任新政权首脑，并以省谘议局的名义为其背书，证明起义后政权的合法性，对稳定兵变后局势作用极大。在这一情况下，黎元洪接受了鄂军都督的职位，成为一省军政之首，汤化龙为民政总长，地方政府的格局如同日据台湾一般，初见雏型。"与黎商量都督府组织法，并协筹防守事宜"，并通告全国。[④]

此时起义军已经占据武汉三镇，连带当地的重要军工项目兵工厂和铁厂，为起义的新军部队维持日后的多次反清战役提供了弹药和物资补充。武昌起义成功的重要原因之一，就是清朝地方文武大员望风而逃，初步接战即退出督府和省城，各处数量相当可观的清军群龙无首，坐等命令，作战混乱，再加上一些他们的队官本人就是革命党人，因此在突然而起的乱局中无法构成有效的抵抗。"驻鄂陆军营队众多，未必全与匪通，何至无一用命

① 吴醒汉：《武昌起义三日记》，《辛亥革命》，第五册，第84页。

② 吴醒汉：《武昌起义三日记》，《辛亥革命》，第五册，第82页。

③ 《汤化龙行状》，《近代史资料》，第70号，1988，第4页。

④ 吴醒汉：《武昌起义三日记》，《辛亥革命》，第五册，第83页。

者？""如责成地方官相机剿抚，一举手投足之劳耳。至鄂乱初起，亦不过武昌一隅之微，其叛者均系怀惧官兵，且为数不逾五百。瑞澂不逃，张彪即可卒之，何至波及各省耶。及至乱起，则又张皇失措，统驭无方"。①

清朝政府在10月10日失去武昌一事上的主要原因，显然是地方大员的庸碌无为，惊慌失措，在少数革命党人的坚决攻击之下，贪生而逃，尤其是仍然控制着部分清军队伍的张彪，怯弱不前，不敢发动反攻，让起义军占了上风。瑞澂、张彪这一敷衍怯懦的态度和做法，也代表了随后遭遇事变的一些省份督抚的普遍反应方式。

起义队伍最为急需的是自己所属真正革命组织的领导人，但黄兴仍然远在香港，需经上海然后赶到湖北，必然会延迟。"湖北起义二周后，各同志电兴速来鄂襄助，兴遂由港来汉"。②黄兴原先着力于发动多处地方同时起义，得到武昌起义已经爆发的消息，才前往赶赴湖北的路上。当时的局势，起义党人军人必须迅速填补行政中的巨大空白，新设立的民国政府仍然是个地方政权，以"同盟会"和"共进会"发动起来的革命派别，与临时上台的黎元洪背后的原政府人物，甚至与代表地方势力的汤化龙等，都存在着矛盾。

黎元洪本人就既受革命党人军人的监视控制，又仍存退步之心，得以推卸身上的责任，"瑞澂、张彪及各属吏皆逃。时民军张振武、方维等，以公（黄兴）远莫能至，主帅急须有人，乃推协统黎元洪出为都督，称中华民国政府，颁布军律，安抚人民，都署既定。……是时革命军盼公到鄂，几成失望，而公（九月）初九日（10月30日）始得由海外抵沪，闻汉口军情紧急……即亲率宋教仁、李书城与揆一等，乘怡和江轮赴鄂，十三日（11月3日）方至武昌。黎都督在府门外筑坛，拜公为总司令"。③黄兴、宋教仁等革命领导人相继抵达武汉，接过政权和指挥权，"宋，湖南人，年三十四五岁，为革命党中次于黄兴之人物，有

---

① 《寄湖广总督袁世凯上谕》，宣统三年八月二十六日，《辛亥革命》，第五册，第295页；丁士源：《梅愣章京笔记》，"序一"，《近代稗海》，第一辑，第424页。

② 黄兴：《广州三月二十九革命之前因后果》，《辛亥革命》，第四册，第170页；内田良平在《中国革命》中提到，"住在日本的黄兴急速返国充任总指挥"。

③ 刘揆一：《黄兴传记》，《辛亥革命》，第四册，第300-302页。

才略"。①黎元洪就此卸责，在形势渐趋明朗之际，自己剪去辫子，以示彻底与清朝廷决裂。

武汉革命军政府成立之后，即仔细清点湖北官府的藩库、铜币局、官钱局等财政要地，共计库银、现洋、银元、铜元、官票，"湖北财政存款约四千万元，可谓充裕"。②张之洞长期治鄂的结果，不仅留下大型军工、煤铁企业，为起义的湖北新军持续提供枪炮弹药，又为新的湖北地方军政府留下巨额资金，有利于新政权的草创维持。湖北军政府还在成立的两天之内，即以外交照会的方式，通知外国驻当地各国领事，承诺维持地方治安，保护各国商人财产，承认清朝政府同外国政府签订的所有条约，承担之前各次条约中所列明的战争赔款及各项债务等等，以稳定西方各国外交官，保持中立，不至于同刚刚组建的新政权为敌，派出舰队夹攻革命军，为此而承诺了北京的清朝政府已经担起的各项义务责任。③

清朝廷对于失去湖北重地一事，反应还算迅速，起义发生第三天的10月12日，就严惩瑞澂、张彪，"著即行革职，带罪图功，仍著暂署湖广总督"，"统制官提督张彪，著即行革职，并著瑞澂责令迅速痛剿逆匪，克复省城"。同时又通过新成立的陆军部，派出陆军两镇南下赴鄂，由陆军大臣荫昌督军，夺回武汉。"宣统三年八月二十三日谕旨，著将陆军第四镇暨混成第三协、混成第十一协编为第一军，已派荫昌督率赴鄂。其陆军第五镇暨混成第五协、混成第三十九协，著编为第二军，派冯国璋督率，迅速筹备，听候调遣"。④被选调的北洋军部队有不少正在河北举行秋操大阅，此时接受紧急命令，改变任务，由马继增率领的第二十二标提前开拔，乘坐列车南下到汉口刘家庙。

海军方面的情况略为复杂，清军驻武汉一带原有海军和水师舰只停留，逃亡的瑞澂等大员也在海军舰只上避难。所以在清朝政府发出的命令中，也包括调派海军提督萨镇冰所辖的海军舰只参与行动，驰往长江上游，镇压武昌起义，支援南下讨伐军，形成陆路和水上两方对武昌起

---

① 宗方小太郎：《辛壬日记》，《近代稗海》，第十二辑，第31页。

② 曹亚伯：《武昌起义》，《辛亥革命》，第五册，第157页。

③ 曹亚伯：《武昌起义》，《辛亥革命》，第五册，第153页。

④ 《辛亥革命》，第五册，第292—293页。

义队伍的夹攻。黎元洪出身海军，知道舰炮威力，"海军尤利害，……不须十弹，此城将粉碎矣，汝等将退避何处？"。①

但实际情况却并非如此，萨镇冰手下的军舰在武汉长江水域的行动并不坚决， 颇为游移不定，"十月十九日，初叛军密集行进时，六艘军舰虽位于炮击最有利之位置，但一炮不发向下游而去，不知何意。……汉口有中国军舰八艘，雷艇四艘，楚有（萨提督旗舰）……楚豫（瑞总督在此舰）"。②原因之一是从军舰所处位置炮轰武昌督府，起义军队反击的炮火将会波及江北汉口沿江的各国租界及繁华街市。③海军舰只后来还是奉命以炮火支援北洋军，同起义军的炮兵阵地进行互射，武汉居民包括西方人、日本人都出来观战，结果清军舰只未能击毁义军炮兵阵地，反而"海容"号被击中受损，各舰被迫后撤。

南下清军陆续到达，距离最近的河南军第三十八混成团于10月14日就到达武汉，同仍然守在大智门、刘家庙一带的张彪部下会合。④北洋军部队乘坐火车南下到达武汉，因此长江北岸的铁路枢纽大智门和刘家庙一带的位置十分重要。守在武汉的张彪，虽然次子张学骞在革命军手中，劝其投降，但他还是与在刘家庙驻兵的两个营顽抗，令起义军队未能得手。⑤

荫昌所部南下，先与张彪残部联系，铁路枢纽又是北洋军向南调兵的必经之地，因此革命军和北洋清军在此发生至为关键的攻防战役。革命军内原有大批新军官兵，不少懂军事之人，在面对残余防军和少量河南清军营队的情况下，主动发起进攻，顺利占领了刘家庙，缴获大批辎重，清军逃往黄陂躲避。北洋军的大部队陆续到达，其中包括第一混成协统领官王占元、第四镇第八协统领官王遇甲的部队，会合收拢残余清军。⑥北洋军随后发动反攻，获得萨镇冰辖下"海筹""海容"等舰只的炮火配合，又在10月底夺回了该地，击毁不少革命军火炮，重新威胁

① 熊秉坤：《武昌起义谈》，《辛亥革命》，第五册，第93页。

② 宗方小太郎：《辛壬日记》，《近代稗海》，第十二辑，第18页。

③ 计约翰（英）：《辛亥革命战守闻见录》，《近代史资料》，第72号，1989，第121页。

④ 《辛亥革命》，第五册，第94—95页。

⑤ 剑农：《武汉革命始末记》，《辛亥革命》，第五册，第185页；宗方小太郎，《辛壬日记》，《近代稗海》，第十二辑，第16页。

⑥ 丁士源：《梅愣章京笔记》，《近代稗海》，第一辑，第462页。

革命军政府重地的汉口。

　　早期到达的清军援军，主要为北洋军前锋，名义上在旗人大臣荫昌的统领指挥下，但荫昌"骤跻显秩，资望浅，又未履行阵，军人皆轻之"。[①]北洋将领又多暗中听从退隐老家的袁世凯之命，故此冯国璋等人推托却战，作战不力，连败于死命防守和进攻的起义军队，尤其是败于谢元恺等人组织的敢死队发动的猛攻。刘家庙失守之后，北洋军部队陆续后撤，不急于全力反击和推进。

　　在前方军事和各地起事的多重压力之下，以摄政王载沣为首的北京小朝廷，此时方才明白，军谘使良弼和陆军大臣荫昌，其实指挥不动北洋军，因此被迫改变一力压制强人袁世凯的初衷，重新起用甚至重用，廷议争辩之后，于八月二十三日（10月14日）发出一道上谕，"湖广总督著袁世凯补授，并督办剿抚事宜。……迅速赴任，毋庸来京陛见"。[②]袁世凯在被投置闲散两年多之后，再度出山，得以直接掌军。他于10月31日在信阳同荫昌作了交接，就此把荫昌手下的第一军由冯国璋指挥，加上北洋亲信段祺瑞的另一路为第二军，南下讨伐的主力部队都在袁世凯的控制之下，得以操纵自如。

　　即便如此，袁世凯对湖广总督等地方职位仍不满足，继续提出实权要求，最后导致清朝廷完全妥协，隆裕太后视政，摄政王载沣退出，被迫放弃了之前在政府中一力安插满族亲贵的愚蠢策略，转而将满洲亲贵辞退要职，以便对袁世凯这一汉族强人让出更具实权的官位，"宣统三年九月十一日（11月1日）内阁奉上谕：……庆亲王奕劻开去内阁总理大臣。大学士那桐、徐世昌开去协理大臣，镇国公载泽等，邹嘉来等，均各开去国务大臣。袁世凯著授为内阁总理大臣，该大臣现已前赴湖北督师，著将应办各事略为布置，即行来京组织完全内阁"。[③]

　　袁世凯获得自己所需的真正军政权力之后，又通过刺杀手段清除了新军将领吴禄桢，消弭离北京最近的起义图谋，夺回第六镇的指挥权，稳定了后方。他之后才下令已在武汉前方扎营布阵的北洋军将领，展开

---

　　① 王树枬：《武汉战纪》，《辛亥革命》，第五册，第230页。

　　②《辛亥革命》，第五册，第293页。

　　③《准奕劻等辞职派袁世凯为内阁总理大臣组织完全内阁谕》，《清末筹备立宪档案史料》，上，第600-601页。

全力进攻，并于10月底亲自南下，到湖北孝感监军和直接指挥。这无疑令武汉军政府和革命军面临的军事压力骤然大增，两方对阵的局势发生逆转。黄兴此时已经赶到武汉并亲自指挥革命军作战，但局势已不同于早期攻打刘家庙之时，军政府一方转为处于下风，而北洋军则依靠铁路不断运来援军和枪炮弹药。经过血战巷战之后，革命军于11月1日丢掉汉口大区，只得退往汉阳，让出了重要的沿江码头区和租界区。虽然黄兴发动了革命军再度反攻汉口，但并不顺利，在北洋军精锐部队的防守之下，失去进攻势头，先攻后退，被迫彻底放弃了汉口，以图保住汉阳。

此时的北洋军队，已不同于革命军之前遇到的大多同情革命的湖北本地新军，训练装备指挥水平更高，如任荫昌副官长的丁士源所述，"德国海军舰队，向丁致贺，并谓中国练兵不及十年，但昨晨余在舰上与同僚见贵军通过三道桥之动作，实与德军相同，不胜敬佩"。[1]而据当地外国人的观察，革命军方面在作战时存在着严重的问题，"共和军作为战斗核心而言，是相当薄弱的。一队队的黑衣军（革命军）在各处任意徘徊，而灰衣军（北洋军）现正以疏散队形直线前进，二者成了何等鲜明的对照！""向清军打来的炮弹，大多数落在离清军还有半哩之遥的地方，打的竟是如此的炮弹！　就这样也只有不到半数的炮弹爆炸"。[2]

在不利形势下，革命党和军政府内，发生分歧，张彪等清军将领同黎元洪私下进行联系，力图策反，提出投降条件，但未能成功。[3]原被迫加入革命军的标统（团长）张景良因消极抵抗、试图重返清军，而被黎元洪下令处决。北洋军在拿下汉口后休整数日，才再度投入战斗。至九月二十四日（11月17日），清军将领丁士源返回汉口与冯国璋商议，"汉阳何以不下？　冯曰：军队不充。……丁曰：挥牛冲入地雷阵线，地雷即行崩炸，敢死队即可前进，同时后方部队渡河。（第六镇统制）李曰：吾往预备可也，约二三日即可办妥。故汉阳终于十月一日（11月21日）攻破"。[4]

---

① 丁士源：《梅愣章京笔记》，《近代稗海》，第一辑，第466页。

② 计约翰(英)：《武汉战役》，《辛亥革命》，第五册，第138、161页。

③ 丁士源：《梅愣章京笔记》，《近代稗海》，第一辑，第466页。

④ 丁士源：《梅愣章京笔记》，《近代稗海》，第一辑，第475页。

丁士源所言过于简单，实际上两军之间爆发了反复的攻防战，11月21日的渡河行动仅仅是个开始。冯国璋的总体作战计划，是在渡河之后占领西部的山地，然后居高临下，向东反攻汉阳。他部下的李纯、王遇甲两队冒雨渡过襄河（汉水）上游，登岸后连战多日，而海军舰只"海筹""海容"则被策动投奔了革命军，加入对北洋军的攻击炮轰，令后者失去水路军力的配合。

只拥有陆军的北洋军依靠野战火炮和马克辛机枪，相继拿下扁担山、黑山等要地，张敬尧部又在锅底山击退张振武所率卫队和学生军，但山地作战仍然万分艰苦。在北洋军几支部队缓慢清剿汉阳周围山中的革命军残部时，吴金彪部于11月27日进入汉阳空城，并占领各处工厂，革命军的汉阳保卫战以失败告终。[①]"十一月二十八日，有电报谓，昨日汉阳革命军大败，汉阳全部归官军所有。叛徒溃乱，逃至武昌，死伤甚多云。溃败之原因为湖北、湖南两军不和，总司令黄兴已向上海逃亡"。[②]

关于武汉军政府内的湖北、湖南两军的矛盾，也确实存在，"革命军的失败是由湘军和鄂军之间大大的不和所致，关于这一问题的报道，已被平民中传来的消息所证实。湘军抱怨他们总是被派往前线打仗，即使他们占领了阵地，鄂军也守不住。星期日（26日）那天矛盾激化，当时清军进攻，情况已非常危急，最后湘军开始大撤退。到星期日夜，他们竟然已全部退到武昌岸边，开始从上游回家乡作长途行军"。[③]

此时武汉战区的客观形势已大不同于起义初期，不仅北洋军整体实力优于地方军和革命军，而且各次战役中也切实显示出对阵两军整体形态表现的对比。湖北革命军作战状况一般，勇气可嘉，冲锋凌厉，但指挥混乱，协调有限。而此时的北洋军，同样士气高涨，自认是国内军队的精锐，绝非一击即溃，战场上经常出现死拼和同归于尽的现象，军官指挥反应及时，加上火炮和机枪的优势，在相持中反击成功，得以逐步推进，将革命军逼退至汉阳和武昌。

---

① 王树枬：《武汉战纪》，《辛亥革命》，第五册，第235-239页；计约翰（英）：《辛亥革命战守闻见录》，第168页。

② 宗方小太郎：《辛壬日记》，《近代稗海》，第十二辑，第32页。

③ 计约翰（英）：《武汉战纪》，《辛亥革命》，第五册，第172-173页。

黄兴抵达武汉后指挥的攻防战役均遭失败，影响他的声誉甚大。武汉军政府对黄兴的期望过高，以广州起义突袭的经验用于对付正规陆军，靠士气作战，偶尔偷袭成功，但在双方防线基本明确的情况下，受到敌方野战炮和机枪火力的压制，损失过大，败多于胜。而黄兴本人也受到早期顺利起事的影响，以武汉本地新军的力量，策划向北进军，与南下的北洋军正面相对，对敌方实力战力估计过低。

汉口、汉阳相继战败之后，黄兴鉴于强敌在前，本地武装力量不足恃，转而提议放弃武汉，退往已经起义成功的湖南甚至南京，作战略大撤退。此举遭到本地起义党人的坚决反对，不愿放弃他们辛苦起义和防守而来的革命成果，"及汉阳失，黄兴谋去武昌，守南京。张振武拔剑斫几曰：有言弃武昌者，有如此几。黄兴默然"。[1]既然劝说不动其他革命党人和黎元洪，黄兴只有自己退出，当即离开武昌，逃往上海，"十二月二日……黄兴昨日下午自汉口到达（上海），投宿于胜田馆"。[2]顺江东下的途中，"黄兴走向船舷欲跃江，幸有副官长王孝缜、经理部长曾绍文及刘揆一等左右抱住而止"。[3]

即使众多本地革命党人坚持不退，武昌革命军政府所在的督府，遭受北洋军的炮火轰击之后，连黎元洪也不得不出城暂避。武汉三镇中，汉口、汉阳已失，只剩下长江对岸的武昌，还有革命军残余部队固守，而且都是屡遭战场失败的残兵，按照黄兴的评估，很难指望他们再有更好的表现，所以武汉最后一镇也面临着被清军攻克收复的命运。"武昌一城如鱼游燋釜之中，大别山一弹之火，可唾手定也。冯国璋以我军既克黄陂，前后诸路皆廓清，无复顾虑，乃刻期规复武昌"。[4]

冯国璋在前线指挥，段祺瑞的第二军未及参战，即已接连拿下两镇，他手下的北洋军首次经历战火，在战场上获胜，即将实现战略目标，完成清朝廷发令南下讨伐的使命。但是北洋军在军事上取得的重大进展，完全受制于政府高层的政治活动和深远谋划。

① 王树枬：《武汉战纪》，《辛亥革命》，第五册，第239页。

② 宗方小太郎：《辛壬日记》，《近代稗海》，第十二辑，第33页。

③ 张家凤：《中山先生与国际人士（上）》，《中山学术文化基金会丛书》，台北，2010年，第81页。

④ 王树枬：《武汉战纪》，《辛亥革命》，第五册，第241页。

八、共和终结帝制

北洋军拿下武汉全部的前景可期，冯国璋将为清朝廷立下大功，或者可以比肩当年攻下南京的曾国荃。但是整体局势的发展，完全在前方将领冯国璋的控制之外。其他城市地区内的革命党人，跟随武汉起事，南部中国多个省份已经不在清朝廷的控制之下，各自宣布"独立"。北洋军的冯国璋、段祺瑞等部，在镇压平息武汉湖北起义之后，若继续开赴其他省份依次平叛，势必会在与其他起义军的冲突中，遭遇重大伤亡损失。原本在汉口、汉阳的战役中，北洋军也没有占到绝对优势，伤亡人数惊人，靠各部队官兵尚能死战，才逼退普遍作战勇敢的革命军。如果继续逐个按省征讨下去，总计数万名的北洋军所受损失，将难以预计。北洋军集团首脑袁世凯，自然不愿意为北京满族朝廷付出如此重大的代价，让自己的权力根基受损，反而暗中谋划自己到达权力顶峰的步骤。因此冯国璋在前线连胜，只是在为袁世凯争得更多的名望资历，奠定满清朝廷再也无法将他取代贬斥、非他不可的有利地位。

为了达到这一目的，袁世凯自然没有理由命令冯国璋在前线全力以赴，并继续推进到南方其他起义省份。他的对策是利用眼下乱局和南北对立，处于中间的有利位置，既用强大军力压住那些在南方各地活动的革命党人，又以革命势力的威力，胁迫北京的清朝廷继续向他让出权力，直至最后完全失权。为此，北洋军和湖北军政府在暗中接触，尤其是黎元洪，是个容易联系拉拢的人物。在双方交战、汉阳未失的11月初，黎元洪同萨镇冰就保持着联系，因军政府方面提出不再保留清朝名称和政府的条件，战场上又未称败，未能谈拢。[1]

与黎元洪有同乡关系的刘承恩也一直在私下同黎元洪联系，又加上蔡廷干，受到礼遇，各抒己见。在此之后，虽然北洋军成功占领了武汉大部，但是革命党人却在上海、南京等要地获得成功，抵消了汉阳失陷的坏消息，南北两方的对峙状态保持基本不变，迫使袁世凯倾向于采取军事攻势之外的手段，借和谈缓和局面和要挟牟利。

在南京方面，两江总督张人骏和满洲将军铁良在武昌起义之后，加

①　计约翰 (英)：《武汉战纪》，《辛亥革命》，第五册，第157页。

紧了在南京（江宁）的防范，"十月三十一日，南京之新军第九镇全部，……城内以旧式之驻防军及八旗兵警戒，子弹全部保管于将军铁良之手，新军不发子弹，……总督（张人骏）曰：新军为用于对外作战者，内乱则可用驻防兵云云。在待遇上，以前厚于新军而薄于驻防兵，今日则完全改变其地位，优待驻防兵而疏远新军。新军之不满虽然达于极点，然以无子弹无资金，不能举事"。[①]

"同盟会"高层的宋教仁，对南京极为重视，曾建议抵达上海的黄兴先取南京，但黄兴坚持前往武汉领导指挥。江苏当地绅商以虞洽卿为首，前往劝说总督张人骏自行宣布江苏独立，被他拒绝，铁良也声称唯有一战，但南京城内各处挂起白旗，仅靠督抚和少数部队，无法抵抗。"十一月十五日，今晚上海革命党派兵三千名进攻南京。南京有张勋部下七营、铁良之旗兵一千二百名、张（赵）会鹏部下七营，及其他合计约二十营"。[②]

尽管事前防范严密，清军仍然未能守住营地和南京城。新军第九镇的部队，党人众多，在统制徐绍桢的指挥下，发动起义，击退了张勋守军，攻入雨花台，因弹药缺乏而暂停。徐绍桢邀集其他地方的起义军组成江浙联军，前来支援，张人骏等大势已去，张勋部在内城做最后抵抗，紫金山被攻占，无法再守，"十二月二日，南京城本日上午十时半陷落，总督张人骏、将军铁良逃至碇泊于下关之军舰'秋津洲'号云。张勋及其部下均逃往浦口"。张人骏、铁良等人在江苏各处自立的情况下，无以立足，继续逃亡，"将先乘明日之'西京丸'赴大连，然后至北京，因此报西木省三送至大连"。[③]南方重镇南京起义成功，随后成为民国政府的重要基地，以致超过首义之城武汉。

江浙地区的最大国际城市上海，也已在起义军手中。上海地区各国租界林立，外国势力极强，又非清军驻防要地，因此在租界当局不干预的情况下，革命党人采取行动较为方便。原为新闻记者的革命党人陈其美，率队攻击江南制造局，以夺取枪械，既被击退，又被拘押在制造局。上海革命党人以民团形式，再次发动攻击，占领了制造局，黄兴之

---

① 宗方小太郎：《辛壬日记》，《近代稗海》，第十二辑，第28页。

② 宗方小太郎：《辛壬日记》，《近代稗海》，第十二辑，第30页。

③ 宗方小太郎：《辛壬日记》，《近代稗海》，第十二辑，第33页。

子黄一欧参与其中，时年二十岁，率领民军轻易拿下上海，遍插白旗，上海商团、巡警和巡防队都已归顺，清朝地方官员逃隐，起义成功，大局已定，又对南京起义给予关键性援助。被释放出来的陈其美之后出任沪军都督和军政府首脑，时年三十七岁。

革命党人各地起事，由不同组织团体依当地具体情况而定，仅江苏一地，不算南京，即有五位新上任的都督，"苏州，江北、镇江、上海、吴淞也，其他军政分府又不与"。其中上海都督由陈其美出任，激发地方矛盾，"初英士(其美)与李柱中(燮和)谋袭江南制造局，柱中不许，英士先率部党突入，被获。其党叩首请柱中往援，柱中以湘军从之，制造局官长散走，余卒尽降。柱中日夜抚慰降人，疲极。英士乘其倦卧，集部党举己为上海都督。柱中觉，大怒，欲攻之，惧为清虏笑，乃率众直走吴淞，亦称都督，陈李交恶"。①

之后清朝的江苏巡抚程德全顺应时势，宣布反正，转任江苏全省都督，李燮和就此前往归属，不再与陈其美的上海都督府相对立。南京起义成功之后，江浙一带已全部为革命军所占有，而孙文一向重视的广东，也为革命党人取得，总督张人骏未做抵抗，胡汉民出任都督，因此中国南方大多为革命党人和地方势力所占据。

匆忙起事的各处革命党人，对权力权限意见不一，甚至互相抵牾。黄兴在被推举为大元帅一事上，遇到不少地方性军事团体的反对，包括实力可观、攻占江苏各地的苏浙沪联军，"联军遂推(徐)绍桢为北伐军总司令……而黄兴之徒在上海，以统一指挥之名，议举兴为大元帅。南京联军诸将闻之，哗曰：此公败将，弃武汉不守，乃欲指挥吾胜军耶？兴为人轻锐多智数，敢为大言……辛亥广州之役，汉阳之役，以及此后二次革命江宁之役，无役不为所指挥，而无役不败，每败辄委所部以逃，一时有'长腿将军'之号。然败而不挠，得机既起"。②

在这一临时战场指挥者的任命事务上发生多次反复，无论是黄兴、程德全，还是黎元洪，他们的威信都遭受损失，更加显示地方势力的强大，自立性强，存在着对原本权力有限的高层领袖的潜在挑战威胁，随时可将他们更换。这也是日后各省和中央政府首脑频繁变换的深层原

①《太炎先生自定年谱》，《近代史资料》，第12号，1957，第123页。

② 钱基博："辛亥南北议和别纪"，《辛亥革命》，第八册，第104页。

因，各类人物均无确定可靠的权威可言，完全以武装力量是否在手而变。"论者谓，代表会易置大元帅副元帅如弈棋，近于儿戏。回忆彼时，湘代表拥黄，鄂代表拥黎，议场争辩几至用武。"①

各地革命党人盘踞地方当局，各自行事，确实如章太炎所说，"革命军起，革命党消"，以致黄兴本人难以成事，不得不先做妥协，甚至同意和北洋军集团进行和谈，推举袁世凯，"黄兴有电致袁内阁云：若能赞成共和，必可举为总统。此电由汪君转杨度代达袁氏"。②黄兴只有等待来自"同盟会"领袖和本党的强大组织的支持，"知孙中山先生不日回国，主张一切留待孙中山先生回国后决定，乃着手将驻南京军队先行整编"③

就全国而言，南方不少省份已经宣布"独立"于北京的满清朝廷，举起革命共和的旗帜，对清朝廷的全国统治权威造成极大挑战，不再受其实际控制。认清时局的袁世凯，明智地选择谈和，操控政局和谈判条件。虽然武昌还在军政府手中，但已是危在旦夕，冯国璋的部队随时可以渡江南下，夺取武昌，不过为袁世凯所阻止，反而派出了以唐绍仪为首的谈判团，南下同黎元洪等继续谈判停战议和，以求全面解决。

12月11日，北方的谈判代表唐绍仪，被袁世凯派往武汉，南方代表为伍廷芳，辅以各省代表，已在北京得到释放的汪精卫也参与其中。④因为占据武汉二镇的北洋军和一镇的军政府意见不一，最后改为在上海和谈，唐绍仪等人又返回上海展开谈判。这一微小改变的不利之处在于，江浙方面的革命党组织众多，意见不一，又非常依靠"同盟会"的组织力量，并不似武汉方面和黎元洪的妥协意向之强。

北洋军和各地革命军之间，已经宣布停火，等待议和结果。12月17日，唐绍仪抵达上海，同伍廷芳在上海英租界内市政厅正式开始谈判。袁世凯此举，背后有多种图谋和含义。据《纽约先锋报》的奥尔（Ohl）报道："唐绍仪的代表们到达上海时，他们发现南方的代表们

① 王有兰：《辛亥建国回忆》，《辛亥革命史料选辑》，下册，第295页。
② 《南北代表会议问答速记录——第二次会议录》，《辛亥革命》，第八册，第77页。
③ 柏文蔚：《五十年经历》，《近代史资料》，第40号，1979，第23页。
④ 计秋翰：《武汉战纪》，《辛亥革命》，第五册，第177页；《议和始末》，《辛亥革命》，第八册，第67-69页。

已经快要放弃了。北洋军充分展示了他们的军事优势，南方军政府们资源短缺的现象明显，地方不满积累涨大，从心里相信共和理念的领导人极少，所以他们愿意在君主立宪的基础上解决问题。但是（北方代表）唐绍仪却倾向于共和制，在私下里告诉南方的代表们，走出共和的最后一步，如同向皇上请求要求得到宪政让步一样简单，并保证袁世凯会给予支持。这一表态让南方代表大开眼界"。①

唐绍仪代表袁世凯，在会谈时明确表态，"共和立宪，万众一心，我等汉人，无不赞成。不过宜筹一善法，使和平解决，免致清廷横生阻力"。②这一番言论得到伍廷芳的一力赞成。以此来看，袁世凯不再将北京的满清朝廷视为自己的效忠对象，正在试图排除来自现存政权的阻力和干预，所以同意了讨论南方代表提出来的清朝皇帝皇室逊位的问题。这对身为内阁总理大臣的袁世凯来说，已是明确的背叛朝廷行为。这与外国记者的通讯报道是一致的。

在唐、伍代表正式会谈之时，袁世凯的代表廖宇春和南方代表、苏浙沪联军总参谋顾忠琛，同时在上海私下谈判，达成框架性协议，"确定共和政体，优待清皇室，先推覆清政府者为大总统，南北满汉军出力将士，各享其应得之优待，并不负战时害敌之责任，同时组织临时议会，恢复各地秩序。签订之日，为中华民国元年元旦之前十三日辛亥十一月一日（12月20日）"。③谈判中的大总统一职，意属袁世凯，是由南方代表顾忠琛提出来的，"中国之存亡，实惟项城（袁世凯）一手操之。倘天牖其衷，项城能倾覆清廷，愿以大总统相属"。"项城倾覆清室，即推为大总统，此当然事也"。④

南方各地都督们在北洋军力压武昌时，自度难以顺利北伐和自力推翻清朝廷和袁世凯军事集团，满足于南方独立又难保日后遭受讨伐，因此以完全推翻清朝廷为首要目的，寻求以适当代价引入和借用袁世凯的势力，急于以协议的方式加以确定。

南北两方的正式谈判，折冲较量了多个回合，唐绍仪得到袁世凯的同意，"令商阁下（伍廷芳）招集国民会议，决定君主民主问题"。这

① The Correspondence of G.E. Morrison, p804.

② 《南北代表会议问答速记录——第二次会议录》，《辛亥革命》，第八册，第77-78页。

③ 钱基博：《辛亥南北议和别纪》，《辛亥革命》，第八册，第103页。

④ 钱基博：《辛亥南北议和别纪》，《辛亥革命》，第八册，第106页。

基本上是在向南方代表的要求让步或赞成，于12月29日达成一些协议条款，其中有尽快召开国民会议的条款，还有优待皇帝的待遇，"以外国君主之礼待之，退居颐和园，优给岁俸数目，由国会定之，陵寝及宗庙，听其奉祀。保护其原有私产"。①在袁世凯的运作之下，清朝廷的隆裕皇后和朝中满臣被迫同意这些条款。南北双方在1911年底基本达成总体协议，以全面停火和建立民国，黄兴对此议和及其协议也是同意的。

　　廖宇春同顾忠琛的会谈，与唐绍仪、伍廷芳的正式停火和谈的更为全面的协议，互相配合，表明双方的意愿和构想是基本一致的。这些双边协议一旦达成，清朝皇帝和朝廷被推翻即成为事实，随之帝制终结。而在当时情况下，能够完成推翻清朝廷的领袖，无疑会是身在北京任内阁总理大臣、以绝对军力控制北方及中部的袁世凯，所以这些协议是南北方代表都可以接受的，基本上达到了以政治解决方式化解战争、达致和平，以及粗略勾画之后国体政体格式的目的。

　　谈判结束之后，双方各自退兵，那些已经攻占武汉两镇的北洋军队，也要按照协议安排撤出，退至黄河以北，娘子关以东，已占地方让出给南方革命军。这令冯国璋等前线将领们甚感不满。"对革党则以军威为要挟，对朝廷则以党人为威胁。克汉阳而退军，胁将士以共叛。……八年之间，靡款亿万，练成十万将兵，为袁氏一人所操纵。当既克汉阳之后，官兵战胜而退，竟有拊膺痛哭者，可知将士忠诚，固未稍逊。所谓乏饷不能战者，乃袁氏自圆其说耳。迫袁氏野心日亟，遂迫段等电请逊位。"②

　　武昌起义的辛亥年，孙文留居在美国，正在做筹款巡游和组织重整，远离国内革命组织团体筹划的地方起义，"辛亥夏历七月初二动程，甫及三阅月，而武昌革命爆发，翌日两路演说筹饷员，不期而遇于堪萨斯地，闻武昌起义已得手，不禁大喜，总理于是不复依原定计划按埠进行，直往纽约办理外交矣"。③在国内地方起义不断的情况下，据

①《南北代表会议问答速记录——第二次会议录》，《辛亥革命》，第八册，第82-84页。

②丁士源：《梅愣章京笔记》，《近代稗海》，第一辑，第424、426页。

③廖平子：《孙总理三度游美事略》，《辛亥革命史料选辑》，第366页；孙中山在自撰的"建国方略"中，自称武昌起义时他正在科罗拉多州的丹佛市。

消息称都是"同盟会"的会员领导或参与的，所以身在美国的孙文，并未从美国西岸经太平洋直接回国，而是绕道欧洲，决定在获得英、美、日本等国政府的明确支持表态之后，再回国领导运动。

孙文于11月10日由纽约抵达伦敦，成功同英国外相格雷（Grey）会见面谈，向英国政府求援，报之以民国政府将会给英国、美国以特别优惠的条件。但格雷对孙文的提议不感兴趣，英国政府预期袁世凯会成为中国的领袖，所以格雷只愿意撤销港英当局之前发出的对孙文的登岸禁令。

孙文于12月21日抵达香港。已在广东省起事和实际执政的胡汉民希望他们停留于当地。胡汉民注重广东，不看好江浙等地的地方政府，"余主先生到粤，先生则主余偕往沪、宁，其争辩之点甚多"，"以选举克强之事观之，则命令正未易行，元首且同虚器。何如留粤，就粤中各军整理，可立得精兵数万"。孙文如同之前的李鸿章，着眼于全国局势和政权，担心错过最好时机，包括正在举行的南北两方和谈，会丧失革命运动高潮之下的胜利成果，"我因而利用之（袁世凯），使推翻二百六十余年贵族专制之满洲，则贤于用兵十万……故今日可先成一圆满之段落。我若不至沪、宁，则此一切对内对外大计主持，决非他人所能任"。①

孙文说服了胡汉民，一起北上，于12月25日圣诞节时抵达上海。对于许多在辛亥年参加起义的各地方人士来说，孙文及其之前的革命领袖的身份，他们知之不多，而孙文身在国内的时间很短，手中无兵，此时出现在上海，又没有带来他所声称的巨额资金，要由他来统一和平定国内分立和动乱，是极为困难的。②"时经济竭蹶已达极点，而报纸哄传总理于华侨处募得三千万金镑，亲携来沪。其实除随身行装、手提皮包三件外，无他物。夜膳时，谈及经济问题，总理笑曰：'我有钱，人将谓我吹牛吹得来的，我所以还是无钱的好。现在需要，总有法想的。'"③虽然这一解释并未能疏解革命党人的对政治、外交和财政的多重忧虑，但既然主要革命组织"同盟会"公认的革命党领袖归来，毕竟提供了与北方袁世凯

---

① 《胡汉民自传》，《近代史资料》，第45号，1981，第52—53页。

② Kaplan, L., *Homer Lea：American Soldier of Fortune*, p177.

③ 曹家俊辑：《辛亥革命史料两则》，第54—55页。

相对的一种解决办法。

上海一地革命领袖和上层人物云集，即将决定集体统合南方各地势力，选择出任统一政府首脑之人。"同盟会"高层人物和各地起义首领都在筹划推举人选，有力竞争者不乏其人，"临时大总统待选，黄兴颇怏怏于大元帅之落选，而有意焉。孙文则归自南洋而抵上海……徐绍桢以粤人为总司令，久镇江南，又新有功，一言为轻重，而以文乡人，革命先觉，苟选大总统，微其人莫属"。[①]身在武汉的革命党人，例如孙武，依靠首义之区的威名，也热切期望在即将建立的新民国政府中担任高层职务。

竞争角力到最后阶段，孙文以"同盟会"最高领袖的地位，首先压服了本党内各派别的高层人物，尤其是黄兴，再经由"同盟会"及其相关各个会社，获得其他地方人物的拥护，召开以本党党员占多数的会议之后，被各地临时军政府代表推为临时大总统。"以克强光复诸省，由革命军首领派代表者，悉同盟会党员，只直隶、奉天为非党员。选举及组织政府问题，当然由党而决。……钝初（宋教仁）等即入南京，由各省代表开选举大会。省占一投票权，共十五省，先生以十四票，当选为中华民国临时大总统（按当时参加投票，为十七省代表，总理实以十六票当选）"。[②]

南京临时政府的"组织大纲"规定："临时大总统，由各省都督府代表选举之，……代表投票权，每省以一票为限"，这样各地都督（起义领袖）拥有决定南京选举代表的权力。[③]被推出来的候选人有孙文、黄兴和黎元洪三人，在党人占绝对多数的情况下，结果不言而喻，黄兴得一票，为湖南的代表谭人凤所投，黎元洪一票未得。[④]孙文本人并不在南京会议现场，当时出席的各省代表共四十四人，每省平均不足三人，河南等大省的代表各只有一人。[⑤]1912年1月1日，孙文就任临时大总统，他在临时大总统的宣誓书上签名，仍然是"孙文"。

---

① 钱基博：《辛亥南北议和别纪》，《辛亥革命》，第八册，第106—107页。

② 《胡汉民自传》，《近代史资料》，第45号，1981，第54—55页。

③ 平佚：《临时政府成立记》，《辛亥革命》，第八册，第8页。

④ 王有兰：《辛亥建国回忆》，《辛亥革命史料选辑》，下册，第297页。

⑤ 张难先：《中华民国政府成立》，《辛亥革命》，第八册，第13—14页。

孙文即位总统之后，立即面对之前各地革命活动积累起来而未能解决的多重棘手问题。他的临时政府一直未能得到各国列强的正式承认，各地大批革命队伍的军饷问题，极难解决，随之索取军饷之事不绝，"度支困极，民军待哺，日有哗溃之虞"。①

立宪派人物和近代杰出实业家张謇，被孙中山任命为财政部长，对此他敬退不敏，深知职责过重，"财政岁出大宗，曰赔款，曰海陆军费，曰行政费。赔款除铁路抵押外，计每年需四千万至五千万两……中央政府每年支出以极少之数核计，须有一万二千万两……入款之可恃者，海关税三千万两，两淮盐务约可得一千万两……除此以外，无丝毫可恃之款。……此每年所短八千万两之款，于何所求，将责之财政部长一人"。八千万两的年度财政亏空，主要来自供养各地数目庞大的地方武装所需，南方临时民国政府面对的严重财政危机，比当时清朝政府一向承担的重负，更加不堪。张謇为此寄望于孙中山众所周知的海外筹款能力，"久在外洋，信用素著……能否于新政府成立后，担任募集外债一万万两或至少五千万两以上"。②但是孙中山之前在海外华侨社区内能够筹集到的百万元数量级的捐款，对于当前临时民国政府的财政困难，无济于事，孙中山及其党派必须寻找其他的资金来源和有力财政支持者。

南京临时政府又处在江浙联军的控制之下，即使是"同盟会"中最高军事权威的黄兴，也无法完全控制局面，"以空拳支拄多军之饷食……寝食俱废，至于吐血"。③"浙军将领则素反对克强（黄兴），不受命令，陆军部不能加以裁制"。④而这些新设民国军队，是否继续与北洋军开战和发动北伐，更是个至关重要的决策。虽然孙文和黄兴在民国政府就任后不久，就策划了六路北伐的战略，最后因实际困难而在几度尝试后予以放弃。

孙文从海外返国之后，立即就任民国临时大总统，直接造成原有的南北和谈破裂和协议作废。袁世凯在缓兵不进、等待和谈结果之时，不

① 《孙总统复函张謇》，《辛亥革命》，第八册，第55页。

② 张孝若：《南京政府成立》，《辛亥革命》，第八册，第49—50页。

③ 《胡（汉民）秘书长函张謇》，《辛亥革命》，第八册，第55页。

④ 《胡汉民自传》，《辛亥革命史料选辑》，上册，第223页。

意中将自己属意的中国历史上的第一位大总统之职位，让给了孙文，自己仍是内阁总理大臣，仅在职务称呼上，就在南京的孙文面前落在下风，自然反应激烈。"袁投箸而起，声言南北协约以君主立宪为前提，而唐伍两全权擅用共和政体，逾其职权。且协约未决，南人先组织政府，公选大总统，有悖协约本旨。"①

既然和谈已经破裂，唐绍仪主动辞职，南方民国军队则面临着被迫北伐的选择，结果前方部队勉强而行，"余（柏文蔚）时驻军在蚌埠一带，严阵待命。奉参谋本部命令，以'和议停顿，克日进军，在兵力未达徐州以前，所有各军统归第一军军长柏文蔚指挥'等语。……浙军朱瑞等虽亦进至固镇，听说南北和议复活，即停止不前。……余以第一军为先锋，会同粤军，沿津浦线向前猛攻……于是大军继进，张勋狼狈向北溃退，徐州即被克复矣"。直隶总督陈夔龙此时出来建议，借革命军"违约开仗"的机会，下令驻武汉的北洋军冯国璋部立即攻打武昌，夺取南方临时政府的要地，给以警示。鉴于众多因素，柏文蔚等部北伐中的局部进展，同样由于政治原因而被喝止，南京民国政府并无决心和财力给以完全支持，只有勒令进行北伐的各军停止前进。②

在僵持局势之下，南北两方再次进入和谈阶段，南京民国临时政府既然已经预期无力依靠南方军力北伐，推倒清朝廷和统一全国，退而求其次，愿意转而推北洋军事政治集团首脑袁世凯为临时大总统，条件是必须经他之手，迫使清朝皇帝宣统退位，终结清朝廷和帝制。这一重大变化，要求袁世凯由推行立宪制，转为实施共和制，同时要求孙文放弃自己已经到手的临时大总统的职位和作出其他让步。孙文为了达到长期从事革命的最终目的，同意作出这些策略性让步。"孙先生非常同意余（柏文蔚）之主张，不过当时对余之指示，认为和议并不坚决主张不谈，只要清帝退位，袁世凯绝对赞成共和，他自己可以立即辞职，不再厕身政界，专求在社会上作成一种事业"。③

南方临时政府的这些让步，鼓励袁世凯转而对清朝小朝廷进行各方面的施压"逼宫"，迫使宣统小皇帝自行退位。袁世凯手下的亲信军事人物段祺瑞，受袁世凯指使，联名其他四十六名各处军事将领发出公开

---

① 白蕉：《袁世凯与中华民国》，《辛亥革命》，第八册，第130页。
② 柏文蔚：《五十年经历》，《近代史资料》，第40号，1979，第24页。
③ 柏文蔚：《五十年经历》，《近代史资料》，第40号，1979，第25页。

通电，"恳请立定共和政体，以巩皇位而奠大局"，"闻为复国公载泽、恭亲王溥伟等一二亲贵所尼，事遂中沮。……恳请涣汗大号，明降谕旨，宣示中外，立定共和政体"。①这些将领中甚至包括了极力保皇的张勋，却没有攻下武汉两镇的高级将领冯国璋，显示了袁世凯权力集团内部的疏离。段祺瑞其后又发出了更具威胁性的通电，"谨率全军将士入京，与王公剖陈利害，祖宗神明实式鉴之。挥泪登车，昧死上达，请代奏"。②这些前方军事将领的公开兵谏，震撼宫廷，是推动宣统皇帝退位的最后一击。

清朝廷本已无兵可辖可用，野战部队早在袁世凯和其他汉人将领的控制之下，又失去了实际掌控政府的权力，只能依靠名义上的总理内阁大臣袁世凯，维持局面，"朝廷的行政事务，仅仅局限于就从共和党人那里能够拿到的退位和安全条件，召见总理大臣"。"清朝廷面临的选择，是在日本的保护下退往沈阳，在俄国的保护下退往蒙古，在外国租界里避难，还是接受共和国领袖们提供的不确定的保证？"③即使在政体国体变更这样的历史性决策上，清朝廷也要接受袁世凯做出的决定，或是挥军剿平南方，或是与南方革命党军政府达成某种协议，本身是无能为力的。袁世凯在同意共和的基础上与南方谈判优待皇室条件，实际上即已宣布了以隆裕太后和载沣为首的小朝廷的最终命运，到了不接受也要接受的地步。

十二月初一日（1912年1月19日），清朝廷举行御前会议，在场全部为满洲亲贵，隆裕太后"谕：我何尝要共和，都是奕劻同袁世凯说，革命党太利害，我们没有枪炮，没有军饷，万不能打仗。……臣（溥）伟奏曰：乱党实不足惧，昨日冯国璋对载泽说，求发饷三月，他情愿破贼。……谕：胜了固然好，要是败了，连优待条件都没有，岂不是要亡国么？臣伟奏曰：优待条件是欺人之谈，不过与迎闯王不纳粮的话一样。……况大权既去，逆臣乱民倘有篡逆之举，又有何法制之？彼时向谁索优待条件？又泥首奏曰：即使优待条件可恃，夫以朝廷之尊，而受臣民优待，岂不贻笑列邦，贻笑千古？太后皇上，欲求今日之尊崇，不可得也。……载涛对曰：奴才没有打过仗，不知道。太后默然，

①《宣统三年十二月初八日（1912年1月26日）会办剿抚事宜第一军总统官段祺瑞等致内阁请代奏电》，《辛亥革命》，第八册，第173-175页。

②《宣统三年十二月十八日（1912年2月5日）第一军总统段祺瑞致内阁请代奏电》，《辛亥革命》，第八册，第178-179页。

③ McCormick, F., *The Flowery Republic*, pp55-56.

良久曰：你们先下去罢"。①

袁世凯不是曾国藩，也不愿做曾国藩，满族少数人统治的清朝廷至此再无希望。即使一些满族亲贵拒绝接受必然来临的政治变化，清朝廷实际上连做出抵抗拒绝表示的实力都没有，仅有的选择，就是屈从袁世凯的要求和能够拿到的存亡条件。再加上革命党人在北京发动暗杀活动，彭家珍炸死了"宗社党"的首领良弼，令少数顽固满族人物也因惊恐而不再出声。于是隆裕太后做出宣统皇帝溥仪退位的最后决定：

"宣统三年十二月二十五日（1912年2月12日）懿旨：前因民军起事，各省响应，九夏沸腾，生灵涂炭，特命袁世凯遣员与民军代表讨论大局，议开国会，公决政体。两月以来，尚无确当办法，南北暌隔，彼此相持，商辍于途，士露于野。徒以国体一日不决，故民生一日不安。

"今全国人民心理多倾向共和，南中各省既倡议于前，北方诸将亦主张于后，人心所向，天命可知。予亦何忍因一姓之尊荣，拂兆民之好恶。是用外观大势，内审舆情，特率皇帝将统治权公诸全国，定为共和立宪国体，近慰海内厌乱望治之心，远协古圣天下为公之义。

"袁世凯前经资政院选举为总理大臣。当兹新旧代谢之际，宜有南北统一之方，即由袁世凯以全权组织临时共和政府，与民军协商统一办法。总期人民安堵，海宇乂安，仍合满汉蒙回藏五族，完全领土为一大中华民国，予与皇帝得以退处宽闲，优游岁月，长受国民之优礼，亲见郅治之告成，岂不懿欤。钦此。"②

清朝廷的最后一道谕旨，放弃一切权力，接受了所谓的优待条件，历史性结果就是终结了两百六十八年的清皇朝和全国政权，清朝一代近世以来的衰亡磨难，走到尽头。这一宣告同时也超出朝代更替的传统历程，在中国人普遍十分崇拜的英德俄日等国均在君主立宪制度之下时，终结了本国两千多年的超长时期帝制秩序。

南京民国政府继续与北方的袁世凯军事政治集团进行谈判，允许袁世凯出任临时大总统后，孙文于1912年2月14日向南京临时参议院宣告

① 溥伟：《让国御前会议日记》，《辛亥革命》，第八册，第110–115页。

② 《辛亥革命》，第八册，第183页。

辞职，退出政府，由袁世凯在北京组成新内阁。之后南北双方对阁员位置争论不已，"袁派欲掌握陆军、财政、内务、交通四部，而以教育、司法、农村、工商四部予南方。（南方）总统府连日开国务会议，一一让步，惟陆军非以黄兴长部不可，而袁氏则坚主段祺瑞。挣扎之烈，至十余日不能决。……结果，南京政府不胜舆论之攻击，屈从袁氏，而和议告成，南北遂统一"。①

袁世凯即已就任民国临时大总统，又对南方政权谈判时提出的定都南京和南下就职等条款，作出了符合自己设想的修正。南京临时政府的领袖孙中山、黄兴等原定立都南京，逼袁世凯南下就职，期望加以制约，但南京临时参议院却通过了迁都北京的决议，孙、黄不得不力压参议院，按照自己的意愿重议。临时参议院只得进行再次投票，确定建都南京。

在南方"欢迎总统南下就职团"到达北京后，2月29日发生了小规模兵变，迫使代表们多"逃至六国饭店，且衣履均不备，余尚多失踪……待至将十二时，始陆续知各人下落，遂召开会议，决电南京，主项城（袁世凯）改在北京就职焉"。②袁世凯如愿以偿，蔡元培作为欢迎团专使，为此不得不发布《告全国文》，略作解释。

袁世凯在解决了清朝皇室退位和同南京临时政府交涉的重大议题之后，于3月10日在北京正式宣誓就任临时大总统，之前在蔡廷干的帮助下剪去了满洲式发辫，以示不再是清朝臣子，而是民国人士。③袁世凯正式就任之后，孙文在南京正式举行解职典礼，至4月1日，共任职临时大总统三个月之久。"孙中山为了民族的利益，信任了袁世凯，保证他出任大总统，然后回到人们中间，不再是个逃犯，而是公民孙中山。他得到了一个国家，也给了他的国家一个政府。"④

孙文本人对袁世凯的态度至此突然一变，"认袁氏为中国富有经验独一无二之人才，曾亲谓文蔚曰：'此后你们应服从袁世凯，披荆斩

---

① 蒋维乔：《辛亥革命闻见》，《辛亥革命》，第八册，第60页。

② 叶遐菴：《辛亥宣布共和前北京的几段逸闻》，《辛亥革命》，第八册，第122—123页。

③ *The Correspondence of G.E. Morrison*, p742

④ McCormick, F., *The Flowery Republic*, p343..

棘，当推袁氏，将来典章文物，自信我可担任。袁氏十年总统、终身总统，均无不可，本党党员应各放大眼光，勿稍疑虑。'"①

孙文辞去临时大总统，但各地革命党人担任都督如故，尤其是"同盟会"重要基地的广东，由胡汉民、陈炯明等主掌，这些仍然是北京袁世凯政府必要解决的难题。按照孙文的个人意愿，袁世凯让他出任全国铁路督办，自由考察巡视全国各地和规划铁路项目。孙文随即转入另一领域，以革命性的快捷方式和革命领袖的风度，处理铁路建设事业，"组织铁路总公司于上海，聘宠惠为顾问，旋奉命与英国波令有限公司代表佛兰殊侯爵，草订关于广州至重庆与兰州支线之铁路合同，仅一周而成立，外人诧为罕见"。②

自1911年10月10日的武昌起义开始，至1912年3月初袁世凯就任临时政府首脑，中国发生了翻天覆地的历史巨变，在短短半年的时间内，就走过了地方起义、南北交战、革命领袖组建民国政府、南北议和、清朝廷崩溃，及全国统一于民国政府之下的各个重要历史阶段。

---

① 陈紫枫：《柏文蔚就任安徽都督经过》，《辛亥革命史料选辑》，下册，第114页。

② 王宠惠：《追怀总理述略》，丘权政、杜春和编，《辛亥革命史料选辑续编》，湖南人民出版社，1983年。

结　语

虽然早期民国政府多次换手、轮番执政，1911年的辛亥革命达到了既定的最基本目的，孙文（孙中山）大力倡导的民族革命和政治革命一道完成，革命浪潮推倒清皇朝，令其正式走入历史，不再是国内海外中国民众和政治势力的共同反对目标。清朝衰亡末期，执政能力和合法性都跌落到了历史最低点，反动暴力也丧失殆尽，孤立瑟缩，大异于同一皇朝盛世风光中的历代皇帝，由被称为"孤儿寡母"的小朝廷被逼宣布退位，正是这个一度强大的朝廷统治黯然结尾的最好写照。

在清晚期被迫对外开放，西方和日本外患不断的大局势下，清朝廷的图存努力基本没有可能收效，他们所采取的那些改善国家状况的措施，同时也极大地削弱了他们的统治权力。清朝政府派出学生到海外留学，辅以公费，那些学生很快就变成激进革命分子。清朝政府推行军事近代化，产生出实力日强的省区军事集团，反过来挑战中央政权。清朝政府鼓动本国民众的民族主义和对外国家主权概念，而怀有民族主义思想的知识分子越发把清朝满族统治者视为外来民族。对清朝廷图存措施反弹最力的，是宪政变法，自1907年起的预备立宪过程，推行地方自治和设立省级议院，结果令地方士绅群起构成政治集团，地方势力更快扩张，成为中央力量的替代者，也令地方民意取代了自古以来的"天命"，中央权威失去神圣和绝对的制服力。[①]满清朝廷主动或被动地推行的图存举措，都抵不过"反满"浪潮的效力，新军转向，士绅反目，"排满宣传战胜一时之思想者，实为根本之成功"。[②]

清代末年的满清朝廷，尤其是最后几年中，显然已经忘记了入关之

---

① Sheridan, J.E., *China in Disintegration：the Republican Era in Chinese History, 1912-1949*, The Free Press, New York, 1975, pp34~35.

② 《胡汉民自传》，《近代史资料》，第45号，1981，第219页。

后得到的深刻执政经验，尤其是曾国藩、左宗棠和李鸿章合力镇压太平天国的经验，本来满族本族人数就极少，汉族人口又在历代皇帝的施政之下增加到四亿以上，解除统治危机完全在于安抚汉族士绅阶层，使其不必投入到反清反朝廷一边。掌握得当，即使在满清宫廷被逼逃离北京权力中心的情况下，也得以维持全国局面大致稳定。

清末数年内中国的几大政治力量，清朝廷只要把握住其中一支，就可以渡过危机，达到预定数年后的君主立宪阶段，而不必担心全面的崩溃。袁世凯扶植控制的北洋集团这一支力量，如同之前李鸿章的淮军集团，尚且能够压抑住其他力量，特别是南方的地方势力和革命派别，而辛亥革命之前的一两年内，因地方起义连续失败而出现了革命力量的低潮时期。但是出于对汉人强人的担忧，宣统年间的满清小朝廷驱逐袁世凯离朝，投置闲散，又盲目依靠一些新晋八旗人物，最后失去了政界军界内最后的那些可利用力量，也在对付地方势力和革命派时，陷入孤立无援的境地。事到最后，满清朝廷从袁世凯处拿到的退位禅让条件，仍然是最为缓和的，避免了革命起义直捣京城的巨大冲击。

晚清政府在抵抗外来侵略方面连遭失败，最为国内民众诟病，也被革命派列为满清朝廷必须垮台的重大罪行。甲午战争中清军所遭遇的失败，基本上是李鸿章的淮军集团的战场失败，李鸿章并不缺乏资金，足以给后任留下千万两白银的公款存余。而耗资巨大的袁世凯北洋新军，从来都不以与外军作战为目的，日后也从未同外军交战过，无论是八国联军对华战争，还是日本、俄国在东三省的地面战争，作为中国军队精锐的北洋军，对投入作战都避之不及，除了三心二意地南下进攻武汉外，近十五年来集全国之力建立起来的这支近代化北洋军，对于晚清朝廷来说，基本无用。

清朝历代皇帝从事疆土拓展，出于皇朝的利益、安全原因或者争取边区部族的效忠，基本上满足于传统的藩属关系和表面的朝贡形式，但是他们并没有想到后代的中国是如何受益于他们曾经大力拓展和经营的那些疆土。那些寸土必争、插旗立界的后起西方国家，对中国朝廷习以为常的藩属关系不屑一顾，强行将中国的附属国划为他国和他们自己的殖民地。中国既然要进入近代和现代国家，只有转变为民族国家，抗争所依据的恰恰是清朝划定的版图，与西方人同样地明确划定国界，驻军保卫，寸土不让。从帝国的朝贡关系转为外交关系的过程中，虽然丢失了一些曾经的藩属国，但当那些西方殖民国家日后被迫返回他们各自的欧洲本土之后，中国依然能够在清朝版图的基本地域内实施行政和管辖。西方国家唤醒了中国的民族意识，他们的掠夺本能和侵夺行动从反面教训了中国，将其观念手段再切实应用在国家利益和实际疆域之上，最终还是在清朝所拓展和维护的广大疆域上，完成自己民族国家的建立，而不是分崩离析为多个欧洲式小国。这也是中国浴血重生的一个显著标志，划定现代中华民族立国的领土基线，影响格外久远。

清朝的崩溃和随后的混乱是中国近代的最低点，与西方国家的上升和帝国垄断的趋向完全相反，代表着19世纪和20世纪初东方的失败和对西方臣服的一个重大历史性转折。晚清时代所被迫签订的不平等条约，放弃了对香港岛和台湾省的主权，以及对东三省的实际管制权，其他损失包括对各个藩属国的宗主国地位，琉球、越南和朝鲜，失去了中华帝国的传统尊严和边界外的控制力。这极大地危及到清朝政府的威信和管制权威，但清朝历时百年所开创的广大版图，至清朝廷灭亡时，仍然基本得到保持。

清朝满族统治者在边疆经营上的眼光，是其他汉族朝廷，特别是明朝，所远不能比拟的，对于边界疆土的重要性，有着特殊的认识。清皇朝在初期巩固政权之后，曾大力守成既有版图，在土地和人力资源的基础上本来是可以应付外来挑战的，朝廷高峰时期所采取的军事行动，依靠的也是充裕的财力和主政者的决断意志。朝廷中枢的决策导向和统治力，决定了利用国力捍卫疆土的成败结果，如果统治力比财政能力衰落得慢，还有希望保住国土和抵抗外力侵蚀。而历史的现实，却是清朝政府和军事系统的腐败涣散，超出了经济实力下降的速度，从而使西欧各国的试探和侵入成为可能，被迫开门和承受军事失败，反过来加剧了政权的合法性矛盾，最后丧失全国统治权。

即使在两次鸦片战争和太平天国的内外祸患之后，清朝廷中枢仍然继续勉力经略边疆地区，尽力维护，对管辖新疆、西藏一向不厌其烦，先后出兵远征西域对抗沙俄，实施有效的地方管理和军事驻防，正式设立新疆省，另外为朝鲜而战，为与越南边境地区的安宁而战，为西藏地区的管制权而抵抗英国的强大压力和武力入侵。又如台湾，虽然后来被日本夺去和殖民数十年，埋下台独的毒根，但是由于之前清朝廷的大力经营，划归福建省下属，从而全面实施了全国统一的政治经济管制。特别是在几百年的垦殖过程中，采用清朝例行的土地制度，以致当时台湾的土地所有和租佃契约与大陆福建地区无异。在处理与台湾土著居民关系时，清朝政府采用的生番熟番方式，有效合理，约束汉人开垦的范围，考虑到土著少数民族的属地和利益，更优于欧洲人在美洲、澳洲等地开发时对待当地土著人族群的粗暴残忍手段。台湾的开发并非始于日本人的一些殖民措施，而是清朝几百年间移民开拓经营的结果，只不过后世的一些台湾人特意不愿再涉及这些方面的史实。

四川总督赵尔丰引发保路运动惨案和武昌起义，被革命党人处死，但之前他在清朝政府的指令下，身任边臣，经略西南颇有所作为，"尔丰凡巡行川滇各边凡六年，所至改土归流，设道二，府四，州、县三十五，各治四十余部落。另设管理赋税、词讼、农矿、巡警各专官。平治道路、桥梁、垦荒、教农、兴学，故颂声载道。所至咸馨香祀之。且地本殷富，可以自给。故所领中央百万，尚节余三分之一。二百年来，各该地或为土司，或为喇嘛部下苛敛，至此一扫而空。且四川户口日增，得此亦可西展开辟乐土。川藏二百余年未开化之区域，经赵尔丰、傅嵩秋之治绩，完全置诸王化。似此丰功伟烈，若于嘉道年间，必有十余人获膺爵赏。惜朝野此时正叫嚣立宪，竟无人顾及"。[①]

在外强入侵日益严峻的朝廷末日，清朝政府持续做出了尽可能的抵抗行为，在西部面对世界第一帝国英国时，对西藏仍拒不放手，颇有近代民族国家的意识。唐绍仪同英国公使萨道义于1906**年**签订的条约，令驻印英军在打下拉萨之后，仍然不得不承认中国政府在西藏地区的主权地位。加上局势基本稳固的新疆，清朝政府在灭亡之前，为中国维持住了占今日全部陆地领土三分之一的疆域（近三百万平方公里），后世之人得以长久享受，也是后日"中国梦"的牢固基础。

中国控制和管辖这些边疆地区的权利是世所公认的，都是建立在清朝当年统治版图的基础之上，一旦中国国力恢复或者列强实力削弱，中国的领土主权依然得到承认，有理由进行主权回归的各种行动。在面对强势西方媒体和政府的质疑时，历届中国政府能够凛然不惧，在老祖宗（主要是清朝）留下的广大基地上，强硬发声，大地任我行。试想如果西方对华入侵发生在一个较为弱小的朝代之中，中国被分割出去的领土可能要远大于遗留领土，特别是少数民族地区，容易在归化管理欠缺的情况下，自行独立或归属于某个西方国家，而日后中国进行交涉和谈判

---

① 丁士源：《梅愣章京笔记》，《近代稗海》，第一辑，第437-438页。傅嵩秋在赵尔康之后任川滇边务大臣，作《西康建省记》。

时，也将缺少曾经长期实施有效管治的依据，会变得更为被动。

1911年辛亥革命的主要历史性后果，就是以革命共和终结了千年帝制，无复重返朝代更替的轨道。之后革命不断发生，打破了全国政权的权威性，以及法统的延续性和确认度，政党和团体都不再视革命和更换政府，为重大艰难之事，为了自己的利益和地位，发动革命和起事，割据状态开始形成。各省都宣布过"独立"，针对面临末路的清朝廷，但到了民国确立时，先孙中山后袁世凯，分立局面已成，地方势力已固，即使当时收回"独立"名义，日后在机会适当时，又会以地方"独立"为名，对抗自己不满意的中央政府。

孙中山领导的革命，最初起源于实现中国自强的目的，基于向西方学习的愿望和当时的特定条件，他所提出的 "三民主义"中，当时最为直接有效的是民族革命，民主革命只限于共和体制和政党政治，与人民大众最有关系的民生主义，排在更为遥远的末位，革命之后共和政体下的实践，最后收效甚微。

虽然辛亥革命的成功达到了它的主要目的，它所证明的更多的是清朝中央政府的脆弱，丧失了行政功能和有效推动经济的作用，却不能证明随后产生的新政治结构能够完成所赋予的使命。既然一个有效率的中央政府是当时东方国家实现近代化的必要条件，如同日本明治维新的经历所证明的那样，中国于20世纪初出现的替代结构，即有必要相应地体现这一特点。清政府在相当程度上受到列强划分势力范围和侵夺经济资源的消极影响，形成最不理想的结构和局面。即使中央政府做出稍许带些进步意义的决定，都会受到列强和地方势力的掣肘和阻碍，其后的民国时代，自然谈不上类似于日本明治维新早期的开明集权统治。

民国政府成立之后不久，就遇上第一次世界大战，给以中国经济一个极好的发展机会，欧洲列强陷入残酷战争之中，无力东顾，极少可能动辄以军队武力对中国政府粗暴施压，对中国本土资本和国家权益极为有利。民国政府没有全力利用这一宝贵难得的历史机遇，第一次不在西方列强压力干涉之下从事本国近代化进程的机遇，去创造国家安全环境，获得发展收益，而是陷入持续不断的党争、政争和内部战争之中，军阀横行，南北对立，中央和地方政府都极不稳定，直到西方的世界大战结束。大战造成西方列强的重大损失，殖民帝国势头受挫，对东方殖民地和势力范围的控制力度大减，对中国执政政府的压力威胁也随之下降。满清朝廷未能坚持到约三年后的世界大战之时，执政混乱，"惟亲贵是用，失其控驭之术"（胡汉民语），自我毁灭，因此无法臆断它一度预备推行的君主立宪制全国统治，能否在19世纪后半叶以来的首次西方大乱的局势之下，会有好转的微弱希望。

严重外患摧毁执政权威，加深社会矛盾，导致民族革命终结满清的最后帝制政体，共和取代君主立宪，延续二百六十多年的清皇朝统治，在几股力量的合并推动之下，未能借缓进的近代化图存救亡，执政失败，小朝廷被逼退位，成为千年帝制的最后一朝，之后进入平民社会、政党（军人）问政的时代，中国再无皇帝朝廷或君主立宪的存身之地。